FINANCIAL LAW
金融法概説

神田秀樹
森田宏樹
神作裕之

編

有斐閣

はしがき

　本書は，研究者と実務家とが協力して，金融法について概説した書物である。日本では，金融法について，その全体をバランスよく解説した書物は，近年はそれほど多くは見られない。本書は，それを目指した書物である点に意義があると考えている。

　金融法といってもその範囲は広いが，本書では，銀行が当事者となる金融取引を中心として，金融取引法と金融監督法の双方を視野に入れ，金融法について，基本的なところから最新の実務で生じている問題までを広くカバーするとともに，全体の分量があまり多くなりすぎないように工夫した。なお，近い将来に成立が予想される民法（債権関係）改正については，本書では原則として取り入れておらず，将来の課題とさせていただきたい。

　本書については，数年前から執筆者による準備会合を何度か開催したが，これらの会合から最後の出版に至るまでの各段階において，有斐閣書籍編集第一部の栁澤雅俊氏に細かな点に至るまで大変お世話になった。記して感謝申し上げる。

　本書が，金融法について関心を有する法学部や法科大学院の学生の方々，金融法務に携わる実務家の方々など，多くの方々にとって参考となれば，幸いである。

2016 年 11 月

編者を代表して　神 田 秀 樹

目　　次

第1章　金融制度と金融法の概観　　*1*

第1節　総　論　……………………………………〔神田秀樹〕…*1*

1　金融法の範囲——金融取引法と金融監督法　*1*
2　金融法の基礎概念　*2*
　(1) 金融機関・金融仲介機関　*2*　　(2) 預金取扱金融機関・銀行　*2*
　(3) 金融会社・ノンバンク　*4*　　(4) 金融取引・銀行取引　*4*
　(5) 消費者・投資者・預金者　*4*

第2節　金融取引法　………………〔1〜5：森田宏樹，6：神作裕之〕…*5*

1　銀行取引の類型　*5*
　(1) 銀行の取引と銀行以外の金融機関の取引　*5*　　(2) 銀行の本質的な機能　*5*
2　銀行取引の特徴　*7*
　(1) 銀行取引の法的特徴　*7*　　(2) 銀行間取引と銀行・顧客間の取引　*8*
3　金融取引を規律する法規範　*8*
　(1) 法令・判例　*8*　　(2) 銀行取引における契約　*9*　　(3) 金融監督法および金融庁の監督指針　*15*　　(4) 自主ルール　*15*
4　金融商品の勧誘・販売における説明義務　*16*
　(1) 銀行の説明義務・情報提供義務　*16*　　(2) 金融商品販売法における説明義務　*17*　　(3) 金融商品取引法における説明義務　*19*　　(4) 銀行法における説明義務　*21*　　(5) 説明義務の法的根拠——将来のキャッシュ・フローとリスクの移転を目的とする契約　*23*
　(6) 適合性原則と説明義務　*24*
5　金融機関の守秘義務　*27*
　(1) 金融機関の守秘義務の意義　*27*　　(2) 金融機関の守秘義務の範囲および限界　*32*
6　金融機関における情報の取扱い　*37*
　(1) 金融業務における情報の位置づけ　*37*　　(2) コンプライアンス・リスク管理・内部統制の前提としての情報　*38*　　(3) 法令・自主規制にもとづく情報収集・管理　*39*　　(4) 情報の取扱いに関する業法

上の義務　40　　(5)　登録金融機関における法人情報の取扱い　42

第3節　金融監督法 〔神田秀樹〕…43

1　金融監督法制の潮流　43
(1)　金融規制の目的と潮流　43　　(2)　金融取引および金融仲介の変化　45

2　銀行法による規制の概観　48
(1)　参入規制（免許制）　48　　(2)　業務範囲の規制　49　　(3)　銀行持株会社および子会社に関する規制　50　　(4)　主要株主規制・銀行の株式保有規制等　50　　(5)　行為規制　50　　(6)　財務規制　51　　(7)　検査・監督等　51　　(8)　預金保険制度　52

第4節　銀行規制と業務範囲に関する規制・競争政策 〔神作裕之〕…52

1　銀行規制と「銀行業と商業の分離」　52
(1)　他業禁止――「銀行業と商業の分離」政策との関係　52　　(2)　議決権取得・保有の制限　55　　(3)　異業種による銀行業への参入――銀行主要株主規制等の導入　57

2　銀行持株会社の解禁と金融コングロマリット　58
(1)　銀行業とそれ以外の金融サービス業との関係　58　　(2)　金融コングロマリットのメリット・デメリット　60　　(3)　金融コングロマリットに対する監督　61　　(4)　ファイアー・ウォール規制　62

3　銀行規制と独占禁止法　64
(1)　「持株会社」「銀行持株会社」の定義　64　　(2)　独禁法上の規制　66　　(3)　銀行法上の規制　69　　(4)　銀行法と独占禁止法の重畳関係　70

4　金融取引・金融業務と利益相反　71
(1)　背景　71　　(2)　利益相反の規制モデル――監督法上の規制と私法上の規律　71　　(3)　銀行法上の規制　73　　(4)　監督法上の規制と私法上の効果　78

第2章　銀行の受信取引（預金取引） 81

第1節　預金の種類 〔岡本雅弘〕…81

1　預金とは何か　81
2　預金の種類　82
(1)　普通預金　82　　(2)　当座預金　83　　(3)　通知預金　84　　(4)　定期預金　84　　(5)　総合口座　84　　(6)　その他の預金　84

第2節　預金契約の法的性質等 〔岡本雅弘〕…85

            1　預金契約の法的性質　*85*
              (1)　預金契約の法性決定　*85*　　(2)　要物契約性　*87*　　(3)　流動性預金契約における「枠契約」　*90*
            2　預金契約の特色　*91*
            3　預金債権の特色　*94*
              (1)　流動性預金債権の残高債権性　*94*　　(2)　譲渡禁止特約　*95*
        第3節　預金の成立 …………………………………………〔岡本雅弘〕…*96*
            1　預入原資　*97*
            2　預金債権の成立時期　*97*
              (1)　現金の入金の場合　*97*　　(2)　振込入金の場合　*99*　　(3)　証券類の入金の場合　*99*
        第4節　預金の帰属 …………………………………………〔岡本雅弘〕…*102*
            1　定期性預金の帰属　*102*
            2　流動性預金の帰属　*103*
              (1)　損害保険代理店の普通預金　*103*　　(2)　弁護士の預り金口座　*104*　　(3)　最高裁判例の評価　*104*
            3　統一的理解の可能性　*105*
        第5節　預金の払戻し ………………………………………〔岡本雅弘〕…*106*
            1　受領権限がある者への払戻し　*106*
            2　準占有者に対する払戻し　*107*
              (1)　印鑑照合　*108*　　(2)　ATM，インターネットバンキングによる払戻し等　*108*　　(3)　準占有者弁済の法理の適用範囲　*110*
            3　供　託　*111*
              (1)　弁済供託　*111*　　(2)　執行供託　*111*
            4　偽造・盗難カード預貯金者保護法　*112*
        第6節　預金債権の消滅時効 ………………………………〔岡本雅弘〕…*113*
              (1)　流動性預金の消滅時効　*113*　　(2)　定期性預金の消滅時効　*114*
        第7節　預金契約に関する規制 ……………………〔岡本雅弘・砂山晃一〕…*114*

第3章　銀行の与信取引　　　　　　　　　　　　　　　　　　　　*119*
        第1節　融資取引の基本と契約書類 ………………………〔中原利明〕…*119*
            1　融資の原則　*119*
            2　金利規制　*120*

(1)　利息制限法 *121*　　　(2)　出資法 *122*　　　(3)　貸金業法 *123*
　　(4)　みなし利息 *124*

　3　銀行取引約定書 *125*
　　(1)　銀行取引約定書の変遷 *125*　　(2)　銀行取引約定書をめぐる状況 *126*　　(3)　銀行取引約定書の利用範囲 *127*　　(4)　銀行取引約定書の概要 *127*

　4　コベナンツ *134*
　　(1)　コベナンツの意義 *134*　　(2)　具体的内容 *135*　　(3)　違反の効果 *136*　　(4)　問題点と限界 *136*

　5　債権法改正の影響 *136*

第2節　各種の融資取引　〔中原利明〕…138

　1　手形貸付 *138*
　　(1)　法的性質 *138*　　(2)　手形貸付の利点 *138*　　(3)　手形の書替 *139*　　(4)　手形貸付の問題点 *140*

　2　証書貸付 *141*
　　(1)　法的性質 *141*　　(2)　証書貸付の特徴 *141*　　(3)　金銭消費貸借契約証書 *142*

　3　当座貸越 *142*
　　(1)　意義と特徴 *142*　　(2)　一般当座貸越 *143*　　(3)　借入専用の当座貸越 *145*

　4　手形割引 *145*
　　(1)　意　義 *145*　　(2)　法的性質 *146*　　(3)　買戻請求権 *146*

　5　支払承諾 *147*
　　(1)　意　義 *147*　　(2)　種　類 *148*　　(3)　法律関係 *148*
　　(4)　支払承諾取引にかかる契約 *148*

　6　コミットメントライン *151*
　　(1)　意　義 *151*　　(2)　特定融資枠契約法 *152*

　7　電子記録債権 *152*
　　(1)　意　義 *153*　　(2)　電子記録債権を利用した与信取引 *154*

第3節　物的担保　〔中原利明〕…155

　1　担保・保証の意義 *155*
　2　物的担保の適格性 *156*
　　(1)　担保の目的物の種類 *156*　　(2)　約定担保権と法定担保権 *156*

　3　個別の担保 *160*
　　(1)　預金担保 *160*　　(2)　有価証券担保 *161*　　(3)　債権担保 *163*
　　(4)　動産担保 *164*　　(5)　抵当権 *165*　　(6)　根抵当権 *166*

第4節 保　証 ……………………………………………〔中原利明〕…*168*

1 保証の意義と特徴 *168*
(1) 保証の意義 *168* 　(2) 銀行取引における保証の特徴 *169*

2 保証契約の締結 *170*
(1) 保証人に対する説明責任 *170* 　(2)「経営者保証に関するガイドライン」の制定 *170* 　(3) 債権法改正の内容 *173*

3 信用保証協会の保証 *174*
(1) 信用保証協会の業務 *174* 　(2) 信用保証協会保証の性質 *174*

第5節 回　収 ……………………………………………〔中原利明〕…*175*

1 本人による弁済 *175*
2 保証人による弁済 *176*
3 第三者による弁済 *178*
(1) 現行民法の規定 *178* 　(2) 債権法改正 *178*

4 相　殺 *179*
(1) 相殺の要件 *179* 　(2) 預金に対する差押えとの関係 *180*
(3) 相殺と法的整理手続 *181* 　(4) 債権法改正による相殺範囲の拡張 *181*

第6節 法的整理手続 ……………………………………〔中原利明〕…*182*

1 法的整理手続の種類 *182*
2 破産手続 *183*
(1) 意　義 *183* 　(2) 手　続 *183* 　(3) 免　責 *184*

3 民事再生手続 *185*
(1) 意　義 *185* 　(2) 手　続 *185* 　(3) 別除権 *186*
(4) その他 *187*

4 会社更生手続 *187*
(1) 意　義 *187* 　(2) 手　続 *188*

5 特別清算手続 *189*
(1) 意　義 *189* 　(2) 手　続 *189*

第7節 事業再生ADR ……………………………………〔中原利明〕…*190*

1 事業再生ADRの特徴 *191*
2 事業再生機関 *192*
3 事業再生手法 *192*
(1) 事業再生ADRの手続の概要 *192* 　(2) 債権者全員の合意が得られない場合 *194*

目次

第4章 銀行の為替取引 — 195

第1節 決済システム …………………………〔岡本雅弘〕…195
1 決済システムとは何か　195
2 全銀システム　196
3 手形交換制度　197

第2節 為替取引 ………〔岡本雅弘・森永雅彦・藤原彰吾・砂山晃一〕…198
1 為替取引とは何か　198
2 内国為替　200
　(1) 振込取引　200　　(2) 代金取立　209　　(3) 為替取引に対する法規制　214
3 外国為替　215
　(1) 海外送金　215　　(2) クリーンビルの取立・買取り　220
　(3) 貿易取引（総論）　223　　(4) 貿易取引（輸入与信）　226
　(5) 貿易取引（輸出与信）　231

第5章 その他の銀行業務 — 233

第1節 付随業務総論 ……………………〔三上　徹・浅田　隆〕…233
1 歴史経緯　233
2 他業禁止規制　238
　(1) 他業禁止規制の趣旨　238　　(2) 違反の効果　239
3 その他の付随業務　239
　(1) 該当性の判断基準　239　　(2) 具体事例　240　　(3) 態勢整備　242　　(4) 銀行法以外の規制法　242

第2節 付随業務各論 …〔1(1)～(3)(5)・2(1)(3)～(5)・3・5(1)(2)：三上　徹・浅田　隆, 1(4)(6)～(9)・2(2)・4・5(3)：三上　徹・本多知則〕…242
1 信用供与関連業務　243
　(1) 債務の保証または手形の引受け（1号）　243　　(2) 有価証券の売買等（2号）　243　　(3) 有価証券の貸付け（3号）　245　　(4) 国債等の引受けまたは募集の取扱い（4号）　246　　(5) 金銭債権の取得または譲渡（5号）　246　　(6) 特定社債の引受けまたは募集の取扱い（5号の2）　249　　(7) 短期社債等の取得または譲渡（5号の3）　249　　(8) 有価証券の私募の取扱い（6号）　250　　(9) ファイナンス・リース業務およびその代理または媒介（18号および19号）　251
2 資金管理関連業務　252

(1) 債券の募集または管理の受託（7号）*252*　　(2) 業務の代理または媒介（8号・8号の2）*254*　　(3) 金銭にかかる事務の取扱い（9号）*255*　　(4) 振替業（10号の2）*257*　　(5) 両替（11号）*257*

3　保護預り（10号）*258*
(1)（狭義の）保護預り *258*　　(2) 貸金庫 *259*　　(3) カストディ業務 *260*

4　デリバティブ取引（12号から17号まで）*261*
(1) デリバティブ取引とは *261*　　(2) 銀行が行うことのできるデリバティブ取引 *263*

5　その他役務提供業務 *265*
(1) M&Aアドバイザリー業務 *265*　　(2) シンジケートローン・アレンジメント業務 *268*　　(3) シンジケートローン・エージェント業務 *271*

第3節　他業証券業務等 ………………………〔三上　徹・本多知則〕…*273*
(1) 投資助言業務（1号）*273*　　(2) 有価証券関連業（2号）*274*　　(3) 自己信託事務業務（3号）*274*　　(4) 算定割当量関連業務（CO_2排出権取引関連業務）（4号）*275*

第4節　登録金融機関業務 ………………………〔三上　徹・本多知則〕…*275*

巻末資料集
銀行取引約定書の例　*281*
普通預金規定の例　*288*
当座勘定規定の例　*292*
反社会的勢力の排除に係る規定の例　*296*

事項索引　*297*　　判例索引　*304*

COLUMN
1-1　定型約款　*11*
1-2　世界金融危機　*46*
1-3　アメリカにおける「銀行業と商業の分離」とその変容　*54*

2-1　窓口一寸事件　*97*
2-2　手形交換　*99*
2-3　建築工事前払金口座　*105*

2-4 「預金」を理解する前提として重要な二つの最高裁判例　*116*

3-1 貸出金利のマイナス金利　*125*
3-2 金融機関の法務部門　*137*

4-1 為替取引の理解の為に　*199*
4-2 振込依頼人と仕向銀行との法律関係　*202*
4-3 組戻しに関する判例　*203*
4-4 為替通知の取消し　*204*
4-5 外国為替及び外国貿易法について　*217*
4-6 トレジャリーチェックに関する注意を要する取扱い　*222*

5-1 匿名組合出資　*248*
5-2 投資信託の窓口販売　*274*

編著者紹介

神田秀樹（かんだ ひでき）
　学習院大学大学院法務研究科教授

森田宏樹（もりた ひろき）
　東京大学大学院法学政治学研究科教授

神作裕之（かんさく ひろゆき）
　東京大学大学院法学政治学研究科教授

執筆者紹介（五十音順）

浅田　隆（あさだ　たかし）
　株式会社三井住友銀行　法務部長

岡本雅弘（おかもと　まさひろ）
　日本ビューホテル株式会社　常勤監査役
　（株式会社みずほ銀行　前法務部長）

砂山晃一（すなやま　こういち）
　株式会社丸山製作所　取締役
　（株式会社みずほ銀行　元法務部長）

中原利明（なかはら　としあき）
　株式会社三菱東京UFJ銀行　法務部　部長
　（株式会社三菱東京UFJ銀行　前法務部長）

藤原彰吾（ふじわら　しょうご）
　株式会社みずほ銀行　法務部　副部長

本多知則（ほんだ　とものり）
　株式会社三井住友銀行　法務部

三上　徹（みかみ　とおる）
　株式会社三井住友フィナンシャルグループ　常任監査役
　（株式会社三井住友銀行　前法務部長）

森永雅彦（もりなが　まさひこ）
　株式会社みずほ銀行　佐賀支店長

凡　例

原則として以下の略語を用いたほか，慣例にならった。

1　法　令

会　計	会計法
会　更	会社更生法
会　社	会社法
会社則	会社法施行規則
貸金業	貸金業法
偽造カード	偽造カード等及び盗難カード等を用いて行われる不正な機械式預貯金払戻し等からの預貯金者の保護等に関する法律
銀　行	銀行法
銀行則	銀行法施行規則
銀行令	銀行法施行令
金　商	金融商品取引法
金商業	金融商品取引業等に関する内閣府令
金商令	金融商品取引法施行令
金　販	金融商品の販売等に関する法律
金販令	金融商品の販売等に関する法律施行令
小	小切手法
国際海運	国際海上物品運送法
個人情報	個人情報の保護に関する法律
資金決済	資金決済に関する法律
資金決済令	資金決済に関する法律施行令
自　治	地方自治法
自治令	地方自治法施行令
社債株式振替	社債，株式等の振替に関する法律
出資取締	出資の受入れ，預り金及び金利等の取締りに関する法律
商	商法
商　登	商業登記法
消費契約	消費者契約法
信託業	信託業法
信託業令	信託業法施行令

租　特	租税特別措置法
宅建業	宅地建物取引業法
手	手形法
定義府令	金融商品取引法第二条に規定する定義に関する内閣府令
電子債権	電子記録債権法
動産債権譲渡特	動産及び債権の譲渡の対抗要件に関する民法の特例等に関する法律
独　禁	私的独占の禁止及び公正取引の確保に関する法律
日　銀	日本銀行法
破	破産法
弁　護	弁護士法
民	民　法
民　再	民事再生法
民　執	民事執行法
民執則	民事執行規則
民　調	民事調停法
民　保	民事保全法
民保則	民事保全規則
利　息	利息制限法

2　判例・裁判例

大判（決）	大審院判決（決定）
最大判（決）	最高裁判所大法廷判決（決定）
最判（決）	最高裁判所判決（決定）
高判（決）	高等裁判所判決（決定）
地判（決）	地方裁判所判決（決定）
支判（決）	支部判決（決定）

3　雑誌，判例集など

下民集	下級裁判所民事裁判例集
金　判	金融・商事判例
金　法	金融法務事情
銀　法	銀行法務21
刑　集	最高裁判所刑事判例集／大審院刑事判例集
最判解	最高裁判所判例解説
ジュリ	ジュリスト
商　事	商事法務

新　聞	法律新聞
手　研	手形研究
判決全集	大審院判決全集
判　時	判例時報
判　タ	判例タイムズ
法　協	法学協会雑誌
法　教	法学教室
法　時	法律時報
民　集	最高裁判所民事判例集／大審院民事判例集
民　録	大審院民事判決録

第 1 章 金融制度と金融法の概観

■第1節　総　論
■第2節　金融取引法
■第3節　金融監督法
■第4節　銀行規制と業務範囲に関する規制・競争政策

第 1 節　総　論

1　金融法の範囲——金融取引法と金融監督法

「金融法」というのは、講学上の名称であって、金融法という題名の法律が日本に存在するわけではない。金融法には、大別すると、「金融取引法」と「金融監督法」の分野がある。前者は、金融取引に関する私法ないし民事法の分野であり、私人間の利害を調整することを目的とする。後者は、国が金融分野を規制する公法的規制の分野であり（一般に「業法」と呼ぶことも多い）、金融分野の規制は、預金者や投資者を保護するとともに、金融システムの安定や金融市場の健全性を確保すること等を目的とする[1]。

たとえば、日本の三メガ銀行と呼ばれるみずほ銀行、三井住友銀行および三

---

[1]　私法と公法との区分という観点からは、金融機関の組織面に適用される私法的規定は会社法などの法律に置かれている場合が多い。その意味では、金融取引法と金融監督法との二分法よりも、金融に関する私法的規律と金融監督法との二分法の方がよいかもしれない。しかし、これまで金融法というと金融取引法と金融監督法とに区分して述べられることが多かった（金融機関の組織面に適用される私法的規定についてはあまり取り上げられなかった）ように見受けられるので、ここではこの区分を使用しておく。なお、ある具体的な法律が私法的規定と公法的規定の両方を含むことがあることに留意する必要がある。たとえば、銀行法という法律が定めている規定は、その多くは監督法的規定すなわち公法的規定であるが、なかには、会社法の特則が置かれており（銀行4条の2以下・12条の4・14条2項・18条・23条など）、それらは私法的規定の性格をも有するということができる。

菱東京UFJ銀行は、普通銀行と呼ばれることが多いが、普通銀行というのは法律上の概念ではなく、一般には、銀行法（銀行法という題名の法律が日本に存在する）にもとづいて免許を得て銀行業を営む金融機関をいう。そして、たとえば、この普通銀行が個人である顧客から預金を受け入れた場合、その預金契約は、私法的性格のものとして、民法や商法の規定が適用される。他方、これらの銀行は、銀行法にもとづく行為規制などの各種の公法的規制の適用を受ける。日本では、銀行法の適用を所管する監督当局は金融庁であり、現行法制度の下では、金融庁[2]は、若干の分野を除いて、普通銀行以外の金融機関を含めて、日本の金融機関に対する監督当局である。

2　金融法の基礎概念

（1）　金融機関・金融仲介機関

「金融機関」とか「金融仲介機関」という用語は、講学上、広義においては、金融取引を仲介する役務（サービス）を提供する機関を広く意味する。この意味での金融機関には、次に述べる銀行などの預金取扱金融機関のほか、証券会社（金融商品取引法上の用語は、金融商品取引業者）や保険会社なども含まれる。

他方、日本では、しばしば、金融機関という用語は、銀行などの預金取扱金融機関のみを意味するものとして使われ、証券会社（金融商品取引業者）や保険会社を含まないことが多いように見受けられる。

なお、具体的な個々の法律において金融機関の概念が定義されることが多く、その場合には、その法律における金融機関はその法律における定義によることとなる（たとえば、銀行4条5項、銀行則4条の2、金商2条8項等、金商令1条の9など参照）。

（2）　預金取扱金融機関・銀行

「預金取扱金融機関」とは、預金の受入れを行う金融機関のことであり、銀行がその典型である。「銀行」とは、一般に、銀行法上の銀行を意味する。銀行法上の銀行とは、銀行法2条1項において「〔銀行法〕第4条第1項の内閣総理大臣の免許を受けて銀行業を営む者」と定義されており、一定の要件をみた

---

[2]　http://www.fsa.go.jp

第1節　総　論

図表 1-1　日本の金融機関

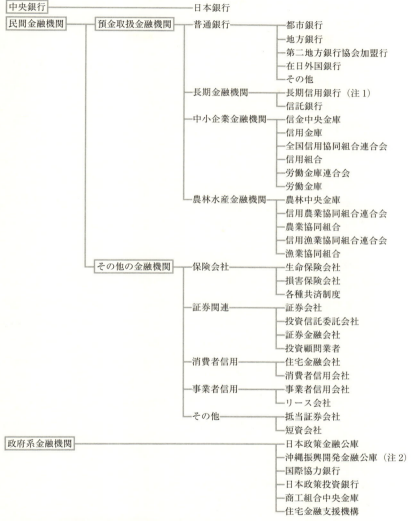

(注1)　長期信用銀行は2006年4月以降，該当銀行なし。
(注2)　沖縄振興開発金融公庫は2022年度以降に統合。
(注3)　このほか，ゆうちょ銀行，かんぽ生命が存在する。
(出所)　全国銀行協会金融調査部編『図説　わが国の銀行〔9訂版〕』(財経詳報社，2013年)

した株式会社でなければならないとされている（銀行4条の2以下参照）。

　銀行以外にも預金受入金融機関は多数存在する。信用金庫がその例であるが、日本では、業態別に監督法（業法）が設けられているという特徴がある（信用金庫については信用金庫法）。なお、日本の中央銀行である日本銀行は、日本銀行法にもとづいて設立された法人であり、金融政策を担当するなど重要な役割を果たすが、日本銀行も、日本銀行法にもとづいて預金の受入れを行っている。

(3)　金融会社・ノンバンク

　「金融会社」とか「ノンバンク」（原語である英語では「non-bank bank」というのが通常）という用語は、法律上は銀行ではないけれども銀行と同じような機能を果たす機関を意味するのが通常である。日本では、貸金業法にもとづく貸金業者やリース会社・クレジット会社などがこのジャンルに該当する。預金の受入れをしないで貸付け等の与信をするという面に着目した用語であるといえる。

(4)　金融取引・銀行取引

　「金融取引」とは何か。これも講学上の概念である。法的には、おカネ（資金）を出す者とそれを受ける者あるいは信用を供与する者とこれを受ける者との間の取引といえそうであるが、経済的には、将来キャッシュフローを契約で移転するという取引である。異なる時点を取引するものであり、その意味で、取引をする時点で将来のことは不確実なので、リスクを移転する取引であるということもできる。

　なお、「銀行取引」とは、銀行（上述）が当事者の一方ないし双方となって行われる取引である。本書が主として取り上げるのは、この意味での銀行取引である。

(5)　消費者・投資者・預金者

　「消費者」という概念は、一般には、投資者・預金者を含む広い概念である。なお、消費者契約法における消費者の概念は「個人（事業として又は事業のために契約の当事者となる場合におけるものを除く。）」と定義されているが（2条1項）、一般に使われる消費者概念はこれよりも広い。

　「投資者」という用語は、一般には、金融商品に投資をする者という意味で

あり，広義では，預金者を含む。なお，金融商品の販売等に関する法律は，金融商品の販売の相手方を「顧客」と定義している（預金者を含む。2条4項・1項1号）。また，金融商品取引法の1条は，「この法律は，企業内容等の開示の制度を整備するとともに，金融商品取引業を行う者に関し必要な事項を定め，金融商品取引所の適切な運営を確保すること等により，有価証券の発行及び金融商品等の取引等を公正にし，有価証券の流通を円滑にするほか，資本市場の機能の十全な発揮による金融商品等の公正な価格形成等を図り，もつて国民経済の健全な発展及び投資者の保護に資することを目的とする。」と定めているが，同法は，預金については，特別のものを除いて，対象とはしていない。

「預金」や「預金者」という用語は，銀行法等において定義はされていない。後述するように，日本の銀行法の下では，預金の受入れを業として行うことは銀行業となり，銀行法による規制に服する。

第2節　金融取引法

1　銀行取引の類型

(1)　銀行の取引と銀行以外の金融機関の取引

金融機関ないし金融仲介機関というのは，講学上，広義においては，金融を仲介する役務を提供する機関を意味する。この意味での金融機関には，銀行などの預金取扱金融機関のほか，証券会社や保険会社なども含まれる。もっとも，具体的な個々の法律で金融機関概念が定義される場合にはそれによる（⇨第1節 **2**(1)参照）。

本書が主として取り上げる金融取引は，銀行取引である。銀行取引とは，銀行が行う業務の範囲において顧客との間で行われる取引である。

(2)　銀行の本質的な機能

銀行法は，同法による営業免許（銀行4条）の対象となる「銀行業」について，①預金または定期積金の受入れと資金の貸付けまたは手形の割引とを併せ行うこと，②為替取引を行うこと，のいずれかを行う営業と定義している（2

条2項)。これらは，銀行の「固有業務」と称される（10条1項）。

　　(a)　受信取引と与信取引――資金仲介機能　　上記①によると，預金等の受入れ（受信取引）と資金の貸付け等（与信取引）の両方を併せて行うことが銀行業である。資金の貸付けのみを業として行っても，預金等の受入れを行わない場合は，銀行業には当たらない（いわゆるノンバンク）。

　このように，受信取引と与信取引とが関連して行われるところに銀行取引の本質的な特徴がある[3]。このことは，資金の余剰主体から預金等の形で資金を受け入れ，それを資金の需要主体に供給するという，資金仲介機能が銀行の本質的な機能の一つであることを意味する。資金余剰主体と資金需要主体との間に金融仲介機関が介在する金融方式は，間接金融と呼ばれる。間接金融においては，最終的な借り手である企業等が破綻しても，そのリスクは金融機関が負担するため，その破綻リスクは，貸し手である預金者に直接に及ぶことはない。

　なお，預金等の受入れについては，業としての預り金を行うことは一般的に禁止されているため（出資取締2条），預金等の受入れができるのは，銀行などの預金取扱金融機関に限られることになる。

　　(b)　資金決済機能　　他方で，上記②の為替取引を業として行うことも，銀行業に当たる。銀行法2条2項2号にいう「為替取引を行うこと」とは，判例によれば，「顧客から，隔地者間で直接現金を輸送せずに資金を移動する仕組みを利用して資金を移動することを内容とする依頼を受けて，これを引き受けること，又はこれを引き受けて遂行すること」をいうと解されている（最判平成13年3月12日刑集55巻2号97頁）。

　そして，隔地者間において，現金通貨の輸送によらない資金移動の方法としては，預金通貨（流動性預金口座にかかる預金債権）を用いて行われるのが通常である。このような預金通貨と直接に結びつけた形での資金決済機能は，預金取扱金融機関である銀行に固有の機能であるということができる[4]。

　　(c)　銀行の法定業務　　銀行が営むことができる業務としては，上記の①固有業務（銀行10条1項）のほか，②付随業務（同条2項），③他業証券業務等

3）　小山嘉昭『詳解銀行法〔全訂版〕』（金融財政事情研究会，2012年）64頁を参照。
4）　なお，2010（平成22）年4月1日より施行された資金決済法により，銀行等以外の者であっても，「資金移動業者」としての登録を受ければ，為替取引（少額の取引として政令で定めるもの〔100万円に相当する額以下。資金決済令2条〕）を業として行うことが認められている（資金決済2条2項・3項，37条）。

(11条），④法定他業（12条）の四つが定められている。

2 銀行取引の特徴

(1) 銀行取引の法的特徴

銀行取引を法的な観点からみたときには，次の点に特徴が認められよう。

第一に，銀行取引は，基本的には，単発契約ではなく，継続的契約としての性格をもつことである。今日，個人であれ企業であれ，それらの経済活動は，与信，受信および資金決済のいずれについても，銀行取引なくしては成り立たないから，必然的に取引の継続性が生ずる。

法的には，取引を行う枠組みとしてのルールを定める基本契約（枠契約）とそれにもとづく個別の契約の二重構造をもつ。そして，枠契約は定型化・標準化される。このように設定された枠組みの中で反復継続して個別契約がなされるが，そこから当事者間には相互の信頼関係と法的安全性に対する期待が生じ，その法的な保護が強く要請されることになる[5]。

第二に，与信取引，受信取引および為替取引が複合して行われることにより銀行取引に特有の問題が生ずることである。

与信取引と受信取引とを併せて行うのが銀行であり，また，預金口座と直接に結びついた形での資金決済機能を提供するのは銀行のみであり，為替取引と受信取引とが結合している[6]。いずれの局面でも，預金口座が取引の媒体として介在するため，そこに特有の問題が生ずることになる。

また，銀行は，顧客との取引等を通じて知りえた情報について，商慣習または契約にもとづく守秘義務を負うとされるが[7]，この局面でも，上記のような取引の複合性から顧客の経済上の情報が銀行に集積することによって生ずる特有の問題が認められよう[8]。

---

[5] たとえば，相殺の担保的機能ないし相殺予約の効力について無制限説をとる判例（最大判昭和45年6月24日民集24巻6号587頁）の基礎には，こうした銀行取引における継続性の保護の必要性があるとみることができよう。

[6] この点に関して，判例（最判平成21年1月22日民集63巻1号228頁）は，預金契約にもとづいて金融機関の処理すべき事務には，委任事務ないし準委任事務の性質を有するものも多く含まれていることから，預金契約を消費寄託契約と委任ないし準委任契約の複合的な法律関係としてとらえている。

[7] この点に関する判例として，最決平成19年12月11日民集61巻9号3364頁，最決平成20年11月25日民集62巻10号2507頁を参照。

[8] 銀行の守秘義務については，岩原紳作「銀行取引における顧客の保護」鈴木禄弥＝竹内昭夫

(2) 銀行間取引と銀行・顧客間の取引

　取引の当事者に着目した分類としては，銀行その他の金融機関同士の間で行われる金融取引（銀行間取引）と，銀行その他の金融機関とそれ以外の顧客との間で行われる金融取引（銀行・顧客間取引）とに分けることができる。

　前者は，金融に関する専門家間の取引であり，基本的には自由な合意にもとづく自己責任の原理が妥当し，予測可能性や取引安全などの経済合理性の面がより重視される。また，銀行間取引が金融システムの構成要素である場合には，単に契約当事者間の問題としてだけでなく，それが金融システム全体に与える影響（システミック・リスク）を考慮して検討されなければならない。

　これに対し，後者では，銀行その他の金融機関が顧客を相手に行う取引であり，経済的にみて弱い立場にある顧客保護のための規制が設けられることが少なくない。

　さらに，顧客が個人事業者や法人である場合と，消費者（事業としてでもなく，事業のためにでもなく契約の当事者となる個人〔消費契約2条1項〕）である場合によっても，保護の態様は異なる。顧客の保護一般として共通の部分と，消費者としての保護の対象となる部分との二層に分かれる。そして，銀行取引の分野でも，今日，消費者保護の要請が強まる傾向にあり，個別の問題の解決に反映されている。

3　金融取引を規律する法規範

(1) 法令・判例

　(a)　民商法およびその特別法　　銀行取引の私法上の法律関係については，私法の一般法である民法および商法によって規律されることになる。そのほか，現在では，銀行取引の分野に関する民商法の特別法が数多く制定されるに至っている。

　近時に制定された法律のうち主要なものとしては，①一括清算法（金融機関等が行う特定金融取引の一括清算に関する法律。1998〔平成10〕年），②金融商品販売法（金融商品の販売等に関する法律。2000〔平成12〕年），③偽造・盗難カード預

編『金融取引法大系（1）』（有斐閣，1983年）163頁以下などを参照。このほか，銀行が保有する顧客情報に対する外部機関からの照会との関係で生ずる具体的問題については，神田秀樹ほか『金融法講義』（岩波書店，2013年）85頁以下〔砂山晃一〕などを参照。

貯金者保護法（偽造カード等及び盗難カード等を用いて行われる不正な機械式預貯金払戻し等からの預貯金者の保護等に関する法律。2005〔平成17〕年），④犯罪収益移転防止法（犯罪による収益の移転防止に関する法律。2007〔平成19〕年），⑤振り込め詐欺救済法（犯罪利用預金口座等に係る資金による被害回復分配金の支払等に関する法律。同年），⑥資金決済に関する法律（2009〔平成21〕年），⑦金融 ADR 制度に関連する諸法令（同年）などを挙げることができる。

　(b)　判　　例　　また，民商法その他の法律による規律の解釈については，「判例」が特に重要な意義を果たしている。判例とは，最上級審である最高裁判所が下した個々の判決から抽出された先例となる規範を意味する。特に民商法の規定を解釈する判例の中には，銀行取引で問題が生ずる具体的な局面に即してその規律を具体化したものが少なくない。また，そのような判例の展開によって特別法の制定が促されることもある。

(2)　銀行取引における契約

　銀行取引は，主として銀行と顧客の契約を通じて行われるから，私法関係の中でも契約に関する規律が重要な意義を有する。

　(a)　契　　約　　私法上の契約については，契約当事者は，その合意により，法令の制限内において，自由に契約の内容を決定することができるという契約自由の原則が妥当する。銀行取引における顧客と銀行の法律関係は，まずもって当事者の契約によって規律される。

　民法が定める典型契約に関する規定の多くは，任意規定であり，その観点からは，当事者の合意を補充する規範としての意味が認められるにすぎない。そして，銀行取引にかかる契約の多くは，次にみる約款によって具体的な規律が詳細に定められるのが通常である。もっとも，約款によっても，将来生じうるあらゆる紛争に対して具体的な規律をあらかじめ用意することは不可能である。民法が定める典型契約の各規定は，紛争が生じた場合に，問題となっている契約関係について法的な性質決定を行い，それに即した合理的な規律を解釈により導くための分析道具概念として，判例法上も重要な意義を果たしている。

　さらに，約款規制や消費者契約における不当条項規制が問題となる局面では，民法の任意規定は，問題となる条項の合理性を審査する上での基準として機能している。その意味では，契約自由の原則の下でも，信義則などの客観的規範

と並んで，民商法が定める各種契約の任意規定の果たす役割は小さくはない。

　(b)　「約款」による取引　　銀行間取引においても，銀行・顧客間取引においても，金融取引の多くは「約款」（普通契約約款）による取引である。

　約款とは，多数の取引相手方と大量の定型的な取引を行うために，事業者によってあらかじめ準備された契約条項の総体である。

　(i)　約款の法的拘束力　　当事者の一方があらかじめ作成した約款に含まれるすべての条項について，相手方が契約締結時に認識していない場合であっても，それがなぜ契約の内容に取り込まれるのか，という約款の法的拘束力については議論がある[9]。

　この点につき，約款によらない意思を表示しないで契約した場合は，反証のない限り「約款による意思」があると推定し，約款に含まれる各条項を契約の内容とする包括的合意があるという「意思推定説」が伝統的な判例である（大判大正4年12月24日民録21輯2182頁）。学説上は，かつては，当該取引圏において「取引は一般に約款による」ということが商慣習法または事実上の商慣習として認められる場合には，約款の拘束力が認められると説く「白地商慣習説」が通説であるとされた。しかし，現在では，約款による契約も契約の一種であるととらえた上で，相手方に約款内容について認識する機会が確保されていることを前提として，約款による意思があれば，約款中の条項は契約内容となると解する立場が有力になっている（約款の「採用」ないし「組入れ」要件と称される）。もっとも，諸外国でもこの点の考え方は異なり，わが国の学説においても確立していない。

　(ii)　約款の内容規制　　約款は，事業者があらかじめ作成した契約条項であり，経済的な交渉力の非対称性から，取引の相手方はそれをそのまま受け入れるか否かの自由しか有しないから（附合契約性），条項内容の合理性が確保されない可能性がある。また，それに含まれる条項が多数にわたる約款には，個々の条項の内容を十分に認識することなく契約を締結させる「隠蔽効果」があるとの見方もある。そこで，約款に不当条項が含まれている場合には，その

---

9)　銀行取引約款に即して，この点を論ずるものとして，林良平＝安永正昭「銀行取引と約款」加藤一郎ほか編『銀行取引法講座（上）』（金融財政事情研究会，1976年）12頁以下，山下友信「銀行取引と約款」鈴木＝竹内編・前掲注8）97頁以下，同「銀行取引約款の効力」藤林益三＝石井眞司『判例・先例金融取引法〔新訂版〕』（金融財政事情研究会，1988年）7頁以下を参照。

内容規制が問題となる。

　取引の相手方に消費者が含まれる場合には，消費者契約法による不当条項規制の対象となる（消費契約8条～10条）。これに対し，もっぱら事業者間取引で約款が用いられる場合には，民法の一般条項を通じた内容規制の問題となる。法令違反または公序良俗違反（民90条）のほか[10]，約款に含まれる当該条項の効力を主張することが信義則違反または権利濫用に当たるとされ，不当条項の効力が否定される場合もある[11]。このほか，わが国の判例で広く用いられているのは，約款に含まれる不当条項を単に無効とするのではなく，それを合理的な内容に限定して解釈することを通じてその不当性を除去するという手法である（「隠れた内容規制」と称される）[12][13]。

COLUMN 1-1　定型約款

　2015（平成27）年3月31日に国会に提出された民法（債権関係）の改正案では，民法548条の2以下において，「定型約款」に関する規定が創設されている。

　「定型約款」の意義　「定型約款」とは，「定型取引において，契約の内容とすることを目的としてその特定の者により準備された条項の総体」とされ，「定型取引」とは，①ある特定の者が不特定多数の者を相手方として行う取引で，かつ，②その内容の全部または一部が画一的であることがその双方にとって合理的なものと定義される（民法改正案548条の2第1項）。

　立案担当者によれば，②につき，その契約内容が画一的である理由が単なる当事者間の交渉力の格差（附合契約性）によるものであるときは，契約内容が画一的であることは相手方にとっては合理的とはいえず，「定型約款」に当たらないと説明されている。従来用いられてきた講学上の「約款」概念は，契約当事者の経済的な交渉力の非対称性によって条項内容の合理性が十分に確保されない「附合契約性」を示す外形的指標としてとらえられてきたのに対し，「定型約款」は，契約内容の全部または一部が画一的であることが合理的である場合を示すものであり，従来の「約款」とは法的観点を異にする概念であるということができよう。

　このような「定型約款」の定義によると，事業者間でのみ行われる取引におい

---

10) 金融取引に関するものとして，最判平成15年12月19日民集57巻11号2292頁（一括支払システム契約における譲渡担保権実行の合意の効力）など。
11) 金融取引に関するものとして，最判平成2年4月12日金判883号14頁（担保保存義務を免除する旨の特約の有効性）など。
12) 山下・前掲注9)「銀行取引約款の効力」8頁を参照。
13) 金融取引に関するものとして，最判昭和46年6月10日民集25巻4号492頁（当座勘定取引約款の免責条項），最判昭和62年7月17日民集41巻5号1359頁（銀行取引約定書の手形の偽造等による損害負担規定の適用範囲），最判平成9年10月31日民集51巻9号4004頁（信用保証取引に関する約定中のいわゆる旧債振替禁止条項の違反の効果）など。

て利用される約款や契約書のひな型は，基本的に「定型約款」には該当しないとの結論が導かれるとされている（法制審議会「民法（債権関係）部会資料86-2」1～2頁）。たとえば，銀行取引に用いられる各種の約款の中でも，銀行取引約定書は①および②の要件をみたさないため「定型約款」には当たらないが，他方，事業者間の取引であっても，相手方が法人であることのみを理由に適用除外とする合理性を有しない預金規定などは「定型約款」に含まれるとされる。

「定型約款」の法的効果——みなし合意　「定型約款」に関する規律には，次の二つがある。

第一に，定型取引を行うことの合意（定型取引合意）をした場合において，①定型約款を契約の内容とする旨の合意をしたとき，または，②定型約款準備者があらかじめその定型約款を契約の内容とする旨を相手方に表示していたときには，定型約款の個別の条項についても合意をしたものとみなされる（民法改正案548条の2第1項）。

第二に，定型約款準備者が約款を変更した場合において，①当該変更が相手方の一般の利益に適合するとき，または，②当該変更が契約をした目的に反せず，かつ，合理的なものであるときには，変更後の定型約款の条項についても合意があったものとみなされ，個別に相手方と合意することなく，定型約款を変更することができる（民法改正案548条の4第1項）。

以上のように，「定型約款」に付与される法的効果は，「定型約款」を用いた契約の成立およびその内容変更の局面において，定型約款に含まれる個別条項について，契約当事者に個別の合意がない場合であっても，「みなし合意」が認められることにある。「定型約款」に含まれる個別条項について，「みなし合意」によってそれが契約内容になっているか否かは，上記の各要件の下で判断されることになるが，それ以外の約款一般については，従前どおり，契約の一般原則の解釈にゆだねられることになろう。

「定型約款」と不当条項規制？　定型取引を行う合意がなされた場合であっても，定型約款の個別の条項のうち，相手方の権利を制限し，または相手方の義務を加重する条項であって，その定型取引の態様およびその実情ならびに取引上の社会通念に照らして信義則に反して相手方の利益を一方的に害すると認められるものについては，当該個別条項についての「みなし合意」は認められないとされる（民法改正案548条の2第2項）。

上記規定の要件は，一見すると，消費者契約法10条が定める不当条項規制の要件と類似している。しかし，同法10条の趣旨は，事業者と消費者との間の情報や交渉力の格差に鑑みて不当条項を無効とするものであるのに対し，上記規定の要件充足は，契約内容が画一的であることが当事者双方にとって合理性を有することから，個別条項について具体的に認識しなくても合意したものとみなされるという「定型約款」の特殊性を考慮して，みなし合意の効果付与の当否を判断するものであって，両者は趣旨を異にし，結論に違いが生ずることがありうると

説明されている（法制審議会「民法（債権関係）部会資料86-2」4頁）。したがって，民法改正案548条の2第2項が，事業者間の取引で用いられる「定型約款」の個別条項についても，消費者契約法10条による不当条項規制に相当する規律を及ぼすものということはできない。

　また，上記規定の要件をみたす場合であっても，定型約款に含まれる当該個別条項が「みなし合意」によって契約内容となることが認められないだけであって，当該条項が無効となるわけではない。したがって，契約当事者が約款に含まれる個別条項の内容について認識した上で合意がなされた場合や，約款に含まれる個別条項を契約内容とする包括的合意がなされた場合には，契約の一般原則によって，当該条項が契約内容となることを妨げるものではないことに注意を要する。

　（c）　銀行取引に関する各種約款　　（i）　銀行取引約定書　　銀行取引に関する各種の普通取引約款のうち，最も代表的なものが，銀行取引約定書である。これは，銀行が行うすべての与信取引に共通に適用される基本的な条項を定める基本約定書である[14]。これには，①与信取引の総則的条項，②債権保全に関する条項，③危険負担・免責条項，④担保・保証条項などが含まれる（本書巻末に収録する銀行取引約定書を参照）。

　全国銀行協会連合会（現在の全国銀行協会。以下「全銀協」という）は，1962（昭和37）年8月に，銀行業界における初めての統一約定書として「銀行取引約定書ひな型」を作成・公表した。それ以前は各銀行がそれぞれ独自に約定書を作成し，顧客との取引に使用していたところ，銀行の与信取引はその大部分が定型化されているにもかかわらず，それまでの各銀行が採用する約定書は，その内容・形式等において相違がみられ不統一であった。そのため，取引当事者のみならず第三者に対する関係でも予見可能性，取引の安全性に欠けるとされ，また，銀行の約定書には，顧客の利益を損なうような，銀行に一方的に有利な規定が含まれているとの批判もあった。そこで，銀行取引契約の合理化・明確化を図るために，統一約定書のひな型を制定したものである。その後，1977（昭和52）年に全面改正が行われた。

　しかし，全銀協は，2000（平成12）年4月に銀行取引約定書ひな型を廃止し

14）　銀行取引約定書の制定経緯および解説としては，石井眞司『新銀行取引約定書の解説』（経済法令研究会，1977年），堀内仁＝柴崎純之介編『新銀行取引約定書と貸付実務』（金融財政事情研究会，1978年），石井眞司ほか編『銀行取引約定書――その理論と実際（堀内仁先生傘寿記念）』（経済法令研究会，1985年），天野佳洋監修『銀行取引約定書の解釈と実務』（経済法令研究会，2014年）などを参照。

た[15]。これは，金融自由化の進展や自己責任原則にもとづく創意工夫の要請などの近年の銀行界を取り巻く環境の変化がある一方，公正取引委員会から，全銀協がひな型を示すことは銀行間の横並び行動を助長し，銀行間の競争制限の効果をもつとの指摘があったことを踏まえ，その取扱いについて検討した結果，ひな型を廃止することとされたものである。現在では，銀行取引約定書などの各種の約款は，各金融機関が創意工夫により独自に作成することが期待されており[16]，銀行ごとにその改訂作業が行われている。

(ii) 銀行取引約定書の対外効　銀行取引約定書などは約款に相当するから，約款における不当条項規制について先に述べたことが妥当するが，それに加えて，銀行取引約定書については，それに定める条項にもとづく効力が当事者間では有効であるとしても，それが第三者に対する関係でも認められるのかが問題となる[17]。特に，銀行が債権保全のために定めた約款条項の効力を認めることが，顧客の他の債権者との関係で，実質的に優先的な債権回収を図ることとなる局面で問題となる[18]。

この点については，一方で，優先的な債権回収の効力を認めることに合理性が認められるか，他方で，第三者に不測な損害を与えないために，そのような特約条項についての一定程度の公知性が認められるかという観点から，条項の対外効を認めることの当否が論じられている。

15) なお，全銀協は，銀行取引約定書ひな型の廃止にあたり，「銀行取引約定書に関する留意事項」を作成し，各会員銀行に通知した（「銀行取引約定書ひな型の廃止と留意事項について」（全銀協平成 12 年 4 月 18 日全業会 18 号）金法 1578 号〔2000 年〕84 頁）。以上につき，加藤史夫＝阿部耕一「『銀行取引約定書ひな型』の廃止と留意事項の制定」金法 1579 号（2000 年）6 頁以下，阿部耕一「銀行取引約定書ひな型の廃止と留意事項について」銀法 577 号（2000 年）4 頁を参照。
16) なお，経済法令研究会は，各金融機関による銀行取引約定書の改訂の参考に資するために，銀行取引約定書の試案を公表している（「銀行取引約定書第二次試案の公表について」銀法 613 号〔2003 年〕32 頁以下，秦光昭「銀行取引約定書の第二次試案について」同 38 頁以下）。
17) この点については，林良平「銀取約定書の効力」堀内仁監修『判例先例金融取引法』（金融財政事情研究会，1979 年）88 頁以下，米津稜威雄「債権特約の対第三者効（上）（下）」手研 357 号（1984 年）4 頁以下，358 号（同年）4 頁以下，秦光昭「銀取約定と対外効」金法 1596 号（2000 年）4 頁以下などを参照。
18) 約款条項の対外効が肯定された例としては，相殺の担保的機能に関わる利益喪失条項（最大判昭和 45 年 6 月 24 日民集 24 巻 6 号 587 頁，最判昭和 45 年 8 月 20 日判時 606 号 29 頁），満期前の割引手形の当然買戻条項（最判昭和 51 年 11 月 25 日民集 30 巻 10 号 939 頁）など。対外効が否定された例として，三者間の相殺予約（最判平成 7 年 7 月 18 日判時 1570 号 60 頁）など。

(iii)　銀行取引に関する各種の約定書　　銀行取引約定書には，手形割引・手形貸付に特有の条項が含まれるが，それ以外の与信取引については，それぞれに特有の貸付約定書が定められており，金銭消費貸借契約証書，支払承諾約定書，消費者ローン約定書などがある。

　このほか，受信取引については，当座勘定規定，普通預金規定，総合口座取引規定などの各種の預金規定がある。また，為替取引については，振込規定，インターネットバンキング利用規定，代金取立規定，信用状取引約定書などがある。

　(d)　商慣習ないし慣習　　このほか，商事に関し，商法に規定がない事項については商慣習に従うとされ，商慣習がない場合には民法の規定によるとされる（商1条1項）。また，民法では，任意規定と異なる慣習がある場合において，契約当事者がその慣習による意思を有していると認められるときは，その慣習によるとされる（民92条）。銀行取引に関しても，契約上の規律の解釈ないし補充の局面で，商慣習ないし事実たる商慣習が援用される場合があり，これを認めた判例もある。もっとも，約款による規律の一般化に伴い，その外で商慣習の働く余地は相対的に小さくなっているとされる。

(3)　金融監督法および金融庁の監督指針

　金融監督法は，国が金融分野を規制する公法的規制の分野であり，それにもとづく事業者の行為規制は，いわゆる業法上のルールであって，直接的には，取引ルールとしての私法上の権利義務関係に影響しない。しかし，金融監督法によって課される行為規範も，私法上の権利義務の内容を確定する上で，民法の信義則規範などの一般条項を通じて間接的に取り込まれることはありうる。

　また，銀行法の適用を所管する監督当局である金融庁が定める監督指針（「主要行等向けの総合的な監督指針」「中小・地域金融機関向けの総合的な監督指針」「金融商品取引業者等向けの総合的な監督指針」など）についても，同様のことが妥当しよう。

(4)　自主ルール

　このほか，事業者団体などの自主規制機関が定める自主ルールは，それ自体は法規範ではないが，私法上の権利義務の内容を具体化し，確定する上で考慮されることがありえよう[19]。

今日では，法令などのハード・ローと当事者により自主的に策定された規範であるソフト・ローとの協働によって法規範が形成されるという現象が様々な分野で広く観察されるが，銀行取引の分野においても，このことは当てはまる[20]。たとえば，国内で活動する銀行の事業者団体である全国銀行協会（全銀協）が定める各種のガイドラインや申し合わせなどには，そのような性質が認められるものがあろう。

4　金融商品の勧誘・販売における説明義務

(1)　銀行の説明義務・情報提供義務

一般に，私法上，契約当事者に情報能力の格差がある場合に，事業者にその相手方である顧客に対する説明義務ないし情報提供義務が課される場合があることが認められている。このような義務は，民法における信義則規範という一般条項（民1条2項）を根拠として，個別の事例に即して具体化される義務としての性質を有している。そして，契約の一方当事者が，当該契約の締結に先立ち，信義則上の説明義務に違反して，当該契約を締結するか否かに関する判断に影響を及ぼすべき情報を相手方に提供しなかった場合には，相手方が当該契約を締結したことにより被った損害について，当該契約上の債務の不履行による賠償責任（415条）ではなく，不法行為による賠償責任（709条）が成立するというのが判例である（最判平成23年4月22日民集65巻3号1405号）。

金融機関が顧客に対し金融商品の勧誘・販売を行う際にも，上記のような民法の一般原則にもとづく私法上の説明義務が課されることになる。このような銀行の説明義務は，その固有業務である与信取引・受信取引においても認められるが，近年，多くの訴訟で主張されるようになったのは，付随業務としての金融商品の勧誘・販売における説明義務である。

---

19) たとえば，最高裁平成17年7月14日判決（民集59巻6号1323頁）は，適合性の原則から著しく逸脱した証券取引の勧誘をしてこれを行わせたときは，当該行為は不法行為法上も違法となるとの解釈を示す際に，その当時は適合性の原則を定める明文の規定はなかったが，「直接には，公法上の業務規制，行政指導又は自主規制機関の定める自主規制という位置付けのもの」で同趣旨の原則が要請されていたことをその根拠として摘示している。

20) たとえば，全銀協の申し合わせ「預金等の不正な払戻しへの対応について」に関して，大川昌男＝吉村昭彦「預金の不正払戻しに関する個人預金者と銀行との間の損失分担ルールについて——ハードローとソフトローの協働」ソフトロー研究15号（2010年）1頁以下を参照。なお，三上徹「偽造・盗難カード等の不正使用からの預貯金者保護法の諸問題」新堂幸司＝内田貴編『継続的契約と商事法務』（商事法務，2006年）317〜318頁も参照。

このような説明義務の重要性の認識が高まった背景には，1996（平成8）年11月に提唱された日本版ビッグバン構想による金融規制の緩和の動向がある。そのような金融システム改革の中で，多様なリスクとリターンをもつ金融商品が広く提供されるようになる。とりわけ，元本保証のない金融商品の増加，金融商品の仕組みの複雑化，顧客層の多様化に伴い，金融機関の説明義務違反を主張して，顧客が金融商品の購入によって被った損害の賠償を求める訴訟が提起されるようになり，現在もその増加の傾向は続いている。

　このような動きの中で，法制面でも，顧客の保護を包括的・横断的に図る立法の必要性が認識され，金融機関が顧客に対し金融商品の勧誘・販売を行う際にも，上記のような民法の一般原則にもとづく説明義務の内容を具体化する特別法がいくつか制定されている。

　このような特別法は，「取引ルール」と「業者ルール」に大別される。「取引ルール」というのは，当事者間の私法上の権利義務の具体化・明確化を図るものであり，その義務違反には，損害賠償責任などの私法上のサンクションが課されるものである。これに対し，「業者ルール」（業法上のルール）は，規制監督法上の観点から特定の事業者の行為規制を行うものであり，その違反に対しては，一定の場合には罰則が科されるほか，監督当局による業務改善命令や業務停止命令などの行政処分がなされるものである。もっとも，「業者ルール」であっても，その規制内容が先にみた民法の信義則規範などを介して間接的に，私法上の権利義務の内容に取り込まれることが一般に認められている。

　金融商品の勧誘・販売に関する特別法としては，金融商品販売法（金融商品の販売等に関する法律）と銀行法・金融商品取引法とがあるが，前者は民商法の特別法（取引ルール）であるのに対し，後者はいわゆる業法（業者ルール）である。以下ではまず，このような二つの系統の特別法の内容を概観することにしよう。

(2)　金融商品販売法における説明義務

　金融商品販売法は，2000（平成12）年5月に成立し，2001（平成13）年4月より施行された法律で，民法の不法行為の特則を定めたものである[21]。さら

---

21)　金融商品販売法については，大前恵一朗＝滝波泰『一問一答 金融商品販売法』（商事法務研究会，2001年），松尾直彦監修『逐条解説 新金融商品販売法』（金融財政事情研究会，

に，2006（平成18）年の改正により，説明義務の拡充や対象となる商品・取引等の範囲の拡充（有価証券およびデリバティブ取引）などが図られた。

金融商品販売法3条1項は，「金融商品販売業者等」が「金融商品の販売等」を行う際に，顧客に対し「重要事項」について説明する義務を課している。銀行も「金融商品の販売等を業として行う者」として，金融商品販売業者に当たる。

説明義務の対象となる「金融商品の販売」としては，①預金，貯金，定期積金等の受入れを内容とする契約の締結，②一定の要件に該当する金銭の信託にかかる信託契約の締結，③保険業を行う者が保険者となる保険契約の締結，④一定の有価証券を取得させる行為，⑤一定のデリバティブ取引などがこれに当たる（金販2条1項）。金融商品の面からは，後にみる金融商品取引法よりも金融商品販売法の方が適用対象は広い。

（a）説明義務の内容　金融商品販売法3条1項1号～7号では，顧客の判断に重要な影響を及ぼす「重要事項」の具体的な内容を定めている。

重要事項とは，主として金融商品のリスクに関連した事項を意味するが，リスクには，①市場リスクと②信用リスクがある。

　（i）市場リスク　市場リスクとは，「金利，通貨の価格，金融商品市場における相場その他の指標に係る変動」であり，投資対象となる金融商品にかかる市場の価格変動リスクを意味する。

こうした市場リスクに関しては，①これらの指標にかかる変動を直接の原因として，「元本欠損が生ずるおそれ」または「元本を上回る損失が生ずるおそれ」，②当該「指標」，③上記①の元本欠損または元本を上回る損失が生ずるおそれを生じさせる当該金融商品の販売にかかる「取引の仕組みのうちの重要な部分」を重要事項として顧客に対して説明する義務がある（金販3条1項1号・2号）。

　（ii）信用リスク　信用リスクとは，「当該金融商品の販売を行う者その他の者の業務又は財産の状況の変化」であり，金融商品販売業者や有価証券の発行者などの投資先の事業者が破綻し，その債務が履行されないリスクを意味する。

こうした信用リスクに関しては，①上記の者の業務または財産の状況の変化

2008年）を参照。

を直接の原因として,「元本欠損が生ずるおそれ」または「元本を上回る損失が生ずるおそれ」,②上記の者,③上記①の元本欠損または元本を上回る損失が生ずるおそれを生じさせる当該金融商品の販売にかかる「取引の仕組みのうちの重要な部分」を重要事項として顧客に対して説明する義務がある（金販3条1項3号・4号）。

　（iii）　権利行使・契約解除の制限　　このほか,金融商品の販売の対象である権利を行使することができる期間の制限や,金融商品の販売にかかる契約の解除をすることができる期間の制限がある場合には,そのような制限がある旨を重要事項として顧客に対して説明する義務がある（金販3条1項7号）。

　(b)　金融商品販売法上の説明義務違反の効果　　金融商品販売法上の説明義務等の違反の効果については,民法の不法行為責任に関する特則として,金融商品販売法3条の義務違反があれば,金融商品販売業者は当然に無過失の損害賠償責任を負うとともに（金販5条）[22],元本欠損額をもって,当該義務違反によって生じた損害の額と推定している（6条）。

　(c)　消費者契約法との関係　　顧客が消費者である場合には,消費者契約法も重畳的に適用される。よって,同法4条に定める取消事由に該当する事業者の勧誘行為（不実告知〔消費契約4条1項1号〕,断定的判断の提供〔同項2号〕,不利益事実の不告知〔2項〕）が認められる場合には,消費者には契約の取消権が付与される。

(3)　金融商品取引法における説明義務

　金融商品取引法は,2006（平成18）年6月に,証券取引法を改称して抜本的な改正がなされ,2007（平成19）年9月より施行された法律である[23]。

---

22)　金融商品販売法5条は,同法3条の義務違反がある場合には,金融商品販売業者の主観的な故意・過失の立証を不要とする無過失の損害賠償責任を課したものと一般に説明されている（大前＝滝波・前掲注21）126頁,松尾監修・前掲注21）169〜170頁）。もっとも,現在の判例・通説によれば,不法行為法上の過失とは加害者の客観的な行為義務違反を意味すると解されていることからすれば,同法3条の説明義務違反の事実が立証されれば,権利侵害のみならず,不法行為法上の過失の要件充足も通常認められるので,この点では故意・過失の立証を不要とする利点はあまりない。また,使用者責任（民715条）の特則ともされるが（松尾監修・前掲注21）169〜170頁）,民法715条によっても,被用者の行為の事業執行関連性が否定されることは考えにくく,使用者の選任監督上の過失がなかったことによる免責立証はほとんど認められていないので,これらの点でも利点はあまりない。

23)　金融商品取引法については,三井秀範＝池田唯一監修『一問一答 金融商品取引法〔改訂

金融商品取引法は,「金融商品取引業者等」が「金融商品取引契約」を締結しようとする際に,顧客に対して,事前に,一定の重要な事項が記載された書面（契約締結前書面）を交付することを義務づけている（金商37条の3）。

その上で,同法38条8号に定める金融商品取引業者等の「禁止行為」の一つとして,当該契約締結前書面などの一定の書面の交付に関し,当該書面の内容について,顧客の知識,経験,財産の状況および金融商品取引契約を締結する目的に照らして,当該顧客に理解されるために必要な方法および程度による事前の説明をすることなく,金融商品取引契約を締結する行為を定めている（金商業117条1項1号イ）。

金融商品取引法は,金融商品の勧誘・販売に関する基本ルールを「業者ルール」として定めた法律であり,金融商品取引業者の説明義務を,契約締結前の書面交付義務として規定している。これは,業者には説明義務があることを前提として,その実質化を図るために書面作成・交付義務まで課したものとみることができる[24]。業者ルールとして,説明義務を行為規範としての面から間接的に定めたものといえよう。

金融商品取引法にいう「金融商品取引業者等」とは,「金融商品取引業者」（金商法29条にもとづき登録を受けた者）または「登録金融機関」（金商法33条の2により登録を受けた金融機関）を意味し（金商34条）,銀行は後者に含まれる。

契約締結前書面の交付義務の対象となる「金融商品取引契約」とは,「金融商品取引行為」（金商法2条8項各号に掲げる行為）を行うことを内容とする契約を意味する（金商34条）。

説明義務の対象となる「金融商品の販売」としては,①有価証券の売買,②一定のデリバティブ取引,③有価証券の引受け,④有価証券の募集・私募・売り出しなどを行うことを内容とする契約がこれに当たる。

なお,金融商品のうち,預金,保険,信託等は,それぞれ銀行法,保険業法,信託業法等で規制されていることから,金融商品取引法の直接の規制対象とはされていない。しかし,同じ経済的機能を有する金融商品には同じ利用者保護

版）』（商事法務,2008年）,松尾直彦＝松本圭介編著『実務論点 金融商品取引法』（金融財政事情研究会,2008年）,山下友信＝神田秀樹編『金融商品取引法概説』（有斐閣,2010年）,松尾直彦『金融商品取引法〔第4版〕』（商事法務,2016年）などを参照。

24) 畑中龍太郎ほか監修『銀行窓口の法務対策4500講Ⅰ コンプライアンス・取引の相手方・預金・金融商品編』（金融財政事情研究会,2013年）161頁を参照。

ルールを適用するとの横断的な投資者保護法制の考え方にもとづいて，投資性の強い預金，保険，信託等の「販売・勧誘」業務については，金融商品取引法と同等の行為規制が適用されるように各業法が改正されている（銀行法について後述**(4)**(b)を参照）。

(a) 契約締結前書面の内容　契約締結前書面に記載すべき事項は，金融商品取引契約を締結するか否かに関する顧客の判断に影響を及ぼす重要な事項である（金商37条の3第1項）。

具体的には，①金融商品取引契約の概要（金商37条の3第1項3号），②手数料，報酬その他の当該金融商品取引契約に関して顧客が支払うべき対価に関する一定の事項（同項4号），③顧客が行う金融商品取引行為について金利，通貨の価格，金融商品市場における相場その他の指標にかかる変動により損失が生ずることとなるおそれがあるときはその旨（同項5号），④上記③の損失の額が顧客が預託すべき委託証拠金その他の保証金その他内閣府令で定めるものの額を上回るおそれがあるときはその旨（同項6号），⑤このほか，金融商品取引業の内容に関する事項であって，顧客の判断に影響を及ぼすこととなる重要なものとして内閣府令で定める事項（同項7号，金商業82条）である。③④が市場リスクに関する事項であり，⑤の事項には，信用リスクに関する事項が含まれている。

(b) プロ・アマの区分による規制　金融商品取引法は，契約締結前書面の交付義務について，いわゆるプロに当たる「特定投資家」とアマである「一般投資家」（金商40条の4）を区別し，その相手方がプロである場合については，その適用を排除している（45条2号）。ここで「特定投資家」とは，適格機関投資家，国，日本銀行，投資者保護基金その他の内閣府令で定める法人である（2条31項）。

なお，金融商品販売法も，これとパラレルに，顧客が金融商品の販売等に関する専門的知識および経験を有するプロ（特定顧客）である場合には，重要事項の説明義務を免除している（金販3条7項1号，金販令10条1項）。

(4) 銀行法における説明義務

銀行法も，金融商品取引法と同じく「業者ルール」として，銀行による預金等の金融商品に関して，顧客に対する適切な説明がなされるべきことを義務づ

けている。

　(a)　預金商品等に関する情報提供　　すなわち，銀行法は，銀行に対し，預金等（預金および定期積金等）の受入れに関し，預金者等の保護に資するため，内閣府令で定めるところにより，預金等にかかる契約の内容その他預金者等に参考となるべき情報の提供を義務づけている（銀行12条の2第1項）。その上で，内閣府令で定めるところにより，その業務にかかる重要な事項の顧客への説明について健全かつ適切な運営を確保するための措置を講じることを義務づけている（同条2項）。

　そして，預金者等に対する上記の情報提供の具体的な方法として，銀行法施行規則13条の3では，①金利，手数料，預金保険の支払対象の明示（1項1号～3号），②商品の内容に関する情報のうち所定の事項を記載した書面を用いて行う預金者の求めに応じた説明およびその交付（同項4号），③デリバティブ取引，先物外国為替取引などと組み合わせた預金商品については，預入れ時の払込金が満期時に全額返還される保証のないことその他当該商品に関する詳細な説明（同項5号），④変動金利預金については，金利の設定の基準および方法ならびに金利に関する情報の適切な提供（同項6号）などを定めている。

　また，抵当証券，投資信託の受益証券，保険契約などの預金以外の金融商品を扱う場合の説明義務について，銀行法施行規則13条の5では，預金等との誤認を防止するための説明を義務づけている。

　さらに，銀行法13条の3第4号に定める禁止行為の一つとして，「顧客に対し，その営む業務の内容及び方法に応じ，顧客の知識，経験，財産の状況及び取引を行う目的を踏まえた重要な事項について告げず，又は誤解させるおそれのあることを告げる行為」を定めている（銀行則14条の11の3第1号）。

　(b)　特定預金等契約の販売・勧誘　　他方で，銀行が販売している預金商品のうち，投資性の強い預金である「特定預金等契約」の販売・勧誘については，先に述べた横断的な投資者保護法制の考え方から，銀行法は，金融商品取引法が定める行為規制に関する規定を準用している（銀行13条の4・52条の45の2等）。

　ここでいう「特定預金等契約」とは，金利，通貨の価格，金融商品市場における相場その他の指標にかかる変動により元本欠損が生ずるおそれがある預金または定期積金等として内閣府令で定める「特定預金等」の受入れを内容とす

る契約を意味し，デリバティブ預金，外貨預金，通貨オプション組入型預金などがこれに当たる（銀行則14条の11の4）。

(5) 説明義務の法的根拠
──将来のキャッシュ・フローとリスクの移転を目的とする契約

以上で，各種の特別法において金融商品に関する銀行の説明義務がどのように具体化されているのかを概観してきたが，それらに共通して，銀行に説明義務が課される法的な根拠はどこにあるのだろうか。

一般に，金融商品の取引とは，物やサービスそのものの取引ではなく，将来のキャッシュ・フローの移転（資金の配分）とリスク負担の変更（リスクの配分）を取引内容とするものである[25]。金融商品の「販売」といっても，ここでいう「販売」は，商品の財産権の移転を目的とする「売買」（民555条）とは異なる。金融商品販売法2条は，「金融商品」「販売」をそれぞれ定義するのではなく，上記のようなメルクマールが妥当する金融取引のうち，顧客が資金の出し手となる行為を「金融商品の販売」として定義するものである[26]。

以上のように，金融商品の取引においてリスクの説明が必要となるのは，物やサービスの取引において，それに付随して顧客に生ずるリスクについて説明するのとは異なり，将来のキャッシュ・フローの移転とリスク負担の変更がまさに取引内容そのものであるところによる。こうした取引内容としてのリスクは，それを特定する情報が提供されなければそもそも何を取引しているのかすらわからず，かつ，金融商品に関する情報はそれを設計した者のみが有している。これが，金融商品のリスクに関連した一定の重要事項について金融商品販売業者が私法上の説明義務を負う根拠である[27]。そして，説明義務に違反した場合には，顧客へのリスクの移転は認められず，元本欠損等の損害を賠償する義務を負うわけである。

---

[25] 大前＝滝波・前掲注21）55頁。
[26] 大前＝滝波・前掲注21）55頁。神田秀樹「金融インフラ3法について──金融商品販売法を中心として」月刊資本市場181号（2000年）85頁も参照。
[27] 神作裕之「消費者契約法と金融商品販売法」ジュリ1200号（2001年）42頁。本文に述べた理由に加えて，金融市場の観点から，適切な投資判断がなされることによって初めて健全かつ効率的な金融市場が発展しうるという理由により説明している。

(6) 適合性原則と説明義務

いわゆる適合性原則とは、金融商品の取引において、顧客の知識、経験、財産の状況および契約を締結する目的に照らして不適当と認められる勧誘を行ってはならないとする原則をいう。

このような適合性原則については、最高裁平成17年7月14日判決（民集59巻6号1323頁。「平成17年最判」と称する）が「証券会社の担当者が、顧客の意向と実情に反して、明らかに過大な危険を伴う取引を積極的に勧誘するなど、適合性の原則から著しく逸脱した証券取引の勧誘をしてこれを行わせたときは、当該行為は不法行為法上も違法となると解するのが相当である」とした上で、「顧客の適合性を判断するに当たっては、単に……取引類型における一般的抽象的なリスクのみを考慮するのではなく、……具体的な商品特性を踏まえて、これとの相関関係において、顧客の投資経験、証券取引の知識、投資意向、財産状態等の諸要素を総合的に考慮する必要があるというべきである」と判示して、適合性原則の考え方を採用している。

一般に、適合性原則には、狭義の適合性原則と広義の適合性原則の二つが含まれると解されている[28]。

(a) 狭義の適合性原則　　狭義の適合性原則とは、金融取引のリスクについてどんなに説明を尽くしても、それを理解するに足る能力がない顧客に対しては、金融商品の販売・勧誘を行ってはならないというものである。貯蓄や退職金などで資産があるが、金融取引についての知識・経験や判断能力が十分でない高齢者の投資について問題になることが多い。

これは、説明義務の前提となるところの顧客側の理解する能力に関する問題であって、そのような顧客に対して勧誘したこと自体が違法であり、説明義務違反は問題とならない。能力の観点から適性に欠ける者を取引から排除するのは、民法における意思能力ないし行為能力制度と共通の考え方にもとづくものといえるが、民法の行為能力制度が一定の基準にもとづいて定型的に画された者に対して、保護機関を設けた上でその行為能力を制限するのに対し、適合性原則は、そのような顧客を勧誘してはならないという事業者の義務として構成したものであり、当該取引の特性との関係で要求される顧客の能力に即してよ

---

[28] 金融審議会第一部会「中間整理（第1次）」（1999年7月6日）17～18頁。

り柔軟な対応を可能とするものである。

(b) 広義の適合性原則——実質的説明義務　これに対し，広義の適合性原則とは，事業者が利用者の知識，経験，財産の状況および契約目的に適合した形で勧誘を行わなければならないというものである。金融商品の取引業者は，法定の事項を記載した書面を単に形式的に交付すれば足りるのではなく，顧客の属性に照らして当該顧客に理解されるために必要な方法および程度によることを要するというものであり，「説明義務の実質化」ないし「実質的説明義務」と称されるものである。

業者ルールとしての行為規制の面では，旧証券取引法が「顧客の知識，経験及び財産の状況に照らして不適当と認められる勧誘」を行ってはならないことを規定していたが（旧証取43条1号），それを改正した金融商品取引法では，先にみた平成17年最判の趣旨を踏まえ，適合性原則の考慮要素として旧証券取引法が定める考慮要素に「金融商品取引契約を締結する目的」を追加するとともに（金商40条1号），同法38条8号および金融商品取引業等に関する内閣府令117条1項1号において，説明の方法および程度について適合性原則の考え方を取り入れて，説明義務の実質化が図られている[29]。そして，上記規定に違反した場合には，監督当局による業務改善命令（51条・51条の2）または監督上の処分（52条1項6号・52条の2第1項3号）の対象となりうる。

他方で，取引ルールとしての私法上の効果の面では，金融商品販売法は，2006（平成18）年改正の3条2項により，説明義務を尽くしたかどうかを判断するにあたっての解釈基準として広義の適合性原則を取り入れ，これに民事効を付与したものとされる[30]。

(c) 広義の適合性原則の拡張　以上にみたのが金融商品販売法や金融商品取引法で一般に想定される説明義務の内容であるが，さらに進んで，広義の適合性原則と結びついた信義則にもとづく説明義務として，より広い事項を対象とする説明義務を認める見解もある。もっとも，下級審裁判例において個別事例に即した具体的な判断が集積している途上であり，いまだ方向性は確立していない。

一般に，説明義務ないし情報提供義務の対象となる情報は，金融取引の内容

29) 松尾・前掲注23) 421頁など。
30) 松尾監修・前掲注21) 14〜15頁を参照。

に関する一定の重要事項を対象とするものである。しかし，顧客が合理的な投資判断を行うためには，市場リスクや信用リスクなどの金融取引の内容であるリスクについての説明だけでは十分ではなく，当該契約を締結することによって顧客にもたらされる利害得失とその分析評価を行うための情報も必要となってくる。このような利害得失の評価情報を提供する義務は，講学上，一般の情報提供義務と区別する意味で「助言義務」と称されるものである[31]。このような助言義務が，金融商品の取引にかかる契約締結時において，当該取引を行うことが顧客の利益に適合するものかを判断するために必要な情報の提供として，広義の適合性原則にもとづく説明義務に含まれると主張されるわけである。

　このような助言義務の根拠は，当事者の信認関係に求められる。事業者の専門性に対する顧客の信頼からそれに依存する関係が認められる場合には，事業者は，顧客の利益のために行動する義務を負い，顧客の利益を損なうおそれが認められる場合には，顧客の情報能力や分析力の不足を補うために必要な評価情報の提供ないし助言や警告を行う義務を負うと説かれている[32]。

　さらに，契約締結時において問題となる助言義務に加えて，契約締結後の継続的な助言義務としての「アフターケア義務」も，これに関連して問題となりうる[33]。

　平成17年最判の才口千晴裁判官の補足意見は，損失拡大の危険性をはらむリスクの高い商品の取引において，顧客がリスクをコントロールできなくなるおそれがある場合には，これを改善，是正させるために積極的な指導，助言を行う信義則上の義務（指導助言義務）を負うと述べたが，これを受けて，その後の下級審裁判例において当該義務違反を主張する訴訟が増加している。

　もっとも，このような助言義務は，先にみたような市場原理にもとづく自己

---

31) このような情報提供義務と助言義務の概念区別については，森田宏樹「『合意の瑕疵』の構造とその拡張理論（2）」NBL 483号（1991年）60〜61頁を参照。
32) このような方向を説く見解として，潮見佳男「適合性の原則に対する違反を理由とする損害賠償——最高裁平成17年7月14日判決以降の下級審裁判例の動向」現代民事判例研究会編『民事判例V 2012年前期』（日本評論社，2012年）6頁以下のほか，後藤巻則「金融取引と説明義務」判タ1178号（2005年）41頁以下，山本豊「契約準備・交渉過程に関わる法理（その2）——適合性原則，助言義務」法教336号（2008年）102頁以下，川地宏行「投資取引における適合性原則と損害賠償責任（2・完）」法律論叢84巻1号（2011年）53頁などを参照。
33) たとえば，契約締結後においても，金融商品・取引の時価情報や適切な売却時期の判断に関する情報などを提供すべき義務などがこれに当たる（松尾・前掲注23）422頁を参照）。

責任原則を前提としつつ，当事者間の情報格差を是正するために事業者に課される説明義務とはその法的性質を異にするものであり，当事者間の信認関係から事業者に課される，顧客の投資判断を後見的に支援する義務であることから，このような助言義務を広く認めることの当否については見解が分かれており，下級審レベルでも，限定的な場面で認められるにとどまっているとされる[34][35]。

5 金融機関の守秘義務

(1) 金融機関の守秘義務の意義

(a) 金融機関の守秘義務の法的根拠　金融機関が顧客との取引に関連して得た顧客情報（いわゆる「銀行秘密」）について守秘義務を負うかに関しては，これを定める法令上の規定は存しない。しかし，これを認めるのが通説であり[36]，判例も，「金融機関は，顧客との取引内容に関する情報や顧客との取引に関して得た顧客の信用にかかわる情報などの顧客情報につき，商慣習上又は契約上，当該顧客との関係において守秘義務を負い，その顧客情報をみだりに外部に漏らすことは許されない」と判示して，金融機関の守秘義務を商慣習または契約上の義務として基礎づけている[37]。このような金融機関の守秘義務

---

34) 松井智予「判批」神田秀樹＝神作裕之編『金融商品取引法判例百選』（有斐閣，2013年）41頁は，顧客の資産状況や取引内容の監視と助言を積極的かつ詳細に継続することは投資顧問の業務に属し，取手数料を超えたサービスともなりうると指摘する。また，松尾・前掲注23) 422頁は，最善の助言義務やアフターケア義務は，「一般に，継続的な取引の存在その他の理由により，利用者が専門家としての業者を信頼して依存する関係（一定の信認関係に相当）と認められる場合に考え得る義務である」が，「金融商品取引業については，投資助言業務や投資運営業などを除き，こうした信認義務は認められないことから，広く一般的にアフターケア義務が認められるとのコンセンサスは形成されていないように思われる」と述べる。

35) この点に関し，最高裁平成25年3月7日判決（判時2185号64頁）は，顧客が企業経営者の事案において，金利スワップ取引にかかる契約について，①中途解約時の清算金の具体的な算定方法，②先スタート型とスポットスタート型の利害得失，③本件商品における固定金利の水準の妥当性，について説明義務を否定している。

36) 金融機関の守秘義務については，西原寛一『金融法』（有斐閣，1968年）76頁以下，河本一郎「銀行の秘密保持義務」金法744号（1975年）4頁以下，同「銀行の秘密保持義務」加藤一郎ほか編『銀行取引法講座（上）』（金融財政事情研究会，1976年）25頁以下，岩原・前掲注8) 163頁以下，三上徹「金融機関の守秘義務」金法1600号（2001年）28頁以下，「特集　ケーススタディ金融機関の守秘義務」金法1802号（2007年）8頁以下などを参照。

37) 最決平成19年12月11日民集61巻9号3364頁。このほか，最決平成20年11月25日民集62巻10号2507頁も同旨を述べる。

は，商慣習に起源を有し，その義務の範囲については国により広狭があるが，諸外国でも一般に認められているものである。

　金融機関以外でも，与信取引等を行う事業者が，取引に関して取得した情報について相手方に対して信義則上の守秘義務を負うことはありえようが，特に銀行については，一般に「銀行秘密」として顧客情報について守秘義務を負うとされてきたのは，与信取引，受信取引および為替取引が関連づけて行われることにより顧客情報が集積する銀行の特有性によるものといえよう。

　(b)　守秘義務の対象となる顧客情報　　守秘義務の対象となる顧客情報としては，①顧客との取引内容に関する情報，②取引に付随して金融機関が取引先より得た取引先の情報，③取引の過程で金融機関が得た取引先の関連情報，④金融機関が行った顧客の財務状況等についての分析評価情報や金融機関が第三者から入手した顧客の信用情報などが含まれる[38]。金融機関が取引に関連して得た顧客情報であれば，顧客から直接に取得したか，第三者から取得したかを問わないとされる[39]。他方で，一般に公表されている公開情報は，守秘義務の対象となる顧客情報には含まれない。

　このような顧客情報の分類を前提とすると，①②は，金融機関が顧客との取引によって取得した情報であって，顧客自身も保有する情報である。これに対し，③④は，金融機関が独自に集積した情報である。

　(c)　守秘義務によって保護される法的利益の重層性　　金融機関の守秘義務には，「職業の秘密」[40]の一種としての性格が認められる[41]。一般に，顧客は，金融機関は取引に関連して取得した顧客情報をみだりに外部に漏らさないとの信頼にもとづいて取引関係に入ることから，金融機関が正当な理由なくこれを開示することにより顧客が重大な不利益を被り，顧客の金融機関に対する信頼が損なわれると，金融機関の業務の遂行が困難になるおそれがある。したがって，金融機関の守秘義務は，直接的には顧客の正当な利益を保護するものであるが，それとともに，金融機関にとっても，顧客に対する守秘義務を維持

---

[38]　最決平成19年12月11日・前掲注37)における田原睦夫裁判官の補足意見を参照。
[39]　河本・前掲注36)（金法744号）5頁を参照。
[40]　判例によれば，民訴法197条1項3号に関する判示であるが，「職業の秘密」とは，「その事項が公開されると，……当該職業に深刻な影響を与え以後その遂行が困難になるものをいう」と定義される（最決平成12年3月10日民集54巻3号1073頁）。
[41]　岩原・前掲注8）164頁を参照。

することに固有の利益が認められる[42]。

　上記の顧客情報の分類によると，①②の顧客情報については，金融機関は守秘義務を前提として顧客から取得した情報であるから，上記の考え方がそのまま妥当するといえよう。その反面で，顧客自身がその保有する情報について，第三者に対して特定の顧客情報について開示義務を負っている場合には，この点に関して顧客には保護されるべき正当な利益が認められないから，金融機関が当該顧客情報を第三者に開示しても顧客との信頼関係を損なうとはいえず，金融機関にはそれを秘密として保持することについて固有の利益は認められないといえよう。

　これに対し，③④の顧客情報については，金融機関が独自に集積した情報であるから，顧客の有する利益とは独立に，金融機関にとっても顧客との信頼関係を維持する上で，それを秘密として保持することについて独自の利益が認められよう[43]。

　このほか，金融機関が保有する顧客の分析評価情報には，融資先に対する査定方法などの金融機関のノウハウないし営業秘密[44]が含まれている場合がある。もっとも，これは，顧客に対する守秘義務とは別個の観点からの，財産的価値を有する情報の保護の問題である。

　以上のように，金融機関が保有する顧客情報についても，守秘義務との関係でも，顧客および金融機関のそれぞれに認められる法的利益が重層的に交錯している。したがって，具体的な事案に応じてこれらを適切に区別して検討することが必要となろう[45]。

---

42) この点に関し，中村心「判解」最判解民事篇平成20年度571頁は，顧客情報の開示により金融機関が被る不利益には，①当該顧客との信頼関係が破壊されたり，守秘義務違反を理由とする損害賠償請求を受けるおそれがあるなど，当該顧客との関係における「個別的な信用の低下」のほか，②当該顧客以外の取引先にも金融機関は秘密を守ってくれないとの不安感を与え，必要な顧客情報の提供を拒まれたり，取引自体を拒否されるおそれという「一般的な信用の低下」とがあると指摘する。

43) 最決平成19年12月11日・前掲注37）における田原睦夫裁判官の補足意見，髙橋譲「判解」最判解民事篇平成19年度（下）916頁などを参照。また，最決平成20年11月25日・前掲注37）（後述⇨**(2)**(b)(ⅲ)）も参照。

44) 不正競争防止法2条6項は，「営業秘密」を，「秘密として管理されている生産方法，販売方法その他の事業活動に有用な技術上又は営業上の情報であって，公然と知られていないもの」と定義する。

45) この点に関し，三上徹「公的調査における銀行の協力義務」金法1482号（1997年）8頁は，法的義務としての守秘，権利としての守秘，営業秘密の守秘という3段階に明確に区

(d) 個人情報保護法による規制との関係[46]　個人情報保護法（個人情報の保護に関する法律）は，高度情報通信社会の進展に伴い個人情報の利用が著しく拡大していることに鑑み，個人情報の適正な取扱いに関し，基本理念および個人情報の保護に関する施策の基本となる事項を定め，国および地方公共団体の責務等を明らかにするとともに，個人情報を取り扱う事業者の遵守すべき義務等を定めることにより，個人情報の有用性に配慮しつつ，個人の権利利益を保護することを目的とする法律である[47]。

個人情報保護法の対象となる「個人情報」と，守秘義務の対象となる銀行秘密としての「顧客情報」とは，部分的には重なり合う場面があるが，法的には別個独立の観点から保護の対象となるものであり，それぞれに即した個別の検討が必要である。

個人情報保護法による規制の対象となる「個人情報」とは，「生存する個人に関する情報」であって，①当該情報に含まれる氏名，生年月日その他の記述等により特定の個人を識別することができるもの」，または，②「個人識別符号が含まれるもの」[48]をいう（個人情報2条1項）。したがって，金融機関の取引先である顧客が法人である場合には，法人の役員や従業員等の特定の個人を

別して考える必要があると指摘する。
46) この点につき，奥国範「金融機関の守秘義務と個人情報保護法」金法1802号（2007年）10頁以下，山下友信「個人情報保護と守秘義務との関係」金融法務研究会『金融機関の情報利用と守秘義務をめぐる法的問題』（全国銀行協会，2008年）22頁以下などを参照。
47) これに加えて，金融分野における個人情報保護については，金融庁は，金融分野における個人情報取扱事業者が個人情報の適正な取扱いの確保に関して行う活動を支援するため，金融分野における個人情報の性質および利用方法に鑑み，事業者が講ずべき措置の適切かつ有効な実施を図るための指針として，「金融分野における個人情報保護に関するガイドライン」（平成21年11月20日金融庁告示63号），「金融分野における個人情報保護に関するガイドラインの安全管理措置等についての実務指針」（平成17年1月6日金融庁告示1号）を定めている。さらに，個人情報保護法47条1項の認定個人情報保護団体である「全国銀行個人情報保護協議会」は，個人情報の適正な取扱いを確保するための更なる措置を講ずる自主的なルールとして「個人情報保護指針」等を定めている。
48) 「個人識別符号」とは，①特定の個人の身体の一部の特徴を電子計算機の用に供するために変換した符号であって，当該特定の個人を識別することができるもの（個人情報2条2項1号），または，②個人による役務の利用もしくは商品の購入に関し割り当てられ，または個人に発行されるカードに記載され，もしくは電磁的方式により記録される符号であって，特定の利用者，購入者または発行を受ける者を識別することができるもの（同項2号）のうち，政令で定めるものをいう。具体的には，①には，指紋認証データや顔認証データなどが該当し，②には，個人番号（マイナンバー），運転免許証番号，旅券番号，基礎年金番号，保険証番号などが該当する。

識別可能な情報は，個人情報に当たるが，法人それ自体に関する情報は規制の対象とはならない。また，一般に公開されている情報であっても，上記の基準をみたすものは，個人情報に当たる。

個人情報保護法は，個人情報データベース等[49]を事業の用に供している「個人情報取扱事業者」（個人情報2条5項）の遵守すべき義務を定めているが，金融機関は通常これに当たるといえる。

そして，個人情報取扱事業者に課される義務としては，①個人情報の利用目的に関する規制として，利用目的の特定義務（個人情報15条）および目的外取扱いの禁止（16条），②個人情報の取得に関する規制として，不正の手段による取得の禁止（17条1項），要配慮個人情報の取得制限（同条2項）[50]および利用目的の通知・公表等の義務（18条），③個人データ[51]の管理に関する規制として，データ内容の正確性の確保（19条），安全管理措置（20条），従業者および委託先に対する監督（21条・22条）等の義務，④個人データの第三者提供に関する規制（23条～26条），⑤保有する個人データに関する事項の公表および本人に対する開示等の義務（27条～35条）がある。

これらのうち，顧客情報の守秘義務との関係で特に問題となりうるのは，①②および④の局面であろう。個人情報保護法によれば，所定の場合を除き[52]，

---

49) 「個人情報データベース等」とは，個人情報を含む情報の集合物であって，①特定の個人情報を電子計算機を用いて検索することができるように体系的に構成したもの，②①のほか，特定の個人情報を容易に検索することができるように体系的に構成したものとして政令で定めるものをいう（個人情報2条4項）。
50) 「要配慮個人情報」とは，本人の人種，信条，社会的身分，病歴，犯罪の経歴，犯罪により害を被った事実その他本人に対する不当な差別，偏見その他の不利益が生じないようにその取扱いに特に配慮を要するものとして政令で定める記述等が含まれる個人情報をいう（個人情報2条3項）。
　要配慮個人情報に関して，本人の同意を得ないで行う取得の原則禁止（個人情報17条2項）および本人のオプトアウトによる第三者提供の禁止（23条2項）の規定は，2015（平成27）年改正により加えられたものであるが，それ以前から，金融分野における個人情報保護に関するガイドライン6条では，要配慮情報に相当する「機微（センシティブ）情報」の取得，利用または第三者提供を，同条1項各号に所定の場合に限定して認めており，上記改正法よりも厳格な規律が定められている。また，銀行法施行規則13条の6の7は，適切な業務の運営の確保その他必要と認められる目的以外の目的のために当該情報を利用することを禁止している。
51) 「個人データ」とは，個人情報データベース等を構成する個人情報をいう（個人情報2条6項）。
52) 個人情報取扱事業者が，あらかじめ本人の同意を得ないで，取得した個人情報を利用目的の達成に必要な範囲を超えて利用し，または，第三者に提供することが認められるべき場合と

あらかじめ本人の同意を得ないで，個人情報を取得する場合に本人に対して通知または公表した特定の利用目的の達成に必要な範囲を超えて当該個人情報を利用してはならず（16条1項）[53]，また，当該個人データを第三者に提供してはならないとされる（23条1項）。

これに対し，銀行秘密としての顧客情報の守秘義務との関係では，顧客情報の取得について，利用目的を特定し，それを顧客に通知等をする義務は一般的には課されておらず，また，第三者に対する情報開示の可否は，あらかじめの顧客の同意の有無のみではなく，後述のような観点から論じられている。このように，両者の規律は異なっており，それぞれへの対応が重畳的に必要となることに留意を要する。

ところで，金融機関の顧客に対する守秘義務については，金融機関ないし金融機関グループの内部および金融機関相互間における顧客情報の管理および利用についても問題となるが，この点については後にみることとし（⇨**6**），以下では，金融機関が顧客情報を第三者に開示することにより守秘義務違反が問われるのはいかなる場合なのかをみておこう。

(2) 金融機関の守秘義務の範囲および限界

金融機関の守秘義務は，顧客情報をみだりに外部に漏らさないという顧客の信頼を保護するものであることから，次のような場合には，第三者に顧客情報を開示しても，守秘義務違反には当たらないと解されている。

第一に，顧客の明示または黙示の同意がある場合である。顧客が自ら第三者に顧客情報を開示している場合もこれに含まれよう。また，第二に，顧客が第三者との関係で，顧客情報につき開示義務を負っている場合である。第三に，金融機関が法令の規定にもとづいて顧客情報について開示義務を負う場合など，

して，①法令にもとづく場合，②人の生命，身体または財産の保護のために必要がある場合であって，本人の同意を得ることが困難であるとき，③公衆衛生の向上または児童の健全な育成の推進のために特に必要がある場合であって，本人の同意を得ることが困難であるとき，④国の機関もしくは地方公共団体またはその委託を受けた者が法令の定める事務を遂行することに対して協力する必要がある場合であって，本人の同意を得ることにより当該事務の遂行に支障を及ぼすおそれがあるとき，と定めている（個人情報16条3項・23条1項）。

[53] なお，金融分野における個人情報保護に関するガイドラインでは，個人情報保護法15条および18条に関連し，金融事業者が与信事業に際して，個人情報を取得する場合には，利用目的について本人の同意を得ることとし，契約書等における利用目的は他の契約条項等と明確に分離して記載することとされている（同ガイドライン3条3項。8条2項参照）。

開示することが許容される正当な理由が認められる場合である54)。さらに，第四に，金融機関が自らの正当な利益を守るために必要な場合にも，守秘義務が免除されると説かれる。もっとも，具体的にいかなる事由がある場合がこれに含まれるかは，それほどはっきりしない55)。

以上を踏まえて，民事紛争において，守秘義務の限界が問題となる具体的な場合をいくつかみよう。

(a) **公的機関の関与がない場合における顧客情報の開示** 本人の同意　公的な機関の関与がない場合には，原則として，本人以外の者からの顧客情報の開示請求については，本人の同意がない限り，金融機関は守秘義務により開示請求に応ずることはできない。

(i) **顧客の相続人による開示請求** 預金取引において預金者が死亡した場合に，これを単独相続した者または共同相続人全員により被相続人名義の預金口座の取引経過について開示請求がなされた場合には，相続人は被相続人の地位を包括承継するから，金融機関は被相続人に対する守秘義務や被相続人のプライバシーを理由にこれを拒否することはできないと解されている56)。もっとも，預金債権の帰属について共同相続人間に争いがある場合には，預金債権は分割承継されることを前提とすると，共同相続人の一人による単独の取引経過開示請求は，他の共同相続人の預金債権についての開示請求を含むことになるから，その同意なくして認められないのではないかが問題となる。

この点につき，判例は，預金者が死亡した場合に，各共同相続人は預金債権を相続により分割取得するが，これとは別に，預金契約上の地位は共同相続人全員に帰属し，それらの準共有（民264条）となると解した上で，共同相続人

---

54) 最決平成19年12月11日・前掲注37) の田原睦夫裁判官の補足意見を参照。
55) たとえば，金融機関が貸付債権を第三者に譲渡する場合に，貸付債権の信用リスクを評価するために必要な債務者企業の顧客情報を譲受人に開示することが守秘義務に違反しないかについて議論がある。この点につき，債務者の明示または黙示の承諾が認められない場合であっても，①情報開示の目的，②開示する情報の内容，③借主である事業者に及ぼす影響，④情報の開示先，⑤情報の管理体制などの判断要素を総合的に考慮し，情報開示に妥当性が認められる場合には，「銀行の企業顧客情報の開示が必要かつ正当な理由を有する行為（正当行為）」であるとして，顧客情報の開示が正当化されるとの見解が主張されているが（全国銀行協会「貸出債権市場における情報開示に関する研究会報告書」〔2004年〕6頁以下），このような見解は，この類型に位置づけられよう。この点につき，山下・前掲注46) 36頁，森下哲朗「銀行の守秘義務の本質——債権譲渡を題材に」金融法務研究会・前掲注46) 59頁以下なども参照。
56) 田中秀幸「判解」最判解民事篇平成21年度（上）62頁を参照。

の一人は，その保存行為として（252条但書），預金契約上の地位にもとづき，取引経過開示請求権を単独で行使することができるとする（最判平成21年1月22日民集63巻1号228頁）。こうした考え方によれば，開示の相手方が顧客の共同相続人の一人である場合には，被相続人または他の共同相続人全員の同意がなくても，守秘義務違反の問題は生じないことになろう。

　（ⅱ）顧客自身が開示義務を負う場合　　次に，顧客自身が相手方に対して特定の顧客情報について開示義務を負う場合には，金融機関が当該情報を相手方に開示することは守秘義務に違反しないと解される。

　たとえば，判例においても，借受人である顧客Aの依頼を受けて，アレンジャーとしてシンジケートローンを組成し実行した金融機関Yが，シンジケートローンへの参加の招聘に応じた金融機関Xらに対し，信義則上，アレンジャー業務の遂行過程で入手したAの信用力についての判断に重大な影響を与える情報を提供すべき義務を負うことを理由に，情報提供義務違反にもとづく不法行為責任の成否が問題となった事例において，当該情報の提供がXのAに対する守秘義務に違反するかが争われたが，最高裁はこれを否定して情報提供義務違反を認めた（最判平成24年11月27日判時2175号15頁）。その理由は，一方で，借受人は，金融機関に融資を申し込むに際して，融資の可否に重大な影響を与えうる情報を提供すべき義務を負うといえるから，AはXらに対しても当該情報を開示すべき義務を負うこと，他方で，AがYにシンジケート・ローンのアレンジャー業務を委託した場合には，その業務の遂行に必要な情報は，A・Y間で別段の合意がない限り，当然に招聘先に開示されるべきものであり，AはYに対し守秘を求める利益を有しないことによると解される[57]。

　(b)　民事紛争における公的機関の関与による顧客情報の開示　　何らかの法令上の根拠にもとづいて，公的機関から金融機関に対して顧客情報の開示が要請される場合がある。このような公的調査について金融機関に協力ないし応答義務を検討する際には，調査に応じない場合の法的制裁の有無によって区別することに一定の意義が認められよう[58]。

---

[57]　この点に関して，最決平成19年12月11日・前掲注37)の田原睦夫裁判官の補足意見を参照。

[58]　この点につき，「特集 公的調査等と銀行の守秘義務」金法1482号（1997年）6頁以下，

すなわち，一方で，公権力によって開示が直接的に強制される場合や，正当な理由なく応じない場合には罰則や過料等の法的制裁が科されることにより開示が間接的に強制される場合には，金融機関は顧客情報の開示について正当な理由が認められ，守秘義務を免除されるものと解されよう。

他方で，公的調査について法令上の根拠があるが，開示の拒否について罰則等の法的制裁を伴わない場合には，金融機関が調査に協力すべきかについて微妙な判断を要することが多い。法令の規定により公法上の開示義務が存することは，守秘義務により保護されるべき顧客の利益に優越する公益の存在を承認するものと一応はいえるから，一般には，顧客情報を開示しても金融機関に正当な理由が認められるといえよう。もっとも，具体的なケースに即して守秘義務により保護されるべき顧客の利益と開示により実現される利益との比較衡量の判断を行うことを金融機関が求められ，その判断を誤ると顧客から民事責任を追及される可能性がある場合には，顧客情報の開示には，実際には慎重な対応が必要とならざるをえないであろう[59]。

以上を踏まえて，民事紛争における公的調査について具体的にみておこう。

(i) 弁護士会照会　弁護士会照会（弁護23条の2）は，それにより必要な事項の報告を求められた場合には，照会先には公法上の回答義務はあると解されているが，回答しない場合の法的制裁がない任意調査である。他方で，紛争の一方当事者から照会の申出を受けた弁護士会は，照会の適否について審査をした上で照会を行うが，判例によれば，弁護士会照会に応じて報告をすることが不法行為を構成する場合があるとされるので[60]，弁護士会による審査をそのまま信頼して開示に応ずることには一定のリスクを伴うことは否定できな

「特集 ケーススタディ・金融機関の守秘義務」金法1802号（2007年）18頁以下，「特集 Q&A 顧客情報に対し第三者から調査・照会があった場合の実務対応」銀法688号（2008年）4頁以下，神田ほか・前掲注8）85頁以下〔砂山〕などを参照。

59)　公的調査については，民事紛争以外にも，税務当局による税務調査や刑事手続における捜査において，金融機関の守秘義務との関係が問題となる。この点に関しては，前者につき，三上・前掲注45）12頁以下，堺澤良「銀行調査と質問検査権」金法1482号（1997年）37頁以下，光安豊史「税務署の調査」金法1802号（2007年）26頁など，後者につき，三上・前掲注45）16頁以下などを参照。

60)　最判昭和56年4月14日民集35巻3号620頁（政令指定都市の区長が弁護士会照会に応じて照会対象者の前科および犯罪歴を報告したことが過失による公権力の違法な行使に当たるとされた事例），最判平成6年2月8日民集48巻2号149頁（この理は，事実の公表が公的機関によるものであっても，私人または私的団体によるものであっても変わるものではないとする）を参照。

い。そのため，金融機関としては，照会の対象となった顧客の承諾を得た上で回答に応ずることが多いとされる。

　　(ⅱ)　裁判所からの嘱託　　裁判所からの調査嘱託（民訴186条）や文書送付嘱託（226条）についても，これに応ずる公法上の義務があると解されているが，回答しない場合の法的制裁はない。もっとも，嘱託の決定は当該事件にかかる裁判所の判断により行われるものであるから，顧客の承諾なくこれに応じても，金融機関に守秘義務違反は生じないと解することができようが，(ⅰ)と同様に，顧客の同意を得た上で回答に応ずるのが実務的な対応であるとされる[61]。

　　(ⅲ)　裁判所による文書提出命令　　文書提出命令とは，裁判所が，文書提出命令の申立てを理由があると認めるときに，決定で，文書の所持者に対し，その提出を命ずるものであり（民訴223条1項），文書提出義務は，法定の除外事由に当たる場合以外は提出の義務を負う一般義務であるとされる（220条4号柱書）。

　金融機関の保有する顧客情報との関係では，①金融機関が民事訴訟外の第三者として顧客情報の開示を求められる場合と，②金融機関が民事訴訟の当事者として顧客情報の開示を求められる場合とがある。金融機関が文書提出命令に従わないときは，①の場合には，裁判所の決定により，20万円以下の過料の制裁が科され（民訴225条），②の場合には，当該訴訟において文書の記載に関する相手方の主張を真実と認定されるなどの不利益を受ける（224条）。この点からは，金融機関が裁判所から文書提出命令を受けた場合は，顧客情報を開示すべき正当な理由があるということができよう。

　もっとも，文書提出命令の対象となる情報が守秘義務の対象となる顧客情報である場合に，それが民訴法197条1項3号にいう「職業の秘密」として保護される情報に当たると解されるときは，当該情報が記載された文書は同法220条4号ハ所定の文書に該当し，金融機関は，顧客に対して守秘義務を負うことを理由に当該顧客情報の開示を拒否することができる。

　この点につき，一方で，金融機関が顧客から取得して保有する顧客情報について，判例は，上記①の場合につき，当該顧客自身が当該民事訴訟の当事者と

---

61)　三上・前掲注45) 12頁，長谷川卓「裁判所からの嘱託」金法1802号（2007年）25頁などを参照。

して開示義務を負うときは，また，上記②の場合につき，当該顧客が当該民事訴訟の受訴裁判所から顧客情報の開示を求められればこれを開示すべき義務を負うときは，いずれも当該顧客はその顧客情報につき金融機関の守秘義務により保護されるべき正当な利益を有しないことから，金融機関は，訴訟手続において同情報を開示しても守秘義務には違反しないと解している[62]。これによると，顧客自身が金融機関の守秘義務によって保護されるべき正当な利益を有するかどうかが，金融機関が顧客情報の開示に応ずべき義務があるか否かについての一般的な基準となるものといえよう。

他方で，金融機関が顧客の財務状況等について分析・評価した情報など，金融機関が独自に集積した顧客情報については，判例は，これが開示されると顧客が重大な不利益を被り，顧客の金融機関に対する信頼が損なわれるなど金融機関の業務に深刻な影響を与え，以後その遂行が困難になることから，金融機関に「職業の秘密」としてその秘密保持について独自の利益が認められると解している。この場合には，当該情報の開示によって受ける不利益と開示による訴訟上の利益との比較衡量によって，文書提出義務の有無が判断されることになる[63]。

6 金融機関における情報の取扱い

(1) 金融業務における情報の位置づけ

金融業務は，顧客情報をはじめとする各種情報にもとづき営まれるものであり[64]，したがって情報産業に属するとさえいえよう。銀行を適法・健全かつ効率的に経営するためには，顧客情報を含む様々な情報を適切に収集・管理・分析することが必要となる。そのために収集・整理された顧客情報は，顧客保護の観点から適切に管理しつつ利用することが期待される。守秘義務や個人情報保護法の保護対象となる顧客情報については，それぞれの規律・規制に従う

---

62) ①の場合につき，最決平成 19 年 12 月 11 日・前掲注 37)（金融機関と顧客との取引履歴が記載された明細表を対象とする文書提出命令が認められた事例）。②の場合につき，最決平成 20 年 11 月 25 日・前掲注 37)（金融機関が顧客から提供された非公開の当該顧客の財務情報が記載された文書，および当該金融機関が行った顧客の財務状況等についての分析，評価等に関する情報が記載された文書につき，文書提出命令が認められた事例）。
63) 最決平成 20 年 11 月 25 日・前掲注 37) を参照。
64) たとえば，銀行の与信判断における預金取引にもとづく情報の果たす役割につき，神田ほか・前掲注 8) 94〜97 頁〔砂山〕参照。

べきことになるが（⇨**5**(1)参照），それらの法的保護の対象となるかどうかにかかわらず，以下に述べるような様々な観点から情報の取扱いが問題になる。情報にもとづき金融業務が営まれているところ，それが適切かつ有効に利用されることが，銀行の健全かつ効率的な経営の前提になるとともに，公共的な業務を営む金融機関に対する信頼の基礎になるからである。

　もっとも，顧客情報保護と情報の有効な利用という二つの要請は，局面によっては対立しうる場合があり，デリケートな問題を惹起する。

(2)　コンプライアンス・リスク管理・内部統制の前提としての情報

　多数の公衆から預金を受け入れ，経済・社会生活に不可欠な決済機能を提供している銀行は，とりわけその健全性を維持する必要があるとともに，破たんの場合に備え，預金保険制度や銀行の破たん処理法制が整備されてきた。銀行法は，銀行経営の健全性を確保する観点から，営業免許制度，業務範囲・出資規制（⇨第4節**1**参照），各種行為規制，大口信用供与規制，自己資本比率規制および計算・開示規制等を課し，所管官庁の監督権限を定めている（⇨第3節参照）。情報の取扱いに関しては，行為規制として，顧客情報の適正な管理のための措置を講じる義務が課されている。

　他方，銀行は，取締役会，監査役会・監査等委員会または指名委員会，および会計監査人を設置する株式会社でなければならない（銀行4条の2）。会社法にもとづき，取締役会設置会社は，取締役の職務の執行が法令・定款に適合することを確保するための体制その他株式会社の業務ならびに当該株式会社およびその子会社からなる企業集団の業務の適正を確保するために必要なものとして法務省令で定める体制を整備しなければならない（会社362条4項6号）。法務省令では，コンプライアンス・リスク管理・内部統制等にかかる体制の整備について定めているが，その中の一つに，「取締役の職務の執行に係る情報の保存及び管理に関する体制」の整備が含まれている（会社則100条1項1号）。

　銀行は，預金者保護，信用秩序の維持および決済機能の確保等の観点から，健全に経営されなければならない一方，株式会社という営利法人としての法形態の目的に即して収益性・効率性をも追求しなければならない。銀行法は，同法の運用にあたっては，銀行の業務の運営についての自主的な努力を尊重するよう配慮しなければならない旨を謳っている（1条2項）。

こうして，銀行は，預金者等の信認を確保するため，自己資本の充実を図り，リスクに応じた十分な財務基盤を保有するとともに，営利法人としてその収益性の向上を図るため，それぞれの経営戦略・リスク特性等に応じて，信用リスク，市場リスク，流動性リスク，事務リスク，システムリスク等について適切なリスク管理を組織的・総合的に行う必要がある。そのためには，銀行は，リスクを正確に把握・測定し，特性に照らした全体的な自己資本の充実の程度を評価するプロセスを整備した上で，当期利益やROEなどの各種の利益や効率性を表す指標等を参考に，自行の収益性を総合的に分析・評価することが求められているのである。

　情報という観点からみれば，金融機関の経営者は，定期的および適時にリスクの状況について報告を受け，必要な意思決定を行うなど，リスク情報を把握し，業務の執行および管理体制の整備等に活用することが求められる。たとえば，与信審査部門に即していえば，与信先の財務状況，資金使途，返済財源等を的確に把握し，これらの情報にもとづき信用格付の正確性を検証することなどにより適切な審査管理を行うことが求められる。与信途上においては，与信先の業況推移等の状況などにもとづいて，適切に与信の管理・回収が行われる体制を構築し運用することが必要となる。

(3) 法令・自主規制にもとづく情報収集・管理

　金融機関は法令または自主規制にもとづいて，顧客情報の収集・蓄積・照合を義務づけられ，場合によっては，当該顧客からではなく第三者から顧客情報の提供を受ける場合がある。

　たとえば，預金取引や為替取引を通じて，テロ資金供与やマネー・ローンダリング，預金口座の不正利用などの組織犯罪等にかかる資金の移転を防止するために，「犯罪による収益の移転防止に関する法律」にもとづき，金融機関には，取引時確認義務や疑わしい取引の届出等の義務が課される。金融機関は，顧客と預貯金契約を締結し，または200万円を超える大口現金取引や10万円を超える資金移動取引等を行うに際し，運転免許証等の公的証明書などにより顧客の本人特定事項を確認しなければならない[65]。加えて，マネー・ローン

---

65) 顧客が個人であるときは氏名・住所・生年月日，顧客が法人であるときは名称・本店または主たる事務所の所在地の確認を要する。

ダリングのリスクの高い取引であって200万円を超える取引の場合には，資産および収入の状況の確認も必要となる。

　さらに，反社会的勢力の排除の要請が高まる中[66]，全銀協は，行動憲章において，反社会的勢力の排除を掲げ[67]，その実現のために，反社会的勢力に関する情報を一元的に管理・蓄積し，データベースを構築するとともに，それを適切に更新するものとされる。当該情報の収集・分析等に際しては，グループ内で情報の共有に努め，業界団体等から提供された情報を積極的に活用することが求められる。

　また，銀行による消費者貸付については，貸金業法上の総量規制等の適用はないものの，多重債務の発生を防止し，適正な与信を可能にするために，銀行界では，1973（昭和48）年に個人信用情報センターを開設し，1987（昭和62）年には，業界ごとに設立・運営されている三つの信用情報機関がCRIN（Credit Information Network）と呼ばれる情報ネットワークを構成し，信用情報の一部を交換するに至っている。個人信用情報センターには，取引情報，不渡情報，官報情報，本人申告情報などが登録されている。個人情報保護法により，個人情報保護の法的枠組みは整理されたが，全国銀行個人情報保護協議会は「全国銀行個人信用情報センターにおける個人情報保護指針」を策定し，同センターの会員に遵守させるべき基本事項を定め，個人信用情報の適正な保護と利用を図っている。信用情報機関から提供を受けた情報は，資金需要者の返済能力の調査以外の目的のために利用してはならず，業法上，目的外利用がなされないことを確保するための措置を講ずべきものとされる（銀行則13条の6の6）。

(4)　情報の取扱いに関する業法上の義務

　顧客に関する情報が守秘義務または個人情報保護法の対象となる場合には，金融機関は，それぞれの場合に応じた取扱いをしなければならない（⇨**5(1)**）[68]。ところが，顧客情報が守秘義務や個人情報保護法の適用対象である個人情報に該当するかどうかに関わりなく，その適切な管理は，金融機関の重

---

66)　犯罪対策閣僚会議幹事会申合せ「企業が反社会的勢力による被害を防止するための指針」（平成19年6月19日）（http://www.moj.go.jp/content/000061957.pdf）。
67)　全国銀行協会「行動憲章」8（http://www.zenginkyo.or.jp/abstract/charter/）。
68)　金融分野における個人情報保護に関する各種ガイドライン・指針については，前掲注47)参照。

要な課題となる。

　銀行は，内閣府令で定めるところにより，健全かつ適切な運営を確保するための措置を講じなければならないところ，2005（平成17）年改正銀行法により銀行業務に関して取得した顧客に関する情報の適正な取扱いを確保するための措置が追加された（銀行12条の2第2項）。内閣府令では，銀行は，その取り扱う個人である顧客に関する情報の安全管理，従業者の監督および当該情報の取扱いを委託する場合にはその委託先の監督について，当該情報の漏えい，滅失またはき損の防止を図るために必要かつ適切な措置を講じるべきことが定められている（銀行則13条の6の5）。

　銀行法12条の2第2項にもとづく適正に取り扱うことを要する顧客情報は，自然人の情報とされており，個人情報保護法による保護と重なりが大きいといえよう。しかし，銀行法上の措置の目的は，金融機関の業務の公共性等に鑑み，その業務の健全かつ適切な運営を確保するという観点からの規制であり[69]，銀行法にもとづく報告徴求や業務改善命令等の法的効果に違いが生じる。実質的にも，業法上の規制は，金融機関が個人情報保護法上の個人情報取扱業者かどうかに関わりなく適用されること，個人情報保護法上の個人情報の保護範囲と異なりうる等の違いが生じる。たとえば，顧客のクレジットカードに関する情報には，カード番号のように個人情報に含まれうる情報と（個人情報2条1項2号），有効期限にかかる情報のようにそれ自体としては個人情報保護法上の個人情報には該当しない情報が含まれると考えられる。しかし，有効期限にかかる情報を含むクレジットカード情報等が漏えいしたときは，不正使用によるなりすまし購入など二次被害が発生する可能性が高く，金融機関はそれを厳格に管理する必要がある。監督指針では，クレジットカード情報について，①利用目的その他の事情を勘案した適切な保存期間・保存場所を定め，保存期間経過後適切かつ速やかに廃棄すること，②業務上必要な場合を除き，コンピューター画面に表示する際には，カード番号をすべて表示させない等の適切な措置を講じることなどを求めている[70]。

　さらに2008（平成20）年改正銀行法により，顧客の利益保護のための体制整

69）　金融庁「金融機関における個人情報保護に関するQ&A」（平成19年10月1日）11頁（問Ⅴ-2）に対する（答）参照。
70）　「主要行等向けの総合的な監督指針」（平成28年3月）Ⅲ-3-3-3-2（2）③。

備義務が導入された（銀行13条の3の2第1項）。そこには，銀行，当該銀行を所属銀行とする銀行代理業者または当該銀行の子金融機関等が行う業務に関する顧客の情報を適正に管理するための体制の整備が含まれる。具体的には，銀行の経営者は，顧客情報へのアクセス管理の徹底，内部関係者による顧客等に関する情報の持出しの防止にかかる対策，外部からの不正アクセスの防御等情報管理システムの堅牢化，店舗の統廃合等を行う際の顧客等に関する情報の漏えい等の防止などの対策を講じその適切性を検証するなど，顧客等に関する情報管理の適切性を確保する必要性および重要性を認識し，適切性を確保するための組織体制の確立，社内規程の策定等，内部管理態勢を整備することが求められる[71]。

(5) 登録金融機関における法人情報の取扱い

登録金融機関は，法人関係情報についても，その厳格な管理と内部者取引等の不公正取引の防止が求められる[72]。銀行等の金融機関は，有価証券関連業または投資運用業を行うことを原則として禁止される（金商33条1項本文）。例外として，投資目的等をもってする有価証券の売買または有価証券関連デリバティブ取引は，許容される（同項但書）。また，金融機関は，金商法33条の2の登録を受けることにより，顧客の書面による注文を受けてその計算において有価証券の売買または有価証券関連デリバティブ取引を行うこと（書面取次ぎ行為）ができる（33条2項・33条の2第1号）。銀行法も，金商法の規定と平仄を合わせ，投資目的をもってする有価証券の売買と有価証券関連デリバティブ取引を許容している（銀行10条2項2号）。さらに，有価証券の価値等の分析にもとづく投資判断に関して助言を行う投資助言業務，公共債等の売買やその取次ぎ等，および投資信託受益権の募集・売出しの取扱い等が登録金融機関業務とされていることを受け，銀行法は，銀行の固有業務の遂行を妨げない限度においてという条件を付した上で，銀行は，これらの有価証券関連業務を行うことができる旨を定める（11条1号・2号）。

登録金融機関は，金融商品取引業者とともに「金融商品取引業者等」と定義され（金商34条），登録金融機関業務またはこれに付随する業務に対しては，

---

71) 主要行監督指針・前掲注70) III-3-3-3-2 (1) ①〜⑤。
72) 主要行監督指針・前掲注70) III-3-3-3-1。

金商法上の規定が適用される。登録金融機関は，法人関係情報を入手しうる立場にあるため，その厳格な管理と，インサイダー取引等の不公正な取引の防止が求められる。すなわち，金商法は，上場会社等の運営・業務・財産に関する公表されていない重要な情報であって顧客の投資判断に影響を及ぼすと認められるもの，および公開買付けの実施・中止の決定にかかる公表されていない情報を「法人関係情報」と定義した上で（金商業1条4項14号），登録金融機関に対しその適切な管理を義務づけるとともに（金商40条2号，金商業123条1項5号），それを利用した取引およびそれを顧客に提供して行う勧誘を禁じている（金商38条8号，金商業117条1項14号・16号）。法人関係情報にかかる金商法上のこの規制の趣旨は，内部者取引に対する未然防止規制であるとともに，それを利用した不公正取引を禁止するためである[73]。

なお，金融コングロマリットに属する企業間の情報共有の可否と限界については，第4節**2(4)**参照。

第3節　金融監督法

1　金融監督法制の潮流

(1)　金融規制の目的と潮流

金融規制の目的については様々な見解があるが，一般には，金融分野の規制は，預金者や投資者を保護するとともに，金融システムの安定や金融市場の健全性を確保すること等を目的とするとされている。銀行規制についていえば，一般には，預金者の保護と決済システムを含めた金融システムの安定を確保することがその目的であるとされている。

銀行規制の歴史をみると，世界共通の流れとして，いくつかの潮流がみられる。まず第一に，昔は，銀行に競争させない規制が採用されていた（金利の規制や支店設置の規制など）。しかし，その後こうした規制は緩和（自由化）された。代わりに，銀行の財務規制によって銀行の健全性を確保するといういわば間接

---

73)　荻野昭一「証券取引法改正を踏まえた証券取引等監視委員会の検査方針」商事1710号（2004年）63頁。

的な規制スタイルに変化した。もっとも，2007〜2009年に発生した世界金融危機の後，再び規制強化の必要性が議論され，またセーフティネット（預金保険制度等）や破綻処理制度の合理化の必要性が議論されている。

　第二に，規制の国際的な統一という潮流が顕著である。銀行取引を含めた金融取引が国境を越えて行われるという今日の状況の下では，このことは自然な流れである。もっとも，金融市場のグローバル化とは，地球上に存在する金融市場は一つであるという意味ではない。ローカルな（一定の限られた地域の）市場から国を超えた市場に至るまで，様々な市場が多層的・重層的に共存するという意味である。そして，これらの市場は互いに影響を及ぼし合う。金融取引は国を越えて行われ，金融機関は国を越えて活動する。これらの金融取引や金融機関の活動は多層的・重層的な多数の市場のなかで行われるということを認識することが重要である。そのような状況の下では，ある場所で生じたリスクは他の場所に容易に伝染する。しかし，こうした多層的・重層的な多数の金融市場の下で，適切な規制をすることは容易ではない。

　世界的なルールで著名なものは，主要国の銀行監督当局をメンバーとするバーゼル銀行監督委員会（Basel Committee on Banking Supervision）[74]が作成した国際的に活動する銀行に対する自己資本比率規制（一定の自己資本比率の維持を求める規制）である（現在，いわゆる「バーゼルⅢ」と呼ばれる規制が順次実施途上の段階にある）。なお，上述した世界金融危機の後の金融分野の規制のあり方をめぐる議論をリードしているのはG20という主要20か国で構成されるグループであり[75]，このG20と連携して具体的な作業を行うのは主としてFSB（Financial Stability Board，金融安定理事会）という団体である[76]。それ以前から存在してきたバーゼル銀行監督委員会やIOSCO（証券監督者国際機構）[77]は，FSBと連携してルール整備の作業をしてきている。

　第三に，近年の潮流として，横断的な規制および監督ということがある。これには，組織横断的という側面と業種横断的という側面，そして国を超えてという側面がある。まず，今日では，銀行を含めた金融機関は一つの会社等で組

---

[74] https://www.bis.org
[75] http://www.g20.org
[76] https://www.fsb.org
[77] https://www.iosco.org

織されるのではなく，企業グループ化して組織されているのが通常である。持株会社の傘下に各種の子会社がぶら下がり，その子会社が各種の金融業務を行うという姿が典型的である。そこで，グループ全体を視野に入れた規制や監督を行うことが求められる。また，こうした企業グループは，銀行以外の広義の金融機関，場合によっては金融機関以外の事業を行う会社等も含むのが通常である。世界金融危機の後，銀行以外の金融機関（シャドーバンクと呼ぶ）の規制・監督の重要性が強調されている。そして，各国の規制・監督当局の国境を越えた協力の重要性が強調されている。

（2） 金融取引および金融仲介の変化

金融法を考える上では，金融市場における変化も見逃せない。この点についてここで詳しく述べることはできないが，ひとことだけ，IT 技術等を背景として，20 世紀終わり頃から，金融取引の分解現象（アンバンドリング）と金融商品（取引の対象）の分解現象が進展していることを指摘しておきたい。

昔は，銀行が受信（預金の受入れ）と与信（貸付け）の両方を行うというのが典型的な金融取引形態であり，金融仲介サービスであった。しかし，受信と与信は別々の機関が行うことが可能となっただけでなく，与信取引をとってみても，一つの機関が，最初の貸出し（オリジネーション），貸付債権の管理，担保の管理，債権の回収といった各段階の行為のすべてを行っていた時代から，それぞれの行為を異なる機関が担うことが可能となって，今日に至っている。銀行からみれば，伝統的な与信取引の一部を分解してアウトソースすることが可能となるという現象が起きているということもできる。このような業務の分解現象は，伝統的な銀行規制の枠組みの再考を迫るものとなっている。

他方，金融取引の対象についても分解現象が進展してきている。特にデリバティブ取引の発展によって，リスクを分解して取引することが容易になり，こうした現象は，伝統的な金融取引の法制や規制の枠組みの見直しを迫るものとなっている。

さらに，近年では，フィンテック（FinTech．金融と技術の融合）といって，技術革新が及ぼす変化が目覚ましい。そこでは，分散台帳（distributed ledgers）を核とするブロックチェーンと呼ばれる仕組みが中心であり，これを用いた仮想通貨などが出現しており，法制や規制面での対応が課題となっている[78]。

COLUMN 1-2　世界金融危機

概　要　2007年ころから顕在化し始めたアメリカにおけるサブ・プライム・モーゲージ問題（低所得者層向けの住宅担保貸付債権の不良債権化）を背景として，金融市場に世界的な規模での危機が発生した。2007年の夏にフランスの大手銀行が運用していた投資信託の解約が凍結され，2008年に入ってアメリカの投資銀行（証券の売買やM&A〔企業買収〕の仲介を主な業務とする銀行）であるベアー・スターンズ社の破綻が報じられたが，同年9月には，アメリカ大手投資銀行のリーマン・ブラザーズ社が破綻し，世界の金融市場は百年に一度とさえいわれることもある危機に見舞われることとなった。アメリカでは最大手の保険会社である AIG 社も破綻したほか，ヨーロッパでも少なからずの大手・準大手の銀行が破綻し，政府による公的資金の注入や国有化による救済を受けた。日本では大手金融機関が直接の影響を受けたということはなかったものの，この金融危機は日本の株式市場や実体経済に悪影響を及ぼしたといわれている。この金融危機については，2009年秋以降，金融危機後の規制や法制のあり方について，G20・FSBを中心として，国際的なレベルで議論がされ，各国はこの国際的な議論を受けてその規制や法制の整備を進めつつある[79]。

金融危機後のグローバルな議論　一般論としては，シャドー・バンキング（銀行以外の金融機関）の重要性，市場型間接金融における規制がシステミック・リスクを増大させ市場における流動性の枯渇をもたらしたといういわゆる pro-cyclicality（循環増幅効果）の問題が指摘され，その結果，いわゆるマクロ・プルーデンス（金融システムの安定）の重要性が強調されるなど，近年の諸議論には危機前にはみられない特徴がある[80]。また，規制の対象となる金融機関（銀行以外の金融機関を含む）について，特別に規制が強化される大手の金融機関は「システム上重要な金融機関」（SIFIs: systemically important financial institutions）という用語で表現される。ここにいうシステムとは「金融システム」のことであるので，この概念は「金融システムにとって重要な金融機関」という意味である。

---

78)　たとえば，岡田仁志ほか『仮想通貨』（東洋経済新報社，2015年），有吉尚哉ほか編著『FinTech ビジネスと法25講』（商事法務，2016年）参照。
79)　以下は，神田秀樹「金融危機後の金融規制に関する国際的なルール形成」法時84巻10号（2012年）24頁以下にもとづいている。
80)　国際的な動向と日本の金融行政の動向については，たとえば，河野正道「国際金融規制改革の動向」金融法研究27号（2011年）25頁以下および三井秀範「金融行政の諸課題」証券レビュー52巻5号（2012年）1頁以下においてわかりやすく解説されている。また，石田晋也『金融危機の本質――英米当局者7人の診断』（金融財政事情研究会，2011年）では，イギリスとアメリカの金融監督当局者7名の金融規制・監督の問題点とあり方に関する意見がわかりやすく紹介されている。以上のほかにも，翁百合『金融危機とプルーデンス政策――金融システム・企業の再生に向けて』（日本経済新聞出版社，2010年），藤田勉『グローバル金融制度のすべて――プルーデンス監督体制の視点』（金融財政事情研究会，2012年）など有益な文献は多い。

第 3 節　金融監督法

　以下，世界的に議論されている処方箋のうちのいくつかの項目を列挙する。
　①　格付機関の規制　　まず，格付機関の規制強化である。日本では，2009（平成 21）年の金融商品取引法改正によって対応がされた[81]。
　②　金融機関の破綻処理制度の改善　　大きなテーマであるが，金融機関の破綻処理制度の改善という課題がある。多くの大手金融機関はそれぞれ企業グループを形成しており，また，大手金融機関は国境を越えて活動しているため，破綻処理はグループ単位で，かつ国際的な協力の下で行われる必要があるという課題である[82]。日本では，これまで未対応であった部分について，2013（平成 25）年の銀行法・預金保険法等の改正によって対応がされた[83]。
　③　店頭デリバティブ取引に関する制度整備　　CDS 等の店頭デリバティブ取引に関する清算集中その他の制度整備という課題がある。日本では，2010（平成 22）年および 2012（平成 24）年の金融商品取引法改正で対応がされた[84]。そして，2015 年 3 月 18 日のバーゼル銀行監督委員会および証券監督者国際機構（IOSCO）の「中央清算されないデリバティブ取引に係る証拠金規制に関する最終報告書」の改訂を受けて，2016（平成 28）年 3 月 31 日に，非清算店頭デリバティブ取引に関する新しい証拠金規制（内閣府令改正・告示・監督指針改正）が公布され，同年 9 月 1 日から非清算店頭デリバティブ取引の規模に応じて，段階的に施行・適用されている。なお，今回の改正府令の条項の対象とならない金融機関に対する変動証拠金にかかる監督指針の規定は，2017（平成 29）年 3 月 1 日から適用される。
　④　金融機関の役員・従業員の報酬の規制　　諸外国で議論が盛り上がった課題として，金融機関の役員および従業員の報酬の規制がある。日本では，欧米に比較すると，金融機関にもよるものの，報酬のレベルはそれほど高くはないため，あまり議論されてはこなかった。しかし，背景は異なるものの，上場会社に対するコーポレート・ガバナンス向上策の一つとして，金融庁は，2010（平成 22）年 3 月に，一定範囲で役員報酬の個別開示を求める開示府令改正を行った[85]。
　⑤　金融グループに関するグループ単位での監督　　金融グループに関するグ

---

[81]　池田唯一ほか『逐条解説 2009 年金融商品取引法改正』（商事法務，2009 年），三井秀範監修『詳説 格付会社規制に関する制度』（商事法務，2011 年）参照。
[82]　Basel Committee on Banking Supervision, Report and Recommendations of the Cross-border Bank Resolution Group (March 2010) (http://www.bis.org/publ/bcbs169.pdf) および Financial Stability Board, Key Attributes of Effective Resolution Regimes for Financial Institutions (October 2011) (https://www.fsb.org/wp-content/uploads/r_111104cc.pdf)。森下哲朗「クロスボーダー金融機関の破綻処理について」金融法務研究会「金融規制の観点からみた銀行グループをめぐる法的課題」（2013 年）48 頁以下参照。
[83]　古澤知之ほか監修『逐条解説 2013 年金融商品取引法改正』（商事法務，2014 年），山本和彦「金融機関の秩序ある処理の枠組み」金法 1975 号（2013 年）26 頁以下参照。
[84]　寺田達史ほか『逐条解説 2010 年金融商品取引法改正』（商事法務，2010 年），古澤知之ほか監修『逐条解説 2012 年金融商品取引法改正』（商事法務，2013 年）参照。

第1章　金融制度と金融法の概観

ループ単位での監督も課題とされている。日本では，銀行持株会社に関しては制度が整備されてきたが，証券持株会社（証券会社〔金融商品取引業者〕を頂点とするグループ）については，以前は制度が整備されていなかった。そこで，この点について，2010（平成22）年の金融商品取引法改正で対応がされた[86]。

⑥　金融機関の自己資本比率規制の強化　　金融機関の自己資本比率規制の強化という論点がある。国際的に活動する銀行については，バーゼル銀行監督委員会による自己資本比率規制が1988年以来存在してきた。バーゼルⅠおよびバーゼルⅡとして知られ，金融危機を受けて，いわゆるバーゼル2.5とバーゼルⅢが策定されている。日本は，現在，バーゼルⅢを順次実施途上にある[87]。

2　銀行法による規制の概観

ここでは，日本の銀行法の規制を概観する（なお，最後に預金保険法について一言する）[88]。

（1）　参入規制（免許制）

前述したように，銀行法上の銀行業（⇨(2)参照）を営むためには（すなわち銀行法上の「銀行」となるためには），内閣総理大臣の免許を受けなければならない（銀行4条1項）。なお，銀行は，その商号中に銀行という文字を使用しなければならず，また，銀行でない者は，その名称または商号中に銀行であること

---

[85]　金融庁「『企業内容等の開示に関する内閣府令（案）』等の公表について」（平成22年2月12日）参照。

[86]　寺田ほか・前掲注84）参照。なお，世界金融危機後の国際的議論とは直接の関係はないが，2016（平成28）年に銀行グループの経営管理や業務範囲に関する銀行法の改正が行われている。後掲注88）参照。

[87]　各業態ごとに告示が定められているが，たとえば，銀行に関するものは，「銀行法第十四条の二の規定に基づき，銀行がその保有する資産等に照らし自己資本の充実の状況が適当であるかどうかを判断するための基準」（平成18年3月27日金融庁告示19号）である。

[88]　銀行法に関する詳細な解説書として，小山・前掲注3）がある。また，天谷知子『金融機能と金融規制――プルーデンシャル規制の誕生と変化』（金融財政事情研究会，2012年）では，金融規制の歴史と全体像が規制の目的や機能と関連づけて説明され，その中で金融危機後のルールについても説明されている。このほか，金融機関のガバナンスを説明したものとして，同『金融機関のガバナンス』（金融財政事情研究会，2013年）。なお，2013（平成25）年に銀行法と預金保険法，2016（平成28）年に銀行法と資金決済に関する法律（資金決済法）等について，それぞれ重要な改正が行われた。2013（平成25）年改正の主な事項は，銀行による株式保有規制の一部緩和および大口信用供与規制の強化等（銀行法の改正），金融機関の「秩序ある処理」制度の整備（預金保険法の改正）である。2016（平成28）年改正の主な事項は，銀行グループの経営管理や業務範囲に関する規制の整備（銀行法の改正），仮想通貨に関する規制の整備（資金決済法の改正）である。

を示す文字を使用してはならない（6条1項・2項）。

（2） 業務範囲の規制

銀行が行うことができる業務は限定されている。すなわち，銀行法2条2項は，次のように定めている。「この法律において『銀行業』とは，次に掲げる行為のいずれかを行う営業をいう。1　預金又は定期積金の受入れと資金の貸付け又は手形の割引とを併せ行うこと。2　為替取引を行うこと。」

これらは，銀行の「固有業務」と呼ばれるものである（銀行の本業といってもよい）。銀行法2条2項によれば，要するに，預金の受入れと資金の貸付けの両方をすることが銀行業である（銀行法上は定期積金の受入れは法的に預金の受入れと別の概念，手形の割引は資金の貸付けと別概念と整理されているが，ここでは主な場合である預金の受入れと資金の貸付けに着目して述べる）。これ以外に，為替取引をすることも，銀行業である。前者の定義，すなわち，預金の受入れと資金の貸付けの両方をすることが銀行業であるとする定義から，どちらか一方しかない場合は，銀行業とはならない。したがって，資金の貸付けをするけれども預金の受入れはしない場合は，銀行業にはならず，銀行法にもとづく銀行業の免許は不要である（前述したノンバンクとはこの場合に着目した呼称であるということができる）。ただし，銀行法上，その反対，すなわち，預金の受入れをするけれども資金の貸付けをしない場合については，特別の規定が置かれており，銀行法3条は「預金……の受入れ……を行う営業は，銀行業とみなして，この法律を適用する」と規定している。この結果，銀行法の下では，預金の受入れを業としてすれば銀行業となる。

以上に対して，「為替取引」については，銀行法上は定義が存在しない。最高裁判所の著名な判例は，為替取引を次のように定義している。「銀行法2条2項2号……にいう『為替取引を行うこと』とは，顧客から，隔地者間で直接現金を輸送せずに資金を移動する仕組みを利用して資金を移動することを内容とする依頼を受けて，これを引き受けること，又はこれを引き受けて遂行することをいう」（最決平成13年3月12日刑集55巻2号97頁〔刑事事件〕）。

なお，銀行以外の者であっても，資金決済に関する法律（資金決済法）にもとづいて内閣総理大臣の登録を受けた資金移動業者は，資金移動業（銀行以外の者が為替取引〔100万円以下の資金の移動にかかる為替取引に限る〕を業として営む

こと）を行うことが認められる（資金決済37条・2条2項，資金決済令2条）。

　以上の「固有業務」（銀行10条1項）のほか，銀行は，「付随業務」（同条2項）を営むことが認められる。これ以外の業務は「他業」と呼ばれ，銀行が他業を営むことは禁止されるのが原則であり（他業禁止），法が特別に認めた業務だけが認められる（法定他業と呼ぶことがある。11条・12条）。

(3) 銀行持株会社および子会社に関する規制

　銀行法は，銀行本体を規制するだけでなく，銀行を子会社とする持株会社（銀行持株会社という）および持株会社の子会社や銀行の子会社について，業務範囲の制限や財務規制などの規制を設けている（銀行52条の21以下・16条の2等）。

　銀行法の2016（平成28）年改正により，銀行を頂点とするグループや銀行持株会社を頂点とする金融グループについて，「頂点にある銀行や銀行持株会社は，その属する金融グループの経営管理を行わなければならない」旨の規定が設けられた（銀行52条の21第1項・16条の3第1項）。金融グループの構造（グループの頂点が銀行か銀行持株会社か）にかかわらず，金融グループの経営管理はグループの頂点の親会社が行うべきことになる。この場合の「経営管理」は銀行法のほか内閣府令で定められるが（52条の21第4項・16条の3第2項），そのポイントはリスク管理や利益相反管理といった銀行規制の遵守である。

　また，2016（平成28）年改正は，銀行持株会社による共通・重複業務の執行を認め，子会社への業務集約の容易化とグループ内での資金融通の容易化のほか，金融関連IT企業等への出資や決済関連事務等の受託の容易化を認めた。これらの改正は，フィンテックに対応するものである[89]。

(4) 主要株主規制・銀行の株式保有規制等
第4節 **1**(2)(3)参照。

(5) 行為規制
　銀行法は，銀行について各種の行為規制を設けている。情報提供義務や説明

---

[89] 湯山壮一郎ほか「情報通信技術の進展等の環境変化に対応するための銀行法等の一部を改正する法律の概要」金法2047号（2016年）66頁以下参照。

義務等（12条の2），大口信用供与規制（13条），禁止行為等（13条の2・13条の3・13条の3の2）が主なものである。

(6) 財務規制

銀行法は，銀行について財務規制を設けている。自己資本比率規制（「バーゼルⅢ」の国内法化を含む。14条の2）のほか，情報開示を含めて各種の規制が設けられている（17条以下）。銀行持株会社についても同様である（52条の25以下）。

(7) 検査・監督等

監督当局である金融庁（銀行59条1項・銀行令17条参照）は，銀行に対して，報告や資料の提出を求め，また立入検査をする権限を有する（24条・25条）。また，金融庁は銀行に対して，業務の停止や改善を命ずる権限がある（行政処分）ほか（26条），内閣総理大臣による免許の取消しということも生じうる（27条・28条）。

なお，金融庁では，2015（平成27）事務年度から，毎年，金融行政が何を目指すかを明確にするとともに，その実現に向けていかなる方針で金融行政を行っていくかを「金融行政方針」として策定・公表した。そして，その進捗や実績を年次で評価したものとして，2016（平成28）年9月15日に「金融レポート」が公表された。その後，同年10月21日に，2016（平成28）事務年度の金融行政方針が公表され，そこでは，金融庁は，①金融システムの安定／金融仲介機能の発揮，②利用者保護／利用者利便，③市場の公正性・透明性／活力を確保することにより，企業・経済の持続的成長と安定的な資産形成等による国民の厚生の増大を目指すとし，金融を取り巻く環境が急激に変化する中，上記を実現するためには，以下の変革が必要としている。①金融当局・金融行政運営の変革，②国民の安定的な資産形成を実現する資金の流れへの転換，③「共通価値の創造」を目指した金融機関のビジネスモデルの転換。

また，2016（平成28）年9月15日に，金融庁は，金融機関における金融仲介機能の発揮状況を客観的に評価できる多様な指標として「金融仲介機能のベンチマーク」を策定・公表している。

(8) 預金保険制度

銀行法ではないが，預金保険法は，銀行を含めた金融機関について，預金保険制度と破綻処理制度を定めた重要な法律である。

預金保険制度とは，銀行等の金融機関が破綻した場合でも，預金者の保護と資金決済の確保を通じて，信用秩序の維持を図ることを目的とするものであり，金融機関が預金保険料を預金保険機構に支払い，万が一，金融機関が破綻した場合には，預金保険機構が一定額の保険金を支払うことにより預金者を保護する制度である。預金者が預金保険の対象金融機関に預金をすると，預金者・金融機関・預金保険機構の間で，預金保険法にもとづいて自動的に保険関係が成立することとされている（預金者自身が預金保険加入の手続を行う必要はない）。

日本では，臨時の措置として1996（平成8）年から預金等全額保護という特例措置がとられてきたが，それは金融システムの安定化等に伴って2001（平成13）年度で終了し，2002（平成14）年4月から，当座・普通・別段預金を除く定期預金等については一定の範囲でのみ預金等を保護する定額保護に移行した。そして，2005（平成17）年4月からは，金融危機対応として例外的な措置が発動されない限り，「決済用預金」に該当する預金以外は，すべて定額保護となった（預金を定額のみ保護して金融機関の破綻処理を行うことをペイオフといい，2005〔平成17〕年4月から「ペイオフ解禁」となったといわれる）。現在の制度の下では，一金融機関ごとに合算して，預金者一人あたり元本1000万円までと破綻日までの利息等が保護される。

第4節　銀行規制と業務範囲に関する規制・競争政策

1　銀行規制と「銀行業と商業の分離」

(1) 他業禁止——「銀行業と商業の分離」政策との関係

銀行は，固有業務（銀行10条1項）および付随業務（同条2項），他業証券業務・信託業務（11条），ならびに担保付社債信託法その他の法律により特に銀行に認められた業務（法定他業）以外の業務を営んではならない（12条）。違反に対しては，過料の制裁がある（65条3号）。

第4節　銀行規制と業務範囲に関する規制・競争政策

　1927（昭和2）年の旧銀行法においてわが国に初めて導入された銀行の他業禁止原則は，実効性のある監督を可能にするという観点から，銀行を固有業務に専念させる方針を採用したものであると説明されていた[90]。現在では，「他業禁止」の理由として，①銀行が銀行業以外の業務を営むことによる異種のリスクの混入を阻止すること，②銀行業務に専念することによる効率性の発揮，および③利益相反取引の防止が挙げられている[91]。学説では，これらの理由に加え，立法当初の趣旨を重視し，④監督機関による実効的な監督を確保するためという理由が説かれている。

　銀行の業務範囲規制の根拠をどのように理解するかは，「付随業務」の解釈論に影響を与えうる。というのは，付随業務には，銀行法10条2項各号に例示されている業務に加え，「その他の銀行業に付随する業務」が含まれるからである。金融庁は，「その他の付随業務」に該当するかどうかを判断する際に，始めに従来から認められてきた業務であるかどうかという沿革的な要素を重視する。沿革的な理由から認められる「その他の付随業務」としては，コンサルティング業務，ビジネスマッチング業務，M&Aに関する業務，事務受託業務およびオフラインデビットにおける電子カードを含む電子マネーの発行にかかる業務がある。次に，沿革的な理由から認められる業務以外の業務が「その他の付随業務」に該当するかどうかは，①ある業務が銀行法10条1項各号および2項各号に掲げる業務に準じるか，②当該業務の規模がその業務が付随する固有業務の規模に比して過大なものになっていないか，③当該業務について銀行業務との機能的な親近性やリスクの同一性が認められるか，および④銀行が固有業務を遂行する中で正当に生じた余剰能力の活用に資するか，という四つの要素を総合的に考慮し，他業禁止の趣旨に鑑み，判断すべきものとする[92]。

　裁判例においては，融資の媒介（東京地判平成6年10月17日判時1574号33頁およびその控訴審判決である東京高判平成8年5月13日判時1574号25頁）[93]や与信，

---

90)　西原・前掲注36）242頁。
91)　主要行監督指針・前掲注70）V-3-1。なお，同監督指針は，銀行グループの業務範囲規制についても，銀行の他業禁止の趣旨をグループ全体に及ぼし，グループ全体として銀行に対する規制に準じた取扱いとする旨を明らかにしている。
92)　以上につき，主要行監督指針・前掲注70）V-3-2（1）〜（3）および（4）。
93)　平成6年の東京地裁判決は，銀行等の役職員による金銭の貸借の媒介を禁止している出資

受信等に関連して顧客に対しその資産の増殖に寄与する投資案件を紹介等すること（東京地判平成12年8月29日判タ1055号193頁）が，銀行法10条2項にいう「その他の付随業務」に当たるかどうかが問題となった事案があるが，いずれも付随業務に該当すると判断されている。

また，他業禁止の趣旨を没却しないために，銀行子会社や銀行持株会社の子会社の業務範囲は関連業務に限定されている（銀行52条の23・52条の23の2）。この規制もまた，銀行グループまたは銀行持株会社グループの観点からみて，銀行業をそれ以外の業務から分離するための規制であると解される。

さらに，他の会社の議決権を取得・保有することによっても，他業禁止の趣旨が損なわれるおそれがあるため，議決権取得・保有について規制されている（⇨(2)参照）。

> **COLUMN 1-3　アメリカにおける「銀行業と商業の分離」とその変容**
>
> 　日本法が採用している銀行の他業禁止の考え方は，アメリカの銀行規制において採用されている「銀行業と商業の分離」政策の影響を受けたものと考えられる。アメリカにおいては，「銀行業と商業の分離」政策の根拠として，次のような理由が挙げられてきた。すなわち，①銀行による経済支配に対する懸念，②規制産業である銀行がその規制（セーフティネット）の利益を享受しながら他産業と競争することによる不公正競争の問題，③銀行が他部門に進出した場合の健全性維持やセーフティネットを維持することの監督法上の困難性などである。特に近時は，④商業部門のリスクが銀行に波及することの防止や⑤システミック・リスクの発生の防止という観点も指摘されている。
>
> 　ところが，アメリカにおける「銀行業と商業の分離」は，次第に変質してきた。すなわち，銀行業とそれ以外の業務を分離する必要性から，次第に銀行業務を非金融業務から分離する趣旨と解されるようになり，今日ではさらにシステミック・リスクの観点が重視されるなど，その趣旨や対象は揺れ動いている[94]。
>
> 　アメリカでは，上述したような「銀行業と商業の分離」から，銀行が営むことが許される銀行業およびそれに密接に関連する業務をどのように定義するべきかという問題に次第に関心が移行し，銀行持株会社グループが提供しうるサービスの範囲は徐々に拡大していった。その方向性を正当化するとともに決定づけたのが1999年のグラム・リーチ・ブライリー法である。同法により，新たに金融持株会社が定義され，金融持株会社グループは多様な発展を遂げるに至った。とこ

　　法3条との関係について，同条は金銭の貸借の媒介が銀行の付随業務に当たるという前提に立った上で，一定の要件をみたす場合にこれを規制しようとしたものであると整理している。
94)　たとえば，川濱昇「米国における銀行の株式保有規制の変遷——銀行と商業の分離原則の行方」法学論叢152巻5=6号（2003年）211頁参照。

ろが，2007年から2009年にかけて発生した金融危機を踏まえて制定された2010年のドッド・フランク法は，銀行持株会社法の政策目的が前述した商業部門のリスクが銀行に波及することの防止からシステミック・リスクの防止に重点を移すことを明確にした。すなわち，アメリカにおける銀行持株会社グループの規制目的が，「銀行業と商業の分離」から「システミック・リスクの防止」へとその軸足を移し，ドッド・フランク法の下では金融危機後の規制枠組みとして，金融システムの安定性維持という規制目的が重視されたのである。なお，ドッド・フランク法は，預金保険対象の金融機関およびそれらの関連会社に対し，一定の証券，デリバティブ，その他の金融商品を用いた短期自己勘定トレーディングを原則として禁止するボルカー・ルールを含んでいる。ボルカー・ルールも，金融システムの安定性維持という観点から位置づけることが可能である。

(2) 議決権取得・保有の制限

銀行法は，銀行経営の健全性を確保するとともに，(1)に述べた他業禁止の趣旨に鑑み，独自の株式取得・保有規制を行っている。銀行等が本業以外の事業を行うことによって，銀行等の財務・経営の健全性を損なうおそれがあるため他業禁止が課されているところ，その趣旨を徹底するために設けられている規制である。

すなわち，第一に，銀行や銀行持株会社は，銀行，長期信用銀行，資金移動専門会社，証券専門会社，証券仲介専門会社，保険会社，信託専門会社，金融関連業務会社，従属業務会社または投資専門会社など所定の会社以外の会社を子会社としてはならない（銀行16条の2・52条の23）。なお，商品現物取引会社は子会社とすることができない。銀行には他業禁止が課される一方で，銀行持株会社に，証券，保険，信託などを営む会社を支配することを認めている理由については，**2**で述べる。

第二に，銀行子会社や銀行持株会社の子会社以外の会社の株式の議決権については，原則として，議決権取得および保有制限が課される。すなわち，銀行の場合は子会社と合算して5%（「合算5%ルール」），銀行持株会社の場合はその子会社と合算して15%（「合算15%ルール」）を超えて議決権を取得し，または保有することは認められない（銀行16条の4・52条の24）。議決権取得・保有制限の水準は，立法当時の企業グループおよび金融機関の株式保有状況の実態を総合的に勘案しつつ，銀行の場合は5%，銀行持株会社の場合はリスク遮断がよりすぐれている点および事業主体が銀行自体ではないため銀行の一般事業

への関与が間接的であるという理由から 15％ が上限とされた[95)]。

議決権取得・保有の制限には多くの適用除外や例外が認められている。第一に，信託財産である株式や銀行等が投資事業有限責任組合の有限責任組合員として投資する会社の株式にかかる議決権は，算入されない（銀行 16 条の 4 第 9 項・2 条 11 項，銀行則 1 条の 3）。第二に，担保権の実行による株式等の取得や自己株式の取得等，または銀行の合併等により議決権取得・保有規制に抵触することになる場合には，議決権取得・保有の制限は適用されない（銀行 16 条の 4 第 2 項・4 項，銀行則 17 条の 6 第 1 項）。第三に，銀行が子会社である投資専門会社（「特定子会社」）を介して，「新たな事業分野を開拓する会社として内閣府令で定める」いわゆるベンチャービジネス会社や「経営の向上に相当程度寄与すると認められる新たな事業活動を行う会社として内閣府令で定める会社」のうち再生計画や更生計画の認可決定にもとづくなど所定の要件に該当しない特別事業再生会社の議決権を保有する場合には，当該会社に対する議決権の取得・保有については，特定子会社は銀行子会社に該当しないものとみなされる（銀行 16 条の 4 第 7 項・16 条の 2 第 1 項 12 号・12 号の 2・52 条の 23 第 1 項 11 号・11 号の 2）。第四に，地域の活性化に資すると認められる事業を行う会社（いわゆる地域経済の面的再生事業会社）として内閣府令で定める会社，および第三に述べた会社と内閣府令で定める特殊の関係にある「特例対象会社」の議決権についても，議決権保有規制の例外とされる（16 条の 4 第 1 項・8 項・52 条の 24 第 1 項・8 項）[96)]。

さらに，IT（Information Technology）の進展に伴う技術革新に対応し，それを戦略的に取り込み，金融グループ全体で柔軟な業務展開を可能にするために，2016（平成 28）年に成立した「情報通信技術の進展等の環境変化に対応するための銀行法等の一部を改正する法律」による銀行法改正により，金融関連 IT 企業等への出資を容易にするなどの見直しが行われた。欧米の銀行では，銀行が IT 企業やネット企業などと戦略的に連携することなどにより，IT イノベ

---

95) 小山・前掲注 3) 352 頁。
96) 2013（平成 25）年改正により，地域経済に資本性資金の出し手が不足している状況に鑑み，資本性資金の供給主体としての銀行等の役割が発揮されうる環境を整備することも重要な政策課題であるとして，合算 5％ ルールが緩和された。金融審議会「金融システム安定等に資する銀行規制等の在り方に関するワーキング・グループ」報告書「金融システム安定等に資する銀行規制等の見直しについて」（平成 25 年 1 月 25 日）13～16 頁参照。

ーションを取り込む動きが活発化している。このような外部との連携によるイノベーションは、オープン・イノベーションと呼ばれる。日本の銀行も、ITの進展に伴う技術革新により適切に対応することを可能にするために、次の二点について改正がなされた。

すなわち、第一に、改正前の銀行法によれば、銀行は、その子会社と合算して国内事業会社の5％超の議決権を保有することを原則として禁止されていた。しかし、この改正により、日本でも、監督当局の認可を事前に得ることを条件に、情報通信技術その他の技術を活用した当該銀行の営む銀行業の高度化もしくは当該銀行の利用者の利便の向上に資する業務またはこれに資すると見込まれる業務を営む会社に対し出資することが認められることになった（銀行16条の2第1項12号の3・7項）。

第二に、改正前の銀行法によれば、持株会社の子会社であって従属業務を営む会社は、主として銀行の営む業務のためにその業務を営むことが求められており、親銀行グループからの収入が50％以上であること等が必要とされていた（「収入依存度規制」と呼ばれる）。ITの進展に対応した決済関連サービスをグループ以外の第三者に提供することにより、他からの収入が50％を超えることは許されなかったのである。しかし、グループ外の第三者から、たとえばシステム管理などの業務の受託を容易にするために、従属業務を営む会社に求められる親銀行グループへの収入依存度の比率が引き下げられた（銀行16条の2第11項）。なお、従属業務とは、銀行の営む業務に従属する業務として内閣府令で定めるものとされ（同条2項1号）、内閣府令では、他の事業者のための不動産の賃貸・他の事業者の所有する不動産の管理や他の事業者の業務に関し必要となる調査・情報の提供を行う業務など27の業務が従属業務として掲げられている（銀行則17条の3第1項）。

他方、独占禁止法11条によっても、銀行は、他の国内会社の議決権を原則として5％を超えて取得し、または保有することを禁止されている。銀行法による議決権取得・保有規制と独禁法による規制の関係については、**3(4)**参照。

(3) 異業種による銀行業への参入──銀行主要株主規制等の導入

(2)とは反対に、異業種が銀行を支配することが考えられる。異種のリスクの混入のように、銀行による支配株式の保有に伴ういくつかの問題点は、異業

種が銀行の親会社となり子会社である銀行を支配する場合であっても同様に生じうる。そこで，日本法は，銀行主要株主規制等を導入している。

すなわち，第一に，銀行または銀行持株会社の議決権の5%超を保有する株主に，当該株式の取得および保有割合等の変更について届出を求めている（銀行52条の2の11・52条の3）。

第二に，銀行の財務および営業の方針の決定に対して重要な影響を与えうる株式すなわち単体またはグループを通じて総株主の議決権の原則20%以上を有する株主等を銀行主要株主と定義し（銀行2条9項・10項），銀行主要株主になろうとする者は，あらかじめ内閣総理大臣の認可を受けなければならないものとする（52条の9）。主要株主については，内閣総理大臣は，財務面の健全性や株式所有目的等に鑑み，その適格性を判断するとともに（52条の10），銀行主要株主に対する報告徴求権や立入検査権など，監督権限について規定されている（52条の11～52条の15）。

このように，銀行主要株主に対し，一定の規制を導入した上で異業種による銀行支配を排除してはいない。しかし，銀行による他業支配が禁止されていることに鑑みるならば，片面的な規制を採用しているといえる。この点において，「銀行業と商業の分離」が貫徹されているわけではない。

2　銀行持株会社の解禁と金融コングロマリット

（1）　銀行業とそれ以外の金融サービス業との関係

銀行業と商業の分離の原則は，ただちに非銀行業である金融業について妥当するわけではない。銀行業の組織形態は多様であるが，単体でそれを営む場合と，銀行持株会社グループや金融持株会社グループなどの金融コングロマリット形態で銀行業を提供する場合に分類できる。業務形態という観点からみれば，比較法的には，商業銀行業務と投資銀行業務を併せ営むユニバーサル・バンキング型と，銀行・証券・保険等を含む広範な総合金融業務を提供する総合金融コングロマリット型とがある。ところが，日本法の下では，銀行と証券の分離の原則が存在するため（「銀行と証券の分離（銀証分離）」については，**COLUMN 1-3**を参照），ユニバーサル・バンキング型は認められない[97]。

---

97)　日本銀行金融研究所「『金融機関のグループ化に関する法律問題研究会』報告書」金融研究24巻法律特集号（2005年）49～53頁参照（http://www.imes.boj.or.jp/japanese/

金融コングロマリット形態は，現代の金融実務とりわけ国際金融業務に従事する場合の支配的な組織形態である。金融コングロマリットの典型は，持株会社が商業銀行業務，投資銀行業務，保険業務など複数の金融サービスを提供する子会社の株式を所有するという形態であり，そこには高度に発展した証券関連業務が含まれるのが通常である。

　日本はかつて，銀行は銀行業，保険会社は保険業，証券会社は証券業にそれぞれ従事するといういわゆる専業主義を採用していた。ところが，1992（平成4）年の金融制度改革法により業態別子会社方式による相互参入が認められ，同法による銀行法および旧証券取引法の改正により，銀行子会社，証券子会社および信託銀行子会社の保有が可能となった。もっとも，証券子会社は，株券等の売買の媒介・取次ぎを行ってはならないなどの業務範囲の制限を課されていた。

　1998（平成10）年には金融持株会社が解禁されるとともに金融システム改革法により子会社にかかる規定が整備されるなど，金融コングロマリットの形成および運営が法制上可能とされた。すなわち，金融システム改革法による保険業法の改正により，保険子会社の保有が認められるとともに，業態別子会社に課されていた業務範囲にかかる制約が撤廃された。

　実際にも，銀行を中核として証券会社等を保有する銀行持株会社グループや，銀行と保険会社を含むグループ，証券会社と保険会社が中核となり他業態の金融子会社を有する金融コングロマリットなど，多様な金融コングロマリットが存在する。

　銀行持株会社の場合，たしかに銀行本体からは一定のリスク遮断効が認められるものの，銀行持株会社は，その子会社のリスク管理状況の把握・分析・管理等を行う体制を整備しなければならない。

　2016（平成28）年の「情報通信技術の進展等の環境変化に対応するための銀行法等の一部を改正する法律」による銀行法改正により，銀行グループの頂点に位置する銀行や銀行持株会社が果たすべき機能が明確化された。すなわち，銀行グループの頂点に位置する銀行や銀行持株会社は「経営管理」を行うべきものとされ，「経営管理」とは①グループ経営の基本方針等の策定およびその

kinyu/2005/kk24-h-1.pdf)。

適正な実施の確保,②グループ内の会社相互の利益相反の調整,③グループのコンプライアンス体制の整備,および④銀行グループの業務の健全かつ適切な運営の確保に資するものとして内閣府令で定めるものであることが明文化された(銀行16条の3第1項・2項,52条の21第1項・4項)。なお,同改正により,金融グループのガバナンスの強化とともに,改正前法の下では,銀行持株会社は子会社の経営管理のみを行うことができ執行は行うことができないとされていたところ,規制を緩和し,グループ内の共通・重複業務について集約して行うことができるものとされた。具体的には,銀行持株会社が,システム管理業務や資産運用業務などのグループ内の共通・重複業務を行うことが考えられる。なお,あわせて,子銀行がその業務を他の会社等に委託する場合には,委託先業務について管理義務を課されていたのであるが,グループ内の共通・重複業務をグループ内子会社に集約する場合には,当該管理義務を銀行持株会社に一元化することが可能とされた。

(2) 金融コングロマリットのメリット・デメリット

金融コングロマリットには,それに属するグループ企業が提供する金融サービス相互の間に類似性や相互補完性がある場合には,規模の経済や範囲の経済のメリットが生じうる。グループ内事業の多様化により,リスクの分散に資することもあろう。顧客の多様なニーズに柔軟に応えるとともに,ワンストップ・ショッピングが可能となり,顧客にとっての効率性・利便性にも資するとされる。このように,金融コングロマリットは,金融グループの収益力や競争力の強化につながる可能性がある。もっとも,これらのメリットはつねに認められるわけでもなければ,無制限かつ無条件に認められる性質のものでもない。

他方,金融コングロマリットには重大なリスクが潜んでいることも確かである。このことは,主として証券関連業務に端を発した2007年から2009年にかけて発生した金融危機において,多くの巨大な金融コングロマリットが危機に瀕し,リーマン・ブラザーズのように破綻に至ったものもあったことから明らかになった。金融コングロマリットの破綻によるシステミック・リスクや,「大きすぎて破綻させられない(too big to fail)」という金融システム全体にかかる問題,さらには政府の支援のあり方などが問題となったことは,記憶に新しい。

個々の金融コングロマリットに着目しても，①グループ企業が他のグループ企業やグループ全体からの援助に期待して過度のリスクをとるモラル・ハザード，②同一の自己資本が資本関係のあるグループ企業によって複数回用いられる資本のダブル・ギアリング，③利益相反，④リスクの伝播，⑤あるグループ企業の信用の失墜が他のグループ企業の信用を害する評判リスク，⑥競争制限，⑦支配的地位や権限の濫用，および⑧リスクの偏在や集中など様々なリスクが内在することが知られている。特に，⑨金融コングロマリットに預金保険制度の適用を受ける銀行が存在するときは，たとえば銀行以外のグループ企業において生じた損失を銀行からの融資でカバーするなどのセーフティネットの流出が生じる事態が懸念されている。

(3) 金融コングロマリットに対する監督

金融庁は，金融庁組織規則（平成10年総理府令81号）8条4項にもとづき，国際監督室（かつてのコングロマリット室）を設置し，**(2)**に述べたような金融コングロマリットに伴うリスクに的確に対応するために，「金融コングロマリット監督指針」を策定して，金融コングロマリットのグループとしての経営管理，財務の健全性または業務の適切性の観点から監督を行っている。たとえば，グループ内取引に即して述べれば，それによりグループ内でのリスク移転を伴う危険がある。そのようなグループ内取引により，グループ内の金融機関の業務の適切性および財務の健全性の確保に重大な影響が及ぶ可能性があり，また，法令等に則した適切な対応等が行われていない場合には，グループ内において取引の公正性が歪められたり，金融機関の業務の適切性が損なわれたりする可能性がある。特に，グループ企業間におけるリスクや利益の移転が，監督法上の規制対象であるグループ企業とりわけ預金取扱金融機関と規制対象ではないグループ企業との間で生じる場合には，規制対象である金融機関の健全性が害され，金融監督法の目的が達成されないおそれがある。健全性を喪失したグループ企業が金融システムにおいて重要な地位を占める場合には，金融システム全体を脅かすおそれすら生じる。監督法の観点からは，監督対象企業と対象外の企業が混在している金融コングロマリットに対して特に警戒が発せられる所以である。

(4) ファイアー・ウォール規制

(a) 背景・概要　1992（平成4）年に制定された金融制度改革法により，業態別子会社方式による銀行と証券の相互参入が解禁された。これを契機に，利益相反による弊害の防止や銀行等の優越的地位の濫用の防止等を目的として，同法にもとづく改正銀行法によりアームズ・レングス・ルール（⇨**4**(3)(b)参照）が導入されるとともに，改正旧証券取引法により銀行・証券間のファイアー・ウォール規制すなわち顧客に関する未公開情報の授受や役職員の兼職の禁止等が導入された。

法律のタイトルを金融商品取引法と改めた2006（平成18）年の証券取引法改正により，金融商品取引業者またはその役員・使用人が複数の種別の金融商品取引業務を行う場合と，金融商品取引業およびその付随業務以外の業務を行う場合のそれぞれについて弊害防止措置等が導入されるとともに（金商44条・44条の2），親法人等または子法人等が関与する行為を制限する旨の規定が整備された（44条の3）。弊害防止措置にかかるこれらの規制は，公正な競争の確保，経営の健全性・独立性の確保を目的とするとともに，利益相反を規制するという観点から設けられたものである。

2008（平成20）年改正前金商法は，法人顧客の非公開情報について，個人顧客の場合と同様に，親法人である銀行等が当該情報を証券会社等に提供することを原則として禁止し，事前に書面による同意がある場合その他法定の例外事由に該当する場合に限り当該禁止を解除していた（金商44条の3第1項4号，金商業旧153条7号）。また，親法人である銀行等と子会社である証券会社等との間の役職員の兼任も禁止されていた（金商旧31条の4第1項・2項）。

(b) ファイアー・ウォール規制の緩和　2008（平成20）年改正金商法により，利益相反管理体制整備義務が導入される一方，ファイアー・ウォール規制が緩和された。すなわち，法人顧客に対し停止を求める機会を適切に提供している場合には，当該法人顧客が停止を求めるまでの間，非公開情報の提供について当該法人顧客がそれについて書面による同意をしているものとみなす旨の例外規定が追加され，法人情報についてオプトアウト制度が導入された（金商業153条2項）。法人情報については，欧米では特段の規制はなく，情報共有がより多様で質の高い金融サービスの提供につながるのであれば顧客にもメリットがある，同意書面の提出手続には顧客側の法人サイドで社内稟議等の手間

がかかる，といった批判に応えたものである[98]。もっとも，法人の中にも，自己の情報の共有を拒みたいケースもありうるため，法人顧客に明確にオプトアウトの機会を付与することが適当とされた。

注目すべきは，内部管理に関する業務については，内部管理部門から営業部門に非公開情報が漏洩しない措置が的確に講じられている場合には，弊害防止措置の適用除外の承認を得ることなく法人情報であれ個人情報であれ，顧客の同意を得ずに非公開情報をグループ間企業で共有することが認められることになった点である（金商業153条1項7号リ・9号）。コンプライアンス・リスク管理・内部統制を適切に行うためには情報の的確な把握・伝達が前提となるところ（⇨第2節 **6(2)**参照），当該非公開情報の漏洩防止措置が的確に講じられていることという条件を課した上で，内部管理にかかる業務については情報の共有を許容することにより，健全な銀行経営と顧客情報保護とのバランスを図ったものである。こうして，たとえば組織上は営業部門として位置づけられている支店に帰属するコンプライアンス等の内部管理業務担当者や証券会社等・親銀行等の内部管理部門責任者の兼務が可能になった。「内部管理に関する業務」とは，①法令遵守管理，②損失の危険の管理，③内部監査および内部検査，④財務，⑤経理ならびに⑥税務に関する業務と定義されていた（2014〔平成26〕年改正前金商業153条3項）。

また，2008（平成20）年改正金商法により，証券会社や銀行等に利益相反管理体制の整備が求められるようになった（⇨**4**(3)(c)参照）。利益相反管理体制整備義務の導入に伴い，役員の兼職規制については禁止が撤廃され，届出制に改められた（金商31条の4第1項・2項）。有価証券関連業務を営む第一種金融商品取引業者がグループ企業との間で発行者等にかかる非公開情報を授受することは原則禁止されるが（金商業153条1項7号），証券会社の役職員がグループ企業の役職員を兼職している場合において，証券会社の役職員が非公開情報を受領すると直ちに兼職先のグループ企業が当該情報を受領することになると解されるわけではないと整理されている。このような整理を前提として，内部管理に関する業務の職員の兼職が可能になった。

こうして，2008（平成20）年改正金商法は，親会社である銀行と証券会社等

---

[98] 金融審議会金融分科会第一部会報告「我が国金融・資本市場の競争力強化に向けて」（平成19年12月18日）12頁参照。

の子法人等の役職員の兼任禁止規制の緩和と，オプトアウト制度による法人顧客の非公開情報の共有により，金融コングロマリットのメリットが相乗的に発揮されることを期待しているのである[99]。

　（c）ファイアー・ウォール規制のさらなる緩和　2014（平成26）年金商業等府令改正により，ファイアー・ウォール規制が一段と緩和された。すなわち第一に，外国法人については，当該顧客が所在する国の法令上，非公開情報の授受が禁止されていないときは，電磁的記録による同意の意思表示または非公開情報の提供に関し当該顧客が締結している契約の内容および当該国の商慣習に照らして当該顧客の同意があると合理的に認められるときは，当該顧客の書面による同意を得たものとみなされることとなった（金商業153条1項7号イ）。第二に，情報授受の制限の例外とされていた「内部管理に関する業務」の範囲が「内部の管理及び運営に関する業務」へと拡張された（同号リ）。その上で，「内部管理及び運営に関する業務」として，新たに，子法人等の経営管理に関する業務と有価証券の売買，デリバティブ取引その他の取引にかかる決済およびこれに関連する業務が追加された（同条3項7号・8号）。

3　銀行規制と独占禁止法

（1）「持株会社」「銀行持株会社」の定義

　銀行法上，「持株会社」とは，独占禁止法9条4項1号に規定する持株会社と定義されていた（2条12項）。銀行法上の「銀行持株会社」とは，前述した持株会社の定義を受けて，「銀行を子会社とする持株会社であって，〔銀行法〕第52条の17第1項の認可を受けて設立され，又は同項若しくは同条第3項ただし書の認可を受けているものをいう」と定義されている（2条13項）。なお，「子会社」とは，「会社がその総株主等の議決権の100分の50を超える議決権を保有する他の会社をいう。この場合において，会社及びその1若しくは2以上の子会社又は当該会社の1若しくは2以上の子会社がその総株主等の議決権の100分の50を超える議決権を保有する他の会社は，当該会社の子会社とみなす。」と定義されている（銀行2条8項）。

　独占禁止法の当該規定においては，「持株会社」を「子会社の株式の取得価

---

99)　渡邉雅之『利益相反管理体制構築の実務——新しい情報共有規制と兼職規制』（商事法務，2009年）79頁。

額（最終の貸借対照表において別に付した価額があるときは，その価額）の合計額の当該会社の総資産の額に対する割合が100分の50を超える会社」と定義する（独禁9条4項1号）。ここにいう「子会社」とは，会社がその総株主の議決権の過半数を有する他の国内の会社であるが，会社およびその一もしくは二以上の子会社または会社の一もしくは二以上の子会社がその総株主の議決権の過半数を有する他の国内の会社は当該会社の子会社とみなされる（独禁9条5項）。すなわち，「持株会社」は，資産の過半を子会社などグループ会社の支配権の源泉となる議決権の形で保有している会社に限られることになる。1997（平成9）年の独占禁止法改正により純粋持株会社が解禁された際，「持株会社」がこのように形式的に定義されたものである。

　このように，銀行法上「持株会社」または「銀行持株会社」に該当するためには，独占禁止法上の持株会社であることが前提とされていた。これは，日本においては，独占禁止法旧9条により，「株式……を所有することにより，国内の会社の事業活動を支配することを主たる事業とする会社」すなわち持株会社の設立が全面的に禁止されていたことと関係する。1997（平成9）年の改正独禁法により持株会社の設立が解禁されたため，銀行持株会社の設立の道も開かれることになったのである。2002（平成14）年改正前独占禁止法は，事業支配力が過度に集中することとなる持株会社の設立・転化を禁止していた。そして，持株会社は，当該持株会社およびその子会社の総資産合計額が3000億円を超える場合には，毎事業年度終了後3か月以内に持株会社および子会社の事業報告書を提出することとされ，また，そのような持株会社を新設した場合には，設立後30日以内に届け出ることが義務づけられていた。

　ところが，2002（平成14）年改正独占禁止法により，「他の国内の会社の株式（社員の持分を含む。……）を所有することにより事業支配力が過度に集中することとなる会社」を設立してはならないものとされた（独禁9条1項）。同改正により，持株会社であるかどうかに関わりなく，株式所有により事業支配力が過度に集中することになる会社が一般的に禁止されることになったのである。当該会社および子会社の総資産合計額が，持株会社については6000億円，銀行業，保険業または証券業を営む持株会社以外の会社については8兆円，一般事業会社については2兆円を超える場合には，毎事業年度終了後3か月以内に当該会社および子会社の事業報告書を提出すること（同条5項），および当該

会社の新設について設立後30日以内に届け出ること（同条6項）が義務づけられ，現行法に至る。

　同年改正前法の下では，持株会社に対してのみ事業支配力過度集中の規制が適用されていたのに対し，同改正により持株会社であるかどうかに関わりなく事業会社に対しても同規制が適用されることになった。それゆえ，銀行法における持株会社の定義と独禁法における持株会社の定義とを一致させる必要性はなくなった。それにもかかわらず，ある会社およびその子会社の事業に関する報告書の提出義務を画する概念として機能するにすぎなくなった独占禁止法上の「持株会社」概念に依拠して銀行法上の「持株会社」概念を定めていた（2016〔平成28〕年）改正前銀行法の立場は，立法論としては，理論的な根拠を欠くものといわざるをえないと批判されていた。

　2016（平成28）年の「情報通信技術の進展等の環境変化に対応するための銀行法等の一部を改正する法律」による銀行法改正により，「持株会社」の定義が次のように改められた。すなわち，「持株会社」とは，子会社（国内の会社に限る）の株式等の取得価額の合計額が，総資産の額（内閣府令で定める方法による資産の合計金額をいう）から内閣府令で定める資産の額（内閣府令で定めるところにより算出した額をいう）を除いた額に占める割合が50%を超える会社をいう（2016〔平成28〕年改正2条12項）。実質的には，独禁法における持株会社の定義と類似しているが，独禁法の定義と一致する必然性が法律上なくなり，内閣府令の定めるところにより算出した総資産や資産の額等を基準にすることとなった。

(2) 独禁法上の規制

(a) 議決権保有・取得規制　　独占禁止法11条により，銀行は，他の「国内の会社」の議決権を5%を超えて取得し，または保有することを原則として禁止される。「国内の会社」からは，銀行業または保険業を営む会社，その他公正取引委員会規則で定める会社が除外される（独禁10条3項）。

　銀行が他の会社の議決権を取得・保有することにより，事業支配力の過度の集中が生じ，公正かつ自由な競争が妨げられることを防止する趣旨であるとされる。

　ところが，銀行は，その事業の性格からして，または債権保全の一環として，

第 4 節　銀行規制と業務範囲に関する規制・競争政策

上述した制限を超過して議決権を保有等する必要があり，かつ，事業支配力の過度の集中等をもたらすおそれのないような場合も考えられる。そこで，例外的に，担保権の行使，代物弁済の受領による場合，信託財産の場合，他の国内の会社の事業活動を拘束するおそれがないとして公正取引委員会規則で定める場合[100]，あらかじめ公正取引委員会の認可を受けた場合[101] などは，許容される（独禁11条1項但書）。公正取引委員会は，認可をしようとするときは，内閣総理大臣（金融庁長官）と協議をしなければならないものとされる（同条3項・4項）。

（b）カルテルの禁止　（i）不当な取引制限　独禁法は，事業者が，他の事業者と共同して，相互にその事業活動を拘束し，または遂行することにより，公共の利益に反して，一定の取引分野における競争を実質的に制限することを禁止する（2条6項・3条）。

古いケースであるが，28行の金融機関が貸出金利の最高率および預金利率に関して協定を行い，それを実施していたことが不当な取引制限に該当するとして，公正取引委員会が金利に関する協定の廃止を命じた事案がある（昭和22年12月22日同意審決・公正取引委員会審決集1巻1頁）。最近では，6行の金融機関が，従来，学費システムによる給食費，教材費，PTA会費等の学校諸費の口座振替にかかる手数料を徴収していなかったところ，営業責任者等による3回の会合を経て，一定の時期から当該手数料を幼稚園・小学校・中学校等から徴収するとともに，1件あたり105円とすることに合意したことが，不当な取引制限に当たるとしてその排除の勧告審決が下された事案がある（平成16年7月27日勧告審決・公正取引委員会審決集51巻476頁）。

シンジケート・ローンにおいて，複数の金融機関が同一の条件で貸出しをすることが不当な取引制限に当たるかどうかが議論されることがあるが，通常の

---

[100] 公正取引委員会規則「私的独占の禁止及び公正取引の確保に関する法律第11条第1項第6号に規定する他の国内の会社の事業活動を拘束するおそれがない場合を定める規則」（平成14年公正取引委員会規則第8号）。そこでは，債務の株式化（いわゆるDES）に伴い議決権を取得した場合や無議決権株式の議決権が復活した場合などが定められている。

[101] 公正取引委員会「独占禁止法第11条の規定による銀行又は保険会社の議決権の保有等の認可についての考え方」（平成14年11月12日，平成26年4月1日改定）参照。そこでは，他の会社の業績が不振であり銀行が超過保有することが株式発行会社の信用を維持するために必要であると認められる場合や，5％を超える部分に相当する株式の額が大きく市場での売却に相当の期間を要する場合などに，一定の期限を付して認可がなされることが定められている。

ケースでは不当な取引制限には当たらないと解されているものと思われる。

　(ii) 事業者団体による違法な共同行為　事業者団体が，カルテルの形成を誘導するなどの違法行為をした場合には，事業者団体そのものが規制の対象となるほか（独禁 8 条），それに参加した個々の金融機関も規制対象になりうる（3 条後段）。1962（昭和 37）年に全銀協が策定した「銀行取引約定書ひな型」は，2000（平成 12）年 4 月に廃止されたが，銀行業務の多様化により，各銀行が自己責任にもとづいて一層の創意工夫を発揮することや顧客のより自由な選択を可能とすることが求められていることに加えて，公正取引委員会から銀行間の横並びを助長するおそれがあるとの指摘がなされたことも，廃止された一因であったとされる。

　(c)　不公正な取引方法——優越的地位の濫用を中心として　不公正な取引方法は，独占禁止法により禁止される（独禁 19 条）。銀行との関係では，優越的地位の濫用が問題となることが多く（2 条 9 項 5 号），銀行法にもそれに関する規定（銀行 13 条の 3，銀行則 14 条の 11 の 3）が置かれているため，以下では優越的地位の濫用に絞って述べる[102]。

　銀行がその優越的な地位を利用して，自らに有利な取引条件を引き出す行為に対しては，独占禁止法の不公正取引規制が適用される。優越的地位の濫用により，正常な商慣習に照らして不当に不利益を与えることは，当該取引の相手方の自由かつ自主的な判断による取引を阻害するとともに，当該取引の相手方はその競争者との関係において競争上不利となる一方で，当該行為者はその競争者との関係において競争上有利となる可能性があるため，公正な競争を阻害するおそれがあるからである。

　判例には，銀行よる歩積・両建預金の強要は，優越的地位の濫用に当たるとするものがある（最判昭和 52 年 6 月 20 日民集 31 巻 4 号 449 頁）。「優越的地位」にあるかどうかについては，たとえば，ある銀行からの融資に代えて当該銀行

---

[102]　優越的地位の濫用以外の類型について不公正な取引方法が争点となった金融取引として，手形交換所の取引停止処分を受けた者が当該処分は不当な取引拒絶に該当し無効であると主張した事案がある。取引停止処分は金融機関自身の取引の安全を図る私的な利益保護のための便宜的な制度ではなく，手形，小切手による信用取引を行う者全体のために，経済界において広く行われている信用取引の安全を守り，手形制度の信用維持を図るものであり，独禁法の意図する公正競争を阻害するおそれのある不公正な取引方法である不当な取引拒絶に当たらないとして，原告の主張が退けられた（東京高判昭和 58 年 11 月 17 日金判 690 号 4 頁）。

以外の金融機関からの融資等によって資金手当てをすることが困難な事業者は，当該銀行から融資を受けることができなくなると事業活動に支障を来すこととなるため，融資取引を継続する上で，融資の取引条件とは別に当該銀行からの種々の要請に従わざるをえない立場にあり，そのような場合には当該銀行は優越的地位にあるとされる。この事案において，公正取引委員会は，当該銀行に対して，変動金利で新規融資や継続融資を申し込んだ企業に対し金利デリバティブ商品を中心に勧誘を行い，購入を事実上強要したことは優越的地位の濫用であり，不公正な取引方法に当たるとして排除勧告を出した（平成17年12月26日勧告審決・公正取引委員会審決集52巻436頁）。

優越的な地位の濫用について，公正取引委員会は，これまで数次にわたり「金融機関と企業との取引慣行に関する調査報告書」を公表し，問題となる行為の例を示している[103]。類型化すると，①融資に関する不利益な取引条件の設定・変更，②自己の提供する金融商品・サービスの購入要請，③関連会社等との取引の強要，④競争者との取引の制限および⑤借り手企業の事業活動への関与などが，優越的地位の濫用のおそれがある行為として指摘されている。

（3） 銀行法上の規制

他方，銀行法は，議決権取得・保有規制を独自に有するほか（⇨1(2)），特に与信業務との関係で，優越的地位が濫用されるおそれが大きい行為を禁じている。

すなわち，銀行は，顧客に対し，当該銀行またはその特定関係者その他当該銀行と密接な関係を有する者の営む業務にかかる取引を行うことを条件として，信用を供与し，または信用の供与を約してはならない[104]（銀行13条の3第3号）。いわゆる抱き合わせ販売の禁止である。銀行法13条の3第3号の規定は，平成17年銀行法改正によるものであるが，その内容は，独占禁止法の改正に前後してその平仄を合わせるようにして規定の内容が固まっていったものであると解説されている[105]。その他，銀行法は，銀行代理業者について，①抱き

---

103) 公正取引委員会「金融機関と企業との取引慣行に関する調査報告書」（平成13年7月，平成18年6月，平成23年6月）参照。
104) 家根田正美「銀行法等の一部を改正する法律の概要」商事1748号（2005年）9頁。
105) 小山・前掲注3) 246頁。

合わせ販売の禁止（52 条の 45 第 3 号），②銀行代理業者としての取引上の優越的地位を不当に利用して取引の条件または実施について不利益を与える行為（銀行則 34 条の 53 第 3 号）等を禁じている。

（4） 銀行法と独占禁止法の重畳関係

　議決権取得・保有規制や，優越的地位の濫用についてみたように，銀行法上の規制と独占禁止法上の規制の適用が重畳する場合がある。

　このように，銀行法の規定と独占禁止法の規定とが重畳的に適用される場合が生じている背景には，銀行規制の緩和や撤廃等により，銀行法もまた，競争を促進する役割を果たすようになってきたというパラダイムの転換があると考えられる。

　もっとも，銀行法と独占禁止法とで類似の規制をしていても，その趣旨・目的が一致しているわけではない。たとえば，議決権の取得・保有制限を例にとると，銀行法上の規制は，銀行経営の健全性を確保するとともに他業禁止の趣旨を確保するためであるのに対し，独占禁止法の規制目的は，事業支配力の過度の集中を排し，公正かつ自由な競争を促進するためである。優越的地位の濫用に関していえば，銀行法上は，銀行業務の健全性を確保するためにそれが禁止されているのに対し，独占禁止法がそれを禁止しているのは，公正競争の確保のためである。

　このように，両者の関係については，規制毎にその趣旨・目的に即して検討していく必要があるが，競争法と業法の役割分担の要否，重畳関係を認めることのメリット・デメリットなどが議論されている。理論的には，①業法を廃止し，競争法に一本化する方法，②競争法の適用を除外し，業法に一本化する方法，または③両者をともに適用する方法が考えられるとされるが，競争法と業法の役割にも重畳する部分が生じていると指摘されている。このように，独占禁止法と銀行法が競争政策に関し重畳していることを理論的にどのように説明し正当化するかについては種々の議論がなされているが[106]，議論の深化と整理が期待される。

106）　白石忠志「競争政策と政府」岩村正彦ほか編『岩波講座現代の法 8 政府と企業』（岩波書店，1997 年）96 頁，日本銀行金融研究所・前掲注 97）120 頁以下等参照。

4 金融取引・金融業務と利益相反

(1) 背 景

　金融取引または金融業務において，金融機関と顧客との間，あるいは金融機関の顧客同士の間に利益相反が生じうる。また，同一の金融グループに属する企業間においては，さらに複雑な利益相反問題が生じうる。金融コングロマリット（⇨**2**参照）に属する複数の金融機関相互間，あるいはそれぞれの顧客同士の間に利益相反が生じるおそれがあるからである。金融取引または金融業務にかかる利益相反は世界各国で様々に論じられているが，利益相反の意義については，確立した定義は存在しないといわれている。利益相反については，一般に概念上きちんと定義しないまま扱われてきているという点自体に特徴があるが，それは以下に述べるように，利益相反が問題となる背景事情が様々であることを反映しているからであろう。

　金融取引において利益相反が問題となる背景は，二つある。第一に，銀行の業務自体が拡大し，また，金融市場で行われている各種の機能・サービスの提供が銀行に求められるようになってきたことと相まって，様々な顧客の間で多様な利益が衝突する局面が増加していることである。特にシンジケート・ローンやM&Aのアドバイス，社債管理や証券化など証券に関わる現代的な取引やサービスの提供に際して，伝統的な銀行業務である貸付けや預金については生じなかったタイプの利益相反が起こる。第二に，特にグローバルに金融業務を展開する金融機関は，金融コングロマリット形態で業務を営むことが少なくないが，企業グループに一般的に生ずる利益相反すなわち従属企業が支配企業によって搾取される等の利益相反問題が生ずるとともに，当該企業グループに属する個々の金融機関の顧客間において利益相反の状況が出現するに至っている。

(2) 利益相反の規制モデル──監督法上の規制と私法上の規律

　金融取引または金融業務にかかる利益相反について，監督法上の規制と私法上の規律をひとまず区別する必要がある。もっとも，監督法上の規制と私法上の規律との関係自体が，特に利益相反規制においては，重要かつ困難な問題を引き起こす（⇨(4)参照）。監督法は国（監督当局）と金融機関との間の公法関係

を規制するのに対し，私法上の規律は私人と金融機関との間の民事関係を規律する。しかし，利益相反にかかる規制のタイプ自体は基本的に共通しており，大別して次の三つのモデルがある。

第一は，予防的禁止モデルである。事前的，予防的に利益相反取引または利益相反行為を禁止するというものである。予防的禁止モデルは明確性にすぐれる半面，とりわけ複雑な金融分野において，変化し続ける金融商品やマーケットの状況に応じた適切な事前禁止ルールを制定することは容易でないという問題点がある。予防的禁止モデルは，一般に利益相反による弊害が類型的・定型的に大きいと認められる行為や取引に限られるのが通常である。また，禁止の対象が明確であればあるほど，その実効性が大きいというメリットがある。他方，実効性が大きいということは過剰規制のおそれと背中合わせであることを意味する。イノベーションを阻害するおそれが大きいことが，予防的禁止モデルのもう一つの欠陥である。銀行による有価証券関連業または投資運用業の禁止が予防的禁止モデルの典型例である（金商33条1項）。

第二は，事後的に信認義務違反の有無を判断する責任モデルである。責任モデルの下では，一般条項である善管注意義務や忠実義務を金融機関に課し，利益相反行為を行った場合に当該義務違反の責任が問われる。監督法による場合は監督当局による制裁，民事法上の規律の場合は民事責任の追及等をおそれて不適切な行動を抑止することに期待するものであって，一般条項にもとづく規制であるが故に責任モデルは非常に広範な射程を有する。そのことは，同時に，適用範囲が不明確であるというデメリットを生じさせる。責任モデルの最大のメリットは，少ない時間と労力でルールを策定することができる点にある。他方，裁判所が当該一般条項を解釈適用するのが容易ではないというデメリットがある。また，金融機関は，責任モデルの下で発生しうる将来のコストを内部化して，ビジネスの中に織り込んで行動する可能性があり，顧客の利益を最優先せずに責任の回避やコストの転嫁を目的とする本末転倒なサービスが行われる危険があると指摘されている。アームズ・レングス・ルール（⇨**(3)**(b)参照）は，責任モデルの系譜に属すると考えられる。

第三は，手続モデルである。利益相反取引等について，一定の手続を経れば禁止を解除することを認めるものである。この手続においては，意思決定のプロセスが重視される。意思決定がなされた後で，事後的に当該決定について法

的評価を行うという点では，責任モデルと類似しているが，このモデルの大きな特徴は，決定の実質ではなく，そのプロセスに着目する点にある。すなわち適切な決定者が意思決定を行っているか，換言すると，重大な利益相反関係にある者が単独で意思決定するような状況がプロセス上排除されているかどうかが大きなポイントとなる。このタイプの規制は，望ましいリスクテイクを過度に抑制するおそれが少ないというメリットがある一方で，プロセスを構築することに場合によっては非常に大きなコストがかかるというデメリットがある。銀行法上の利益相反管理体制整備義務は手続モデルを採用するものとみることができよう（銀行13条の3の2・52条の21の3）。

なお，これらの三つの規制モデルは，監督法上の規制としても民事法上の規律としても採用しうるし，相互に排他的なものではなく，重畳的に採用されることもある。

(3) 銀行法上の規制

(a) 緒論　銀行法は，1992（平成4）年金融制度改革法により業態別子会社方式による証券業務への参入等を認めた。その後，業務範囲規制の緩和が進むなか，数次の銀行法改正により，①健全かつ適切な業務の運営を確保するための措置を講ずべき義務（銀行12条の2），②アームズ・レングス・ルール（13条の2），および③禁止行為（13条の3）にかかる規制が導入された。2008（平成20）年改正銀行法は，いわゆるファイアー・ウォール規制の緩和を受け（⇨ **2(4)**参照），これらの規定の後に，利益相反管理体制整備義務を新設した。

(b) アームズ・レングス・ルール　いわゆるアームズ・レングス・ルールを定める銀行法13条の2は，銀行持株会社を解禁した1997（平成9）年の改正銀行法により新設された規定である。グループ内取引には，前述したようなリスクがあり（⇨ **2(3)**参照），その弊害を是正するための措置を講じる必要がある一方で，資金面を中心とする親子会社間の取引を完全に遮断してしまうと相互参入の効果を減殺するおそれがあるとして，公正な取引条件による場合には許容することとしたものである[107]。特定の関係にある者同士であるがゆえに成り立つ取引条件による取引が，結果として預金者などの利益を害するのを

---

[107]　大蔵省内金融制度研究会編『新しい金融制度について──金融制度調査会答申』（金融財政事情研究会，1991年）参照。

防止するための措置であると説明される[108]。

　金融コングロマリットに銀行が含まれており，当該銀行を一方当事者とするグループ内取引が行われる場合を念頭に置くと，このようなグループ内取引には，グループ内の流動性を確保するとともに，効率的な余剰資金の運用や決済等を可能にするというメリットが認められる。他方で，一方当事者がグループ内の銀行であることに伴う固有のリスクも発生する。すなわち，第一に，グループ内の金融取引が公正な条件でなされなかった場合には，当該銀行およびその債権者等の利益が害される。第二に，当該銀行は，グループに属する企業に投資・与信をするわけであるが，グループ内の企業は通常相互に関連性の深い事業を営んでいるため，リスク分散という観点からみるとリスクが集中する危険な投融資になる可能性が高い。第三に，第二に述べた点と密接に関連するが，グループ内のある企業が倒産すると他のグループ会社に信用リスク等が伝播し，次々とグループ企業が破綻し，ひいては銀行子会社自身の存立に甚大な影響を及ぼすという負のドミノ効果が認められる（リスクの伝播）。第四に，当該銀行が預金保険制度の適用を受ける場合には，預金者は預金保険により一定程度保護されるため，経営不振であったりハイリスクな事業を行っている他のグループ企業に預金が移転すること等により，預金保険制度に対するフリーライドが生じるおそれがある。

　銀行法の定めるアームズ・レングス・ルールは，銀行に対し，特定関係者との所定の取引・行為および特定関係者と顧客との一定の取引・行為を広く禁止するものであるが，以下では，銀行と特定関係者との取引にかかる規制に絞って概観する。

　はじめに「特定関係者」の範囲が問題となる。銀行法は，支配力基準と影響力基準を併用して，銀行の親法人とその子会社すなわち銀行持株会社，実質的に銀行を支配する会社，および銀行の姉妹会社を包含する形で幅広く定義する（銀行13条の2，銀行則14条の7）。これらの定義は，財務諸表規則における「親会社」「子会社」および「関連会社」の定義に基本的に倣ったものである。

　次に，規制の対象となる取引は，以下の二つである。第一は，特定関係者との間で行う取引であって，その条件が当該銀行の取引の通常の条件に照らして

108）　小山・前掲注3）242頁。

当該銀行に不利益を与えるものとして内閣府令で定める取引である。内閣府令では，当該銀行が，その営む業務の種類，規模および信用度等に照らして当該特定関係者と同様であると認められる当該特定関係者以外の者との間で，当該特定関係者との間で行う取引と同種および同量の取引を同様の状況の下で行った場合に成立するであろう取引条件と比較して，当該銀行に不利な条件で行われる取引と規定されている（銀行則14条の10）。銀行に不利な条件かどうかの判断基準は，「自行の顧客に対する一般的な取引条件であり，市中の平均的な設定条件を指すものではない」と説明される[109]。具体例としては，特定関係者以外の者と同種・同量の取引を同様の状況の下で行った場合に比べて当該特定関係者に特に有利な条件で金利や担保を設定しもしくは債務保証を行うこと，または証券子会社が引き受けた証券を顧客に販売する際に親銀行がバック・ファイナンス（購入資金の融資）をつけたり，当該証券の一部を買い取ったりすることなどが挙げられる[110]。

第二は，当該特定関係者との間で行う取引のうち前述した取引に準ずる取引であって，当該銀行の業務の健全かつ適切な遂行に支障を及ぼすおそれのあるものとして内閣府令で定める取引である。内閣府令では，取引の条件が当該銀行の取引の通常の条件に照らして当該特定関係者に不当に不利益を与えるものと認められるものと定められている（銀行則14条の11第2号）。銀行に有利な取引であっても禁止されているのは，ディシプリン（規律）の効いていない仲間内での安易な取引や不明朗な取引が，結局は銀行グループ全体にとって不利益を招く可能性が高いからであると説明される[111]。

上述した禁止取引は，名義の如何を問わない（銀行則14条の11第3号）。なお，これらの禁止取引等であっても内閣府令で定めるやむをえない理由がある場合において，内閣総理大臣の承認を受けたときは，この限りでない（銀行13条の2但書，銀行則14条の8）。

以上のように，アームズ・レングス・ルールは，銀行とグループ企業との取引を事前的・予防的に禁止することはせず，取引の条件が公正であることを求

---

109) 小山・前掲注3) 242頁。氏兼裕之＝仲浩史編著『銀行法の解説』（金融財政事情研究会，1994年）114頁等。
110) 小山・前掲注3) 242〜243頁。
111) 小山・前掲注3) 243頁。

めることによって，グループ内取引にかかる上述した危険を防止しようとするものであり，取引条件の公正性を求める規範を信認義務と呼ぶならば，一般条項である信認義務にもとづく責任モデルに分類されよう。

　(c)　利益相反管理体制整備義務　　業態別子会社方式による証券業務への参入等を認めた1992（平成4）年金融制度改革法は，その弊害を防止するために禁止行為等のいわゆるファイアー・ウォール規制を導入した。ところが，ファイアー・ウォール規制が2008（平成20）年改正金商法により緩和されたことを受け（⇨**2(4)**参照），利益相反管理体制整備義務が新設された（銀行13条の3の2・52条の21の3）。すなわち，銀行は，「当該銀行，当該銀行を所属銀行とする銀行代理業者又は当該銀行の親金融機関等若しくは子金融機関等が行う取引に伴い，当該銀行，当該銀行を所属銀行とする銀行代理業者又は当該銀行の子金融機関等が行う業務（銀行業，銀行代理業その他の内閣府令で定める業務に限る。）に係る顧客の利益が不当に害されることのないよう，内閣府令で定めるところにより，当該業務に関する情報を適正に管理し，かつ，当該業務の実施状況を適切に監視するための体制の整備その他必要な措置を講じなければならない」。なお，法律の条文上は利益相反という言葉を用いずに，顧客の利益が不当に害されるかどうかという基準を提示しているが，実務上および監督指針上は利益相反の問題として位置づけられている。

　利益相反管理体制とは，意思決定の過程における利益相反の発生を特定し，業務を行うに際し，顧客の利益が不当に害されることのないよう評価・判断するための内部的な方針および手続を意味する。監督法上，手続モデルを採用したものである。

　利益相反の発現の蓋然性やその深度は，銀行により様々であるため，画一的な規制をするのではなく，各業者が自ら利益相反管理体制を構築・運営し，市場等の評価に委ねつつ，グッド・プラクティスとしてその手法を改善し発展させていくことが期待されている。

　銀行法施行規則は，顧客の利益が不当に害されることのないようにするための措置として，銀行，当該銀行を所属銀行とする銀行代理業者または当該銀行の親金融機関等もしくは子金融機関等が行う取引に伴い，当該銀行等が行う銀行関連業務にかかる顧客の利益が不当に害されるおそれがある場合における当該取引（以下，「対象取引」という。銀行則14条の11の3の3第3項）を適切な方

法により特定するための体制（同条1項1号），および，当該顧客の保護を適正に確保するための体制を整備し（同項2号），これらの措置の実施の方針を策定しその概要を公表することを義務付ける（同項3号）。さらに，利益相反管理体制の下で実施した対象取引の特定および講じた措置について記録を作成し5年間保存することが求められる（同項4号・同条2項）。記録作成保存義務にもとづき作成された文書は，監督当局による事後的な検証等の資料として重要な意義を有する。

利益相反管理のための具体的な措置としては，①対象取引を行う部門と当該顧客との取引を行う部門の分離，②対象取引・当該顧客との取引条件・方法の変更または中止，③顧客の利益が不当に害されるおそれがあることについての顧客への開示が挙げられている（銀行則14条の3の3第1項2号イ〜ニ）。顧客に対しより明確に説明しその同意を得ることも考えられる。なお，金商法上も，金商業者に対し利益相反管理体制整備義務が課されており，規制の内容は銀行法とほぼ同様であるが，金商業者については一般的な誠実公正義務を課す金商法36条1項に続けて同条2項に置かれているのに対し，銀行にはそもそも誠実公正義務が課されていないという違いがある。

手続モデルによる銀行法上の利益相反規制は，各銀行が利益相反の管理を自ら行うことによって，より健全，かつ顧客の利益にとって適正な業務運営がなされるとともに，顧客ひいてはマーケットがそれを評価することにより，自律的な利益相反のコントロールが向上していくことに期待するものである。

以上述べたことから明らかなように，銀行法上の利益相反管理体制整備義務は，顧客に関する情報が顧客の意に反して利用され，または顧客に不利益に利用されることのないよう，利益相反の状況を認識・同定し，それを適切に管理するために課されたものである。したがって，情報を遮断するウォールの構築と運用が利益相反管理体制整備の典型的な手法とされるのは，論理的な帰結といえる。

もっとも，ウォールには，大きな限界があることを認識する必要がある。たとえば，ある情報が経営者にとって知るべき情報であれば，当該情報は経営トップ等に集約されグループ全体として管理されなければならない。その限りにおいて，情報遮断措置は，知る必要があるときはウォールを越えて伝達がなされるニード・トゥ・ノウ（need-to-know）原則に服すると考えられる。完全

な情報遮断がなされることは不可能であるし、望ましくもないのである。したがって、ウォールは、利益相反管理のための措置の一つにすぎず、これのみで利益相反管理体制が完結する類のものではない。

利益相反管理体制整備義務は、監督法として手続モデルを採用したものであることは前述したが、手続モデルの下における利益相反の管理については、利益相反管理統括者や部署の設置等により、営業部門から独立して一元的に利益相反が管理されなければならないという点が重要である。というのは、利益相反の管理を行う場合には、銀行やグループ全体の利益を図るという営業上の誘因が強く働く可能性が高いからである。したがって、組織上の措置を講じることにより、実質的には、利害関係のない独立した部門や担当者による意思決定を確保することが肝要になるのである。

他方、利益相反の実態を正確に認識し的確な判断を下すためには、現場の知識や情報が必要となる。しかも、利害関係のない独立した部門や担当者といっても、究極的には、組織の内部者である以上、実質的には利益相反の問題を回避できないとも考えられる。このことは、ウォールや組織上の独立性確保の限界を示唆する。

(4) 監督法上の規制と私法上の効果

ある銀行が、銀行法上の利益相反管理体制整備義務に則り、利益相反管理体制を構築し、その一環として、情報を遮断するウォールを設けたとする。つまり情報の隔壁を構築し、ある業務部門の情報が他の業務部門には伝わらないという前提の下で、しかしながら外形的に判断すると利益相反に該当しうる行為を行っているとする。情報の利用はないので、実質的な利益相反がないと考えることもできる。ところが、銀行のある部門が顧客との間に締結した契約については、それが銀行の信認義務もしくは信義則上の義務をもたらすタイプの契約であった場合には、民事法のレベルで考えると、当該顧客にとってはウォールを越えて他の部門の情報を取得した上でそれを有効に活用してサービスを提供してくれた方が利益になるという場合が生じうる。そのような場合には、当該顧客が銀行の善管注意義務違反を追及することが考えられる。監督法上の規定に従って、一定の措置を講じると、それにより民事責任を問われるおそれを惹起するという難問が生じる。

そこで，ウォールが民事責任にどのような法的効果を及ぼしうるか，とりわけ「ウォールの抗弁」，すなわち監督法上の要請にもとづきウォールを設けたことにより顧客に対するサービスが低下せざるをえなかったとして，民事責任を回避しうるかどうかが問題となる。この問題は，多くの先進国で問題となっているが，少なくとも現状ではどの国の判例も否定的であり，学説の議論は分かれている。しかし，どちらかといえば消極的な見解が多いとされる。ウォールについては，経営陣やコンプライアンス・法務部門等，一定の役員・従業員はウォールの上に立つことがあり，またそのことが必要とされているなど限界があること，実効性の確保が容易ではないことなど，多くの指摘がある。ウォールの弱点を改善する努力が積み重ねられ，信頼性が高まるならば，民事責任が生じないことについて事実上の推定機能が認められる余地はあるように思われる。

第2章 銀行の受信取引（預金取引）

■第1節　預金の種類
■第2節　預金契約の法的性質等
■第3節　預金の成立
■第4節　預金の帰属
■第5節　預金の払戻し
■第6節　預金債権の消滅時効
■第7節　預金契約に関する規制

第1節　預金の種類

1　預金とは何か

　預金とは何かについて，法令にはその定義をした条文は存在しない。そこで，それについては，解釈によって決定するほかないことになる。

　解釈の方法としては，社会通念上，いかなるものが預金といわれているかに従って，それを預金と解釈するという方法が考えられる。この考え方からすれば，たとえば新しい金融商品を開発したときに，それが預金かどうかをいかにして判断するかが問題となるが，社会通念上，従来預金とされてきたものからその特徴を抽出して，その特徴にあてはまるか否かによって判断することになるであろう。

　従来，預金の特徴としては，次の四つがあるといわれている[1]。

① 受け入れる側が，不特定かつ多数の者を相手方として行う営業であること
② 金銭の預入れであること
③ 元本保証があること

---

1) 小山嘉昭『詳解銀行法〔全訂版〕』（金融財政事情研究会，2012年）117頁。

④ 主として預け主の便宜のためになされるものであること

また，従来預金とされてきたものが果たしている社会的・経済的な機能，たとえば貯蓄機能や決済機能などがこれに当たるが，それに着目して，その機能の全部または一部を有していることを預金の特徴ととらえた上で，その特徴を有しているか否かという観点から，預金か否かを判別する方法もあると考えられる。

他の解釈の方法としては，預金に関する法令の規定の内容を吟味して，そのような規定が適用されるべきものは何かという観点から，いわば帰納的に，預金とは何かを考えていくというアプローチもありうる。

以上のような次第で，抽象的に預金とは何かを議論しても必ずしも答えが出る問題でもないので，具体的に，どのようなものが従来預金といわれてきたのかを検討する必要がある。そこで，次に，現状，一般的に預金といわれるものにどのようなものがあるかをみていくこととしたい。

2 預金の種類

預金契約は，社会的・経済的な機能の観点から，資産運用に重点のある「貯蓄性預金」と，現金所持の危険の回避と決済への利用に重点のある「決済性預金」とに分類される。

また，期限の定めの有無の観点から，期限の定めがなく，随時，入金や払戻しをすることができる「流動性預金」と，期限の定めがあり，期限（満期）まで払戻しができない「定期性預金」とに分類される。

普通預金や当座預金などの流動性預金は，決済性預金としての機能をもつ場合が多いが，定期性預金は貯蓄性向の強いものになる（⇨**図表2-1参照**）。

(1) 普通預金

普通預金は，期限の定めがなく，随時に入金・払戻しが可能な預金であり（流動性・要求払い），公共料金の引落しなどの決済にも利用される（決済性）。また，これら出入金や決済により，その都度，残高が変動する。

図表 2-1　預金の分類

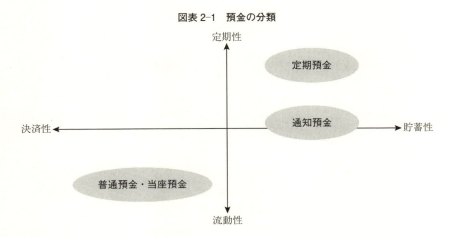

(2) 当座預金

　当座預金は，期限の定めがなく，手形・小切手などの決済を目的として作成される流動性・決済性の預金である。また，利息を付すことが禁止されており（臨時金利調整法および同法にもとづく金融庁・財務省告示「金融機関の金利の最高限度に関する件」），決済に特化した預金といえる。

　顧客は，当座勘定契約を締結し，銀行に対し，当座預金の金員を支払資金として，顧客が振り出した小切手・約束手形や引き受けた為替手形などの支払いを委託する。銀行は，当座預金に支払資金を受け入れ，預金者が振り出した小切手・約束手形または預金者が引き受けた為替手形が呈示されれば，当座勘定から支払うことになる（決済性・要求払い）。

　当座預金残高が呈示された手形・小切手の金額にみたない場合には，決済が行われない。これを資金不足による不渡りというが，同一手形交換所（⇨第3節 **COLUMN 2-2** および第4章第1節 **3** 参照）で6か月以内に2回の不渡りを生じさせた場合，当座取引先は手形交換所により取引停止処分に付され，交換参加銀行は，その取引先に対し，取引停止処分日から起算して2年間，当座勘定および貸出の取引をすることができなくなる。したがって，取引先にとって，取引停止処分を受けることは当座取引および借入れを行うことができなくなることを意味し，倒産に直結することが多い。当座取引先にとって，不渡りを出さないことが極めて重要である所以である。

(3) 通知預金

通知預金は，預入日から一定期間（一般的には7日間）内は払戻しをすることができず，払戻しを受けるには，払戻日より一定以上前の日（一般的には2日以上前の日）に，銀行に対して請求（通知）しなければならない預金である。払戻しに制限があり，流動性は普通預金よりも劣るが，その分だけ普通預金よりも若干高い利率で利息が付される。また，決済に用いることはできない。

(4) 定期預金

定期預金は，あらかじめ一定期間を定めて金員を預け入れ，その期間中は原則として払戻しをすることができない預金である（貯蓄性・期日払い）。銀行には中途解約に応じる法的義務がなく，期限まで払い戻さなくてよいことから，比較的高い金利が付される（ただし，銀行は，特段の事情がない限り，中途解約に応じることが多いのが実態である）。そのため，貯蓄性預金の代表であるといえる。

なお，預金者から満期日までに継続停止の申出がない限り，前回と同一の預入期間の定期預金として継続させることを内容とする特約（自動継続特約）を付した自動継続方式の定期預金もある。

(5) 総合口座

総合口座は，①普通預金，②定期預金，③国債等公共債の保護預かり，④定期預金および国債等公共債を担保とする当座貸越の四つを組み合わせた商品である。個人取引においては，現在では最もポピュラーな預金商品となっている。

ここで，当座貸越とは，定期預金や国債等公共債を担保に，一定の極度額を限度として，随時，借入れをすることができることをいう。

(6) その他の預金

以上は，比較的ポピュラーな預金であるが，これら以外にも，銀行はいろいろな預金商品を取り扱っている。

たとえば，外貨預金は，外国通貨をもって表示される預金を総称するものである。外貨ベースで考えれば元本が返ってくることになるが，円貨ベースに換算すると相場の変動次第では元本割れすることがある。

また，デリバティブ内在型預金は，オプション取引やスワップ取引などデリ

バティブ（金融派生商品）が組み込まれた預金の総称である。たとえば，日経平均株価が一定以上の水準になると金利が上乗せになるが，原則として中途解約はできず，中途解約すると預金者は銀行に対して解約損害金の支払義務を負うことがあるといった特徴がある。

第2節　預金契約の法的性質等

1　預金契約の法的性質

（1）　預金契約の法性決定

　預金契約の法的性質は，金銭消費寄託契約であるとするのが通説である[2]。消費寄託契約とは，当事者の一方が相手方のために目的物を保管することを約する契約であって，受寄者が契約により寄託物を消費することができるものをいい，金銭消費寄託契約とは，そのうち金銭を目的とするものをいう。

　実際，前節の **1** で示した預金の四つの特徴のうちの2番目から4番目までは金銭消費寄託契約の特徴と合致している。すなわち，2番目の特徴（金銭の預入れであること）は，金銭を目的とするという点で，3番目の特徴（元本保証があること）は，引き渡した目的物と同種・同量の物が返還されるという点で，4番目の特徴（主として預け主の便宜のためになされるものであること）は，目的物を受け入れる側の便宜のためではなく，主として目的物を引き渡す側の便宜のための契約であるという点で，金銭消費寄託契約の特徴と合致している。この考え方に則って1番目の特徴（受け入れる側が，不特定かつ多数の者を相手方として行う営業であること）も合わせると，預金契約とは，受寄者が不特定多数の寄託者を相手に営業として行う金銭消費寄託契約であるということになりそうである。

　しかしながら，預金契約は金銭消費寄託契約そのものか，という点については，留保して考える必要がある。

　最高裁平成21年1月22日判決（民集63巻1号228頁）が預金契約は金銭消

---

2)　我妻榮『債権各論中巻二（民法講義V3）』（岩波書店，1962年）729頁。

費寄託の性質しか有していないのかという点について触れている。事案は，預金者の死亡に伴い定期預金および普通預金を複数の相続人が相続した場合，共同相続人の一人が，他の共同相続人の同意なく，銀行に対して，当該相続預金の取引経過に関する情報の開示を求めることができるか否かが争われたものである。結論としては，単独での取引経過開示請求権の行使が認められた（金融機関は取引経過開示義務を負う）。最高裁は，その判決理由において，「預金契約は，預金者が金融機関に金銭の保管を委託し，金融機関は預金者に同種，同額の金銭を返還する義務を負うことを内容とするものであるから，消費寄託の性質を有するものである。しかし，預金契約にもとづいて金融機関の処理すべき事務には，預金の返還だけでなく，振込入金の受入れ，各種料金の自動支払，利息の入金，定期預金の自動継続処理等，委任事務ないし準委任事務……の性質を有するものも多く含まれている」として，（準）委任契約上の報告義務にもとづいて預金口座の取引経過開示義務を認めた。

　すなわち，預金契約は，単純な金銭消費寄託契約というわけではなく，委任ないし準委任の性質も併せもつ混合契約であるということではないかと思われる。

　たしかに，普通預金契約には，たとえば，後で述べるように手形・小切手のような証券類による入金が可能であり，これら証券類を取り立てて入金するといった包括的な取立委任なども含まれているし，当座預金契約には，これに加えて預金者が振り出した手形・小切手の支払委託などが含まれている。また，利息を当該定期預金以外の預金口座に入金することを委託する趣旨を含む利息受取型の定期預金契約には，利息の入金についての委任ないし準委任が含まれているといえるだろう。したがって，この最高裁の判断は，少なくとも，普通預金，当座預金および利息受取型の定期預金については，妥当するものと思われる。

　しかしながら，私見では，利息受取型以外の定期預金については，当初の金銭の預入れおよびそれと同種・同量の金銭の返還（ただし付利される）とが行われるにすぎず，委任ないし準委任が含まれているといえるかには，疑問の余地があるように思われる。また，最高裁は，委任または準委任事務として定期預金の自動継続処理を例示しているが，自動継続特約は，預金者から満期日までに継続停止の申出がない限り，前回と同一の預入期間の定期預金として継続さ

せることを内容とする預入期間に関する特殊な合意であって，委任ないし準委任としての性質を有するものではないのではないかという疑問もある。まして，定期預金には自動継続特約が付されていないものもある。最高裁は，普通預金も定期預金も区別することなく，預金契約にもとづいて銀行の処理すべき事務には，委任ないし準委任事務の性質を有するものが含まれていると判示しているが，預金の種類に応じて個別にみていくべきなのではないかと思われる。

(2) 要物契約性

預金契約は金銭消費寄託契約であるとして（通説），現行法上は，消費寄託契約は要物契約であるとされていることから，預金契約は要物契約であるということになりそうである。しかしながら，現在では，諾成的な消費寄託契約の成立も認めるのがむしろ通説であるといわれている[3]。そこで，ある種の契約が要物契約であるとされていながら，諾成的な契約も認められるということをどう理解すべきかが問題となるが，この点については，議論が錯綜している感がある[4]。

(a) 要物契約としての消費寄託と諾成的消費寄託の関係　要物契約としての消費寄託と諾成的消費寄託契約の関係については，単純に両者の併存を認める考え方もある[5]。しかし，私見では，ある契約が目的物の引渡しなしには成立しないという命題と，目的物の引渡しなしでも成立するという命題は矛盾するのであって，要物性以外の要件が全く同じ契約を，単純に併存するものとして認めるというのは，不合理ではないかと思われる[6]。

---

3) 我妻・前掲注2) 704, 737頁。
4) ここでいう「要物性」ないし「要物契約性」は，目的物の引渡しがなければ契約が成立しないという意味での要物性・要物契約性であり，目的物の引渡しがなければ返還債務を負わないという意味での要物性・要物契約性ではないことに注意されたい。この区別については，森田宏樹「諾成的消費貸借契約における要物性の意義（1）」法教363号（2010年）72頁参照。なお，消費寄託が要物契約であるとした場合と諾成契約であるとした場合とで具体的に生じる違いとしては，前者においては目的物の引渡し前の合意は何ら効力を生じないのに対し，後者においては，たとえば寄託者が受寄者に対して目的物の受領を請求する権利を有することとなることなどが挙げられる。
5) 我妻・前掲注2) 704, 737頁。
6) 消費貸借についても同様の問題があるが，消費貸借におけるこの問題点について，山本敬三『民法講義Ⅳ-1 契約』（有斐閣，2005年）368頁は，「しかし，これ〔筆者注：諾成的消費貸借〕を一般的に認めるならば，587条は意味を失うことになるはずである。要物性の原則は，本来，目的物の交付がなければ，契約の成立を否定するところに意味がある。当事者が合

したがって、仮に、要物契約としての消費寄託と諾成的消費寄託とを併存させるとすれば、要物性以外の要件の一部が異なるものとしなければならないのではないかと思われる。この点について、広中説は、無利息消費寄託契約は要物契約であるが、利息付消費寄託契約は諾成契約であるという考え方をとっている[7]。この考え方であれば、利息の有無という要件が異なるので、両者は併存可能である。この場合、民法666条が準用する民法587条は無利息消費貸借の規定であると解することになる。しかしながら、この考え方に対しては、現行法の民法666条および587条の規定には、無利息と利息付きの区別は見あたらないといった疑問や、無利息消費寄託契約が諾成的に成立する余地は本当にないのかといった疑問もなしとしないところである。

この問題については、私見では、現行法上も、消費寄託は、無利息であると利息付きであるとを問わず、要物契約ではなく、諾成契約であると解すべきではないかと考える。判例（最判昭和48年3月16日金法683号25頁、最判平成5年7月20日判時1519号69頁）においても、制定法[8]においても、諾成的消費貸借はすでに認められており、諾成的消費貸借と要物契約としての消費貸借は、その要物性以外の要件を同じと考える限りは両立しえないと考えられること、また、要物性以外の要件をことさら別異に解する必要性もないことから、現行法上も消費貸借は諾成契約であると解することがむしろ妥当ではないかと考えられ、消費寄託についても同様に考えられるためである。

民法666条が準用する民法587条に関して、現行民法の編纂の時点でも、消費貸借が要物契約とされたのは、ローマ法以来の沿革上の理由と、約束だけして貸したとか借りたとかは言わないという日本語の慣用の問題としての理由にすぎなかったのであり、目的物の受渡し前の合意の効力を認めていなかったわけではなく、そのような合意は民法589条の消費貸借の予約として有効であるとされていたわけである[9]。その意味では、現行民法の編纂のはじめから、目

　　意すれば、目的物の交付がなくても契約が成立すると考えることは、この要物性の原則を放棄することを意味する。つまり、諾成的消費貸借を一般的に認めるという主張は、（要物契約としての）消費貸借とは別の『無名契約』を認めるのではなく、実は消費貸借の成立要件から目的物の交付要件を外すべきであるという主張にほかならない。」とする。

7)　広中俊雄『債権各論講義〔第6版〕』（有斐閣、1994年）296、110頁。
8)　特定融資枠契約に関する法律2条。
9)　衆議院民法中修正案委員会速記録明治29年3月12日（第10号）138頁〔梅謙次郎〕。なお、ボアソナードや富井政章は、要物契約とすることの根拠として、物を受け取って初めて

的物の引渡しがなければ契約が成立しないという意味での要物性は，すでに消費貸借について要求されていなかったというべきではないか，また，消費貸借の規定を準用する消費寄託についても同様なのではないかと考えるのである。

　(b)　消費貸借・消費寄託の予約　　消費貸借を要物契約であるとしつつ，その予約をすることができるということ自体，検討する必要がある。まず，予約を，予約完結権を行使することにより当然に本契約が成立するという意味での予約（完結権型の予約）と解すると，予約完結権を行使したときに諾成的消費貸借が成立するのでなければ予約の意味はないから，これは消費貸借を要物契約としたことと両立しない。そこで，予約の意味を，消費貸借を成立させる義務を負わせるという意味（義務型の予約）であると解する考え方もあるが，その意味するところは，要するに契約を締結するとともに目的物を引き渡す義務を負わせるということに他ならないから，契約締結義務を負わせるなどという回り道をしてまで要物契約であることにこだわる意味は全くなく，はじめから消費貸借は諾成契約であると考えた方が，よほど簡潔でよいと思われる。要するに，要物契約であるということと，その予約をすることができるということは，予約をいわゆる一方または双方の予約（完結権型の予約）と考えた場合には論理的に並び立たないこととなるし，契約締結義務および目的物の引渡義務を負わせる意味での予約（義務型の予約）と考えた場合には論理的に並び立たないとまではいえないとしても，無用の長物であって，諾成契約であってはじめて予約を認める意味があると考えるわけである（私見）。このように，私見では，現行民法における消費貸借の予約とは，諾成契約である消費貸借契約においていまだ目的物の引渡しがされていない状態を指しており[10]，民法 587 条は，諾成契約である消費貸借において目的物の引渡しがされ借主の返還義務が生じた状態を指していると考えることになる。消費寄託に関しても，同様に考えることができる[11]。

　　　　返すという義務が生じることを挙げているが，返還義務の発生が契約の成立と同時でなければならないとする考え方に固執するためにこのような考え方になるのであり，その点に固執しなければ，このような考え方をとる必要もない（森田・前掲注 4）72 頁以下参照）。
　10)　なお，消費貸借を諾成契約であると解する限り，現行民法における消費貸借の予約には，目的物引渡し前の消費貸借だけではなく，消費貸借の完結権型の予約も含まれていると解してもよい。
　11)　三宅正男『契約法（各論）(下)』（青林書院，1988 年）1077 頁（ただし，消費貸借の予約と異なり寄託としての性質上，受寄者は寄託金の引渡しを請求できず，予約はいかなる効

(3) 流動性預金契約における「枠契約」

　以上は，いずれの預金契約にも共通する性質論であるが，特に普通預金や当座預金などの流動性預金については，個々の預入れによって発生する預金債権とは別に，いわゆる「枠契約」が存在するという考え方がある[12]。

　ここで，「枠契約」というのは，個別の入金取引などに先立つ契約であって，個別の入金取引などにより預金債権が成立するための枠組みとなる契約という意味である。実際，当初の預入れがなくても残高０円の普通預金口座を作ることができるし，残高が全額払い戻されても，普通預金口座がなくなるわけではない。したがって，個々の預入れによって発生する預金債権とは別に，「枠契約」が存在すると考えられる。その意味で，「枠契約」というのは，口座としての契約といってよい。

　では，「枠契約」とはどのような契約なのだろうか。「枠契約」には，すでに述べた通り委任契約ないし準委任契約も付帯しているので，一種の混合契約であるといってよいと思われるが，（準）委任契約のほかには何が混合しているのだろうか。たとえば，「枠契約」としての口座開設が行われた後に，金銭の入金や振込入金が行われることによって，預金債権が発生するわけだが，このことから，「枠契約」は継続的・包括的な消費寄託契約であるとみることができるのではないかと思われる。また，後に説明する通り，流動性預金にかかる預金債権は，残高債権としての性質をもっているので，「枠契約」は，入金された金銭を既存の残高にかかる預金債権と融合させて１個の債権とする旨の契約を含んでいるともいえると思われる。

　ところで，この「枠契約」と，個々の預入行為の関係をどう考えるのかも問題となるのではないかと思われる。すなわち，一般的には，個々の預入れ行為も金銭消費寄託契約であると考えられているように思われるが，そうだとすると，「枠契約」における包括的な消費寄託契約と，個々の預入行為における消費寄託契約の関係はどう考えるべきなのかという問題である。この点については，いまだ確立された考え方は見あたらない。後に説明する被仕向振込みの入金による預金の成立にあたっては，預金契約者の個別の意思表示の余地はなく，当初の「枠契約」にもとづいて預金債権が発生すると考えられることや，後に

　　力も生じないとする）。
　12）　森田宏樹「判批」『平成 15 年度重要判例解説』（有斐閣，2004 年）83 頁。

流動性預金債権の帰属について説明するように，流動性預金債権は，預入行為者や出捐者が誰であるかにかかわらず，預金契約者，すなわち「枠契約」の契約者に帰属すると解すべきであることから敷衍して考えると，消費寄託契約は「枠契約」を締結したところで包括的に行われており，個々の預入行為は契約ではなく単なる事実行為にすぎないと考える余地もあるのではないかとも考えられる（私見）。

2 預金契約の特色

次に，預金契約の特色についてみていくこととしたい。

預金契約一般の特色として，銀行と預金契約を締結しようとする者は，銀行があらかじめ決定した契約条項である約款を承認して契約するほかない附合契約であることが挙げられる。大量の預金取引を迅速に処理するという要請があるために，預金取引は，約款，すなわち口座開設時に交付される預金規定によって一律に規律されるのである。

このような附合契約・約款による契約は，両当事者が約款を構成する個々の条項に個別に合意したわけではないことから，なぜ，約款が契約の内容となるのかが問題となる。また，多数の相手方との間で約款にもとづく契約を締結している場合において，約款を制定した当事者が何らかの理由でその約款の修正をしたいと考えたときに，どのような要件が充足されれば，個々の相手方と個別に変更の合意をしなくても，約款の変更をすることができるのかも問題となる。

現行の民法には約款についての規定は存在しないので，これらの問題は解釈に委ねられている。なお，当座勘定約款について，それが附合契約であることを理由として，当該約款に含まれる条項を知らなかったとしても，そのために契約の内容としての効力を否定しえないとする裁判例（福岡高判昭和33年3月29日下民集9巻3号542頁）や，普通預金規定について，その性質上，銀行と預金者との間の大量定型取引である普通預金取引に等しく適用される，いわゆる普通取引約款であると解するのが相当であり，普通預金取引を開始することで，以後の取引について当事者を拘束する効力を有するとする裁判例（東京地判平成19年2月14日金法1806号58頁）がある。

以下においては，具体的に，代表的な預金約款をみてみることとしたい。こ

こでは，代表的な預金約款として，普通預金規定の一例を採り上げる（巻末の普通預金規定の例と同様であるが，解説の便宜上，ここでも具体的な条文を示しておく。以下同じ）。

  1　……
  2　証券類の受け入れ
    (1)　この預金口座には，現金のほか，手形，小切手，配当金領収証その他の証券で直ちに取り立てのできるもの（以下「証券類」といいます。）を受け入れます。
    ……
  3　振込金の受け入れ
    (1)　この預金口座には，為替による振込金を受け入れます。
    (2)　この預金口座への振込について，振込通知の発信金融機関から重複発信等の誤発信による取消通知があった場合には，振込金の入金記帳を取り消します。

2条および3条は，普通預金の入金（受入れ）の方法等を定めている。普通預金においては，現金だけではなく，手形・小切手など直ちに取立のできる証券類（2条）や，振込金（3条）の受入れが予定されている。3条2項には，振込通知の発信金融機関（仕向銀行）の錯誤による誤振込があった場合の取扱いが規定されているが，第4章において詳しく説明する。

  5　預金の払い戻し
    (1)　この預金を払い戻すときは，当行所定の払戻請求書に届出の印章（または署名）により記名押印（または署名）して，通帳とともに提出してください。
    (2)　この預金口座から各種料金等の自動支払いをするときは，あらかじめ当行所定の手続をしてください。
    ……

5条は，普通預金の払戻しの方法等を定めている。1項に定める通り，普通

預金取引においては通帳が発行されており，通帳・払戻請求書・届出印（または署名）があれば，随時の払戻しが可能である。もっとも，近時は，現金自動支払機（CD）や現金自動預払機（ATM）でのキャッシュカードを利用した払戻しが多く行われている（キャッシュカード取引に関する約款は，別途規定されている）。

さらに，2項に定める通り，所定の手続をすれば，授業料，公共料金，携帯電話料金等の引落し（自動支払い）も可能であり，第1節の **2** において述べた通り普通預金は決済機能も有する預金であることが分かる。

6 利　息
　　この預金の利息は，毎日の最終残高（受け入れた証券類の金額は決済されるまでこの残高から除きます。）1,000円以上について付利単位を100円として，毎年2月と8月の当行所定の日（以下，「利息支払日」といいます。）に，店頭に表示する毎日の利率によって計算のうえこの預金に組み入れます。……

6条は，利息の計算方法およびその支払方法についての定めである。付利が行われるための最低預入額および付利単位が定められている。また，その支払方法は，毎年2回元本に組み入れる方法とすることが規定されている。

9　印鑑照合等
　　払戻請求書，諸届その他の書類に使用された印影（または署名）を届出の印鑑（または署名鑑）と相当の注意をもって照合し，相違ないものと認めて取り扱いましたうえは，それらの書類につき偽造，変造その他の事故があってもそのために生じた損害については，当行は責任を負いません。
10　譲渡，質入等の禁止
　　（1）　この預金，預金契約上の地位その他この取引にかかるいっさいの権利および通帳は，譲渡，質入れその他第三者の権利を設定すること，または第三者に利用させることはできません。
　　　　……
11　解約等
　　（1）　……

(2) 次の各号の1つにでも該当した場合には、当行はこの預金取引を停止し、または預金者に通知することによりこの預金口座を解約することができるものとします。なお、通知により解約する場合、……当行が解約の通知を届出のあった氏名、住所にあてて発信した時に解約されたものとします。
① この預金口座の名義人が存在しないことが明らかになった場合または預金口座の名義人の意思によらずに開設されたことが明らかになった場合
② この預金の預金者が前条第1項に違反した場合
③ この預金が法令や公序良俗に反する行為に利用され、またはそのおそれがあると認められる場合
……

　銀行には多数の普通預金口座が存在するため、大量の事務処理が発生するところ、その事務処理を迅速かつ確実に行う必要がある。また、預金者にとっても、払戻請求の都度、本人確認等を求められるとすれば不便であり、迅速な払戻しが得られないおそれもある。そこで、払戻しの際の免責規定（9条）、預金の譲渡・質入れ等を禁止する規定（10条）が定められている。また、普通預金口座が振り込め詐欺などの法令・公序良俗違反行為に利用されている場合等に対応するため、銀行が一方的に預金取引を停止し、または預金口座を解約することができるものとする旨の条項（11条2項）が定められている。
　このように、普通預金においては、普通預金規定により画一的に契約内容が定められているが、その他の預金についても、預金の種類ごとに規定（約款）が設けられ、画一的に契約内容が定められている。

3　預金債権の特色

　次に、預金債権の特色についてみていくこととしたい。

(1)　流動性預金債権の残高債権性
　定期預金債権は、債権額が特定された債権であり、この点では特徴というべきところはない。複数の預入れを行えば、それぞれ別個の定期預金債権が成立

する（100万円の預入れと200万円の預入れを行えば，100万円の定期預金債権と200万円の定期預金債権がそれぞれ成立する）。これに対して，流動性預金である普通預金債権や当座預金債権は，預入れや払戻しに伴って残高が変動するが，常に既存の残高と合計された1個の預金債権が成立するところに特徴がある（100万円の預入れ後にさらに200万円の預入れを行うと，300万円の普通預金債権1個が成立する）。

その法的仕組みに関しては，段階的交互計算という考え方により，入金・支払いがなされるごとにその額を増減し，債務原因の更新する一つの残額債権が常に存在することになるとする考え方[13]や，入金記帳により更改的効果が生じるとする考え方[14]がある。これらの考え方によれば，入金記帳の都度新たな債権が発生することとなるが，これと異なり，当初から存在している債権が同一性を保ったまま，ただその額が変動するとする考え方もある[15]。このように，その法的仕組みにはいろいろな考え方があるが，常に既存の残高と合計された1個の預金債権が成立することについては，ほぼ異論はみられない。

(2) 譲渡禁止特約

譲渡性預金を除いて，預金契約では，預金約款において預金債権の譲渡（および質入れ等）を禁止する特約が設けられている。普通預金規定における譲渡禁止特約は前記の通りであるが（前掲普通預金規定10条），大量事務処理の要請から，普通預金に限らず預金取引においては広く譲渡禁止特約が設けられている（譲渡性預金を除く）。

譲渡禁止特約により譲渡が禁止された債権が譲渡された場合であっても，譲受人が譲渡禁止特約の存在について善意無重過失であれば，債務者は譲渡禁止特約をもって譲受人に対抗することができないが（民466条2項但書），預金約款において譲渡禁止特約が設けられていることは「周知の事柄」であって，一般に預金債権の譲受人は譲渡禁止特約の存在につき悪意または重過失があると

---

13) 当座勘定取引について，前田庸「交互計算の担保的機能について――交互計算残高に対する差押の可否をめぐって」法協79巻4号（1962年）391頁。
14) 森田宏樹「電子マネーの法的構成（3）――私法上の金銭の一般理論による法的分析」NBL619号（1997年）30頁，同「振込取引の法的構造――『誤振込』事例の再検討」中田裕康＝道垣内弘人編『金融取引と民法法理』（有斐閣，2000年）123頁。
15) 道垣内弘人「普通預金の担保化」中田＝道垣内編・前掲注14）57～58頁。

考えられているので、銀行は預金債権の譲受人に対して譲渡禁止特約の効力を主張することができることになる（最判昭和48年7月19日民集27巻7号823頁）。もっとも、預金債権を担保化したいというニーズは少なからずあり、その場合には、銀行としては譲渡禁止特約を解除して担保化を承諾するかどうかを個別に判断することになる。

第3節　預金の成立

　預金の成立を考えるに際しては、流動性預金については、「枠契約」の成立と、預金債権の発生とを区別して考える必要があると思われる。流動性預金の「枠契約」については、契約の一般原則に従って、流動性預金口座開設の申込みと、それに対する銀行の承諾により成立する。預入金額がゼロであっても「枠契約」は成立するので、「枠契約」は諾成契約であると考えられる。
　一方、定期性預金については、定期預金契約を締結するとともに金銭の授受をすることにより、定期預金債権が発生し、いわゆる「枠契約」は存在しないので、そのような区別はない。1個の通帳の中に明細として複数の定期預金の預入れをすることができる通帳式定期預金というものはあるが、そこでの通帳は、単に複数の定期預金を纏めて管理するためだけのものにすぎないので、流動性預金における「枠契約」とは異なる。
　定期預金契約は一般に金銭消費寄託契約であると解されているところ、現行法上、消費寄託契約は要物契約であるとされていることから、目的物の引渡しがない限り契約は成立しないという考え方もありうるが、諾成的消費寄託を認めるのがむしろ通説であるといわれていることは、前記の通りである。
　なお、銀行は、預金口座開設の申込みに対して承諾をするにあたっては、いわゆるマネーローンダリングを防止するため、犯罪による収益の移転防止に関する法律4条にもとづいて、本人特定事項や取引を行う目的などの確認を行うことを義務づけられている。
　流動性預金における「枠契約」の成立および定期預金契約の成立については以上の通りと考えられるので、以下においては、預金債権の発生についてみていくこととしたい。

1　預入原資

　預金債権が発生するためには、預金の原資となる資金が銀行に預け入れられる必要があるが、この預け入れられる資金のことを預入原資という。前記の通り、預入原資としては、現金のほか、手形・小切手その他の直ちに取立をすることができる証券類も認められる（前掲普通預金規定2条1項）。また、流動性預金にあっては、振込みによる入金も受け入れることとされている（前掲普通預金規定3条1項）。

2　預金債権の成立時期

　次に、預入原資の種類ごとに、預金債権が発生する時期はいつかについて検討する。

(1)　現金の入金の場合

　預金契約を諾成契約であると考えれば、預金契約の申込みに対して銀行が承諾した時に預金契約は成立することとなり、要物契約であると考えれば、それに加えて、銀行が金員を受け取った時に成立することとなる（なお、流動性預金について、前記の私見のように、契約は「枠契約」締結時点で包括的に締結されており、個々の預入行為は事実行為でしかないと考えるとすれば、流動性預金契約はすなわち「枠契約」であって、要物契約ではありえず、諾成契約であることになると思われる）。

　しかしながら、諾成契約であるか要物契約であるかにかかわらず、いずれにせよ、銀行の返還義務すなわち預金債務は、銀行が現金を受け取ることによってはじめて具体的に発生すると考えられる[16]。

> **COLUMN 2-1　窓口一寸事件**
>
> 　銀行の店頭における現金による入金に関して、預金の成否をめぐる有名な事件がある。
> 　事案は次の通りである。Xの使用人Aが、Y銀行の窓口において、預金を依頼する旨を申し出て、金員および小切手を預金帳とともに窓口に差し出した。そのとき、銀行員はペンをとって伝票を作成中であったが、当該申出を認識し、うなずいて応諾の意思を表示したものの、金員等には手をふれることなく、そのま

---

16) 三宅・前掲注11) 1077頁。

ま放置し、運筆を続けていた。そのため、Aは、窓口に佇立して、これを監視していたところ、窃盗犯の共犯者が、Aの注意を他に転換せしめるために、ことさらに、Aの踵を踏んだ上、紙で拭ったので、Aがこれに注意を奪われて、後ろを向き、一、二言葉を交えている間に、窃盗犯に当該金員等を盗取された。XがY銀行に対して、損害賠償を求めて提訴した。

原審は、「右の如く単に窓口内に差出したるのみにして、未だ銀行員において金員点検等相当手続を終了せざる前に在りては、預金として消費寄託の成立せざるはもちろんなれども、いやしくも預金の申出をなし窓口内に差出し、銀行員においてこれを認識して首肯応諾したる以上は、その差出したる物件に付暗黙の意思表示により一種の寄託関係成立し、銀行に保管義務の発生すべきものとするを相当とす。」と判示した。

これに対し、大審院大正12年11月20日判決（新聞2226号4頁）は、原審判決を評して「然れども其の所謂一種の寄託契約とは果して何を意味するか漫然として之を確知し難し或は消費寄託に非ざる単純の寄託の義ならんか消費寄託を申出たる被上告人に単純寄託を為すの意思表示ありたることを認めたる理由那辺に存するを知る能はず」と述べ、さらに「又寄託関係成立したりと言はんには消費寄託と単純寄託たるとを問はず当事者間に寄託物の引渡即占有の移転ありたることを要す原院は果して如何なる見解の下に引渡ありたることを認めたるか判文上判然見るべきものなし銀行の係員が寄託申込者に於て寄託物を銀行の受付口内に差出して預入の申出を為したることを認識して首肯したればとて未だ占有の移転ありたるとは謂ふべからず、之を要するに原院が当事者間に寄託関係成立し上告銀行に保管義務の発生したることを認めたるの理由は不明なるを以て原判決は以上の点に於て理由不備の不法あるを免れず」と判示した。

この判例については、次の通り学説の評価が分かれている。

① 判示を正当であろうとしつつ、ただし、銀行としては、預金者に対する警告と店内の警備に不十分なものがあることについての損害賠償責任を負うべき場合が多いと思われるとするもの[17]。

② 銀行に金銭に対する支配権が移ったとみることができるかどうかという事実認定の問題であるとしつつ、客が銀行の窓口内に現金を差し出したという点から、原審の事実認定がやはり正しかったであろうと思われるとするもの[18]。

---

17) 我妻・前掲注2) 734頁。
18) 河本一郎「窓口一寸事件」鈴木竹雄編『銀行取引判例百選』（有斐閣、1966年）38頁。なお、原審の事実認定が正しいとすれば、銀行と顧客との間に、単純な寄託契約が成立するとする。田中誠二『新版銀行取引法〔四全訂版〕』（経済法令研究会、1990年）81頁も同旨。内田貴『民法Ⅱ債権各論〔第3版〕』（東京大学出版会、2011年）304頁も、引渡しはあったとみるべきであり、今日の目からみれば、とうてい支持できないとする。また、金銭の交付があれば、単純寄託ではなく、端的に預金の成立を認めるべきであるとする説として、来栖三郎『契約法』（有斐閣、1974年）609頁、近藤弘二「預金契約の成立」鈴木禄弥＝竹内

第3節　預金の成立

　　私見では，本判例は，銀行に対する金銭の交付の有無についての事実認定をめぐる事例判例にすぎないととらえるべきものと思う。そして，判決文に現れている事実関係だけでは，交付の有無についてはいずれとも断じ難いように思われる（窓口内に差し出したという点からすれば，交付があったともとれるが，預入行為者が立ち去らずに監視を続けていたこと，わずかの隙に金員が盗取されていることからすれば，交付がなかったともとれる）。

　　なお，私見のように預金契約を諾成契約と考えるならば，当事者の意思表示の合致によって契約自体は成立し，目的物（金銭）の交付の有無は，寄託物返還債務（預金債務）の具体的発生の有無を分かつにすぎないと考えることになる。一定の金額の金銭を消費寄託する旨の申込みに対して承諾がされれば，当該金額の金銭消費寄託契約が成立し，その後に目的物が交付されたか否かや，交付されたとしてその金額がいくらであったのかは，金銭消費寄託契約の成否には影響せず，単に受寄者の返還義務の範囲に影響するにすぎないというわけである（もっとも，目的物の交付がされていない部分については，目的物の引渡し前の法律関係が問題になることは当然である。

(2) 振込入金の場合

　流動性預金口座に振込入金があった場合の預金債権の成立時期については，銀行が預金口座に入金記帳をした時点であるとするのが通説である[19]。なお，振込みの仕組みや法律関係については，第4章において詳しく説明する。

(3) 証券類の入金の場合

　手形・小切手などの証券類による入金（受入れ）は，預金者が銀行に対して，証券類の取立と取立代り金（取り立てた金員）の預金への入金とを依頼するものであり，銀行が証券類を受領したときではなく，証券類の取立が完了したときに，入金の効力が発生して預金が成立すると解されている（最判昭和46年7月1日金法622号27頁）。

COLUMN 2-2　手形交換

　　銀行の各支店が，他の銀行の支店を支払場所とする手形・小切手を受け入れた

　　　昭夫編『金融取引法大系（2）』（有斐閣，1883年）42頁がある。
19）　幾代通＝広中俊雄編『新版注釈民法（16）』（有斐閣，1989年）409頁〔中馬義直〕，近藤・前掲注18）61頁，平田浩＝井田友吉「預金の成立とその時期」藤林益三＝石井眞司編『判例・先例金融取引法〔新訂版〕』（金融財政事情研究会，1988年）17頁。

場合において，当該手形・小切手を支払場所である他の銀行の支店で個別に取り立てなければならないとすると，大きな労力と危険を伴う。そこで，一定地域内の金融機関が構成員となって，相互に取り立てるべき手形・小切手を集団的に呈示・交換し，その差額分のみの資金を授受することで，決済の合理化と安全を図る手形交換所が整備されている。

東京であれば，通常，受け入れた手形・小切手は，当日の夜に集められて，翌日の手形交換により支払銀行に渡り，そこで決済できなければ（不渡りになれば），翌々日の不渡返還時限までに返還される（不渡返還）。なお，⇨第4章第1節**3**参照。

では，受け入れた証券類の取立が完了していないにもかかわらず，証券類を受け入れた銀行が，取立が完了したものと誤信して払戻しに応じてしまった場合，どのような法律関係が生じるだろうか。この問題については，最高裁平成3年11月19日判決（民集45巻8号1209頁）の事案が参考となるので，次にこれを採り上げることとしたい。

事案は，Yから約束手形（額面1700万円，満期1984〔昭和59〕年2月25日）を受け入れたX銀行が，手形が未決済であるにもかかわらず決済されたと誤解し，払戻請求に応じて1700万円を交付してしまったことから，Yに対して返還請求を行ったものである（⇨**図表2–2**参照）。

手形所持人Yは，手形の満期の翌営業日である1984（昭和59）年2月27日の午後1時40分頃にX銀行店頭に現れて，「取立済みとの連絡を受けたから」と虚偽の事実を述べたため，X銀行の担当者が事務センターという手形の事務を集中的に取り扱う部署に問い合わせたところ，「処理済みです」と誤解を招くような答え方がされたため，X銀行の担当者は手形が決済されたと誤信して，払戻しに応じてしまった。結果として当該手形は不渡りとなり，1700万円の入金は生じなかった。払戻し時点では，Yは手形が不渡りになったことは知らなかった。

そこで，X銀行が，払戻しの約3時間後に，Yに対し，手形が不渡りになったことを告げ，不当利得の返還を請求したところ，Yは，自分は手形の取立の依頼を受けただけで，払戻金はA（Yと経済的に密接・一体関係にある）に渡したから，利得は現存していないとして争った。その後，Aは倒産した。

最高裁は，「金銭の交付によって生じた不当利得につきその利益が存しないことについては，不当利得返還請求権の消滅を主張する者において主張・立証

図表 2-2　最高裁平成 3 年 11 月 19 日判決の事案

すべきところ，本件においては，被上告人〔Y〕が利得した本件払戻金を A に交付したとの事実は認めることができず，他に被上告人〔Y〕が利得した利益を喪失した旨の事実の主張はない」として，X 銀行を勝訴させ，Y に手形額面金額相当額の価額償還を命じたが，この判決は，さらに続けて，「原審が仮定的に判断するように，被上告人〔Y〕が本件払戻金を直ちに A に交付し，当該金銭を喪失したとの被上告人〔Y〕の主張事実が真実である場合においても，」「被上告人〔Y〕は A に対して交付金相当額の不当利得返還請求権を取得し，被上告人〔Y〕は右債権の価値に相当する利益を有していることになる。」として，不当利得返還請求権の形での利得の現存を認めた。すなわち，X 銀行の Y に対する不当利得返還請求権と，Y の A に対する不当利得返還請求権が，直線的に連鎖しているというわけである[20]。さらに最高裁は，「利得者が利得に法律上の原因がないことを認識した後の利益の消滅は，返還義務の範囲を減少させる理由とはならないと解すべきところ，」「被上告人〔Y〕が本件払戻しに法律上の原因がないことを認識するまでの約 3 時間の間に A が受領した金銭を喪失し，又は右金銭返還債務を履行するに足る資力を失った等の事実の主張はない。したがって，被上告人〔Y〕は，本件利得に法律上の原因のないことを知った時になお本件払戻金と同額の利益を有していたというべきである。」と説示している。

ここで，仮に不当利得返還請求権の形で利得が現存しているのであれば，原物返還の原則に則って，価額償還ではなく，当該不当利得返還債権の債権譲渡による不当利得の返還が認められるべきではないかとも思われるが，この判決では明示されてはいないものの，A がすでに倒産していることから，原物返還は不能になったとして，Y が悪意になった時点における不当利得返還請求権の価値に相当する金額の価額償還が認められることになったのではないかと思われる（私見）。

---

20)　四宮和夫『事務管理・不当利得・不法行為（上）』（青林書院新社，1981 年）213 頁参照。

第4節　預金の帰属

　銀行取引においては，ある預金が誰に帰属するのかが問題となることがある。たとえば，妻が夫名義で定期預金を預け入れたところ，後日，妻と夫のそれぞれが銀行に対して自分の預金であると主張して払戻しの請求をしてくる場合などである。これを預金者の認定の問題ということもある。

　預金の帰属を考える場合には，預金契約における銀行の相手方たる契約当事者は誰かという問題と，預金債権が誰に帰属するのかという問題とを，分けて考える必要がある。定期預金については，通常両者は一致するので，分けて考える実益はあまりないが，少なくとも枠契約の当事者と預金債権者とを区別することができる流動性預金については，（分けて考えた結果，やはりこれらが一致すると解すべきこととなるかどうかは別として）これらを分けて考える必要があると考えられる[21]。

1　定期性預金の帰属

　まず，通常その両者が一致するため，契約当事者の問題と預金債権の帰属の問題とを分けて考える必要がない定期預金の場合からみていきたい。

　判例において預金者の認定が初めて問題になったのは，無記名定期預金についてである。

　無記名定期預金は，預金名義人を明らかにしない定期預金で，現在は廃止されているが，かつては取扱いが認められていた。無記名定期預金の帰属をめぐっては，特段の事情がない限り，預金の原資を出捐した出捐者をもって預金者とする客観説，預入行為者をもって預金者とする主観説，原則として客観説によるが，預入行為者が自己が預金者であると表示したときは預入行為者が預金者であるとする折衷説の対立があった。

　最高裁昭和32年12月19日判決（民集11巻13号2278頁）は，当該預金の出捐者が自ら預入行為をした場合は当然に，他の者に預入行為を依頼した場合で

---

21)　森田・前掲注12) 84頁。

第4節　預金の帰属

あっても，預入行為者が右金銭を横領し自己の預金とする意図であったなど特段の事情がない限りは，出捐者をもって預金者と解すべきであると判示し，客観説に立つことを明らかにした。その後，一般の定期預金（記名式定期預金）に関しても，最高裁昭和57年3月30日判決（金法992号38頁）により，この理（客観説）は異なるものではないとされている。

もっとも，これらの判例は，出捐行為が1回で完結する定期性預金に関する事例であることに注意が必要である。他の預金にも同じ考え方が及ぶのかについては，最高裁は言及していない。

なお，定期預金の預金者の認定と払戻しにあたっての銀行の注意義務との関係については，最高裁昭和48年3月27日判決（民集27巻2号376頁。⇒**COLUMN 2-4**）を参照されたい。

2　流動性預金の帰属

流動性預金については，平成10年代になって，普通預金について注目すべき判例がいくつか登場しているので，それをみていくこととしたい。

(1)　損害保険代理店の普通預金

まず，損害保険代理店の預金が問題となった，最高裁平成15年2月21日判決（民集57巻2号95頁）の事例である。損害保険代理店は，保険契約者から保険料を収受し，月末に代理店手数料等を差し引いて，保険会社に送金する。この事案では，損害保険代理店が，収受した保険料を入金するための預金口座を，Y信用組合に「X保険会社代理店A」という名義で自ら開設しており，通帳・印鑑も自ら保有し，預入れ・払戻しを行っていた。この損害保険代理店Aの業況が悪化したため，Y信用組合が同預金とAに対する債権とを相殺したところ，X保険会社がY信用組合に対し，当該預金は自己に帰属するものであると主張して払戻請求訴訟を提起した。

最高裁は，X保険会社が口座開設の代理権を付与した事実がないこと，通帳・届出印は損害保険代理店Aが保管していること，入金・払戻しも損害保険代理店Aが行っていること，収受した保険料の所有権はいったん損害保険代理店Aに帰属することなどを指摘し，明確に客観説に立った原判決を破棄して，預金契約の当事者は損害保険代理店Aであると判断した。

(2) 弁護士の預り金口座

　最高裁平成15年6月12日判決（民集57巻6号563頁）の事案は，債務整理を受任した弁護士Ｘが，委任者Ａから受領した金銭を「Ｘ」という名義の普通預金口座に入金した後，その預金口座に委任者Ａを納税義務者とする税務署Ｙからの差押えがされた事案である。

　最高裁は，本件金員は委任事務処理の前払費用（民649条）であり，前払費用は交付の時点で受任者に帰属することに言及しつつ，本件口座は，弁護士Ｘが受任者である自己に帰属する財産をもって自己の名義で開設し，その後も自ら管理していたものであるから，銀行との間で本件口座にかかる預金契約を締結したのは，弁護士Ｘであり，本件口座にかかる預金債権は，その後に入金されたものを含めて，弁護士Ｘの債権であると認めるのが相当である，と判断した。

(3) 最高裁判例の評価

　これらの最高裁判決を受けて，学説は，普通預金など流動性預金（定期性預金とは異なり，入出金が繰り返され，それに伴い常に1個の残高債権が成立する）に関しては，客観説は妥当せず，（口座開設当初の）預金契約者が（その後の入金によって成立した預金債権についても）預金債権者となるとの見解が有力となっている。もっとも，最高裁判決は，誰が出捐したかも含めて諸般の事情を総合判断して結論を導いているようにも読め，最高裁の立場がいずれであるのかについては必ずしも明らかではないようにも思われる。

　私見では，流動性預金については，「枠契約」の当事者は誰であるかという問題と，預金債権の帰属の問題を分けて考えた上で，「枠契約」の当事者は，一般の契約当事者の確定ルールに従って判断をすべきであり，それに従って「枠契約」の契約当事者が確定された上は，当該流動性預金への入金により成立する預金債権は，出捐者のいかんにかかわらず，当該契約者に帰属すると考えるべきではないかと考える。このように考えた場合は，結局，「枠契約」の当事者と，預金債権者は，一致することになる[22]。

22）　森田・前掲注12）84頁も同旨。

3 統一的理解の可能性

以上のように，定期性預金については確立した判例法である客観説に従い，流動性預金については口座開設当初の預金者（「枠契約」の契約当事者）をもって預金者と考える考え方が，現在では有力ではないかと思われるが，翻って，定期性預金についての客観説も，見直す必要がないか，検討されるべきではないかとも考えられる。

そもそも，何故に，定期性預金については，一般の契約当事者の確定ルールに従って契約当事者の確定をせずに，独自の考え方をすべきなのかは，必ずしも明らかでない。定期預金契約についても，流動性預金の「枠契約」についても，いずれも一般の契約当事者の確定ルールに従って契約当事者の確定をすればよく，預金債権の帰属についても，そこで確定された契約当事者に帰属すると考えれば足りるのではないかとも考えられる（私見）[23]。

> **COLUMN 2-3　建築工事前払金口座**
>
> 　建築工事前払金口座の預金の帰属が問題となったのが，最高裁平成14年1月17日判決（民集56巻1号20頁）である。事案を簡略化して説明すると，以下の通りである。
>
> 　建設会社が国や地方公共団体の工事を請け負うと，「公共工事の前払金保証事業に関する法律」所定の前払金保証事業を営む保証事業会社による前払金返還保証が行われることを条件として，国や地方公共団体から工事の前払金を受け取ることができる。ただし，前払金を自由に利用できるわけではなく，国や地方公共団体と建設会社の間の工事請負約款では，前払金を当該工事の必要経費以外には支出しないことが定められている。さらに，保証事業会社との保証契約では，前払金は他の資金と別口の普通預金口座に保管されなければならず，払出しについても預託金融機関に適正な使途に関する資料を提出してその確認を受けなければならないとされている。この制度に則って信用金庫が前払金にかかる預金を受け入れていたところ，建設会社が破産した。そこで，破産管財人が，地方公共団体に対して保証履行を行い代位した保証事業会社に対して，破産管財人が預金債権者であることの確認を求めるとともに，信用金庫に対して当該預金の払戻しを請求したのがこの事案である。
>
> 　最高裁は，以上のような合意内容に照らせば，本件前払金が振り込まれた時点で地方公共団体を委託者，建設会社を受託者，本件前払金を信託財産とし，これ

---

23)　升田純「預金の帰属をめぐる裁判例の変遷」金法1555号（1999年）21頁も同旨。

を当該工事の必要経費の支払いに充てることを目的とした信託契約が成立したと解するのが相当であるとして、保証事業会社らを勝訴させた。すなわち、当該預金は信託財産であり建設会社固有の財産ではないので、破産財団に組み入れられるわけではないということである。

なお、貸付金を有している銀行による前払金の相殺に関する裁判例としては、名古屋高裁金沢支部平成21年7月22日判決（金法1892号45頁）と福岡高裁平成21年4月10日判決（金法1906号104頁）がある。銀行による相殺について、前者の裁判例は破産法71条1項1号の規定する制限に抵触して無効であると判断したのに対し、後者はこれを有効であると判断しており、結論としては分かれているが、前者の事実関係においては施工済みの請負工事の出来高の確認時期が建設会社の破産手続開始後であるのに対して、後者では破産手続開始前であるという違いがある。出来高確認がなされることにより、信託関係が終了し、施工部分に応じた前払金が建設会社に帰属することになるので、この出来高確認の時期と破産手続開始決定等の時期との先後関係によって相殺の可否を決するものと思われる。

第5節　預金の払戻し

1　受領権限がある者への払戻し

預金の払戻しは、預金債務の弁済について受領権限がある者に対して行うことが原則である。受領権限がある者としては、預金者本人、その代理人、取立受任者などがこれに当たるが、預金者について破産手続開始決定があったときは破産管財人がこれに当たる。

預金者の死亡により相続が開始したときは、その相続人や受遺者が受領権限を有する。判例は、最高裁昭和29年4月8日判決（民集8巻4号819頁）以降、一貫して、相続財産中の可分債権は、法律上、当然に分割され、各相続人がその相続分に応じて権利を承継するとしているところ、預金債権は金銭債権であり、可分債権であるから、預金債権についても当然に分割され相続分に応じた承継が生じることになり、相続人は、各相続分に応じて単独で預金の払戻しを請求することができることになる。

銀行の実務においては、この考え方に従って、特段の事情がない限り、一部

の相続人からの払戻請求であっても、その相続人の相続分については、払戻しに応じている銀行もあるが、相続人全員が揃って請求することを求める銀行もあるようである。

もっとも、遺言がある場合には、遺言の内容を確認して、預金について受遺者があるときは、受遺者に支払うことになる。

なお、遺言執行者に相続預金の払戻権限があるか否かについては、争いがある。

預金が特定遺贈された場合には、預金は遺贈者の死亡と同時に直接に受遺者に移転する以上（物権的効力説）、通帳等の受遺者への引渡しや対抗要件の具備手続（債務者である銀行への通知）は遺言執行者の権限に含まれるとしても、それを超えて預金の払戻しをすることまでは遺言執行者の権限には含まれないとする考え方[24]がある一方で、預金の払戻しも遺言執行者の権限に含まれるとする考え方もある[25]。

また、預金についていわゆる「相続させる遺言」がある場合についても、遺言執行者に預金の払戻権限があるか否かについては両論があり、裁判例も分かれている[26]。

2 準占有者に対する払戻し

銀行が受領権限を有する者に預金の払戻しをすれば、預金債務の弁済として有効であることはいうまでもないが、銀行が払戻しをした相手方に受領権限がなかった場合には、民法478条の準占有者に対する弁済の成否が問題となる。民法478条においては、銀行の過失の有無が問われることになり、銀行の善意無過失が認められなければ、銀行は、真実の預金者からの二重の払戻請求に応じざるをえなくなる。なお、預金規定には免責約款があるが（前掲普通預金規定9条参照）、民法478条にもとづくときは免責されないものが免責約款

---

[24] 実務研究会報告「遺言書と遺言執行者の権限」金法1203号（1988年）23頁。
[25] 赤沼康弘「遺言の執行実務に関する諸問題」判タ1380号（2012年）46頁。なお、預金が包括遺贈された場合の遺言執行者の払戻権限について、東京地判平成14年2月22日金法1663号86頁は、これを肯定する。
[26] 肯定裁判例として、東京高判平成11年5月18日金判1068号37頁、さいたま地熊谷支判平成13年6月20日判時1761号87頁、さいたま地判平成14年8月28日金法1681号38頁、東京地判平成24年1月25日判時2147号66頁。否定裁判例として、東京高判平成15年4月23日金法1681号35頁。

で免責されることとなるわけではなく，免責約款は民法478条を具体化したものにすぎないと理解されているので，銀行が免責約款により免責されるためにも，銀行は無過失である必要がある。その意味で，民法478条による免責と免責約款による免責を区別する意味はあまりないので，以下においては，両者を特に区別せずに検討する。

(1) 印鑑照合

銀行が，通帳および届出印が押捺された払戻請求書を持参した者に対して預金を払い戻したときは，その者が預金者であることを疑わしめる事情があるのにこれを過失によって看過した場合を除いて，その者に受領権限がなかったとしても，預金債務につき免責されることになるが（民478条），払戻請求書に押捺された印影が偽造されたものであった場合にも免責されるかが問題となる。銀行は，払戻請求書に押捺された印影が偽造されたものでないか，印鑑照合を行うが，印鑑照合の方法としては，預金者から予め届出をしてもらっている印鑑票の印影の上に払戻請求書の印影を重ねた上で，払戻請求書を上下に繰り返し上げ下げして，残像によって両者が一致しているかどうかを判別する方法が一般的である（重ね合わせ照合）。

印鑑照合による払戻しにおける銀行の過失の有無については，最高裁昭和46年6月10日判決（民集25巻4号492頁）がリーディングケースとされている。同判例は，印影の照合にあたっては，特段の事情のない限り，折り重ねによる照合や拡大鏡等による照合をするまでの必要はなく，肉眼による平面照合の方法ですれば足りるが，銀行の照合事務担当者に対して社会通念上一般に期待されている業務上相当の注意をもって慎重に事を行うことを要し，かかる事務に習熟している銀行員が相当の注意を払って熟視するならば肉眼をもっても発見しうるような印影の相違が看過されたときは，銀行側に過失の責任があるとしている。この考え方は，実務的にも違和感のないものであると思われる。

(2) ATM，インターネットバンキングによる払戻し等

ATM・キャッシュディスペンサーでの払戻しにあたっては，キャッシュカードをATM・キャッシュディスペンサーに挿入した上で，暗証番号を入力することが必要とされている。キャッシュカードの存在と暗証番号とによって，

二重のセキュリティが図られているわけである。

　キャッシュカードによる払戻しについて，預金規定の免責約款の適用関係がどうなるのかが問題となった事案として，最高裁平成 5 年 7 月 19 日判決（判時 1489 号 111 頁）の事案がある。預金者は弁護士であり，キャッシュカードを弁護士事務所の机の引き出しに入れていたが，そのキャッシュカードがキャッシュディスペンサーで使用され，正しい暗証番号が入力されて預金の払戻しがされたものである。最高裁は，真正なキャッシュカードが使用され，正しい暗証番号が入力されていた場合には，銀行による暗証番号の管理が不十分であったなど特段の事情がない限り，免責約款により免責される，と判示した。

　一方，最高裁平成 15 年 4 月 8 日判決（民集 57 巻 4 号 337 頁）は，通帳を使って ATM での払戻しを行うことができるシステムを採用している銀行において，無権限者が真正な通帳を使って ATM での払戻しを行ったという事案である。最高裁は，銀行が無過失であるためには，暗証番号等の管理等を含め，機械払いシステムの設置管理の全体について，可能な限度で無権限者による払戻しを排除しうるよう注意義務を尽くしていたことを要すると判示した上で，この銀行では，約款上は通帳での払戻しができるとの記載がなかったため，通帳についての注意喚起がないとして銀行の過失が認められ，銀行が敗訴した。

　また，インターネットバンキングによる振込み等の場合の銀行の免責についても問題となる[27]。これについても，約款による免責や民法 478 条にもとづく免責が問題となるわけであるが，そこで銀行が善意無過失であるといえるためには，可能な限度で無権限者による振込み等を排除しうるよう，システムの安全管理上の注意義務を尽くしていることが重要である。暗証番号を複数入力すべきこととしたり，いわゆるワンタイム・パスワード（一度限りの使い捨てのパスワード）の入力を要することとしたりするなど，各銀行においてセキュリティ上の工夫がされているところである。

　インターネットバンキングについての裁判例としては，東京高裁平成 18 年 7 月 13 日判決（金法 1785 号 45 頁）がある。この裁判例では，銀行が約款によ

---

[27] インターネットバンキングを標的にした犯罪には，あらかじめ利用者のパソコンにコンピュータウイルスを仕掛けておき，利用者がパソコンでインターネットバンキングを利用しようとする際に，取引銀行の正規のウェブページではない偽のウェブページを表示させ，ID やパスワードを盗む手口など，様々な手口がある。

る免責を受けるためには，行為者が権限者であることを信じたことに過失がないことが必要であり，インターネットバンキングを提供するにあたり，システムの設置管理の全体について，可能な限度で無権限者による払戻しを排除しうるように構築管理した場合は，銀行による暗証番号等の管理が不十分であるなど特段の事情がない限り，免責約款により免責される，とされている。

以上のように，非対面取引であるATMやインターネットバンキングにおいては，個々の担当者の注意義務は問題とならず，無権限者による取引ができるだけ行われないよう，システム全体の設置管理についての銀行の注意義務が問題となるわけである。

(3) 準占有者弁済の法理の適用範囲

準占有者弁済の法理の適用範囲は，判例により，拡大して解釈されてきている。

最高裁昭和37年8月21日判決（民集16巻9号1809頁）は，債権者の代理人と詐称して債権を行使する者も，民法478条の債権の準占有者に当たると判示している。

また，定期預金の期限前解約についても，最高裁昭和41年10月4日判決（民集20巻8号1565頁）により，民法478条の適用があるとされている。定期預金の期限前解約は，契約を合意解約した上で預金の払戻しをすることになるので，弁済そのものというわけではなく，それに先立って解約の合意も行われることになるが，全体としてみればまさに弁済行為の一態様であって，解約等の行為について表見代理の成否を問題とするまでもなく，民法478条による弁済に該当する，というわけである[28]。

ところで，銀行が，預入れを受けている預金を担保として，預金者に対して貸付けを行うことがある。定期預金を期限前解約した場合に付される利息は解約日までの定期預金利率による利息ではなく普通預金利率など低い利率による利息となってしまうことから，定期預金を期限前解約するのではなく，借入利息を支払ってでも定期預金を担保に借入れをした方が経済合理的である場合があり，そのような場合に預金を担保とする貸付けが利用されることが多い。さ

---

[28] 栗原忍「判解」最判解民事篇昭和41年度419頁。

て，その借入れが無権限者によってされた場合において，銀行が貸付債権を自働債権とし預金債権を受働債権として相殺し債権回収したときに，民法478条が類推適用されるかが問題となる。この問題について，最高裁昭和59年2月23日判決（民集38巻3号445頁）は，少なくとも相殺の効力に関する限りは，実質的に定期預金の期限前解約の払戻しと同視することができると指摘し，貸付契約締結にあたり相当の注意義務を尽くしたと認められるときには，民法478条を類推適用して，相殺をもって真実の預金者に対抗することができると判断した。

3　供　託

銀行が，供託をすることによって，預金債務を免れる場合もある。

(1)　弁済供託

債権者が弁済の受領を拒み，またはこれを受領することができない場合のほか，弁済者が過失なく債権者を確知することができない場合にも，弁済者は供託をすることによりその債務を免れることができる（民494条）。

預金者の死亡により相続が開始した場合，前記の通り，預金債権は法定相続人にその相続分に従って分割承継されるため，銀行にとって相続人が判明しているときは債権者不確知とはならず，供託原因がないとされることが多いが，銀行にとって相続人が判明しないときや，判明している場合でも相続人間に争いがあって訴訟が係属している場合などにおいて，相続人と称する者から相続預金の払戻しの請求がされた場合には，債権者不確知による供託が認められることもある。

一方で，預金契約の当初から真の預金者が明らかでなかった場合には，銀行に過失があるとして，供託が認められないことが多いようである。

(2)　執行供託

預金債権が差し押さえられた場合には，銀行は差し押さえられた預金債権の全額に相当する金銭を供託することによって，預金債務を免れることができる（権利供託といわれる。民執156条1項）。また，預金債権に対する差押えが競合したときは，その預金債権の全額に相当する金銭を供託しなければならない（義

務供託といわれる。同条2項)。

4 偽造・盗難カード預貯金者保護法

　以上は民法の規定および免責約款にもとづく免責の問題であるが，偽造カードや盗難カードを用いて払戻しが行われた場合については，預金者保護のため，「偽造カード等及び盗難カード等を用いて行われる不正な機械式預貯金払戻し等からの預貯金者の保護等に関する法律」(以下「偽造・盗難カード預貯金者保護法」という)が2006(平成18)年2月10日に施行されている。

　偽造・盗難カード預貯金者保護法は，偽造カード等を用いた機械払いについては，民法478条は適用されないものとして，例外的に①預金者の故意により払戻しが行われた場合，および②金融機関が善意無過失であって預金者の重過失により払戻しが行われた場合にのみ銀行の免責を認めている(偽造カード3条・4条1項)。

　他方，盗難カード等については，民法478条の適用除外はされていないが，①預金者が盗取されたと認めた後，速やかに，銀行に対し盗取にあった旨を通知し，②銀行の求めに応じ，遅滞なく，当該盗取が行われるに至った事情その他の当該盗取に関する状況について十分な説明を行い，かつ③銀行に対し，捜査機関に対して当該盗取にかかる届出を提出していることを申し出たことその他当該盗取が行われたことが推測される事実を示したことを要件として，銀行に払戻金額を補てんすべき責任を負わせている(偽造カード5条1項・2項本文)。ただし，銀行が，自らが善意無過失であり，かつ預金者に過失(重過失を除く)があることを証明した場合には，補てんの責任が4分の3の金額に縮減され(同条2項但書)，また，銀行が次のいずれかを証明したときは，補てんを行うことを要しないこととされている(同項本文・3項)。

① 当該払戻しが盗難カード等を用いて行われた不正なものでないこと，または当該払戻しが預金者の故意により行われたこと。
② 金融機関が善意無過失であり，かつ次のいずれかに該当すること。
・当該払戻しが預金者の重過失により行われたこと。
・当該払戻しが預金者の配偶者等の近親者により行われたこと。
・預金者が銀行に対する説明において，重要な事項について偽りの説明を

行ったこと。
③ 盗難カード等にかかる盗取が戦争，暴動等による著しい社会秩序の混乱に乗じ，またはこれに付随して行われたこと。

偽造カード等による場合の方が，盗難カード等による場合よりも預金者の保護が厚くなっているが，偽造カード等の方が預金者によるリスクコントロールが困難であることなどに鑑みて，差を設けたものと考えられる。

第6節　預金債権の消滅時効

預金債権も債権である以上は時効によって消滅するが（大判明治43年12月13日民録16輯937頁，大判昭和10年2月19日民集14巻137頁。なお，消滅時効期間は，商法522条にもとづき5年である[29]），実務上，いまだ払い戻していないことが明らかな預金については，時効期間が経過したからといって，銀行が消滅時効を援用することはない。銀行は，払い戻したと思われるものの，証拠となる払戻請求書等が保管期限経過のため廃棄されていてその立証までは困難である場合など，極めて稀な場合に限って，消滅時効の援用を行っている。

(1) 流動性預金の消滅時効

普通預金債権については，預金者は預金契約成立時からいつでも払戻請求が可能であるため，預金契約成立時から消滅時効の進行が開始するとするのが判例であるとされている（前掲大判明治43年12月13日）。しかし，そうであるとしても，預金の入出金について通帳に記載して預金者に交付することにより承認による時効の中断が生じるとの考え方[30]や，通帳を交付しなくても銀行の帳簿に記載したときは承認に準ずる行為として中断を認めるなどの考え方[31]により，結論的には，最後に入出金があった時ないし記帳された通帳の交付が

---

29) ただし，信用金庫，信用組合など営利を目的としない法人が商人でない者から受け入れた預金については，民法167条1項にもとづき，10年。
30) 幾代通『民法総則〔第2版〕』（青林書院，1984年）508，582頁。
31) 民事法判例研究会編『判例民事法〔昭和10年度〕』（有斐閣，1936年）12事件評釈〔我妻榮〕，我妻榮『新訂民法総則（民法講義Ⅰ）』（岩波書店，1965年）472頁，四宮和

あった時から新たに時効が進行を開始すると考える見解が多く，当初の預入れの時から時効期間が進行するという準則は，実際上ほとんど意味を失っているともいえる[32]。また，普通預金は，入出金の都度，更改的効果などにより新たに残高債権として成立すると考えて，そこから新たな時効期間が進行を開始するという考え方もある[33]。

他方，当座預金債権は，当座勘定契約の存続中は消滅時効が進行することはなく，当座勘定契約終了時から進行するとするのが判例であるが（前掲大判昭和10年2月19日），これについても，普通預金と同様の考え方が成り立ちうる。

(2) 定期性預金の消滅時効

自動継続特約のない定期預金の消滅時効は，その満期日から進行を開始することに異論はないが，自動継続特約付きの定期預金の消滅時効がいつ進行を開始するのかは必ずしも明らかでなく，問題となっていた。この点について最高裁平成19年4月24日判決（民集61巻3号1073頁）は，預金者が初回満期日前に継続停止等をすることを前提に，初回満期日から預金払戻請求権を行使することができると解することは，預金者に対して契約上その自由に委ねられた行為を事実上行うよう要求するに等しく，自動継続定期預金契約の趣旨に反することになるため，初回満期日前の継続停止の申出が可能であるからといって，預金払戻請求権の消滅時効が初回満期日から進行すると解することはできないと判示した。すなわち，自動継続特約付の定期預金債権の消滅時効は，実際に継続停止の申出が行われ，それ以降自動継続の取扱いがされることのなくなった満期日が到来した時から進行することになる。

第7節　預金契約に関する規制

預金契約に関しては，これを規制する法令にも留意する必要がある。

　　　夫＝能見善久『民法総則〔第5版〕』（弘文堂，1999年）370頁。
32)　森田宏樹「預金債権の消滅時効(1)」法教371号（2011年）116頁。
33)　前田・前掲注13) 391頁．森田・前掲注32) 109頁。

銀行法12条の2および銀行法施行規則13条の3では，預金等に関する情報提供義務が定められている。したがって，銀行は，預金契約を締結するにあたっては，これに従って情報の提供を行う必要がある。特に，金利，手数料，預金保険の対象であるものの明示は，預金者の求めがなくてもする必要がある。また，預金者の求めがあるときは一定の商品情報についての書面による説明が，デリバティブなどと預金との組合せによる元本保証のない商品を取り扱う場合には，元本保証がないことその他当該商品に関する詳細な説明が，それぞれ義務づけられている。

　また，デリバティブ内在預金，外貨預金や通貨オプションが付随する預金については，特定預金等契約として，銀行法13条の4により金融商品取引法の行為規制（契約締結前および締結時の書面交付義務，不招請勧誘の禁止，適合性の原則，損失補てんの禁止など）が準用され，銀行はこれらの規制にも従わなければならない。

　さらに，預金契約の締結は，金融商品の販売として，「金融商品の販売等に関する法律」の適用対象ともされているので，同法に従った説明義務を履行しなかった場合には，銀行は同法に従って損害賠償義務を負うことになる。

　また，臨時金利調整法および同法にもとづく金融庁・財務省告示「金融機関の金利の最高限度に関する件」により，当座預金は無利息とすべきこととされていることは前記の通りある。

　さらに，「預金等にかかる不当契約の取締に関する法律」により，いわゆる導入預金を受け入れることも禁じられており，これを受け入れた場合には刑事罰に処せられる。

　導入預金とは，次の要件のすべてをみたす預金をいう。

① 　金融機関に預金をする者（以下，「預金者」という）が，当該預金に関し，当該金融機関を相手方として，次のいずれかを約して行う預金であること。
　・当該金融機関が預金者の指定する特定の第三者（以下，「第三者」という）に対して資金の融通をすること。
　・当該金融機関が第三者のために債務の保証をすること。
② 　預金者が特別の金銭上の利益を得る目的を有すること。
③ 　預金者が第三者と通じていること。

④ 当該金融機関に対して当該預金にかかる債権を担保として提供しないこと。

導入預金の受入れにあたっては，銀行において無担保の不良貸付が行われやすく，銀行の貸出資産の健全性に悪影響を及ぼすおそれがあるため，このような規制がされているのである。

> **COLUMN 2-4 「預金」を理解する前提として重要な二つの最高裁判例**
>
> ①預金契約の性質（最判平成21年1月22日民集63巻1号228頁）[34]
>
> **判例の骨子** （学説的には金銭消費寄託契約が通説とされてきたが）金銭消費寄託契約・委任等の性質を併せもった契約と理解すべき。
>
> **解　説**　預金契約は，民法典が予定している，預金者が単に銀行にお金を寄託する（消費寄託）契約ではなく，委任等の性質を併せもつが，併せもつ契約の内容は預金約款により規定されていて，預金の種類ごとに異なることから，契約の内容は個別に決定されるべきという趣旨を含むものと理解すべきであろう（投資信託等，経済的には同様の機能を営む商品の法的性質を考えるにあたっても参考とすべき判例である）。
>
> ②預金の帰属と預金の払戻し（最判昭和48年3月27日民集27巻2号376頁）[35]
>
> **判例の骨子** 「特段の事情のないかぎり，出捐者を預金者と認めるのが相当」「銀行として尽くすべき相当な注意を用いた以上」「真実の預金者に対抗しうるものと解するのが相当であり，かく解することによって，真実の預金者と銀行との利害の調整がはかられうる」。
>
> **解　説**　預金は，預金の原資を拠出した人すなわち出捐者に帰属するのか，銀行に預金の預入行為をした預入者に帰属するのかという問題について最高裁は出捐者に帰属するとした（定期預金の事例である[36]）。
>
> 出捐者は，必ずしも預金の支払人である銀行には明らかではないことから，両者の利害を調整する必要があるが[37]，（仮に，出捐者以外に預金が払い戻された場合であっても）銀行が尽くすべき相当な注意をした場合は（民法478条の類推適用，あるいは，預金契約上存する免責規定によって）免責される，とした。

---

34) 興味のある方は，神田秀樹ほか『金融法講義』（岩波書店，2013年）33頁を参照されたい。
35) 神田ほか・前掲注34)61頁。
36) 普通預金等の流動性預金については，構造上，普通預金契約といういわば「枠契約」と個々の預入行為者が異なる可能性があり，実際に問題となるのはそのようなケースである。学説・実務では枠契約の当事者を預金者と認定すべしという考え方も有力であると思われるが，平成10年代に下された最高裁判例は（事案がやや特殊なこともあってか）明確な考え方を示してはいないように思われる。
37) 下級審の判例の中には，普通預金に関するものも含め，判旨前段のみが独り歩きしたかの如きものもみられるが，この視点はとても大事である。

第7節　預金契約に関する規制

（判旨前段の）出捐者が誰か，というのが「預金者の認定」の問題であり，（判旨後段の）銀行の尽くすべき相当な注意とは何か，具体的事案にあてはめた場合に注意を尽くしたといえるのか，が「預金の払戻し」の問題である。

　ポイント　真の預金者である出捐者の保護はとても大事なことだが，もう一方の当事者であり，多数の預金者を相手に膨大な預金支払事務を効率的に行い，もって経済の発展に寄与すべき責務を負っている銀行は，必ずしも，というより多くの場合，出捐者を知る由もないという現実があり，その間の利害調整は必要である。銀行が尽くすべき相当な注意を用いたかどうかでそれを判断すべきということである。

第3章 銀行の与信取引

■第1節　融資取引の基本と契約書類
■第2節　各種の融資取引
■第3節　物的担保
■第4節　保　証
■第5節　回　収
■第6節　法的整理手続
■第7節　事業再生ADR

第1節　融資取引の基本と契約書類

1　融資の原則

　銀行法は，銀行の固有業務として，①預金または定期積金等の受入れ，②資金の貸付けまたは手形の割引，③為替取引を規定している（銀行10条1項）。銀行は，小口資金を預金として受け入れ，それを大口化して自己の責任で借り手の信用調査を行い，企業その他の資金需要者に融資することを固有の業務とする。すなわち銀行は，①国民の貯蓄手段の提供機能としての預金の受入れと，②資金の供給ないし資金の運用機能（資金媒介機能）としての資金の融資機能を有する。資金媒介機能は，銀行が社会に点在する遊休現金通貨を預金として吸収して，資金を必要とする企業や個人に供給することである[1]。このほか銀行には，③信用創造機能と④資金決済機能が認められる。信用創造機能は，銀行が預金通貨を創り出すことである[2]。

---

1)　銀行の貸付金の調達コストは貸付金相当の預金プラス預金利息であり，100万円の貸付けを行うには100万円以上のコストを必要とする。つまり貸付利息の減免は銀行の持ち出し（損失）となるから，安易な貸付利息の減免は難しい。さらに，一般的な会社の売掛債権には原価と利益が含まれているので，利益部分を免除しても会社の持ち出しはないが，銀行の貸付債権元本には利益部分がないので，貸付債権元本の減免金額がそのまま銀行の損失となる。
2)　銀行預金は一斉に引き出されることはないので，預金の一定割合を支払準備額として用意し

このような機能を有している銀行が破たんすれば，その社会的影響は甚大であることから，銀行には健全性の確保が強く求められており，融資（資金の運用）を行うに際しても不良債権とならないように慎重な判断が求められている。

銀行の融資判断にあたっては，融資金額の多寡にかかわらず原則として，①成長性の原則，②安全性の原則，③公共性の原則，④収益性の原則，の四つの観点から審査が行われる[3]。「成長性の原則」は，成長豊かな借入人に融資することにより，銀行自身も大きな成長を期することを意味する。「安全性の原則」は，融資金が期日に確実に回収されるべきことを意味する。そのためには，借入人の信用，資産，回収期日における支払能力の他，安全性を補強するために引当面の検討や融資実行後の借入人の業況の把握が求められる。「公共性の原則」は，借入人が社会的に意義のある事業を営んでいること，融資金が社会的に有用な用途に利用されるということである。したがって，預金者の最大公約数いわば社会的目線からみて反社会的な事業や用途への融資，あるいは投機的目的につながるような融資は抑制しなければならない。「収益性の原則」は，適正な利益を確保しなければならないということである。適正な利益を確保して内部留保を充実させ，経営の健全性をより高めることが求められている。

もっとも，個別融資の判断に際しては融資四原則のウエイトに差異が生じることはあるが，いずれかをまったく無視するような融資は許されない。これは，健全な取引先に対する融資に限らない。再建支援先への融資もこの四原則により判断されるが，むしろ信用性に懸念があることからより慎重な判断が求められる。

2　金利規制

利息に関する法律としては，私法上の規制として利息制限法，刑事法上の規制として「出資の受入れ，預り金及び金利等の取締りに関する法律」，行政法

ておけばよく，銀行預金と支払準備額との差額を貸出に充てることができる。この貸付金はまた当該銀行または他の銀行の預金となり，その銀行も同様に貸出を行い，これが順次繰り返されることになる。この結果，銀行システム全体としてみれば，当初の預金は銀行貸出を通じて数倍の信用を創造することになる。
[3]　札幌地裁平成14年12月25日判決（裁判所ウェブサイト），札幌高裁平成17年3月25日判決（判タ1261号258頁）も四原則の一部に言及し，融資判断における取締役の善管注意義務の内容となることを認めている。

的規制として，臨時金利調整法，貸金業法がある。

臨時金利調整法は，戦後の金利高騰を抑制するために，1947（昭和22）年に制定された法律である。内閣総理大臣または財務大臣は，銀行，信託会社，保険会社，信用金庫，信用組合等の金融機関（同法1条1項）が行う預金または貯金等の利率と貸付けの利率，手形の割引率，当座貸越の利率等の最高限度を日本銀行政策委員会に定めさせることができ（2条），最高限度が定められたときは，最高限度を超えて，契約し，支払い，または受領してはならない（5条）。

金利自由化の進展により，この法律による規制の意義は大きく変化しているが，現在でもなお，同法2条にもとづく告示（昭和23年1月10日大蔵省告示4号「金融機関の金利の最高限度に関する件」）により，金融機関の貸付けの利率，手形の割引率および当座貸越の利率の最高限度は，年15.0％とされている。利息制限法と異なり，手形の割引率も規制対象である一方，返済期限1年以上または1件の金額が100万円以下の貸付けおよび手形の割引，外国通貨建ての貸出については適用されない。

(1) 利息制限法

融資金利に関する私法上の規律として，民法上，利息を生ずべき債権について別段の意思表示がないときは，その利率は，年5分とすると定める（民404条）のみであり，商人間の金銭消費貸借においては，貸主は法定利息年6分を請求することができる（商513条・514条）とされている。いずれも任意規定であり，上限金利の定めはない。

しかしながら，経済的に弱い立場におかれていることが多い借主に対して，貸主が過大な利息を要求することに対する規制を行う必要性は，早くから認識され，1877（明治10）年には，（旧）利息制限法が制定された。現行利息制限法は1954（昭和29）年に制定されたものであるが，その後数次の改正を経て，2006（平成18）年12月の改正（平成18年法律115号。以下「平成18年改正」という）により現在の内容となっている。

　　(a) 上限金利　　金銭を目的とする消費貸借における利息の上限金利は，元本10万円未満の場合年20％，元本10万円以上100万円未満の場合年18％，100万円以上年15％となっており，これを超える利率による利息の契約は，その超過部分につき無効となる（1条）。

(b) 制限超過利息の任意支払条項　　上限金利を超える利息契約は無効とする一方，従来の利息制限法では，債務者が超過部分を任意に支払った場合には，その返還を請求することはできないとされていた（平成18年改正前1条2項・4条2項）が，平成18年改正後の同法では，制限超過利息・損害金の任意弁済の規定（同条項）は削除された。

(c) 営業的金銭消費貸借　　債権者が業として行う金銭を目的とする消費貸借を営業的金銭消費貸借とし（利息5条1号），新たに営業的金銭消費貸借に関する特則を設けた（第2章）。具体的には，複数の貸付けがある場合の利息額計算の特則（5条），みなし利息の特則（6条），賠償額予定の特則（7条），および営業的金銭消費貸借上の債務を主たる債務とする業として行う保証にかかる保証料に関する特則（8条・9条）である。賠償額の予定に関しては，原則は上限金利の1.46倍（21.9～29.2％）（4条1項）であるが，営業的金銭消費貸借では一律20％となる（7条1項）。

(2) 出資法

「出資の受入れ，預り金及び金利等の取締りに関する法律」（以下「出資法」という）は，その名称の通り，出資，預り金および高金利等を刑事的に規制する法律であり，利息との関係では高金利に刑罰を科している。

出資法における利息に関する主な規定は以下の通りである。

(a) 高金利・高保証料の処罰　　年109.5％を超える利息の契約をし，受領しまたは支払いを要求したときは，懲役もしくは罰金（またはその併科）が科されるが，特に業として金銭の貸付けを行う場合には，年20％を超える場合が処罰され，109.5％を超える場合には加重される（5条）。保証料名目での潜脱を防止するため，保証料も合算される（5条の2・5条の3）。潜脱行為に関して罰則が定められ（8条），また両罰規定がある（9条）。

(b) みなし規定　　手形の割引，売渡担保その他これに類する方法による金銭の交付または授受についても，金銭の貸付けとみなされ，出資法が適用される（7条）。

(c) みなし利息　　利息，保証料が制限利率を超過するかどうかの計算において，「貸付けに関し受ける金銭」は利息とみなされる（5条の4第4項）。みなし利息の規定は，利息制限法にもあるが，従来は出資法の文言とやや差異が

第 1 節　融資取引の基本と契約書類

あったところ，平成 18 年改正でそれが実質的に解消された。

(3)　貸金業法

貸金業および貸金業者にかかる行政的規制法（いわゆる「業法」）として，貸金業法（平成 18 年改正前までは「貸金業の規制等に関する法律」。貸金業とは，金銭の貸付けまたは金銭の貸借の媒介で業として行うものをいう〔貸金業 2 条 1 項柱書〕）があるが，銀行，信用金庫等他の法律（銀行法，信用金庫法等）に特別の規定のある者が行うものは除かれる（同項 2 号）。したがって，本書で対象とする金融機関による融資取引には適用されない。

平成 18 年改正前の貸金業法では，利息制限法の上限金利を超える利息の受領に関して，改正前利息制限法の 1 条 2 項の適用に関して，上限金利を超える金利を定める契約は無効であるが，貸金業者は，貸金業者との金銭消費貸借契約にもとづき債務者が利息制限法の上限金利と改正前出資法の刑罰の対象となる金利との間の金利による利息・損害金について，貸金業法所定の手続を履践して任意の弁済を受けたときは，有効な弁済とみなす制度が存在した（「みなし弁済」制度。平成 18 年改正前貸金業法 43 条）。しかし，この制度は，いわゆるグレーゾーン金利問題として批判されてきた。最高裁は，2003（平成 15）年以降の判決で制限超過利息の問題について極めて厳格な態度をとり[4]，「みなし弁済」規定の適用に関しては，期限の利益喪失特約等の不利益を避けるために支払いは義務あるものとの誤解を生じさせ，事実上の強制によることが常態であるとの認識の下，誤解を生じない特段の事情がない限り任意性が否定されるとの判断を示し[5]，旧 43 条にもとづくみなし弁済が有効なものと認められる余地はほとんどなくなったものと評価されている。

みなし弁済の制度は，平成 18 年改正において，これらの最高裁判決を受ける形で利息制限法 1 条 2 項とともに廃止され，利息制限法の定める上限金利を超える利息の契約締結の禁止が明記された（貸金業 12 条の 8）。

---

4)　最判平成 15 年 7 月 18 日民集 57 巻 7 号 895 頁等。
5)　最判平成 18 年 1 月 13 日民集 60 巻 1 号 1 頁，最判平成 18 年 1 月 19 日判時 1926 号 23 頁。

(4) みなし利息

利息制限法においては、「金銭を目的とする消費貸借に関し債権者の受ける元本以外の金銭は、礼金、割引金、手数料、調査料その他いかなる名義をもってするかを問わず、利息とみなす」とする「みなし利息」の規定を設けている（利息3条）。平成18年改正では、営業的金銭消費貸借に関してはその特則が設けられ（6条）、さらに詳細が利息制限法施行令に委任されている。出資法においてもほぼ同様に「貸付けに関し受ける金銭」は、「いかなる名義をもってするかを問わず、利息とみなす」との規定が設けられている（5条の4第4項・5項）。その趣旨が、利息制限の潜脱の防止にあることは明らかであり、潜脱行為を防止するためにはこの規定が厳格に解されなければならない。ところで、銀行の融資取引に何らかの関連をもって授受される手数料もある。これらの手数料が、すべてみなし利息となるとすると、場合によってはみなし利息を含めた利息金額が制限利息を超過することも考えられる（たとえば、少額、短期間の融資）。制限利息を超過してしまうと、殊に出資法では罰則の対象となってしまうことになる。

この問題に関連して、いわゆる「コミットメントライン」取引（⇨第2節 **6** 参照）にあたり銀行が受領する手数料（「コミットメントフィー」）が、みなし利息に該当するかが問題となった。これに関しては、その適用除外を明確にするため、特定融資枠契約に関する法律が制定され、立法的に問題の解決が図られた[6]。しかし、近時、特に新しいファイナンス形態においては、コミットメントフィーに限らず、多様な手数料が存在する[7]。たとえば、シンジケート・ローン取引における各種手数料等がある。解釈論的には、「消費貸借に関し」（利息3条・6条）、「貸付けに関し」（出資取締5条の4）の意義、該当性の問題になろうが、これらの手数料がすべてみなし利息に該当する可能性（その結果制限利息を超過してしまうリスク）があるとなると、新しいファイナンス形態の発展を阻害しかねない。

---

6) 金融法務研究会「金融取引における『利息』概念についての検討」金融法務研究会報告書(6)（2002年）2頁。
7) 従来からの融資形態、たとえばカードローン取引におけるATM手数料等も政令で適用除外金額が少額に抑えられていることから問題となっている。葉玉匡美「ATM利用に関する利息制限法・出資法改正への対応」金融財政事情2841号（2009年6月22号）32頁。

COLUMN 3-1　貸出金利のマイナス金利

　2016（平成28）年1月29日，日本銀行が，銀行当座預金の残高の一部に0.1％のマイナス金利を導入することを決定したことにより，変動金利連動型の金銭消費貸借の金利の基準となる金利指標（LIBOR, TIBOR等）がマイナスとなる事態が現実味を帯びてきた。

　わが国における伝統的な利息の考え方は，利息は元本使用の対価であって，元本の額と元本債権の存続期間に比例して支払われる金銭その他の代替物であると説明されている（我妻榮『新訂債権総論（民法講義Ⅳ）』〔岩波書店，1964年〕42頁）。したがって，借入利息は，借入人（債務者）が貸主（債権者）に対して支払うものであり，借入人が反対に貸主から金銭の支払いを受けるということは論理的に考えがたい。したがって，変動金利利息のように合意された計算式にもとづいて計算された利率がマイナスになったとしても，その場合の利息額はゼロを下限とするというのが金銭消費貸借契約の当事者間の合理的な意思解釈であると考えられる。もちろん，当事者間の合意により，変動金利利息の算定式の結果がマイナスとなった場合に，借入人が計算式により計算された額の相当額を受け取ることは妨げられない。しかし，この場合に借入人が受け取る金銭は，利息は元本使用の対価という伝統的な利息概念とは相容れず，利息と評価することはできないように思われる。むしろ手数料と整理するのが相応しいと考える。

3　銀行取引約定書

　銀行取引約定書[8]は，銀行と取引先との間の与信取引に関する基本約定書である。銀行取引約定書は，銀行が約定内容を作成し，取引先は基本的にそれを受け入れるか否かの選択しかできないという意味で，いわゆる約款の一種である。

(1)　銀行取引約定書の変遷[9]

　銀行取引約定書は，1962（昭和37）年8月に，それまで各銀行がそれぞれ使用していた諸種の約定書をまとめて与信取引全般に適用される標準的約定書と

---

[8]　金融機関の種類により，信用金庫取引約定書，信用組合取引約定書といった名称となるが，内容は概ね共通するので，本書では「銀行取引約定書」をもって代表させる。

[9]　全国銀行協会連合会法規小委員会編『新銀行取引約定書ひな型の解説』（金融財政事情研究会，1977年）3頁以下，田中誠二『新版銀行取引法〔四全訂版〕』（経済法令研究会，1990年）339頁以下，堀内仁「戦後金融法務の歴史とその証言──法律家からみた銀行取引の変遷」金法1000号（1982年）175頁等参照。

して,全国銀行協会連合会(現在の全国銀行協会。以下「全銀協」という)によって「全銀協ひな型」として制定された。

しかし,その後の金融の自由化,国際化等の金融取引をめぐる環境の変化に対応し,有効かつ適正な競争を促進することによる金融制度の効率化や,より多様で良質な金融サービスを利用者に提供することを目的とした金融制度改革(いわゆる金融ビッグバン)といった環境下,公正取引委員会から,すべての銀行が全銀協の銀行取引約定書ひな型を採用していることが,銀行間の横並びを助長するおそれがあるとの指摘がなされた。そこで,全銀協は,2000(平成12)年4月に「各銀行の自己責任に基づく創意工夫の発揮」と「顧客のより自由な選択を可能」とすべく,銀行取引約定書のひな型を廃止した[10]。

これによって,各銀行は,従来の銀行取引約定書ひな型を基本としつつも独自の銀行取引約定書を制定し,使用するようになってきている。具体的には,銀行と取引先が対等の立場で契約するという趣旨を明確にするために,形式面においては,従来のいわゆる差入方式(取引先のみが約定書に署名して銀行に差し入れ,原本は銀行が保管し,取引先はその写しを保有する方式)から,双方署名方式(取引先と銀行の双方が署名し,原本2通をそれぞれが保管する方式)に改めたり,実質面においても,双方署名方式への変更に伴い対等の立場にあることを明確にした表現とするとともに,より分かりやすい平易な表現を用いたりするなど,それぞれの銀行において工夫がなされている[11]。

(2) 銀行取引約定書をめぐる状況

1998(平成10)年の銀行法改正において,銀行の顧客に対する重要事項の説明義務等を含む業務の健全適切な運営を確保する措置を講じる義務を課す規定が設けられた(銀行12条の2)。また,私法上においては,2001(平成13)年4月施行の消費者契約法では,消費者契約の内容の明確平易化の配慮が求められ(消費契約3条1項),いわゆる不当条項規制(8条~10条)が設けられた。

銀行取引約定書についても,実質的には取引先には交渉によりその内容を修

---

[10] 「銀行取引約定書ひな型の廃止と留意事項について」(全銀協平12・4・18全業会第18号)金法1578号(2000年)84頁,加藤史夫=阿部耕一『銀行取引約定書ひな型』の廃止と留意事項の制定」金法1579号(2000年)6頁。

[11] 「主要行等向けの総合的な監督指針」(平成28年3月)Ⅲ-3-3-1-2(4)参照。

正する余地がないという約款一般に共通して議論されている点に加え，銀行の融資者としての優位な立場にもとづいた銀行に有利な内容であるとの批判が引き続きある。しかしながら，実際に個々の約定について，交渉によりその内容を修正確定した上で取引を行うということは，交渉力のある一部の大企業でない限り困難であり，また個別交渉を行うことは取引先・銀行双方にとって負担が大きい。また，定型的な約定書を用いることにより，各規定の解釈や問題点について広く議論がなされ，内容の適切性が担保され，さらに予測可能性も高まるという側面も否定できない。実際，ひな型制定時から今日に至るまでの様々な議論を踏まえて改訂がなされ，また，判例や学説により，その内容と限界が明確にされてきている。形式面のみからの批判は必ずしも合理的なものではないと思われるが，他方，最近の社会経済，金融状況を踏まえ，個々の規定の内容について，今後もさらに議論が深められていくと思われる。

(3) 銀行取引約定書の利用範囲

銀行取引約定書は，与信取引の基本約定書であり，取引先が法人であるか個人であるかを問わず与信取引一般に汎く利用されるが，基本的には反復継続的に行われることが予定される事業資金にかかる与信取引に利用され，いわゆる消費者ローン（住宅ローン，小口無担保ローン，カードローン）等の非事業資金を融資する場合には利用されない。これらの消費者向融資取引は，基本的に反復継続的な取引ではないので，それぞれの契約書（住宅ローン契約書，カードローン契約書等）において，当該取引に必要な範囲で，銀行取引約定書の関係する内容が規定されている。

なお，シンジケートローンや劣後ローンなど一部の融資においては，当該取引に関して銀行取引約定書の適用を除外しているものもある。

(4) 銀行取引約定書の概要

ここでは，旧銀行取引約定書ひな型および各銀行が定めている銀行取引約定書に概ね共通すると思われる主要な規定について概説する[12]（以下，この(4)において特に断りがなければ，条文番号は本書巻末に収録している約定書のものを指す）。

---

[12] 銀行取引約定書に関する学術的概説として，鈴木禄彌編『新版注釈民法（17）』（有斐閣，1993年）286頁以下〔鈴木禄彌＝山本豊＝中馬義直〕がある。

（a）　銀行取引約定書の機能　　銀行取引約定書は，第一に，与信取引の基本約定書である。預金取引や為替取引等与信取引以外の取引については，各種預金規定や振込規定等が適用され，銀行取引約定書は適用されない。

　第二に，銀行取引約定書は，手形貸付と手形割引に関する基本約定書である。与信取引のうち，証書貸付等については金銭消費貸借契約証書等の個別の契約書が別途締結され，詳細が定められるのに対して，手形貸付では約束手形が差し入れられ，また，手形割引では割引対象手形が授受されることになるが，その他の個別契約書は通常締結されず，銀行取引約定書の規定によることとなる。

　（b）　約定書締結方式　　銀行取引約定書は，銀行と取引先双方が署名し，原本2通を作成して各々が所持する，いわゆる双方署名方式を採用するものが増えている。差入書形式では写しが確実に交付されなければならない[13]。銀行取引約定書は，基本的に取引先の義務と銀行の権利を定めるものであるから，契約当事者としての対等感を考えなければ差入書方式でも問題ない。

　（c）　適用範囲（1条）　　1条1項は，銀行取引約定書の適用される取引を定める。具体的には，手形貸付，手形割引，電子記録債権貸付，電子記録債権割引，証書貸付，当座貸越，支払承諾（保証委託取引等），外国為替，デリバティブ取引，保証取引その他いっさいの与信取引に関して生じた債務の履行が対象となるものとしている。ここで具体的に列挙された取引は，例示列挙であるから，例示されていない与信取引に関して生じた債務も含まれる。しかし，与信取引以外の取引，たとえば預金取引や内国為替取引などの受信取引には適用されない。

　銀行業務の範囲の拡大や新しい与信取引の出現により，例示されていない「その他いっさいの取引」に含まれるべき取引が増加している。しかも，各銀行の業務範囲が異なることもありうるから，各銀行の約定書により，その適用範囲は必ずしも同一とは限らない可能性がある。そこで，全銀協の「銀行取引約定書に関する留意事項」[14]でも，適用範囲の明確化を求めている[15]。

　1条2項では，取引先が振出し，裏書，引受け，参加引受けまたは保証した

---

13)　金融庁監督指針では，「銀行取引約定書は，双方署名方式を採用するか，又はその写しを交付すること」を求めている。主要行監督指針・前掲注11）Ⅲ-3-3-1-2（2）④イ。
14)　前掲注10）。
15)　「留意事項」では「よりいっそう明確化することが望ましい」「適用範囲にある取引の例示として明記するなどの工夫をすることが考えられる」としている。

手形や電子記録債権を銀行が第三者との取引によって取得した場合も，銀行取引約定書が適用されると規定している。これは，取引先が振出し等の手形行為をした手形や電子記録債権であって，銀行が第三者から割引によって取得したもの（これを「回り手形」と称している）についても，この約定書が適用されるということである。

　（d）　利息・損害金（3条）　3条は，利息および遅延損害金について定める。従前は「変更されることに同意します」と規定されていたが，銀行の利率変更請求に対して取引先が同意の意思表示をする義務を負うのか（請求権説），銀行が単独の意思表示による形成権的な利率変更権を有するものか（形成権説），「金融情勢の変化その他相当の事由がある場合」とはどのような場合をいうのかといった解釈上の議論，そもそも「相当の事由がある場合」との限定はあるものの，銀行のみが変更権を有することは不公平であるといった議論がなされてきた[16]。

　こうした議論を踏まえて，現在の銀行取引約定書では，利率等の変更等については，銀行と取引先の合意したところによることを明記し，あるいは銀行は利率の変更を請求できることを定め，合わせて，取引先からも変更請求ができる旨を定めているものが増えている[17]。この場合，相手方からの利率変更請求に対して，双方とも同意義務を負うものではないと考えられる。

　金融自由化の進展に伴い，金利体系が市場金利の変動に影響され，その変動が激しくなってきたこと，市場からの調達金利等に一定の利率（スプレッド）を上乗せした利率を融資利率とする市場金利連動型の利率決定方式が増加してきたことなど，融資等の金利をめぐる情勢は様変わりした。そこで，現在は，融資実行時に基準金利[18]，スプレッド利率，変動基準等を約定し，以降基準

---

16) 鈴木編・前掲注12) 303頁以下〔中馬〕，小野秀誠「利息変更条項」銀法583号（2000年）69頁等参照。
17) 裁判例には，ひな型3条の利率変更請求権を形成権と解した上で，条理上債務者にも変更請求権が与えられる場合があるとしたものがある（東京地判平成5年8月26日判タ861号250頁）。
18) 基準金利には，短期プライムレート（銀行が取引先に対する1年以内の短期貸出に適用する最優遇金利）や長期プライムレート（銀行が取引先に対する1年超の長期貸出に適用する最優遇金利），LIBOR（London Interbank Offered Rate：ロンドンのユーロ市場における銀行間の出し手金利のこと。国際金融取引の基準金利となっている）やTIBOR（Tokyo Interbank Offered Rate：東京の円市場における銀行間の出し手金利のこと)，あるいは金融情報会社が市場金利として呈示している利率等様々なものがある。

金利の変動幅に合わせて自動的に融資利率等も変更する方法が主流になってきている。

なお，利率については，公正取引委員会より，「借り手企業に対し，その責めに帰すべき正当な事由がないのに，要請に応じなければ今後の融資等に関し不利な取扱いをする旨を示唆すること等によって，契約に定めた変動幅を超えて金利の引上げを受け入れさせること」は，独占禁止法上問題となるとの指摘がなされている[19]。

(e) 担保（4条） 4条は，債権保全上相当の事由が生じたときは，増担保の差入れや保証人の追加を請求することができること（増担保条項），担保は法定の手続によらず，一般に適当と認められる方法により銀行が取り立てまたは処分して債務の弁済に充当できること（任意処分条項），債務不履行の場合，銀行の占有している取引先の動産，手形，その他の有価証券についても，担保と同様に取り扱うことができることを定める。

(f) 期限の利益[20]喪失条項（5条） 5条は，いわゆる期限の利益喪失条項であり，債権保全を図る上で銀行取引約定書において最も重要な条項といってもよい。取引先が経営破綻した場合，銀行は貸付債権を最大限回収しなければならない。そのための法的手段を行使するためには，取引先の期限の利益を喪失させる必要がある。相殺においても，担保権の実行においても貸付債権の弁済期が到来していることが要件である。民法137条は，三つの期限の利益喪失事由を定めるが，これだけでは，債権の保全，回収に不十分であるから，約定により期限の利益喪失事由（以下「失期事由」ということがある）を付加している。期限の利益喪失条項のうち，1項は当然喪失事由を，2項は請求喪失事由を定めている。

(i) 当然喪失事由としては，支払停止や法的倒産手続開始の申立て，また手形交換所の取引停止処分がなされたことなどが挙げられる。

支払停止とは支払能力を欠くために弁済期にある債務を一般的かつ継続的に弁済できないことを明示的または黙示的に外部に表示する行為をいうものとさ

---

19) 公正取引委員会「金融機関と企業との取引慣行に関する調査報告書」（平成18年6月）19頁。
20) 期限が到来しないことにより当事者が受ける利益。融資取引においては，取引先と銀行の間で個別に約定した最終返済期限までは，約定通りに返済していれば，借入金全額の返済を求められることはないという利益を意味する。民法136条1項，137条の特則である。

れている[21]。法的手続との関係では，民法は破産手続開始のみが期限の利益の喪失事由であるが（民137条1号），銀行取引約定書では，破産手続開始，民事再生手続開始，会社更生手続開始もしくは特別清算開始の申立てがあったときを，期限の利益の喪失事由としている。

手形交換所の取引停止処分は，取引先の倒産を意味するものではなく，参加金融機関によって構成される私的団体である手形交換所が，不良手形の流通を阻止し信用秩序を維持するために，取引停止処分を受けた約束手形の振出人，為替手形の引受人，小切手の振出人との取引を停止するという参加金融機関相互の申し合わせである[22]。しかし，手形交換所の取引停止処分を受けると事業の継続が困難となるので，事実上倒産との評価が定着している。

取引先または保証人の預金その他銀行への債権について，差押え等の命令が発送されたことも，当然喪失事由となる。取引先の預金債権等に差押えがなされるということは，信用状態の悪化を推認させる事象であり，債権保全の必要性が高い状況にある。本条項は，いわゆる差押えと相殺の問題に関連して特に重要な意味を有していた。現在の判例理論[23]であるいわゆる無制限説によれば，差押え前に自働債権が発生していれば，その後に相殺適状になれば相殺が認められるので（民511条），無制限説の下では，差押命令が「発送」された時点で期限の利益を喪失させることの重要性は薄れてはいる。もっとも，実際に相殺を行うには，相殺適状すなわち双方の債務（特に自働債権）の弁済期が到来していなければならない（民505条）から，この条項は引き続き重要である。

(ⅱ) 請求喪失事由としては，取引先の銀行に対する債務の履行遅滞や，取引約定違反などが挙げられる。

取引先が銀行に対して負担する債務の一部でも履行遅滞したときは，請求により，遅滞した債務のみならず全部の債務について，期限の利益を喪失させることができ，クロスデフォルト条項とも呼ばれる。一部の履行遅滞で全債務の

---

21) 破2条11項，最判昭和60年2月14日判時1149号159頁参照。
22) 手形交換所規則の性質については大阪地判昭和37年9月14日判時319号43頁，取引停止処分については，（憲法違反との主張について）東京高判昭和27年12月4日下民集3巻12号1717頁，（独禁法違反との主張について）東京高判昭和58年11月17日金判690号4頁）参照。
23) 最大判昭和45年6月24日民集24巻6号587頁。なお，債権法改正案は，無制限説を明言している。

期限の利益を失うことは取引先にとっては重大な不利益を伴うため，その行使は慎重でなければならないが，債権回収においては重要な条項である[24]。

取引約定違反は，銀行取引約定書上の担保提供義務違反（4条1項），届出義務違反（15条），報告義務違反（16条）等のほか，銀行取引約定書以外の種々の約定（特約，コベナンツ）違反も対象となりうる。

その他債権保全を必要とする相当の事由が生じたときにも期限の利益を喪失させることができる旨の約定，いわゆるバスケット条項であり，その適用場面は広い。当然客観的に保全の必要性がなければならず，その立証責任は基本的に銀行にあるが，包括的・抽象的であるため，保全の必要性の存否をめぐり紛争となることが多いことも事実である。

（g）相殺関連条項の問題点　（i）相殺予約　相殺に関する論点として，法定相殺の認められる範囲の問題と相殺予約[25]の対外的効力（差押債権者，債権の譲受人等の第三者に対する効力）の問題がある。民法上の相殺は，双方の債務が弁済期にあることを要する（民505条）ところ，受働債権は期限の利益を自ら放棄すればよいが（136条2項），自働債権の期限の利益が到来していない場合は期限の利益を喪失させる必要がある。期限の利益喪失条項および手形割引に関する買戻条項を合わせて一般に相殺予約と称される。ただし，相殺予約といっても，民法上の相殺適状を生じる要件を緩和する特約であり，予約というに値しない[26]。判例は相殺予約の対外的効力も認めている[27]。

（ii）計算基準日　9条3項は，相殺に伴う利息等の計算基準日の特約を定めるものである。民法によれば，相殺の効力は相殺適状時に遡及する（民506条2項）が，実際上相殺の事務処理を行うのは相殺の意思表示を行う時点であり，相殺適状時（期限の利益喪失時）が必ずしも明確でない場合もあることや，相殺適状時の外国為替相場を使用することが実勢に適合しないことなど，実務上の意味が大きい。この条項の破産手続等法的整理手続に対する効力につ

---

[24] 最高裁平成18年4月18日判決（金判1242号10頁）は，この（クロスデフォルト）条項にもとづく期限の利益の当否が争点となった事案につき，権利濫用とした原審を破棄し期限の利益の喪失を認めた。
[25] 相殺予約の意義については，潮見佳男『債権総論Ⅱ〔第3版〕』（信山社出版，2005年）351頁，森田修『債権回収法講義〔第2版〕』（有斐閣，2011年）126頁等参照。
[26] 我妻榮『新訂債権総論（民法講義Ⅳ）』（岩波書店，1964年）358頁。
[27] 最大判昭和45年6月24日・前掲注23）。

いては争いがある。

(iii) 取引先からの相殺　取引先からの相殺に関する規定である。相殺は銀行側から行うことが多いため「逆相殺」と称されることもあるが，本来相殺はいずれからもなしうることは当然である。当初（1962〔昭和37〕年）制定された銀行取引約定書ひな型では銀行からの相殺の規定しかなく，取引先からの相殺ができないかのような誤解もあったため，1977（昭和52）年のひな型改定の際に定められたものである[28]。取引先から行う相殺は，実務上あまり例はない。

取引先からの相殺において，銀行が注意を要するのは，取引先の預金債権を転付命令により取得した債権者からの相殺である。転付債権者が銀行に対して借入債務を負担する場合，その債務を受働債権として相殺することが考えられる。判例によれば，銀行は差押え前に取得した貸金債権等であれば相殺をもって転付債権者にも対抗できるが，双方が相殺権を行使した場合，先に意思表示を行った者の相殺が有効となる[29]。

(h) 手形取引・電子記録債権取引（6条など）　手形や電子記録を利用した与信取引に関する規定が6条，10条および11条である。これらは，銀行取引約定書の手形取引・電子記録債権取引に関する基本約定部分である。

(i) 手形債権・電子記録債権と貸付債権　10条は，手形債権または電子記録債権と原因債権である貸付債権のいずれをも行使できることを確認的に規定したものである。

(ii) 割引手形・割引電子記録債権の買戻請求権　6条は，手形割引取引・電子記録債権割引取引に関する規定である。手形割引の法的性質については売買か消費貸借かの議論があったが，銀行取引約定書はそれらの議論を踏まえ，売買契約であることを前提に，割引手形・電子記録債権の割引依頼人である取引先や割引手形・電子記録債権の主債務者に一定の信用悪化等の事由が生じた場合に，銀行に買戻請求権が生じることを規定したものである。

(i) 充当指定に関する規定（12条・13条）　弁済および銀行からする相殺の場合，民法の原則によれば，弁済充当指定権はまず弁済者が有し，弁済者が

---

28) 取引先の権利を確認するものであるが，実質的には金融機関の利益を確保する規定であるといった批判も強い。中舎寛樹「逆相殺」銀法583号（2000年）44頁等参照。
29) 最判昭和54年7月10日民集33巻5号533頁。

指定しないときは弁済受領者が指定できるが，弁済者は異議を述べることができる。そして双方が充当の指定を行わないときは法定充当の規定によることとなる（民488条以下）。相殺の場合もこれに準ずる（512条）。

しかし，弁済者の充当指定によるときは，担保や保証等により各債権の回収可能性が異なる場合に銀行に不利益となることがあるため，銀行取引約定書では，充当指定権を銀行に付与している（12条・13条3項）。

取引先からの相殺の場合には，取引先が対象となる自働債権と受働債権を指定して相殺の意思表示を行う以上，取引先がまず相殺充当指定権を有するが，債権保全上支障を生ずるおそれがあるときは，銀行が異議を述べ，充当指定ができるものとしている（13条3項）。

（j）その他　銀行取引約定書には，上記のほか，危険負担，免責，届出事項の変更，報告・調査義務，合意管轄，準拠法などが定められている。

最近の問題として，いわゆる反社会的勢力との取引根絶が社会的に強く要請されていることから，銀行の取引から暴力団等を排除するための条項（いわゆる暴排条項）の導入が多く進められている（7条)[30]。

4　コベナンツ

銀行取引約定書には，与信取引の権利義務関係に直接関わる事項のほかに，財産，経営，業況に関する報告および調査義務等（16条）も定められている。最近これに類する事項を取引先と銀行との間で特約として締結する例が増えている。これらはコベナンツとも呼ばれる。通常は，個別の融資取引等に関して締結され，銀行取引約定書における特約ではないが，融資取引全般に関わるものであり，銀行取引約定書の内容を個別取引について補完，明確化するものもある。

(1)　コベナンツの意義

コベナンツ（誓約〔covenants〕）とは，一般に債務者が債権者に対し，融資期間中に一定行為をなすことあるいはしないことの誓約をいうが，要するに銀行が取引先に対し融資を行う際に締結する融資契約に付随する「合意」事項であ

---

[30] 岩永典之＝小田大輔「『銀行取引約定書に盛り込む場合の暴力団排除条項の参考例』の解説」金法1856号（2009年）8頁等参照。

り，融資形態や担保・保証ではなく，融資取引に際して取引先が遵守すべき約束（特約）である。したがって，コベナンツないしこれと同種の規定は，目新しいものではなく，社債発行に際しての財務制限条項や担保提供制限条項等がこれに該当し，また，上述の通り銀行取引約定書の報告・調査義務もコベナンツの一種といえる。

コベナンツは，アメリカの契約書において用いられていたものを，当初はプロジェクトファイナンス，ストラクチャードファイナンス，シンジケートローンあるいは社債等の契約に導入してきたものである。コベナンツが融資取引一般において注目されるに至ったのは，バブル経済期の過度に担保（特に不動産）に依存した融資への反省から，担保中心主義からの脱却，事業が生み出すキャッシュフローを重視する方向に転換され，そのためのモニタリング機能を確保する手法として有用と考えられたことによる[31]。

(2) 具体的内容

コベナンツには多様なものがあるが，代表的なものとして下記に示すものが利用されている。

(a) 財務制限条項　財務に関する事項，数値等についての約束を行うものである。たとえば，純資産額維持条項（毎事業年度末における貸借対照表上の純資産額を一定額，一定率以上に維持する等），利益維持条項（一定期間〔事業年度〕以上連続して経常損失を計上しない等），配当制限条項（配当額を一定範囲内に収める等），キャッシュフローカバレッジ条項（キャッシュフローの状況をチェックするための指標数値の維持等）などがある。

(b) 担保提供制限条項　取引先の資産を債権者の承諾なく他の特定の債権者に担保提供することを禁止するものである（ネガティブプレッジ〔negative pledge〕）。禁止しない代わりに，同等の条件で（いわゆるパリパス）担保提供することとするものもある。

(c) モニタリング条項　取引先の業績，財務状況をより把握することができるように銀行取引約定書に定める以上の資料（種類，頻度等）の提出を約するものである。

---

31) 金融審議会「リレーションシップバンキングの機能強化に向けて」（平成15年3月）。

(3) 違反の効果

コベナンツに違反した場合は，取引先に対して違反事実の除去を求めるべきであるが，違反状況が解消されない場合の効果をあらかじめ定めておくべきである。違反の効果としては，期限の利益喪失，担保権の設定，金利の引上げ，返済条件の変更等が考えられる。

(4) 問題点と限界

(a) 内容の合理性　コベナンツの内容は，その設定目的・趣旨に照らし合理的なものでなければならない。コベナンツには多様な内容のものがあり，一律には論じられないが，銀行取引約定書その他の約定の補完，明確化に資するものもある反面，取引先にとって当初から実現が困難であるもの等，過度に厳格な条件は，その効力が否定されたり，縮小解釈されたりすることが考えられる。優越的地位の濫用等独占禁止法上の問題も生じることになる。

また，違反した場合の効果も，コベナンツの内容に照らして合理的なものでなければならない。たとえば，信用状況の重大な悪化や債権保全に大きな支障を生ずるものではないのに期限の利益を喪失させたり，軽微な違反に対して重大な効果を生じさせるような内容は問題がある。

(b) 債権保全手段としての限界　当然内容にもよるが，コベナンツは，担保や保証ではないから，直接的に債権の保全回収に資するものではない。最大でも期限の利益を喪失させる効果をもたらすにとどまる。もし，違反の効果として，担保権設定を求める必要があるのであれば，停止条件付担保権設定契約ないし担保権設定予約契約を締結しておく必要がある。この場合でも対抗要件の問題があることはいうまでもない。

5　債権法改正の影響

融資契約は金銭の消費貸借契約である。現行民法587条は「消費貸借は，当事者の一方が種類，品質及び数量の同じ物をもって返還をすることを約して相手方から金銭その他の物を受け取ることによって，その効力を生ずる」と規定し，消費貸借契約は要物契約であることを定めている。改正法（第189回国会に提出された「民法の一部を改正する法律案」による改正後の民法を指す。以下同じ）は，587条の2第1項で「前条の規定にかかわらず，書面でする消費貸借は，

当事者の一方が金銭その他の物を引き渡すことを約し，相手方がその受け取った物と種類，品質及び数量の同じ物をもって返還をすることを約することによって，その効力を生ずる」ことを規定し，要式契約としての諾成的消費貸借契約を明文化している[32]。そして，現行民法589条の消費貸借契約の予約は，諾成的消費貸借契約により実質的に存在意義を失うことになるので削除される。

諾成的消費貸借においては，消費貸借契約の成立により借主（取引先）には貸主（銀行）に対する目的物の引渡請求権（金銭の交付請求権）が発生し，貸主が借主に目的物を引き渡すことにより，貸主の借主に対する目的物返還請求権が発生する。

銀行実務では，スムーズな融資事務を行うために，融資日までに取引先から手形や金銭消費貸借契約書をあらかじめ受領している。この場合，諾成的消費貸借契約が成立していると誤認されることが考えられるので，必要に応じて銀行取引約定書または金銭消費貸借契約書等で，諾成的消費貸借契約が成立していないこと，あるいは銀行取引約定書5条に規定する事象が生じた場合には，銀行が融資義務を免れることを規定しておく手当てが求められる。

COLUMN 3-2　金融機関の法務部門

　金融庁の「預金等受入金融機関に係る検査マニュアル」の64頁に，「取引及び業務に関するリーガル・チェック等態勢の整備」が規定され，リーガル・チェック等に関する留意点として，外部の弁護士等によるリーガル・チェック等を経た場合にも，取引等の実行前に法律意見の内容の十分な吟味・検討がなされているか，との記載がされているように，リーガル・チェックは，金融機関の法務部門の重要な役割の一つとなっている。さらに，中小企業の積極的な海外進出，それに伴う取引の国際化や銀行の業務範囲の拡大等に伴い，金融機関の法務部門も自ら変革することが求められており，とりわけ法務の専門性だけでなく，実務にも精通した有能な人材の確保が急務となっている。たとえば，外部の弁護士意見をチェックし，海外の関係当局や法律事務所と議論し，FinTech等の新たな業務に対応できる人材である。司法制度改革により法曹人口が増加し，企業もインハウス・ローヤーの採用を進めているが金融機関も例外ではない。むしろ，金融機関をはじめ企業の法務部門は，自分の専門性を高めることができ，法律事務所より魅力ある職場になるのではないか。

32）最高裁昭和48年3月16日判決（金法683号25頁）も無名契約としての諾成的消費貸借契約を認めている。

第2節　各種の融資取引

1　手形貸付

(1)　法的性質

　手形貸付とは，取引先（債務者）が，借入銀行を受取人として，約束手形を振り出し，これと引き換えに金員を取引先に交付する方法で行われる金銭消費貸借契約である。この場合，約束手形が借用書の代替として金銭消費貸借契約書となり，手形金額が借入金額，満期日が弁済期となる。金員の交付は，通常，取引先が銀行に有する預金口座への入金という形で行われる。

　手形貸付においては，銀行は金銭消費貸借契約にもとづく貸金債権（貸金返還請求権）を有すると同時に，これを原因債権とする手形の受取人として手形債権も有することになる。一般の手形取引と同様，原因債権と手形債権のいずれの債権を行使することもできる[33]。

　手形上に記載された満期日が手形債権の弁済期であるとともに金銭消費貸借契約の弁済期となり，その時一括弁済することが原則である。手形貸付においても一括弁済よりも分割弁済の方が望ましい場合がある。この場合，手形面上分割弁済の記載はできない（手33条2項・77条1項2号）ので，手形外で金銭消費貸借契約の特約として約定分割弁済の合意を行う。

　手形貸付の特徴から，通常貸付期間1年以内の短期貸付に利用され，利息は原則として手形の満期日まで前取りするが，手形期間を1年として，利息計算期間を3か月とする取扱いも行われている。経常的な運転資金としての手形貸付は，手形期間を3〜6か月として，満期日ごとに取引先の業況や信用状況の変化等を確認した上で書替継続の諾否を決定する。

(2)　手形貸付の利点

　手形貸付の利点として，①取引先にとって印紙代が証書貸付より安いこと，

---

[33]　判例（最判昭和23年10月14日民集2巻11号376頁）は，「債権者は両債権〔筆者注：貸金債権と手形債権〕の中いずれを先に任意に選択行使するも差支えない」としている。

②銀行が手形訴訟（民訴350条以下）を利用して簡単に債務名義を取得できること，③当座取引があれば手形による弁済の方法があること，④手形を銀行が資金調達する際の担保に供することができることなどがある。

(3) 手形の書替

手形の書替については，手形法上その法的性質，特に更改か代物弁済かが問題とされてきた[34]。そこから，書替前後の手形債権の同一性が問題となり，同一性が否定されると書替前の手形債権の担保や保証の効力が書替後の手形債権に及ぶかということが問題となる[35]。この点，判例には手形の書替は旧手形を現実に回収して新手形を発行する等特別の事情のない限り，単に旧手形の支払いを延長するためになされたものと解すべきであるとするものがある[36]。実務では，この判例の反対解釈から，旧手形を返却した場合には債権の同一性が失われることが懸念されるとして，債権の同一性が問題となりうる場面では，保守的に，手形書替を行っても旧手形を取引先に返却すべきではないとされることが多い。しかし，少なくとも手形貸付における手形書替については，旧手形を返却するか否かによって債権の同一性が左右されると解することは妥当でないと考える。その理由は，第一に，手形貸付における手形書替の趣旨は，もっぱら金銭消費貸借契約の期限（弁済期）の猶予，延長であるといってよいことにある。すなわち，当事者の意思解釈からすれば，書替前後の債権は同一であるというべきである。第二に，手形書替とそれに伴う手形返却によってその

---

34) 現在の通説は代物弁済とされる（弥永真生『リーガルマインド手形法・小切手法〔第2版補訂2版〕』〔有斐閣，2007年〕267頁）。更改については，民法513条2項後段において「債務ノ履行ニ代ヘテ為替手形ヲ発行スル」場合が更改とされていたが，新債務の成立により旧債務が消滅する更改契約と手形行為の無因性が相容れない等の批判があったことから，平成16年改正により同条項は削除された（吉田徹＝筒井健夫編著『改正民法の解説　保証制度・現代語化』〔商事法務，2005年〕110頁，池田真朗編『新しい民法』〔有斐閣，2005年〕83頁）。
35) 具体的には，抵当権や確定済根抵当権，個別債務保証，あるいは差押えと相殺の問題における差押えと債権取得の先後関係といった点で争いとなる。
36) 最判昭和29年11月18日民集8巻11号2052頁。また，最高裁昭和31年4月27日判決（民集10巻4号459頁）は，旧手形を回収しないとの合意の下手形の書替がなされた場合においては，新旧両手形上の債権は存続するものとする。さらに，最高裁昭和54年10月12日判決（判時946号105頁）は，旧手形が返還されることなく書き替えられた場合は，原則として単に旧手形債務の支払いを延期するためになされたものと認めるべきとする。

原因債権である手形貸付債権の帰趨が左右されることは妥当ではない。第三に，手形書替によって債権の同一性に疑義が生じ，担保や保証が及ばなくなる懸念があるとなると，銀行が手形書替を躊躇することとなり，債務者にとっても不利益となるといったことが挙げられる。下級審では，旧手形を取引先に返却した場合であっても，手形書替は更改ではなく，支払延期とみるべきであるとする判決が出されている[37]。

(4) 手形貸付の問題点

手形貸付は，従来は短期融資の主流となっていた。しかし，その利便性の反面として次のような問題点が指摘されている。

第一に，手形貸付においては，手形が金銭消費貸借契約証書の代用となるが，手形面上に記載できる事項は限られていることから，融資の条件が書面により明確になっていない。貸出利率や利息の支払方法は記載できないし，弁済期や弁済方法は満期日に一括して全額弁済する方法しか記載できないということがある。それゆえ，利率の決定基準や変更方法が明確ではない，弁済方法や期限の延期について何らかの約束があってもいわゆる「口約束」にとどまり，特に時間の経過や経済状況の変化に従って銀行と取引先の認識に齟齬が生ずるといった問題が発生することがあった。そこで，金融庁の監督指針においても，原則として「取引の形態から貸付契約の都度の契約書面の作成が馴染まない手形割引，手形貸付については，契約条件の書面化等，契約面の整備を適切に行うことにより顧客が契約内容をいつでも確認できるように」することが求められている[38]。

第二に，手形貸付の継続の問題である。手形貸付は，債務者が経常的に手形書替を繰り返すことにより実質的に長期間継続して融資がなされている場合がある。このような場合に，債務者たる取引先は，手形の満期日が到来しても手形書替により融資を継続してもらえるとの期待を有していることが考えられる。この場合，手形の満期日＝手形貸付債権の弁済期が到来したことをもって，銀行は融資の返済を求めることができるか，換言すれば，取引先の継続してもら

---

[37] 東京地判平成8年9月24日金法1474号37頁，東京地判平成10年2月17日金判1056号29頁。
[38] 主要行監督指針・前掲注11）Ⅲ-3-3-1-2（2）④ハ。

えるとの期待は法的に保護されるべきか，あるいは銀行は手形の書替継続に応ずる義務があるか，ないとしても弁済を求めることが権利濫用等にならないかという問題である。

長期間手形書替が継続的になされていた場合は，信義則上，満期日の一定期間前に返済の予告を行う必要があると考えられる。「予告」の必要性，「一定期間」の長さの妥当性は，銀行側の債権保全の必要性その他の書替継続に応じられない理由の内容・程度と債務者側において他の手段による資金手当てを行うに必要とされる時間その他の事情とを総合的，相関的に考慮して判断されるべきである。

2　証書貸付

(1)　法的性質

証書貸付とは，金銭消費貸借契約証書を作成して行う貸付方法であり，その法的性質は金銭の消費貸借契約（民587条）である。

銀行の融資では，従来から手形貸付，手形割引とならんで主要な融資形態であり，また，基本的かつ現在でも重要な融資方法である。契約証書を作成して行う融資形態であるから，広義では，住宅ローン等の消費者ローン，シンジケート形式でのタームローン[39]等も含まれるが，銀行取引実務では，このうち単独の銀行が行う事業性資金の融資を指すことが多い。

(2)　証書貸付の特徴

証書貸付は，金銭消費貸借契約証書を作成するので，融資金額はもちろん，融資期間，弁済方法（分割弁済の方法）および弁済期，利率，利息の支払方法等が契約証書に記載される。手形貸付と比較すると，融資の条件を書面で明確にできる点で，銀行・取引先双方にとって利点がある。印紙代は手形貸付より高いが，手形貸付が手形書替により繰り返される場合には，かえって割安ともなる。

---

39)　証書借入れをシンジケートローン方式で行う融資形態。

(3) 金銭消費貸借契約証書

(a) 契約証書の方式　取引先のみが署名または記名押印して契約証書を銀行に提出する差入書方式、取引先と銀行の双方が署名または記名押印して契約証書を作成する双方署名方式とがある。後者の方式も増えているが、実務上は前者がなお圧倒的に多いと思われる。その理由は、従来からの慣行ということもあるが、金銭消費貸借契約が原則として要物契約かつ片務契約であること、すなわち銀行が融資金を交付すれば貸し手としてそれ以上の義務を負わないから、契約証書には基本的に取引先の貸金返還義務に関する事項が定められるものであること、さらに銀行取引約定書が引用され、詳細については同約定書の規定に従うことが定められ、金銭消費貸借契約証書には返済条件のほかは定型的な規定しかないことが多いこと等により、あえて双方署名方式を用いる理由がないことによる。差入書方式の場合には、金銭消費貸借契約書原本は銀行が保管し、取引先には写しが交付される[40]。

これに対して、シンジケート方式の融資やコミットメントを含む金銭消費貸借契約等では、貸付人の貸付義務やその他の取引先の貸金返還義務以外の双務契約的規定も多く盛り込まれるため、双方署名形式が用いられることが多い。

(b) 金銭消費貸借契約証書の内容　証書貸付で用いられる金銭消費貸借契約証書には、借入れの要項として、借入金額、弁済期および弁済の方法、利率、融資金の使途等が記載されるほか、銀行取引約定書の適用、弁済元利金の預金口座からの自動引落し、公正証書の作成、手形の併用、保証に関する事項等が記載される。近時は適用利率決定方法の多様化等に伴い規定事項が増加し、金銭消費貸借契約証書とは別に金利に関する特約書を締結する例も増えている。

これに対して、シンジケート方式の融資やコミットメントを含む金銭消費貸借契約等では、貸付人の貸付義務や貸付人間の規律、取引先の付随的義務等について詳細な規定が設けられ、契約証書も数十頁に及ぶことがある。

3 当座貸越

(1) 意義と特徴

当座貸越契約は、沿革的には、銀行と当座勘定取引契約を締結している取引

---

[40] 取引先には、契約証書の写しが交付されるほか、利率や返済条件（分割返済期日や分割返済額）等が記載された返済予定表が後日郵送等の方法により交付される。

先の当座勘定に対して，当座預金残高を超えて手形・小切手の支払呈示がなされた場合に，あらかじめ一定額を限度として銀行が決済資金を立て替えて手形・小切手等の決済をすることを約束するものである（以下「一般当座貸越」という）。

現在では，当座勘定取引を前提としない借入専用の当座貸越契約，総合口座取引における貸越やカードローン契約などもある。

(2) 一般当座貸越

(a) 法的性質　一般当座貸越の法的性質については，従来から，①委任契約説，②消費貸借予約説，③停止条件付消費貸借契約説，などがあった。委任契約説は，当座勘定取引先が銀行に対して，自己が振り出した手形・小切手の支払いを委任するという点をとらえるものである。この説によれば，銀行による手形・小切手決済資金の立替えは，金銭消費貸借契約ではなく，委任契約にもとづく委任事務費用（民650条）ということになる。消費貸借予約説や停止条件付消費貸借契約説は，約定した極度額の範囲で当座預金残高を超えて手形・小切手が呈示されたときは，銀行が融資を行うという消費貸借の予約である，または約定した極度額の範囲で当座預金残高を超えて手形・小切手が呈示されたことを停止条件として消費貸借契約が成立するとするものである。この説によれば，銀行が取引先に手形・小切手決済資金を立て替えて支払うと，金銭消費貸借契約が成立することになる。

銀行からみれば与信取引の一種であり，取引先からみれば借入れの一形態であり，後述の一般当座貸越以外の当座貸越契約もあわせて考えれば，金銭消費貸借契約と考えるのが自然のように思われる。もっとも，具体的な権利義務関係は当座貸越契約書に規定されるので，あまり議論する実益はない。

(b) 特　色　一般当座貸越は，当座預金の残高を超えて手形・小切手の支払いや各種口座振替契約にもとづく支払いが発生すると，約定した極度額の範囲内で自動的に当座預金の残高がマイナスになることによって貸越が生ずる。その後当座預金に入金がなされると，自動的に返済に充てられ貸越残高（マイナス預金残高）が減少し，貸越残高がゼロを下回ると当座預金となる。

このように当座貸越は，契約が存続している間は，約定された極度額の範囲内で貸越と弁済が繰り返されるので，貸越の都度貸越債権が成立するのではな

く，貸越債権は一個であり，時点により貸越金額（債権額）が変動しているものとみることができる。

当座貸越は，取引先にとっては当座預金残高の不足による手形・小切手の不渡りを防ぎ，入金すれば自動的に弁済がなされるという利便性の高い融資形態であるが，銀行からすれば，いつ貸越が発生するかわからないという点で，資金管理上の問題もある。

（c） 当座貸越契約の内容　　（i） 貸越極度額　　取引先が利用できる貸越残高の上限であり，債権極度額を意味する。なお，当座貸越契約書は通常，銀行の「裁量により極度額をこえて手形，小切手の支払いをすることができる」旨を定めている。これは，いわゆる「過振り」といわれるものであるが，法的には事務管理と解されている。もっとも「過振り」の規定は当座勘定規定にも定められている（巻末の当座勘定規定11条）。

（ii） 取引期限　　取引期限は特に定められない場合もあるが，6か月，1年といった期間が設けられ，当事者のいずれかから更新しない旨の申出または通知がない限り，同期間自動更新するとの規定になっている場合が多い。

銀行の側から更新しない旨の通知をして取引を期限に終了させる場合，当座貸越契約も継続的契約であることから，手形貸付における手形書替の拒絶と同様の問題が生ずる。予告期間の定めがなくとも，個別具体的事情に応じた事前の予告が必要である。

（iii） 即時支払義務　　一般当座貸越債権には弁済期の定めがなく，当座貸越契約が解約されるかまたは取引期限が（更新されることなく）到来することにより貸越契約が終了しない限り，弁済義務は生じない。そこで，当座貸越契約書には，即時支払義務（期限の利益喪失）条項が定められる。内容は，銀行取引約定書の期限の利益喪失条項に準じたものである。

（iv） 減額・中止・解約　　当座貸越契約では，取引先の信用状態悪化などの事情が生じた場合に銀行が貸越義務を免れるために，極度額の減額，新規貸越の中止や強制解約の規定が設けられている。極度額の減額，新規貸越の中止および解約の要件は通常「金融情勢の変化，債権保全その他相当の事由があるとき」とされ，銀行取引約定書の期限の利益喪失条項よりも抽象的な内容となっている。これは，この条項の趣旨が，第一義的には銀行側が融資義務を免れることを目的とするものであって，既存の借入債務の期限の利益喪失ではな

いことによるものであるが，結果として貸越債務の全部または一部について即時弁済義務が生じることになる。

(3) 借入専用の当座貸越

借入専用の当座貸越は，手形・小切手取引等による当座勘定取引の利用の減少，手形貸付や証書貸付にかかる銀行・取引先双方の事務コストの削減ニーズ等を背景に普及してきた融資形態である。

借入専用当座貸越は，各銀行が独自に開発してきたものであるため，その内容は一様ではないが，概ね共通する特徴，特に一般当座貸越との相違点としては，当座勘定取引の存在を前提とせず，手形・小切手の決済をするという内容を含まないことが挙げられる。したがって，法的性質としては，極度額の範囲内かつ一定の条件下で，都度取引先からの借入れの申出にもとづき融資を行うことを約する金銭消費貸借の予約である。融資は申出ごとに行われ，融資実行ごとに一個の貸付債権となり，一般の当座貸越債権のように常に一個の貸越債権とはならない。弁済期限や弁済方法も，一般当座貸越のように，期限の定めがなく，預金の入金により自動的に弁済がなされるのと異なり，個々の債権ごとに期限が定められたり，分割弁済が定められたりする。もっとも，これらは銀行により異なる。

4 手形割引

(1) 意 義

手形割引とは，取引先である割引依頼人が，商取引その他の取引によって取得した満期日の到来していない手形を銀行に裏書譲渡し，銀行より手形金を受領する一方，銀行に割引料を支払うことによって金融を得る形態の融資取引である。割引料は，手形金額，利率，割引日から満期日までの日数によって計算される。銀行は，手形の満期日に交換呈示し，振出人が手形を決済することにより，その資金を回収することになる。手形割引の経済的機能は手形の現金化であり，手形債権の価値を現在価値に割り引いて現金を受け取るものである。手形割引の対象となる手形には，商業手形，荷付為替手形，銀行引受手形があるが，このうち圧倒的多数を占めるのが商業手形である。荷付為替手形は，外国貿易における輸出取引において利用される。

銀行からみた特徴としては，割引依頼人と振出人（または引受人）双方の信用を考慮して許容できるかどうかを判断できることが挙げられる。たとえば割引依頼人の信用に不安があっても，約束手形振出人・為替手形引受人の信用が高ければ手形割引取引を行うという判断ができる[41]。

(2) 法的性質

手形割引の法的性質については，かつては大きく消費貸借説と売買説が対立していた。消費貸借説は，手形割引も手形貸付や証書貸付と同じく金融を目的とするものであり，その実質，特に割引を行う銀行の意思からみれば，消費貸借であり，手形はその消費貸借契約上の債務の担保であるとするものである。これに対して，売買説は，手形割引により手形を裏書譲渡すれば原則として受け取った金銭の返還義務はないと考える割引依頼人の意思を考えれば，有価証券である手形の売買にほかならないとするものである。

銀行取引約定書では，売買説を前提として規定が整備された。また，判例においても，手形割引は原則として手形の売買であることを前提にしているものと考えられる[42]。したがって，現在においては，少なくとも銀行の行う手形割引は売買契約であることに争いはない。

(3) 買戻請求権

銀行取引約定書6条は，手形の割引を行った場合において，①割引依頼人に銀行取引約定書における期限の利益喪失条項のいわゆる当然喪失事由が生じた場合は全部の手形について，手形の主債務者が期日に支払わなかったときまたは当然喪失事由が生じたときはその主債務者の手形について，当然に手形の買戻請求権が発生し，②それ以外の場合でも割引手形について債権保全を相当とする事由が生じた場合には，銀行の請求により買戻請求権が発生するものとし

---

41) 理屈としては，割引した手形が不渡りとなれば手形法上の遡求権を行使して中間裏書人にも請求できることから，中間裏書人の信用も加味できるが，実務上は裏書人の信用まで考慮することは少ないと思われる。

42) 最高裁昭和48年4月12日判決（金法686号30頁）は，手形割引は手形の売買であるとして利息制限法の適用を否定した原審判決を是認したものである。もっとも，最高裁昭和41年3月15日判決（民集20巻3号417頁）は，信用組合の手形割引を実質は消費貸借であると認定した原審判決を是認しているが，事例判決であろう。なお，臨時金利調整法にもとづく告示では，手形割引率の最高限度を年15.0％と定めている。

図表 3-1　買戻請求権と遡求権の相違

	買戻請求権	遡求権
法的根拠	銀行取引約定書	手43条・77条1項
権利内容	銀行が割引依頼人に対して手形金額で手形を買い戻すことを請求できる権利	手形所持人が裏書人に対して担保責任を追及する権利
発生時期	銀行取引約定書6条	満期呈示，支払拒絶など（手43条・44条・77条1項）
時効期間	5年（商522条）	1年（再遡求は6か月）
相殺の要件	手形の交付は不要	手形の交付が必要

ている。したがって，買戻請求権が具体的に生ずるのは，概ね期限の利益喪失事由が発生する場合と同じであるが，手形割引取引の特徴を反映して手形の主債務者の手形債務不履行や信用悪化が付加されている。この買戻請求権の法的性質は，①が手形の停止条件付売買契約，②が手形の再売買の予約と解されている。

買戻請求権の消滅に関しては，消滅時効期間が問題となる。手形の買戻請求権は，手形上の遡求権ではなく，手形外の特約にもとづく手形外の請求権であるから，手形の遡求権の消滅時効（手70条・77条1項8号）ではなく，一般の債権消滅時効が適用される[43]。

また，銀行は手形所持人として，割引依頼人に対して手形法上の遡求権を行使することも可能である。

5　支払承諾

(1) 意 義

支払承諾とは，銀行が取引先からの依頼にもとづき，業務として取引先の各種金銭債務の保証・手形引受け・手形保証を行うものである。銀行が，金銭の融資を行う代わりに，いわば銀行の信用を貸し付けるものであって，与信取引の一種として，銀行法上の付随業務として認められている（銀行10条2項1号）。

---

43) 東京地判平成4年4月22日金法1349号54頁，東京高判平成15年1月27日金法1675号63頁。時効期間は，商事債権か民事債権かによって5年または10年となるが，銀行の場合は商事債権として5年である（商522条）。京都地裁昭和32年12月11日判決（判時137号8頁）は，買戻請求権を手形上の遡求権と判断していた。

(2) 種 類

支払承諾取引には，借入債務保証，保証債務の保証（いわゆる裏保証），継続的取引等における買掛金債務等の保証，各種取引の前受金返還債務，税金等の延納・後納保証等があるほか，民事執行法の買受保証（民執66条，民執則40条），民事執行法や民事保全法による損害担保保証の制度（民執15条，民執則10条，民保4条，民保則2条等）も支払承諾取引の一種である。したがって，支払承諾取引による保証は，民法上の債務保証のほか損害担保（契約）も含まれる。

また，政策金融機関の代理貸付を行う際に，代理人である銀行が貸付金の一部について債務保証を行うことがあり，これは代理貸付債務保証と呼ばれる。さらに，外国為替取引における信用状の発行も支払承諾取引の一種である。

(3) 法律関係

支払承諾取引の基本的法律関係は，取引先と銀行の間の保証委託契約，取引先と取引先の債権者（保証先）との契約（取引先の債権者に対して負担する債務が被保証債務となる），保証先と銀行との間の保証契約から成り立つ。したがって，取引先と銀行との関係は，(準) 委任契約である。これに対して，民事執行法等による損害担保保証にかかる支払保証委託契約は，第三者のためにする契約（民537条）と解されている[44]。

(4) 支払承諾取引にかかる契約

(a) 支払承諾取引約定書等　支払承諾取引も銀行取引約定書の適用対象であるが，支払承諾取引に必要なすべての条項を含んでいないので，支払承諾取引の基本約定書である支払承諾約定書を締結する。支払承諾約定書は基本約定書であって契約の大枠を定める性格のものであるから，支払承諾約定書を締結してもそれだけで具体的な保証委託契約が成立するわけではない。

(i) 具体的取引の開始　具体的な取引の開始は，取引先が銀行に個別取引に関する支払承諾依頼書を提出することにより行われる。支払承諾の方法は，保証書の発行，手形引受けその他の債務保証の方法によって行われる。支

---

[44] 香川保一監修『注釈民事執行法 (1)』（金融財政事情研究会，1983年）389頁〔田中康久〕，高部眞規子「支払保証委託（ボンド）の法律関係」藤林益三＝石井眞司編『判例・先例金融取引法〔新訂版〕』（金融財政事情研究会，1988年）140頁等参照。

払承諾の実行，すなわち銀行の第三者に対する保証債務の負担に対して，取引先は保証料支払義務を負担する。

(ⅱ) 求償権　民法460条は，委託を受けた保証人については，債務者が破産手続開始の決定を受け，かつ，債権者が破産財団に配当加入しない場合など一定の場合に保証人の事前求償権を認めているが，限定的であり銀行の債権保全としては十分ではない。そこで，支払承諾約定書においては，銀行取引約定書における期限の利益喪失事由と同様の事由が生じたときには，当然にまたは請求により事前求償権が発生するものとし，支払承諾取引にかかる与信についても，他の融資取引等と同レベルの債権保全が図れるようにしている。また，民法461条によれば，銀行が取引先に対する事前求償権の行使に際して，取引先は銀行に対して担保提供を求めたり，自分に免責を得させることを請求することを認めているが，支払承諾約定書においては，同条の抗弁権の主張をしないことを定めている。かかる抗弁事由が付着していると相殺権の行使が制限され[45]，あるいは求償債務のために担保権が設定されていると事前求償権の行使ができない[46]ことになるからである[47]。

(ⅲ) 中止・解約　債権保全上相当な事由が発生したときは，銀行がこの約定による取引を中止し，または解約することができ，銀行から中止・解約の通知を受けた取引先は，直ちに被保証債務の弁済等の措置をとるべき義務があることを定めている。

(b) 保証書　銀行が作成する保証書には，保証先，金額，被保証債務の発生原因・範囲，保証期間・保証履行請求期限等を記載する。支払承諾取引における保証にも，特定債務の保証と根保証がある。根保証の場合には，保証期間，保証履行請求期限および保証極度額が重要である。

銀行の発行する保証書には，通常「保証履行請求期限」を記載する。「保証期間」の意味は，上記の通り被保証債務の範囲を画するものであって，保証期間の終期が経過したからといって，保証債務が消滅するものではなく，主債務たる被保証債務が弁済その他の事由や消滅時効期間の経過によって消滅するま

---

45) 大判昭和5年10月24日民集9巻1049頁。
46) 大決昭和15年8月23日判決全集7輯29号9頁。
47) このような規定の有効性については，大阪高判昭和37年2月28日判時306号25頁，篠田省二「判批」金法1083号（1985年）18頁参照。

で続くことになる。しかし，これでは，銀行としては，いったん保証すれば長期間偶発債務を抱えることになり，与信管理・債権保全上問題がある。そこで，保証履行請求期限を設け，期限内に保証履行請求がなければ保証責任を免れることとし，それに応じて与信管理をしている。

　(c)　支払承諾取引の終了　　支払承諾取引は，保証先に対する被保証債務（主債務）の弁済や時効による消滅，保証債務の免除や保証履行請求期限の経過等による保証債務の消滅，あるいは保証債務の履行により支払承諾取引は終了する。保証債務が消滅したときは，保証書を回収するのを原則としている。

　取引先の債務不履行等により，取引先の債権者から保証履行請求を受けると，銀行は保証を履行する。保証を履行した銀行は，主債務者である取引先に対する求償権を取得し，保証先に代位し，被保証債権や担保・保証等を取得する（民500条・501条）。場合によっては保証履行前に事前求償権を行使して保全・回収を図る。

　(d)　求償権をめぐる問題　　支払承諾の取引先（すなわち，原因関係の主債務者）に破産手続等の法的整理手続（以下破産手続を念頭に述べる）が開始し，銀行が債権者に対して保証履行した場合，銀行は取引先に対する求償権を破産債権として届出を行う。一方，銀行は保証債務履行により被保証債権（以下「原債権」という）を代位により取得し（民500条），求償権の範囲内において債権の効力および担保として原債権者が有していた一切の権利を行使することができる（501条柱書）。ところで原債権には，種々の債権があり，一般の破産債権となる債権だけではなく，財団債権（破148条）等の優先権を有する債権も存在する（たとえば，租税債権や双方未履行契約を管財人が解除した場合の前渡金返還請求権等）。この場合，財団債権たる原債権を代位により取得した銀行が，かかる財団債権を破産債権に先立って弁済を受ける（151条）ことができるかが問題となる。判例は，原債権の行使は求償権の存否や金額等の範囲に限られるものとしているが[48]，これらの実体法上の制約に加えて，法的整理手続上の制約を受けるかについて争いがあった。判例は，「弁済による代位により財団債権を取得した者は，同人が破産者に対して取得した求償権が破産債権にすぎない場合であっても，破産手続によらないで上記財団債権を行使することができ

---

48)　最判昭和59年5月29日民集38巻7号885頁，最判昭和61年2月20日民集40巻1号43頁。

る」と述べて，財団債権ないし優先的破産債権の行使を認めた[49]。学説も財団債権等として優先的に権利行使できるものとする説が有力である[50]。

6 コミットメントライン

(1) 意 義

コミットメントライン契約とは，一般に，あらかじめ約定した期間，極度額，融資条件等の範囲内であれば，取引先がいつでも融資を受けることができる枠（クレジットライン）を設定し，金融機関は融資の申出に応じて融資を行うことを約し（コミット），取引先はこれに対して手数料（コミットメントフィー）を支払うことを約する契約である。コミットメントライン契約一般について法律上の定義はないが，特定融資枠契約に関する法律2条では，同法にいう「特定融資枠契約」を「一定の期間及び融資の極度額の限度内において，当事者の一方の意思表示により当事者間において当事者の一方を借主として金銭を目的とする消費貸借を成立させることができる権利を相手方が当事者の一方に付与し，当事者の一方がこれに対して手数料を支払うことを約する契約」と定義[51]している。

このようにコミットメントライン契約は，融資契約そのものではなく，融資枠を設定する契約であり，個々の融資自体は，別途の意思表示により個別に金銭消費貸借契約が成立することになる（従来の当座貸越や証書貸付等の形式が利用されることも多い）。法所定の特定融資枠契約では，当事者の一方である借主のみが有する予約完結権行使により金銭消費貸借契約が成立することになる（民559条・556条）。

コミットメントライン契約は，取引先側の単なる資金需要のみならず財務政策上のニーズと銀行側の手数料収入，財務政策等のメリットが合致して急速に

---

49) 最判平成23年11月22日民集65巻8号3165頁（給料債権）。破産手続における租税債権につき，東京高判平成17年3月9日金法1747号84頁（消極），民事再生手続における解除による前渡金返還請求権につき，最判平成23年11月24日民集65巻8号3213頁。
50) 伊藤眞『破産法・民事再生法〔第3版〕』（有斐閣，2014年）299頁，高橋眞「『自己の権利に基づいて求償することができる範囲』（民法501条柱書）と民事再生手続」金法1885号（2009年）10頁，高木多喜男「民事再生手続中における共益債権への弁済と再生債権である求償権の関係」金法1890号（2010年）20頁。
51) 正確には，そのうち借主が契約締結時に法2条各号に掲げる者である契約である。

契約数，契約金額（極度額）が増加している。

(2) 特定融資枠契約法

コミットメントライン契約については，銀行が受け取る手数料（コミットメントフィー）[52] について，利息制限法，出資法のみなし利息該当性が問題となっていた。手数料率自体は低くても，実際に借り入れる金額が少額の場合には，本来の利息と合算して上限金利を超過する可能性があるからである。融資をコミットする対価として手数料を受領すること自体は合理的であるにもかかわらず，みなし利息により法律で規制されている上限金利を超過するリスクによりコミットメントライン契約の普及が妨げられることは妥当ではないことから，1999（平成11）年3月に特定融資枠契約に関する法律の制定により立法的に解決が図られた。同法は，会社法2条6号にいう大会社等を借主とする特定融資枠契約にかかる手数料については，利息制限法，出資法のみなし利息に関する規定は適用しないものとしている。これは，みなし利息該当性に関する疑義を払拭してコミットメントラインの普及による企業の資金調達の機動性の増大を図る（同法1条）と同時に，対象を一定の規模を有する企業等[53]に限定することにより，弱い立場の借主について，利息制限法，出資法の潜脱行為が行われないように調和を図ったものである[54]。もっとも，特定融資枠契約法の適用にならない借入人との関係では，なおこの問題が残っている。

7 電子記録債権

商取引において発生する指名債権を資金化する方法としては，手形割引と売掛債権の流動化が一般的である。しかし，手形は，手形自体の作成・保管にかかるコストや印紙税の負担，および，紛失・盗難のリスクなどの問題がある。一方，従来の売掛債権流動化は，債権の存在や内容の確認に時間とコストがかかる上，二重譲渡されるリスクもあるなどの流動性を行う上での問題が指摘さ

---

52) コミットメントフィーには，融資枠の極度額から現実の融資実行額を控除した未利用部分の金額に約定の料率を乗じて算出するもの（狭義のコミットメントフィー）と，現実の融資実行額にかかわらず極度額全体に料率を乗じて算出するもの（ファシリティフィー）がある。
53) 対象となる会社等は，法律制定時より拡大されている（法2条1号～6号）。
54) 揖斐潔＝古閑裕二「コミットメントライン契約に関する新法の紹介」金法1545号（1999年）13頁等参照。

れていた。このような状況の中，手形や指名債権のデメリットを解消し，債権の流動化を促進して事業者の円滑な資金調達を実現するための新しい金銭債権として，債権の内容を電子的な記録によって管理する電子記録債権制度を内容とする電子記録債権法が 2008（平成 20）年 12 月に施行された。

電子記録債権は，手形や指名債権とも異なる新しい類型の金銭債権で，電子債権記録機関が作成する記録原簿上へ電子的な記録を行うことで権利内容が定められる。また，人的抗弁の切断や善意取得など，取引の安全を図る制度も導入されている。

(1) 意 義

電子記録債権は，民法上の債権や手形債権とも異なる新しい類型の金銭債権で，手形債権と同様に発生原因となった法律関係とは別個・独立した債権であり，その発生原因となった法律関係に影響しない（無因性）。そして，電子債権記録機関が作成する記録原簿に記録することにより発生し（電子債権 15 条），内容は債権記録により定まり（9 条 1 項），譲渡は譲渡記録をしなければ効力を有せず（17 条），権利推定効（9 条 2 項），人的抗弁の切断（20 条 1 項）や善意取得（19 条）も認められているなど，手形債権に類似している。

手形は有価証券であるから，物理的に証券の作成や，印紙税の負担が発生する。しかし電子記録債権は，インターネットにより電子債権記録機関にデータを提供し，電子記録債権の発生・譲渡記録を請求すればよく，印紙税の負担もない。さらに，電子記録債権の分割が可能であり（電子債権 43 条 1 項），分割することにより電子記録債権の一部譲渡が可能である。また，電子記録債権の内容は記録により定まることとされ，しかも記録は必要的記録事項（16 条 1 項）以外にも，利息・遅延損害金・違約金の定め，期限の利益喪失の特約，抗弁の切断，善意取得排除，譲渡禁止の記録など様々な任意的事項を記録できるという柔軟性に富んでいる。

このように電子記録債権の基本構造が手形と類似していることから，電子記録債権を約束手形の代替モデル（電子手形）との位置づけが与えられ，新しい決済手段として利用されている。

電子債権記録機関は，主務大臣の指定を受けた専業の株式会社で，記録原簿を備え，利用者の請求にもとづき電子記録や債権内容の開示を行うこと等を主

図表 3-2　手形と電子記録債権の対比

	手形債権（手形法）	電子記録債権
必要的記載（記録）事項	手形要件（手1条）	必要的記録事項（電子債権16条1項・3項）
任意的記載（記録）事項	有益的記載事項（5条など）	任意的記録事項（16条2項）
譲渡方法・対抗要件	裏書交付（11条・77条1項1号）	譲渡記録（17条）
権利推定効	裏書の資格授与的効力（16条1項・77条1項1号）	電子記録債権名義人の権利推定効（9条2項）
善意取得	あり（16条2項・77条1項1号）	あり（19条）
人的抗弁	原則として切断する（17条本文・77条1項1号）	原則として切断する（20条1項本文）
一部譲渡	不可（12条2項・77条1項1号）	電子記録債権を分割することにより可能（43条1項）
譲渡人の担保責任	裏書の担保的効力（15条1項・77条1項1号）	なし。ただし，譲渡人が保証記録することは可能（31条）。
簡易な訴訟制度	手形訴訟制度（民訴350条以下）	なし（通常の訴訟手続）

業務とする電子記録債権の「登記所」のような存在である[55]。電子債権記録機関が提供する電子記録債権の内容は，それぞれの業務規程に定めることによる。

(2)　電子記録債権を利用した与信取引

　銀行は，手形を利用した与信取引として，手形割引，手形担保，手形貸付を行っているが，電子債権は手形に類似していることから，手形を活用している与信取引についても，電子記録債権が利用されている。

---

[55]　2013（平成25）年12月31日現在，日本電子債権機構株式会社，SMBC電子債権記録株式会社，みずほ電子債権記録株式会社，株式会社全銀電子債権ネットワークが指定されている。全銀協が経営する株式会社全銀電子債権ネットワークは，「でんさいネット」というサービスにより，手形と同様の取引を可能としている。そして，手形の取引停止処分制度と類似した支払不能処分制度を設け信用秩序の維持を図っている。具体的には，支払期日にでんさいの支払いが行われなかった場合（支払不能），このでんさいの債務者について支払不能が生じた旨およびその事由が全参加金融機関に通知される（ただし，債務者の信用に関しない支払不能〔いわゆる第0号支払不能事由〕を除く）。そして，同一の債務者について，支払不能が6か月以内に2回以上生じた場合（ただし，第0号支払不能事由の場合を除く），その旨が全参加金融機関に通知されるとともに，債務者に取引停止処分というペナルティーが科される。でんさいネットに参加している金融機関は，取引停止処分者と，でんさいネットの利用，参加金融機関との間の貸出取引を2年間禁止される。

(a) 電子記録債権割引　　手形割引と類似の取引である。法的性質も手形割引と同様に電子記録債権の売買と構成し，買戻請求権も銀行取引約定書6条に規定されている。

(b) 電子記録債権担保　　手形担保と類似の取引である。銀行が電子記録債権を担保として受け入れる場合は，譲渡担保の形態で行うのが一般的である。

(c) 電子記録債権貸付　　手形貸付と類似の取引である。銀行が取引先に貸付けを行うにあたり，手形や金銭消費貸借契約証書を作成する代わりに，当該銀行を債権者とする電子記録債権を発生させる形態の取引である。この場合，銀行は取引先に対して貸金債権と電子記録債権を取得する。

第3節　物的担保

1　担保・保証の意義

　銀行が取引先に対して融資を行うとき，融資判断四原則（⇨第1節**1**）にもとづいて審査する。審査の結果，返済の見込みが不確実であれば，そもそも融資を行わないのが原則である。しかし，返済が確実だと考えて融資をしても，取引先の業況の変化や不慮の事故等により，取引先が任意に債務の弁済を行うことができない事態が生ずることがある。この場合は，債務者の財産状態が悪化し，債務者の一般財産のみでは債務の総額を弁済することが不可能である場合がほとんどである。法的整理手続や強制執行を選んだ場合には，取引先の資産処分価額が債務の総額に満たなければ原則として按分配当となり，銀行は債権の全部を回収できない。したがって，法的に回収する手段が債権者に保障されているとはいえ，融資に際してより確実に債権の回収を図る手段を講じておくことが必要となる。この手段の一つとなるのが担保である。

　担保は，物的担保と人的担保に分けられる。前者は，債務者または第三者（物上保証人）の財産を債権の担保に充てる方法である。後者は保証であり，債務者以外の第三者（保証人）が保証債務を負担することにより，債務者の一般財産に加えて，保証人の一般財産をも債権の引当てとすることを目的とするものである。保証については，本章第4節で詳述することとし，本節では物的担

保について概説する。

2 物的担保の適格性

(1) 担保の目的物の種類

法律上は，譲渡可能で交換価値のある財産であれば，どのような物でも担保の目的物とすることができるが，銀行取引上，担保として望ましい物は，次の諸条件をみたすものである。

① 目的物の評価がしやすいこと
② 価値が安定していること
③ 担保取得後の管理がしやすいこと
④ 担保処分が容易なこと

もっとも，常にこのような理想的な担保があるとは限らないから，実際にはこのような条件も考慮した上で，できるだけ適当なものを担保として受け入れることになる。

(2) 約定担保権と法定担保権

民法は担保権として，留置権，先取特権，質権，抵当権の4種を定めている。このうち留置権と先取特権は，一定の債権について法律上当然に成立が認められるもので法定担保権といわれる。これに対し質権と抵当権は，当事者の契約によって成立するもので約定担保権といわれる。

ところで，留置権と質権は，目的物を留置する効力（留置的効力）を有するが，先取特権と抵当権はそれを有しない。銀行取引においては，担保目的でありながら，目的物の所有権そのものを取得しようとする所有権取得型の担保権もある。また，債権の譲渡・質入れが禁止されていて，かつ譲渡・質入れについて第三債務者の承諾が得られない場合は，事実上の担保として，代理受領[56]，振込指定[57]が債権の優先回収に利用されているが，これらは前述のよ

---

[56] 銀行（受任者）と取引先（委任者）との間で代理受領契約を締結して，それを第三債務者である注文主が承諾する方法。銀行が第三債務者である注文主から直接代金を受領して貸金債権に充当する。第三債務者には取引先に対する弁済禁止の効力が生じるため，第三債務者が取

うな正式の担保権とは異なり第三者には対抗できない。

　(a) 約定担保権　　(i) 質権　　質権は，目的物を占有し，かつ目的物から優先弁済を受けることができる約定担保権で（民342条），譲渡可能なものであれば，原則として担保の目的物に制約はない（343条・362条1項）。ただし，財団抵当や動産抵当の設定できるものや，年金受給権のように特別法により質権設定が禁じられているものも少なくない。

　質権の基本的特徴は，目的物の占有を設定者から質権者に移すという点にある。そのため，民法は質権を，当事者の合意に加えて，原則として目的物の引渡しも要する要物契約とし（民344条），設定者による目的物の代理占有を禁じ（345条），また質権者は目的物を留置できるとしている（347条）。

　質権を第三者に対抗するための要件は，不動産では登記（民361条・373条），指名債権では第三債務者への確定日付ある通知または承諾（364条）とされているが（なお，法人の設定する債権質については，動産及び債権の譲渡の対抗要件に関する民法の特例等に関する法律〔動産債権譲渡特例法〕14条1項により，債権譲渡登記ファイルに質権設定登記を行い第三者に対する対抗要件を具備することも可能），動産では目的物の継続占有（民352条）である。もっとも，無形である債権を目的とする債権質では，目的物を留置する意味に乏しいことから，民法は証券的債権以外の債権を質権の目的とするときには，債権の証書があるときでも，証書の継続的占有を質権設定の対抗要件としていない（363条）。なお，銀行取引においては，管理負担が大きいことから不動産質権はほとんど利用されていない。

　(ii) 抵当権　　抵当権は，目的物の占有を担保権設定者から移さないで，目的物から優先弁済を受ける権利のみが認められる約定担保権である（民369条）。すなわち，抵当権は，債権者と設定者との合意のみで成立し，質権のように目的物の引渡しを要しない。したがって，債権者にとっては担保物の保管負担がなく，また設定者にとっても引き続き担保提供した目的物の使用・収益ができるという点で有利性がある。

　　　引先に直接支払った場合は，銀行に対する不法行為を構成する（最判昭和61年11月20日判時1219号63頁）。
　57) 取引先が銀行に開設している預金口座に，第三債務者である注文主から振り込んでもらう方法。銀行は取引先に対して有する貸金債権と預金債権と相殺，もしくはあらかじめの合意により預金を払い戻して貸金債権に充当する。振込指定について注文主が承諾している場合は，他行の預金口座への振込みや支払方法の変更は不法行為を構成すると考えられる。

しかし，担保物が設定者の手元にとどめられるということは，外見上，抵当権の存在が第三者には不明ということになり，それを公示する制度が必要となる。そこで，抵当権は登記・登録によって公示できるものについてのみ成立が認められ，それによって公示することが第三者対抗要件とされている。

民法は，不動産のほか，地上権，永小作権にも抵当権が設定できるとしているが（民369条2項），前述のように財団抵当や動産抵当等，特別法により抵当権の設定が認められているものも少なくない。

なお，抵当権には，特定債務を担保する普通抵当権（民369条）のほか，一定範囲に属する不特定債権を担保する根抵当権（398条の2）があるが，これは被担保債権の範囲ないし性質による区別であって，抵当権に特有のものではなく，他の約定担保権でも根担保権は認められている。

　　　(iii) 譲渡担保権　　譲渡担保は，債権担保のために目的物を債権者に譲渡し，弁済があった場合にそれを返還するという形式の担保権で，当事者の合意によって成立する。

第三者対抗要件は，目的物の本来の譲渡の場合の第三者対抗要件と同様であるが，動産の譲渡担保の場合は質権と異なり，占有改定により，設定者に目的物の代理占有をさせてもよいと解されている。なお，法人がする動産の譲渡については，動産債権譲渡特例法により，登記によって対抗要件を備えることができる。登記原因は便宜上，「売買」とされることがあるが，「譲渡担保」という登記も認められている。

　　　(iv) 仮登記担保権　　仮登記担保権は，金銭債権担保の目的でなされた代物弁済の予約，停止条件付代物弁済契約，その他の契約による所有権の移転等につき，あらかじめ仮登記や仮登録をしておく形の担保権である。抵当権の単なる仮登記のことではない。

　　(b) 法定担保権　　法定担保権には，先取特権と留置権がある。

先取特権（民303条以下）は，一定の債権を保護するため，債務者の総財産あるいは特定の財産の上に特別の優先弁済権を認めるもので，占有を伴わない点では抵当権に類似している（369条参照）。そして，特別法による先取特権の例も少なくないが，銀行取引において銀行が先取特権を取得するのは稀有なケースであり，通常は留置権が問題となる。

留置権には，民事留置権（民295条）と商事留置権（商31条・521条・557条，

会社20条等）があるが，銀行取引で重要なのは，商事留置権のうちの商人間の留置権（商521条）である。

　民事留置権は，他人の物の占有者がその物に関して生じた弁済期にある債権を有するとき，その物を留置できる権利である。これに対し商事留置権（商人間の留置権）は，商人間の商行為によって生じた債権が弁済期にあるとき，債務者との商行為によって占有を取得した債務者の物または有価証券を留置できる権利である[58]。すなわち，商人間の留置権には，債務者の所有物であることおよび商行為によって占有を取得したものであることという制限があるが，債権と留置物との間に牽連関係を要せず，その及ぶ範囲が民事留置権より一般に広いといえる。

　民事・商事留置権は，債務の弁済を受けるまで目的物を留置できる権利であるが，留置物の取立・処分権はなく，また，競売権はあるが（民執195条），優先弁済権はないと解されている。しかし，商事留置権については，債務者破産の場合，特別の先取特権とみなされて優先弁済権が付与され，別除権として保護を受けるほか（ただし留置物に他の特別先取特権があるときはそれに劣後する。破66条），会社更生の場合は，更生担保権として保護される（会更2条10項）。

　ところで，銀行取引では，債務者が債務不履行に陥った場合，銀行が占有する債務者の動産・手形その他の有価証券は，銀行において取立・処分し，債権の弁済に充当できる旨特約している（銀行取引約定書4条2項）。これは，目的物に商事留置権が成立するか否かにかかわらず適用されるが，商事留置権が成立しない場合には事実上の担保的機能が認められ，また成立する場合には留置物に関する任意処分特約の意味を有するものと解される。

　なお，債務者の破産手続開始後における商事留置手形の留置的効力について判例は，①手形の商事留置権は，債務者の破産手続開始後も留置権能を有し，破産管財人の返還請求を拒むことができる，②債務者の破産手続開始後，銀行

---

[58] 社債，株式等の振替に関する法律の下での振替決済制度では，権利の取得，移転等が，振替機関または銀行等の口座管理機関に設けられた口座簿における記録により行われる。そこで，銀行が管理する口座簿に記録されている電子化された有価証券について，商事留置権が成立するのかが議論されている。森下哲朗「証券のペーパレス化と商事留置権」金判1317号（2009年）1頁，前田重行「社債株式等振替法における有価証券のペーパーレス化と商事留置権の成否」金融法務研究会報告書（22）（2013年7月），神作裕之「電子化された有価証券の担保化──『支配』による担保化」同，加藤貴仁「電子記録債権と商事留置権──試論」同，松下淳一「商事留置権と執行法・倒産法，ペーパーレス化と執行手続」同。

は留置権能と優先弁済権が認められる商事留置手形を，銀行取引約定書4条4項（巻末約定書では4条2項）の特約にもとづき手形交換で取り立て，破産者に対する債権の弁済に充当することができるとしている。民事再生手続でも同様である[59]。

3　個別の担保

(1)　預金担保

(a)　意義と特徴　　預金債権は，指名債権（証券的債権以外の一般の債権で，債権者が特定されている債権）であり，質権や譲渡担保権の目的とすることができる。預金担保には，自行預金担保と，他行預金担保とがあるが，実務ではそのほとんどが自行預金担保であるので，以下自行預金担保について述べる。

(b)　担保設定手続　　預金担保は，銀行取引においてよく利用されている。担保権者が自己に対する債権を担保権の目的とするという点で，指名債権担保のなかでは異例の部類に属するが，判例・通説は，このような自己に対する債権も，客観的価値を有する以上，当然に担保取得可能と解している。一方，これを譲渡担保の目的とすると，債権・債務の混同により預金が消滅する（民520条）という見解もあるため，実務では通常，質権により担保取得している。

自行預金に質権設定を受ける場合には，預金者から預金担保差入証に届出印（あるいは届出署名）により記名・捺印（署名）を受けるとともに，預金証書・通帳の引渡しを受ける（民363条）。

(c)　対抗要件具備　　指名債権質の対抗要件は，債務者への通知・承諾が必要であり，債務者以外の第三者に対抗するためには，さらにその通知・承諾に確定日付も要するものとされている（民364条・467条。なお，法人の設定する債権質については，動産債権譲渡特例法14条1項も参照）。

銀行取引では，確定日付の取得はほとんどの場合省略している。これは，自行預金に差押え（仮差押え，差押え・転付命令，滞納処分による差押え等を含む）があっても，それ以前に取得した反対債権による相殺は，差押債権者に対抗できるという判例理論[60]からすれば，質権をもって第三者に対抗する実益はない

---

59)　破産手続について最判平成10年7月14日民集52巻5号1261頁。民事再生手続について最判平成23年12月15日民集65巻9号3511頁。
60)　無制限説。最大判昭和45年6月24日・前掲注23)。

と考えられるからである。また，第三者が預金担保設定者となる場合は，担保提供者を同時に連帯保証人とすることで保証債務と相殺ができるようにしていたが，民法に金銭債務等根保証の規定（民465条の2以下）が新設されて以降は，同時に連帯保証人とする扱いを取り止めた銀行もあり，その場合は確定日付を得て第三者対抗要件を具備している。

(2) 有価証券担保

有価証券は，財産権を表章する証券であって，その財産権の発生，行使あるいは移転に証券の占有を要するものである。証券に表章される財産権には，金銭債権（手形・小切手，公社債等），株式会社の社員たる地位（株式），物品の引渡請求権（船荷証券，貨物引換証等），その他様々なものがあるが，代表的な手形担保と株式担保を概説する。

　(a)　手形担保　　銀行で担保の対象とするのは商取引にもとづいて振り出された手形（商業手形）であるので，商業手形担保とも呼ばれる。手形は，一般の貸付けの担保として利用することも可能だが，銀行取引で商業手形担保貸付といえば，一般に商業手形担保の手形貸付を意味している。この方法は，手形債権を流動化するに等しいものであり，経済的には手形割引と大きく異ならないが，一般的に小口かつ多数の手形を担保取得して貸付けを行う場合に利用される。

　手形担保の取得方法は，質権設定（裏書に「質入れのため」等の記載をすること）も可能だが，譲渡担保（通常の譲渡裏書をする）が利用される。これは，質権では手形を他に譲渡したり，再担保として利用することができない（手19条1項但書・77条1項1号参照）という不便さがある一方，譲渡担保では，国税滞納処分の差押えに対しても，差押え前に担保取得したものである限り，国税に優先する（税徴附則5条4項）という有利性があるからである。

　(b)　株式担保　　株式担保の設定にあたっては，当事者間で担保権設定契約を締結し，株券の交付を受ける。株式の場合は，担保取得方法として譲渡担保と質権設定の二つが考えられるが，実務ではそのいずれかを明示していないのが通常である。

　会社法では，株券を発行するときには定款にその旨定めることができるとされ，株券不発行が原則とされている（会社214条）。

株券不発行会社の場合，質権の設定は質権者と質権設定者との合意により成立し，その質権者の氏名または名称および住所を株主名簿に記載・記録しなければ，株式会社その他の第三者に対抗できない（会社147条1項）。譲渡担保権の設定についても同様である（130条1項）。

　株券発行会社の場合，担保権の効力は金融機関と担保提供者間の担保権設定契約と株券の交付によって生じる。株式担保の取得方法にも，質権と譲渡担保権の二つがあり，名義書換をするか否かという点で，略式質，登録質，略式譲渡担保，登録譲渡担保の4種に区別できる。質権設定の合意と株券の交付のみの質入れを略式質といい（会社146条2項），第三者対抗要件は株券の継続占有である（147条2項）。一方，質権設定の合意と株券の交付に加え，質権者の氏名および住所を株主名簿に記載・記録する質入れを登録質という（同条1項）。譲渡担保の場合も含め銀行取引では，略式質が通常である。

　(c)　上場株式の電子化　　2002（平成14）年4月のCP[61]の電子化を皮切りに，2003（平成15）年1月に国債，2006（平成18）年1月に地方債，社債，2007（平成19）年1月に投資信託が電子化され，2009（平成21）年1月に上場株式が電子化された。上場株式の電子化により，上場会社はすべて一斉に株券不発行会社となり，かつ株券が電子化され，つまり振替制度の利用会社となった。同時に発行済株券はすべて無効となった。

　振替制度とは，有価証券の譲渡や担保設定等の権利移転を，有価証券の現実の引渡しによってではなく，振替口座簿上の記録（振替）によって行う制度である（社債，株式等の振替に関する法律。以下本節において振替法という）。

　振替制度は，振替機関と呼ばれる㈱証券保管振替機構を頂点として，振替機関または口座管理機関に，口座管理機関が口座を開設するという形で構成される。加入者口座に記録がなされた振替社債等については，当該加入者が適法に権利を有するものとみなされ（社債株式振替76条・143条等），記録により権利推定効が働くこととなる。また，振替社債等を譲渡するときには，譲渡人たる加入者が口座管理機関に対して「譲受人である加入者の口座への振替申請」を行うことによって譲渡し，譲受人の口座に増加記録がなされなければ譲渡の効

---

61)　コマーシャルペーパー。事業会社が，短期資金調達のために発行する短期社債のことで，金融商品取引法上の有価証券に該当する。コマーシャルペーパーは，優良な事業会社が割引形式で発行する。

力は生じない（73条・140条等）。また，質権の設定についても，振替により質権者の振替口座簿の質権欄に増加記録がなされることによって担保権が成立することとなる（74条・141条等）。

　株券の電子化により，現在では，上場株式のすべて（日銀出資証券を除く）と振替制度開始時期以降に発行された新発債のすべてが振替制度で取り扱われており，証券は発行されていない。

(3) 債権担保

　(a)　意義と特徴　　銀行取引における債権担保の目的としては，預金債権，売掛金債権，賃料債権，入居保証金・敷金返還請求権，診療報酬債権，損害保険金請求権，リース債権等が考えられる。譲渡禁止の特約がある債権や，年金受給権等のように法律で担保取得が禁じられている債権以外は，担保とすることが可能である。

　(b)　担保設定手続　　債権担保の設定手続は，銀行・担保提供者間の担保設定契約によって効力を生じ，確定日付ある証書による第三債務者に対する通知もしくは第三債務者による承諾，または債権譲渡登記によって第三者対抗要件を具備する。

　担保差入証の作成に際しては，担保とする債権を特定しなければならない。担保債権の特定は債権発生原因となった契約内容等により行う。将来の債権であっても，特定が可能で，債権の発生について蓋然性がある場合には担保とすることができる。

　(c)　対抗要件　　第三者に対する対抗要件の具備の手続は，確定日付ある証書による第三債務者に対する通知もしくは第三債務者による承諾（民467条），または債権譲渡の登記である（動産債権譲渡特4条・14条1項）。将来債権であっても質権・譲渡担保の目的となり，当初具備した対抗要件は将来債権に対しても及ぶと解される。

　債権譲渡登記制度は，法人がする金銭債権の譲渡等につき民法の特例として，民法の定める対抗要件具備方法に加えて，登記による対抗要件具備を可能とする制度である。法人が債権を譲渡した場合において，当該債権の譲渡につき債権譲渡登記ファイルに譲渡の登記がされたときは，当該債権の債務者以外の第三者については，民法467条の規定による確定日付ある証書による通知があっ

たものとみなされ，この場合，当該登記の日をもって確定日付とする。

　(d)　集合債権担保・将来債権担保　　いわゆる集合債権担保や，将来債権担保は，対象を特定することにより有効に担保権を設定することができる[62]。また，当初具備された対抗要件の効力は，その後に具体的に発生する将来債権についても及ぶ[63]。

(4)　動産担保

　(a)　意義と特徴　　民法上，土地とその定着物以外の物はすべて動産とされるが，動産のなかでも登録を受けた自動車（自動車抵当法），建設機械（建設機械抵当法），航空機（航空機抵当法）等はそれぞれ特別法により抵当権の目的とされ，登記・登録が抵当権設定の対抗要件とされている。これら以外の動産，たとえば商品，原材料，機械器具等について担保取得する場合には質権や譲渡担保権による。

　(b)　担保設定手続　　質権は質物を質権者に対して引き渡さなければならず（民344条），質権設定者による質物の代理占有が禁じられているため（345条），質物を設定者の手元において利用させながら担保とすることはできない。したがって，動産担保では譲渡担保権を利用することが多い。

　譲渡担保権は，担保の目的で目的物の所有権を譲渡担保権者に譲渡する方法であり，被担保債権を弁済すれば所有権を設定者に返戻し，弁済がないときは譲渡担保権者が処分して回収に充てるものである。質権とは異なり債権者に目的物を現実に引き渡す必要はなく，占有改定（民183条）による引渡しを受ければ，設定者の手元に目的物を置き，利用させながら担保とすることが可能となる。

　(c)　対抗要件　　動産質権の対抗要件は，担保目的物の継続的占有である（民352条）。

　動産の譲渡担保の対抗要件は引渡し（民178条）であり，通常は占有改定（183条）の方法が利用される。占有改定による引渡しにより，譲渡担保権者は

---

[62]　最高裁平成11年1月29日判決（民集53巻1号151頁）は，譲渡の目的とされる債権について「その発生原因や譲渡に係る額等をもって特定される必要がある」との基準を示し，将来債権についても「期間の始期と終期を明確にするなどして」債権が特定されるべきであると述べている。

[63]　最判平成13年11月22日民集55巻6号1056頁。

第三者に対抗することができるが、第三者が担保目的物を即時取得（192条）した場合は、反射的効力により譲渡担保権者は担保権を失うことになる。そこで、担保目的物に譲渡担保の目的物である旨の表示をして（明認方法）、即時取得を防ぐ方法を講じておく必要がある。

動産債権譲渡特例法により、動産譲渡登記をすることで第三者対抗要件を具備することが可能となった。動産譲渡登記制度では、法人が動産を譲渡した場合に、当該動産の譲渡につき動産譲渡登記ファイルに譲渡の登記がされたときは、当該動産について、民法178条の引渡しがあったものとみなされる（動産債権譲渡特3条1項）。

(5) 抵当権

(a) 意義と特徴　　抵当権は、目的物の占有を移さないで、目的物から優先弁済を受ける権利のみ認められる約定担保権である（民369条）。すなわち、抵当権は、債権者と目的物の所有者の合意のみで成立し、質権のように目的物の引渡しを要しない。したがって、債権者にとっては担保物の保管という煩わしさがなく、また設定者にとっても引き続き担保提供した目的物の使用・収益ができるという点で有利性を有する。不動産の抵当権・根抵当権は銀行取引において最も利用されている担保権である。

抵当権の効力は、抵当土地の上に存在する建物を別として、目的不動産に「付加して一体となっている物」（付加物）にも及ぶ。不動産の従たる権利、とりわけ借地上建物の抵当権の借地権に対する効力については、判例も、土地の賃借人が当該土地上に所有する建物に抵当権を設定したときは、原則として、抵当権の効力が当該土地の借地権に及び、建物について抵当権設定登記が経由されると、抵当権の効力が借地権に及ぶことについても対抗力を生ずると述べている[64]。銀行取引において、借地上建物を担保取得する場合、対抗力ある借地権の価格を建物価格に加えて担保評価しているのは、この理由による[65]。

---

64) 最判昭和40年5月4日民集19巻4号811頁、最判昭和52年3月11日民集31巻2号171頁。
65) 借地上の建物に担保権を設定する場合は、通常、地主（土地賃貸人）の承諾書をとる。地主の承諾書には、①借地上の建物に担保権を設定すること、②担保権が実行（競売手続のほか、それにかわる任意処分を含む）された場合には競落人に対しても相当の条件で引き続き土地を賃貸すること、③土地を譲渡する場合や借地人の賃料延滞その他の債務不履行など借地契約の

(b) 設定契約　抵当権設定契約は，抵当権者と抵当権設定者との合意により成立する諾成・不要式の契約であるが，実務上は抵当権設定契約書を作成している。そして，抵当権の設定の第三者対抗要件は登記である（民177条）。

(6) 根抵当権

(a) 抵当権と根抵当権の異同　根抵当権は，根抵当権設定契約で定める一定範囲に属する不特定の債権を極度額の限度で担保する抵当権である（民398条の2）。つまり，根抵当権も抵当権の一種であり，特に明文のある場合を除いて，一般の抵当権と同様の扱いを受ける。銀行取引では，事業者に対する融資に際しては，抵当権よりも根抵当権の利用が圧倒的に多い。これは，事業者に対する融資取引は継続的取引を予定しており，根抵当権を設定しておけば，融資の都度に抵当権を設定する費用と手数を省くことができるからである。

確定前の根抵当権が抵当権と基本的に異なるのは，上記の定義にも示されているように，一定範囲に属する不特定の債権を担保するという点である。すなわち，抵当権は特定の債権を担保するものであるから，その債権が成立しなければ抵当権も成立せず，その債権が譲渡等により移転すればそれに随伴し，またその債権が消滅すれば抵当権も消滅する。これに対し根抵当権は，特定の債権のみを担保するものではないので，ある特定の債権の成立や移転や消滅に直接影響を受けるものではない（民398条の7・398条の8参照）。つまり，確定前の根抵当権には随伴性と付従性がない。

一方，確定後の根抵当権は，随伴性と付従性を有するという点で，普通抵当権に酷似したものとなる。しかし，この場合でも，優先弁済を受ける範囲は極度額を限度とするという点で，残存元本と最後の2年分の利息・損害金の合計額を上限とする普通抵当権（民375条）とは異なっており，確定によって根抵当権が普通抵当権に転化するわけではない。

存続に影響を及ぼす事由が発生した場合に担保権者に通知すること（通知義務），④借地期間満了の場合は借地契約の継続手続をとることなどが記載される。これは，地主に対して債務不履行など借地契約の存続に影響を及ぼす事由が発生した場合に通知義務を負わせ，この義務の履行により当該事実の発生等を担保権者に知らせて，担保権者による第三者弁済（民474条）または賃料の代払い（民執56条）を行うことにより担保権の目的である建物の従たる権利である借地権の保全を図り，債権の保全・回収に支障が生じないようにすることを目的としている。また，地主が通知義務に違反した場合には，損害賠償責任を負う（最判平成22年9月9日判時2096号66頁）。

(b) 被担保債権の範囲　根抵当権は，一定範囲に属する不特定の債権を担保するものであるから，設定契約でその範囲を定めておく必要がある。被担保債権の範囲の定め方として，民法は，①特定の継続的取引契約（たとえば「○年○月○日当座貸越契約」），②一定の種類の取引（たとえば「銀行取引」「手形貸付取引」），のほか，③特定の原因にもとづき債務者との間に継続して生じる債権，④手形上・小切手上の請求権，の四つの方法を認めている（民398条の2第2項・3項）。

しかし，銀行実務では，②の「銀行取引」による債権と，④の手形上・小切手上の債権の二つを被担保債権の範囲として定めている例が一般であり，これ以外の定め方をしているケースは稀である。このうち銀行取引による債権とは，客観的に銀行取引とされる与信取引により取得した債権を意味し，銀行取引約定書1条に規定されている取引に限定されるものではない。また，手形上・小切手上の債権を加えているのは，債務者が振出し・引受け等をした手形・小切手を銀行が第三者を通じて取得した場合（回り手形・小切手），それは債務者との間の銀行取引により取得した債権には該当しないが，それも担保させようとするためである。ただし，回り手形・小切手債権については，債務者が支払停止等に陥った後，根抵当権者がいわゆる駆け込み割引等により被担保債権を不当に増加させる懸念もあるため，債務者の支払停止や法的整理あるいは抵当不動産の競売申立て等があった後に取得したものについては，原則として被担保債権から排除される（民398条の3第2項）。

(c) 極度額　根抵当権では極度額の定めが必要で，これを限度として確定後の被担保債権の元本および利息・損害金の全部につき，優先弁済を受けることができる（民398条の3第1項）。もっとも，元本確定後において，確定元本債権が極度額を下回っているときは，設定者は，極度額を元本と2年分の利息・損害金の合計額まで減額するよう請求をすることができる（398条の21）。また逆に，確定後の被担保債権総額が極度額を上回っているときは，物上保証人たる設定者や抵当不動産の第三取得者（債務者や保証人，停止条件付第三取得者を除く）は，極度金額を債権者に支払いまたは供託して根抵当権の消滅請求をすることができる（398条の22）。

(d) 元本の確定　根抵当権は，確定によって特定債務担保に転化し，その債務に付従するものとなる一方で，その後に生じる元本（およびそれに付帯す

る債権）はまったく担保されなくなり，また根抵当権について当事者がなしうることも，確定前後で大幅な違いがある。
　民法が規定する根抵当権の確定事由を以下列挙する。

① 確定期日の到来（民398条の6）
② 債務者・根抵当権者の相続開始（ただし，6か月以内に相続人の合意の登記をした場合を除く。398条の8）
③ 債務者・根抵当権者の合併・会社分割を理由として設定者からの確定請求（398条の9・398条の10）
④ 設定者からの，設定後3年経過を理由とする確定請求（398条の19）
⑤ 根抵当権者による，抵当不動産の競売もしくは担保不動産収益執行または物上代位にもとづく差押えの申立て（ただし，競売開始もしくは担保不動産収益執行手続開始または差押えがあった場合に限る），あるいは滞納処分による差押え（398条の20第1項1号2号）
⑥ 根抵当権者が，第三者の申立てによる抵当不動産の競売開始，滞納処分による差押えを知った時から2週間の経過（398条の20第1項3号）
⑦ 債務者・設定者の破産手続開始決定（398条の20第1項4号）

　なお，銀行取引では確定期日を定めないのが一般である。

第4節　保　証

1　保証の意義と特徴

（1）　保証の意義
　保証とは，債務者が債務を履行しない場合に，その債務を債務者に代わって履行するという合意である（民446条1項）。保証契約は，書面によらなければ効力を生じない（同条2項・3項）。信用力に乏しい債務者にとっては信用補完の一つの方法であり，特に中小企業への融資に際しては，経済的に一体である経営者の保証を受けることが多い。加えて，中小企業の多くは経営者がオーナ

一であるので，会社の経営に責任をもってもらうという意味もある。

（2） 銀行取引における保証の特徴

銀行取引における保証は連帯保証の定めをしなくても連帯保証となり（商511条2項），保証人は，催告の抗弁権（民452条），検索の抗弁権（453条）を有しない。

(a) 保証極度額　　保証人が個人で，主たる債務に貸金債務（手形割引による買戻債務も含む）が含まれる根保証契約（貸金等根保証契約）をする場合は，極度額を定めなければその効力を生じない（民465条の2第2項）。この極度額は，いわゆる債権極度でなければならず，「主たる債務の元本，主たる債務に関する利息，違約金，損害賠償その他その債務に従たるすべてのもの及びその保証債務について約定された違約金又は損害賠償の額について，その全部に係る極度額」として定めなければならない（同条1項）。極度額を定めないいわゆる包括根保証契約は無効となる。

(b) 元本確定期日　　貸金等根保証契約においては，極度額の設定に加え，元本確定期日を定める必要がある（民465条の3）。元本確定期日は，保証契約締結日から5年以内としなければならず，元本確定期日を定めなかった場合は，保証契約自体は無効にならないが，根保証契約締結日から3年を経過する日が元本確定期日となる。また，元本確定期日に発生した主債務は保証の対象とならない。また，元本確定期日の自動更新は認められないので，保証期限の延長を行うときは個別に元本確定期日の変更（延長）を行わなければならない。

(c) 元本確定事由　　貸金等根保証契約の元本は，元本確定期日前であっても，下記の事由により確定する（民465条の4）。

- 債権者が主債務者または保証人の財産に対して強制執行または担保権の実行を申し立てたとき
- 主債務者または保証人が破産手続開始決定を受けたとき
- 主債務者または保証人が死亡したとき

2 保証契約の締結

(1) 保証人に対する説明責任

保証契約を締結するに際しては，保証の意味や保証人の責任について十分に説明することが必要である。金融庁は，「主要行等向けの総合的な監督指針」の中で，保証契約締結時の説明について以下の内容を求めている。

- 個人保証契約については，保証債務を負担するという意思を形成するだけでなく，その保証債務が実行されることによって自らが責任を負担することを受容する意思を形成するに足る説明をすること。
- 連帯保証契約については，補充性や分別の利益がないことなど，通常の保証契約とは異なる性質を有することを，相手方の知識，経験等に応じて説明すること。

これら内容の説明に加え，監督指針では，顧客から説明を求められた場合に契約締結の客観的合理的理由の説明を行う態勢の整備や経営者以外の第三者の個人連帯保証を求めないことを原則とする融資慣行の確立等を求めている[66]。

(2) 「経営者保証に関するガイドライン」の制定

2013（平成25）年12月に経営者保証に関するガイドライン研究会（全国銀行協会および日本商工会議所が共同事務局）が「経営者保証に関するガイドライン」を公表した（適用開始は2014〔平成26〕年2月1日）。本ガイドラインは，主たる債務者・保証人および金融機関にとって，合理性が認められる保証契約のあり方を示すとともに，保証債務の整理を公正かつ迅速に行うための準則として公表されたものである。これにより，関係者間（主たる債務者・保証人・金融機関）の継続的かつ良好な信頼関係の構築，強化，中小企業の各ライフステージにおける取組意欲の増進を図り，中小企業金融の実務の円滑化を通じて中小企業の活力を引き出すことを目的としている。

本ガイドラインの位置づけは，法的拘束力はないものの，主たる債務者・保

---

66) 主要行監督指針・前掲注11）Ⅲ-3-3-1-2 (2) ②ハ，Ⅲ-10。

証人・金融機関が自発的に尊重し，遵守することが期待されている[67]。ガイドラインの概要は下記の通りである。

(a) 経営者保証に依存しない融資の一層の促進
　(i) 主たる債務者，保証人の対応
　　・ 法人と経営者個人の一体性の解消とそのための体制整備を行う。
　　・ 財務基盤の強化（法人自体の返済能力の向上等）を行う。
　　・ 財務状況の適時適切な情報開示等による経営の透明性の確保に努める。
　(ii) 金融機関の対応
　　・ 停止条件・解除条件付保証契約，ABL[68]，金利の一定の上乗せ等の経営者保証の機能を代替する融資手法のメニューの拡充を図る。
　　・ 法人と経営者個人の一体性の解消等が図られている，あるいは，解消等を図ろうとしている主たる債務者が資金調達を要請した場合において，主たる債務者において以下のような要件が将来に亘って充足すると見込まれるときは，主たる債務者の経営状況，資金使途，回収可能性等を総合的に判断する中で，経営者保証を求めない可能性や代替的な融資手法活用の可能性をあらためて検討する。
　　　(イ) 法人と経営者個人の資産・経理が明確に分離されている。
　　　(ロ) 法人と経営者の間の資金のやりとりが，社会通念上適切な範囲を超えない。
　　　(ハ) 法人のみの資産・収益力で借入返済が可能と判断しうる。
(b) 経営者保証の契約時の金融機関の対応
　　・ 保証契約締結時に主たる債務者・保証人に対し，保証契約の必要性等を丁寧かつ具体的に説明する。
　　・ 保証人の資産・収入の状況，融資額，主たる債務者の信用状況，物

---

[67] 主要行監督指針・前掲注11) Ⅲ-3-3-1-2 (2) ①二は，保証人と主債務者に対して，「経営者保証に関するガイドライン」にもとづき，①保証の必要性，②原則として，保証履行時の履行請求は，一律に保証金額全額に対して行うものではなく，保証履行時の保証人の資産状況を勘案した上で，履行の範囲が定められること，③経営者保証の必要性が解消された場合には，保証契約の変更・解除等の見直しの可能性があること，を説明することを求めている。
[68] Asset Based Lending. 企業が保有する在庫や売掛金などを担保とする融資手法。

的担保等の設定状況等を総合的に勘案し，保証債務の整理にあたっては，本ガイドラインにもとづき，保証金額の限定など，適切な対応を誠実に実施する。
(c) 既存の保証契約の適切な見直し
- 経営改善が図られたことにより，保証契約の解除等の申入れがあった場合には，あらためて経営者保証の必要性や適切な保証金額の設定等を真摯かつ柔軟に検討する。
- 事業承継時には，前経営者が負担する保証債務は後継者に当然に引き継がせず，経営者保証の必要性等をあらためて検討する。
- 前経営者から保証契約の解除を求められた場合，前経営者の実質的な経営権・支配権，既存債権の保全状況，法人の資産・収益力による返済能力等を勘案し，保証契約の解除を判断する。

(d) 保証債務履行時の課題への対応
- 一時停止等への要請：誠実かつ柔軟に対応する。
- 保証人の手元に残す資産（残存資産）の範囲：経営者による早期の事業再生の着手等，事業再生の実効性の向上等に資するものとして，対象債権者としても一定の経済合理性が認められる場合には，自由財産に加え，安定した事業継続等のために必要な一定期間の生計費[69]に相当する額や華美でない自宅[70]等を残存資産に含めることを検討する。
- 保証債務の弁済計画：保証債権者を対象に，保証人が所有する資産（残存資産を除く）を処分・換価して弁済。資産を処分しない場合は価値相当額の分割弁済を原則5年以内で許容する。
- 保証債務の免除：保証人による開示情報の正確性の表明保証等の要件充足を前提とし，残存する保証債務の免除要請について誠実に対応する。
- 信用情報機関への登録：弁済計画が合意に至った時点，または，分

---

[69] 一定期間の生計費の算出には，標準的な生計費（33万円）×雇用保険の給付期間が参考にされる。
[70] 安定した事業継続等のために必要な自宅は残し，それ以外についても，処分・換価する代わりに当該資産の価値相当額を分割弁済する対応も検討することとされている。

割弁済の場合は残債完済時点で，「債務履行完了」として登録し，信用情報機関への事故情報の登録は行わない。

　経営者保証に関するガイドラインにもとづく新たな保証取引ルールが確立することが期待されている。

(3)　債権法改正の内容
　(a)　事業にかかる債務についての保証契約の特則　　現行民法は，保証人が個人で，主たる債務に貸金債務（手形割引による買戻債務も含む）が含まれる根保証契約（貸金等根保証契約）について特則が定められていたが，改正法では，保証人が個人で，「事業のために負担した貸金等債務を主たる債務とする保証契約又は主たる債務の範囲に事業のために負担する貸金等債務が含まれる根保証契約」についての特則が定められる。すなわち，銀行取引では非事業資金（たとえば，住宅ローンや教育のための融資）の債務の保証は特則から除外されたが，事業資金については根保証契約だけでなく，個別保証契約も特則の規律を受ける。この場合は，保証契約締結前の1か月以内に作成された公正証書で，保証人になろうとする者が保証債務を履行する意思表示を表示していなければ，保証契約は無効となる（改正法465条の6第1項・3項）。
　(b)　経営者保証（経営者およびこれに準じる者による保証）の特則　　経営者保証については，事業にかかる債務についての保証契約の特則（改正法465条の6〜465条の8）は適用されない（465条の9）。経営者保証に該当しない場合であれば，465条の6に規定する方法で保証契約を締結することは可能である。
　経営者およびこれに準じる者の定義は，465条の9の1号から3号に規定されている（以下はその要旨）。

1号	主たる債務者が法人である場合の，その理事，取締役，執行役又はこれらに準じる者
2号	主たる債務者が法人である場合の，主たる債務者の総株式の議決権の過半数を有する者，主たる債務者の親会社の総株式の議決権の過半数を有する者等
3号	主たる債務者と共同して事業を行う者又は主たる債務者が行っている事業

に従事している配偶者

(c) 保証契約締結時の情報提供義務　保証人が個人である場合，主たる債務者は，事業のために負担した貸金等債務を主たる債務とする保証または主たる債務の範囲に事業のために負担する貸金等債務が含まれる根保証の委託をする場合に，委託を受ける者（＝保証人予定者）に対して，財産や収支の状況，主たる債務以外に負担している債務の有無・額・履行状況，担保の状況および内容について情報提供しなければならい（改正法465条の10第1項1号〜3号・3項）。

主たる債務者が情報提供義務に反したために，保証人予定者が錯誤により保証契約を締結した場合において，債権者が主たる債務者の情報不提供ないし提供された情報が不実であったことについて悪意または過失により知らなかったときは，保証人は保証契約を取り消すことができる（改正法465条の10第2項）。

3　信用保証協会の保証

(1)　信用保証協会の業務

信用保証協会は，信用保証協会法にもとづき，中小企業者等に対する金融の円滑化を図ることを目的とし，中小企業者等が金融機関から貸付け等を受けるについて，その債務を保証することを主たる業務として設立された法人である（信用保証協会法1条・20条）。信用保証協会が保証を行う場合，金融機関との間で保証取引についての基本事項を規定した約定書を締結し，個別の保証については，主債務者から信用保証委託契約書を受け入れた上，金融機関に信用保証書を交付することによって保証契約が成立する。なお，これら約定書，保証委託契約書等は，全国信用保証協会連合会の定める約定書例等に準拠しているため全国ほぼ共通である。

(2)　信用保証協会保証の性質

下級審裁判例は，信用保証協会の保証について，通常の保証と何ら異なるものではなく，要件および効力については特約のない限り，民法の適用を受けるものとしている[71]。

したがって，信用保証協会の保証する主債務について，他にも保証人がいる

場合，その保証人と信用保証協会とは，民法上の共同保証人の関係にたつこととなり，その間に何の特約もなければ，保証人相互間に頭割りの求償権関係が成立することとなる（民465条）。その結果，他の保証人が頭割りの負担部分金額を超えて保証債務の履行をした場合，その超過分については信用保証協会が求償権の行使を受けてしまうこととなる。また，逆に信用保証協会が保証債務を履行した場合には，負担部分を超える金額は求償できない。

そこで信用保証協会では，主債務について他にも保証人をつける場合には，必ず信用保証委託契約書に連署させることにより，保証人相互間の求償権については信用保証協会の負担部分をゼロとし，信用保証協会が保証履行をして債権者に代位した場合は，主債務者だけでなく保証人に対しても全額の求償ができる旨の特約をしている。また，信用保証協会と銀行との間の約定書では通常，信用保証協会の承諾なく信用保証協会保証付きの貸出金を既存の貸出金の回収に充当してはならない旨規定しており（旧債振替禁止条項），銀行がこれに違反した場合には，信用保証協会はその限度で保証免責となる。旧債振替禁止条項違反の貸出については，原則としてその違反の限度で信用保証協会の保証債務自体が消滅し，信用保証協会はその部分について保証履行による求償権を借主・保証人に対して行使できないと解されている[72]。

第5節　回　収

1　本人による弁済

銀行の融資契約では，金銭消費貸借契約証書等で弁済方法，弁済期日を合意し，元本や利息の支払いは，債務者が銀行に開設している預金口座から自動引落しにより行うことが約定される。

弁済金が貸出金の全額に足りない場合，または貸出金が数個あって全部に充当できないときに，どの部分に充当するかの問題が生じる。民法は，原則として債務者が指定できることを規定しているが（民488条1項），銀行取引約定書

---

71)　札幌高函館支判昭和37年6月12日判タ134号60頁。
72)　最判平成9年10月31日民集51巻9号4004頁。

では銀行が指定権を有することを特約している（銀行取引約定書13条3項）。したがって、約定書による特約により、担保付債権と無担保債権があるときは無担保債権に充当し、元金のほかに利息や費用を支払うべき場合には原則として費用・利息に順次充当し、最後に元金の弁済に充てるのが通常である。充当の指定の意思表示は弁済の充当が生じる都度、債務者に対して行うことが必要となる（民488条3項）。この意思表示を行うことにより弁済の充当内容を当事者間で確定させておかないと、後日充当の指定がないものとして法定充当（489条）の順序によるべきであるとの異議を債務者が主張して争ってくる余地が生じる[73]。なお、この充当の意思表示にかかる定めは、債務者本人の弁済に限らず、後述する第三者弁済の場合や相殺の場合にも適用される点に留意を要する。

2 保証人による弁済

民法は、法律上の利害関係を有する第三者は、債務者の意思に反しても弁済することができる（民474条2項の反対解釈）。この第三者の範囲については、①弁済しなければ債権者から執行を受ける者、②弁済をしなければ債務者に対する自己の権利が価値を失う地位にある者に分かれる。前者の例としては、保証人、物上保証人、担保目的物の第三取得者があり、後者の例としては、後順位担保権者がある。債権者はこれらの者から債務弁済の申出があった場合、債務者の意思に関係なくその弁済を受けなければならない。

保証人が債務者に代わり弁済すると、保証人は債務者に対して弁済のために出捐した金員の償還を請求できる。これを求償権という。そして、保証人による弁済により、弁済の対象となった債権が求償権の範囲で債権者から保証人に移転し、同時にこの債権を担保する抵当権等の担保権も債権に随伴して保証人に移転する。こうした債権者の権利が弁済者に移転することを「弁済による代位」という[74]。

弁済による代位には法定代位と任意代位がある。法定代位は、弁済をするに

---

[73] たとえば期限到来済みの2本の無担保債権があり、双方の貸出利率に著しい相違がある場合、銀行は時効管理の観点で2本に均等に弁済充当をしても、その内容を債務者に対して意思表示していない場合、債務者は金利が高い債務へ全額を充当し、他方の債権については時効消滅を主張する余地が生じる等のケースが想定される。

[74] 前掲注47）。

ついて法律上の利益を有する者が弁済した場合であり，弁済により当然に債権者に代位する（民500条）。任意代位は，弁済をするについて法律上の利益を有しない者[75]が弁済した場合で，弁済と同時に債権者の承諾を得て債権者に代位する（499条）。

　保証人や抵当不動産の第三取得者等の法定代位権者から弁済を受けたときは，債権者である銀行はこの代位に協力する義務を負う（民503条）。まず，債権の全部の弁済を受けたときは，代位者に対して代位弁済証書（代位弁済を受けた旨を記載した証書）を作成して交付し，債権証書および債権者が占有する担保物を交付することを要し（同条1項），不動産担保については，債権者の変更等その代位の付記登記に協力する義務が生じる。また，債権の一部の弁済を受けたときは，一部代位弁済証書の交付のほか，自己の占有下にある担保物を代位者に監督させ（ただし債権者が引き続き占有する準共有の態様となる。同条2項），不動産担保については一部代位の付記登記に協力する義務が生じる。また，保証人など法定代位権者がいる場合，債権者である銀行はこれらの者のために担保を保存する義務があり，仮に債務者所有の不動産に設定された抵当権を放棄した場合等，故意や過失によって担保を喪失したり，その価値を減少させた場合，その限度で法定代位権者はその責任を免れる（504条）。銀行取引実務においては，保証債務は債務者本人の弁済遅延等を契機としてその履行を求めることから，債務者が債務を約定通り履行している限り，その債務の担保条件等は債務者と銀行の間で交渉し変更等を行う場合が多い。そこで，銀行の担保や保証契約においては，あらかじめこの担保保存義務の免除の特約を締結し，銀行に信義則違反や権利濫用等の特別の事情がない限り，担保保存義務違反等の抗弁を保証人等からなされることにより，想定していた保証履行等を受けられない事態を免れるようにしている（担保保存義務免除特約）[76]。

---

75) 親が子の債務を弁済したり，妻が夫の債務を弁済する場合などである。この場合は，事実上の利害関係は有するが，法律上，債務の弁済を強制される立場にない。
76) 保証人が民法504条により享受すべき利益をあらかじめ放棄する旨の特約は有効である（最判昭和48年3月1日金法679号34頁）。特約の効力を主張することが信義則に反しあるいは権利の濫用に該当するものとすべき特段の事情がない限り，その効力がある（最判平成2年4月12日金判883号14頁）。

3 第三者による弁済

(1) 現行民法の規定

債務者の親族や友人のように法律上の利害関係を有しない第三者は、債務者の意思に反して弁済しても法律上その弁済は無効となる（民474条2項）[77]。銀行取引では、住宅ローンの債務者の所在が不明の場合に、同居人が債務者に代わって弁済を行うことが多い。住宅ローンが延滞した結果競売手続が開始され、所有権が移転すれば、当該住宅から同居人は退去せざるをえなくなる。したがって、同居人は、住宅ローンが延滞しないように弁済する重大な利益を有しているが、これは事実上の利益であり、法的に保護されるものではない。銀行取引において、債務者にまったく関係のない第三者が債務者に代わって弁済をすることは稀有であり、債務者や債務者の財産に利害関係を有する場合がほとんどである。このような場合、第三者による弁済が債務者の意思に反することは現実には少ないと思われるが、実務上は弁済金を債務者の弁済用預金口座に入金してもらうなどして、第三者による弁済ではなく、債務者からの弁済である外形をとるなど慎重に対応している。

(2) 債権法改正

改正法474条は第三者による弁済について、債務者、債権者、第三者の利益保護を勘案した内容を規定している。

> 改正法474条
> 1項　債務の弁済は、第三者もすることができる。
> 2項　弁済をするについて正当な利益を有する者でない第三者は、債務者の意思に反して弁済をすることができない。ただし、債務者の意思に反することを債権者が知らなかったときは、この限りでない。
> 3項　前項に規定する第三者は、債権者の意思に反して弁済をすることができない。ただし、その第三者が債務者の委託を受けて弁済をする場合において、そのことを債権者が知っていたときは、この限りでない。

---

77) 最判昭和39年4月21日民集18巻4号566頁参照。

4項　　前三項の規定は，その債務の性質が第三者の弁済を許さないとき，又は当事者が第三者の弁済を禁止し，若しくは制限する旨の意思表示をしたときは，適用しない。

　改正法474条2項は，現行法の「利害関係」を「正当な利益」に変更するとともに，但書が追加されている。「利害関係」の「正当な利益」への変更は，弁済者代位における法定代位の要件に揃えるものであり，現行法の解釈に変更を加えるものではない。また，但書の追加により，債権者は，弁済が債務者の意思に反することを知っていた場合を除き，第三者から有効な弁済を受領することができる。上記住宅ローンのケースでは，銀行は債務者の意思を確認することなく，同居人からの弁済を受領することができるようになる。
　また，3項により，正当な利益を有しない第三者から弁済の提供があっても，債権者に弁済を受けるかどうかの選択権が与えられており，但書に該当する場合を除き，弁済を拒絶することができる。

4　相　殺

　相殺は，二人が互いに同種の目的を有する債務を負担する場合において，双方の債務が弁済期にあるときは，各債務者は，その対当額を消滅させることによりその債務を免れる簡易な債務の弁済方法であり（民505条），その実行は当事者の一方から相手方に対する意思表示により行う（506条1項）。この相殺の意思表示により，双方の債務が相殺に適するようになった時（相殺適状）にさかのぼり相殺の効力が生じる（遡及効。同条2項）。銀行取引においては，銀行の負担する預金返還債務と，債務者が負担する貸金返還債務はいずれも金銭債務であり，銀行は預金債務と債務者の貸金債務を対当額で消滅させることができるので，簡便かつ確実に貸金の回収を図ることが可能となる。相殺による回収は相殺権者にとり合理的な期待であり，法的に保護されるべきである。これを相殺の担保的機能という。

（1）　相殺の要件

　銀行が相殺する場合，自働債権は証書貸付金等の貸金債権であり，受働債権は普通預金，定期預金等の預金債権であり，相殺適状にあることが要件となる。

定期預金の満期日が未到来であっても，銀行は期限の利益を放棄することができるので（民136条），自働債権の弁済期が到来していれば相殺することができる。

銀行取引では銀行取引約定書において，自働債権である貸金債権等について一定の事由が生じたときは，債務者が期限の利益を当然に，または銀行の請求により喪失することを規定している（期限の利益の喪失条項）。

(2) 預金に対する差押えとの関係

受働債権である預金が差し押さえられた場合，判例は「債権が差し押えられた場合において，第三債務者が債務者に対して反対債権を有していたときは，その債権が差押え後に取得されたものでない限り，右債権および被差押債権の弁済期の前後を問わず，両者が相殺適状に達しさえすれば，第三債務者は，差押え後においても，右反対債権を自働債権として，被差押債権と相殺することができる」旨を判示している（無制限説）。したがって，預金が差し押さえられても，貸金等の自働債権を差押え以前に取得していれば，差押え後に相殺により回収を図ることができる。

銀行取引約定書の期限の利益喪失条項において，債務者または債務者の保証人の預金その他の銀行に対する債権について仮差押え，保全差押えまたは差押えの命令，通知が発送されたときには，債務者は銀行に対する一切の貸金等の債務について当然に期限の利益を喪失すると定めている。したがって，差押命令が第三債務者（銀行）に送達された時（民執145条4項）には，すでに銀行に対するいっさいの債務について期限の利益が喪失された状況にある。このように銀行と債務者との間の合意により，常に差押命令が相殺適状の後に送達されることになる合意（相殺予約の合意）も有効とされている[78]。

---

78) 債務者の預金に対して差押命令が発送されたときは，債務者は当然に期限の利益を失う旨を記した期限の利益喪失条項は，貸金等の債権が差押え後に取得されたものでない限り（民511条）差押債権者に対しても有効である。また，銀行の貸付債権について，債務者の信用を悪化させる一定の客観的事情が発生した場合には，債務者のために存する右貸付金の期限の利益を喪失せしめ，同人の銀行に対する預金等の債権につき銀行において期限の利益を放棄し，直ちに相殺適状を生ぜしめる旨の合意は，右預金等の債権を差し押えた債権者に対しても効力を有する（最大判昭和45年6月24日・前掲注23））。差押債権者が被差押債権に転付命令を得た場合であっても同様とした（最判昭和48年5月25日金法690号36頁）。また，割引手形買戻条項についても貸金等の場合と同様の判断を示している（最判昭和51年11月25日民集30巻10号939頁）。

(3) 相殺と法的整理手続

破産，民事再生，会社更生あるいは特別清算の手続が開始されても相殺は可能であるが，法的整理手続開始申立て後に取得した貸金債権や，受け入れた預金を相殺することは原則として禁止されている。

また，相殺ができる時期に制限がある。民事再生手続・会社更生手続の場合は，債権届出期間満了日までに行わなければならない（民再92条，会更48条）。

破産や特別清算には相殺の時期についての制限はなく，手続終結時までに行えばよい。

(4) 債権法改正による相殺範囲の拡張

> 改正法511条
> 1項　差押えを受けた債権の第三債務者は，差押え後に取得した債権による相殺をもって差押債権者に対抗することはできないが，差押え前に取得した債権による相殺をもって対抗することができる。
> 2項　前項の規定にかかわらず，差押え後に取得した債権が差押え前の原因に基づいて生じたものであるときは，その第三債務者は，その債権による相殺をもって差押債権者に対抗することができる。ただし，第三債務者が差押え後に他人の債権を取得したときは，この限りでない。

1項の前半部分は，現行法の規定と同様であるが，「差押え前に取得した債権による相殺をもって対抗することができる」を追加して，差押えと相殺の優劣についていわゆる無制限説に立つことを明確にするものである。

2項は，現行法では，差押え時と破産手続開始決定時とで相殺を対抗することができる範囲についての規律内容が異なっており，差押え時よりも破産手続開始の決定時の方が相殺を対抗できる範囲が拡張されている。この点は，相殺権者に相殺の合理的な期待が存する範囲をどのように考えるのかという問題である。債権を発生させる原因が存在していた以上，差押え時に債権が具体的に発生していた場合と同様に，相殺の期待があったと評価すべきであるとの観点から，破産法で相殺を対抗することができる範囲と民法で相殺を差押債権者に対抗することができる範囲とを整合させるものである。ただし，差押え後に取

得した他人の債権をもって行う相殺は，相殺による回収の合理的な期待が存しないので，相殺は認められない。

第6節　法的整理手続

1　法的整理手続の種類

　債務者が多数の債権者に対し多額の債務を負担し，全財産を売却等してもその全額を返済することができないような状態になった場合，各債権者が自己の債権の弁済額を多くするように動き，担保の設定されていない債務者の資産等から，早く回収に着手した債権者が多くの回収を得る結果となってしまうと債権者間の公平は確保されない事態となる。したがって，債務者がこのような状況に陥った場合，裁判所の関与と監督の下に，債務者の全資産を処分し，債権者に公平に配当する手続が必要となる。一方，事業等の再建の見込みのある債務者については，全資産を処分して債務の弁済に充てるよりは，むしろその資産や能力を生かして再建を図った方が，債務者および債権者にとっても良い場合があり，その事業等を再建する目的を達するため，裁判所の関与と監督の下に法定の手続で行うことが考えられる。

　法的整理手続としては，破産，会社更生，民事再生，特別清算がある。そのうち破産と特別清算は，債務者の全資産を処分して，公平に全債権者に配当することを目的とする清算手続であり，会社更生，民事再生は事業の再建を目的とした手続である。ただし，現実には会社更生手続や民事再生手続においても，事業再生に必要な資産と不要な資産を分別し，前者の資産についてスポンサーによる支援の下で事業再生手続を進め，後者の資産について清算手続を行うこともある。それぞれの手続の目的の違いにより，裁判所や管財人の手続への関与の程度が大きく異なる。各手続の性格により当事者に許容される法的な柔軟性が異なる点にも留意を要する。また，破産，会社更生，民事再生の各手続では，管財人や監督委員が，手続開始前になされた債務者またはこれと同視できる第三者による債務者の財産を減少させる行為（詐害行為）や債権者間の平等を害する行為（偏頗行為）を否認して，財産を回復する制度が規定されている

(破 160 条以下，会更 86 条以下，民再 127 条以下）。

2 破産手続

(1) 意 義

破産手続は，「支払不能又は債務超過にある債務者の財産等の清算に関する手続を定めること等により，債権者その他の利害関係人の利害及び債務者と債権者との間の権利関係を適切に調整し，もって債務者の財産等の適正かつ公平な清算を図るとともに，債務者について経済生活の再生の機会の確保を図ることを目的とする」法的な清算手続である（破1条）。すなわち，債務者が経済的に行き詰まり，その保有する全財産をもっても全債務を完済する見込みが立たない場合，裁判所の関与の下，強制的に財産を換価してすべての債権者に対して公平にその財産を分配することを目的とする手続である。手続の対象は，個人，法人を問わない。

(2) 手 続

(a) 支払不能　債務者が支払不能にあるときは，裁判所は決定で破産手続を開始し，債務者が支払いを停止したときは支払不能にあるものと推定される（破15条）。この支払不能とは，債務者が，支払能力を欠くために，その債務のうち弁済期にあるものにつき，一般的かつ継続的に弁済することができない状況をいう（2条11項）。支払停止とは，債務者がこの支払能力を欠くため，その債務のうち弁済期にあるものにつき，一般的かつ継続的に弁済することができないことを外部に表示する債務者の行為である。債務者が法人である場合，債務超過も破産手続開始の原因となるが，債務超過とは，債務者が，その債務につき，その財産をもって完済することができない状況をいう（16条)[79]。

(b) 管財人　破産手続が開始されると，破産管財人の氏名，債権の届出期間，届出債権の調査期間などが通知・公告される（破31条・32条）。なお，破産手続開始により破産者の財産の管理・処分権は，すべて破産管財人に専属

---

79) 信用等による支払能力があれば支払不能とはされないので債務超過とは異なる。支払不能は破産手続の開始原因（15条）であり，また偏頗行為否認の危機時期の基準点（162条1項1号・2号），相殺禁止の基準点の一つとなる（71条1項2号）。外部に表示する債務者の行為であることから，支払不能よりは外部からの判断は容易である。破産法は「支払停止は支払不能を推定する」旨の規定を置いている（15条2項・162条3項）。

し（78条），債権者は，以後この破産手続によるしか債権の回収はできなくなる。債権者は破産債権の届出として自己の債権を破産管財人に届け出なければならず，破産管財人は，債権届出のなされた債権について破産債権者表を作成し，債権調査を経て，破産債権が確定する（124条）。破産管財人は破産者の有する債権を取り立て，財産を換価処分し，それを配当の財源として，確定した破産債権額を記す配当表にもとづいて破産債権者に配当する。

　(c)　別除権　　破産手続開始の時において破産財団に属する財産について，破産債権者の有する担保権は別除権として，破産手続によらずに行使できる（破65条）。一方で，破産管財人は，担保権が設定されている財産を担保権が付いたまま任意に売却することもできるし，被担保債権額を全額支払うか，別除権者との合意により一定の金額を支払って，担保権の負担のないものとして売却することもできる（78条2項1号・2号，184条1項・2項）。さらに，管財人が任意売却の買手から得た売得金から一定額を差し引いた残額を裁判所に納付することによって担保権を消滅させることができる（担保権消滅許可制度。186条）。

　(d)　配　当　　破産手続は，最後配当，簡易配当または同意配当が終了した後，その計算報告のための債権者集会が終結したとき，または計算報告書の公告があり定められる期間内に異議が出ないときには，破産手続の終結を決定しなくてはならず，この決定をした場合，直ちに主文および理由の要旨を公告するとともに，破産者に通知しなくてはならない（破220条）。これにより破産手続は終結する。

(3)　免　責

　個人である債務者は，破産手続開始の申立てがあった日から破産手続開始の決定が確定した日以後1月を経過する日までの間に，破産裁判所に対して免責許可の申立てをすることができる（破248条1項）。破産裁判所は，当該破産者が免責不許可事由に該当しない場合には，免責許可の決定をする（252条）。この免責許可決定が確定すると，破産者は破産配当ならびに一定の請求権を除き破産債権につきその責任を免れる（253条）。この免責許可決定が確定すると，法律上復権し（255条），破産者となることによる資格制限（たとえば弁護7条5号）の回復が図られることになる。

3　民事再生手続

(1)　意　義

　民事再生手続は，「経済的に窮境にある債務者について，その債権者の多数の同意を得，かつ，裁判所の認可を受けた再生計画を定めること等により，当該債務者とその債権者との間の民事上の権利関係を適切に調整し，もって当該債務者の事業又は経済生活の再生を図ることを目的とする」再生型の法的手続である（民再1条）。申立ての要件は，債務者に破産手続開始の原因となる事実の生ずるおそれがあるとき，もしくは債務者が事業の継続に著しい支障を来すことなく弁済期にある債務を弁済することができない場合である（21条1項）。また，債務者に破産手続開始の原因となる事実の生ずるおそれがあるときに限り，債権者も申立てできる（同条2項）。

(2)　手　続

　(a)　申立て　　民事再生手続開始の申立てがされると，必要に応じて弁済禁止等の保全処分や強制執行等の中止命令が発せられ（民再30条・26条・27条），原則として裁判所は監督委員による監督を命ずる処分（監督命令）をする（54条）。

　民事再生手続開始決定がされると（民再33条），再生債権の弁済は禁止され，裁判所の許可を得た場合を除き，再生計画に従った弁済しかできなくなる（85条1項）。裁判所は再生手続開始の決定とともに再生債権届出期間および再生債権調査期間を定め（34条1項），決定の主文と合わせ公告する（35条）。

　(b)　管理命令　　再生債務者が法人の場合には，裁判所は再生債務者の財産の管理または処分が失当であるときや再生債務者の再生に特に必要があると認めたとき，利害関係人の申立てまたは職権で，再生手続開始の決定と同時にまたはその決定後に再生債務者の業務および財産に関し，管財人による管理を命じる処分（管理命令）をすることができる（民再64条）。管財人が選任されると，再生債務者の業務の遂行ならびに財産の管理および処分をする権利は管財人に専属する（66条）。

　管財人が選任されない場合には，引き続き債務者法人の代表者が財産の管理および処分や事業の執行権を有する（民再38条）。再生債務者の再生後の業務

執行の態様につき，再生債務者が引き続き業務の執行および財産の管理処分の権限を失わない型を DIP（Debtor In Possession）型，管財人が再生債務者に代わりこれらを行っていく型を管理型という。なお，債務者が個人の場合には管理命令の発令はなく，管財人は選任されない。また，再生手続開始決定の前においても，法人に限るが再生債務者の財産の管理または処分が失当であるときや再生債務者の再生に特に必要があると認めたとき，利害関係人の申立てまたは職権で，再生手続開始の決定までの間，再生債務者の業務および財産に関し，保全管理人による管理を命じることができる（79条）。これを保全管理命令といい，この命令が出された後は，再生債務者の業務の遂行ならびに財産の管理および処分をする権利は保全管理人に専属する。再生債務者の常務に属さない行為をするには保全管理人は裁判所の許可を得なければならない（81条）。

(c) 債権届出　再生手続開始決定後，債権届出期間内に債権届出をする必要があり（民再94条1項），これを届け出ないと，債務者が認める場合を除き，民事再生手続への参加が認められず，再生計画に従った弁済が受けられない等の不利益が生じ，また失権となる場合もある（181条）。再生債権の相殺は，再生債権の届出期間内に限り可能である（92条）。

(d) 再生計画の作成　裁判所は再生債権の届出，調査を基に再生債権者表を作成し，再生債権等の確定を行うとともに，再生債務者は再生債務者に属する一切の財産につき再生手続の開始時点における価額評定を行い，評定完了後直ちに再生手続開始時の財産目録および貸借対照表を作成して裁判所に提出しなくてはならない（民再94条・99条以下・124条）。

民事再生手続では，破産手続と同様に再生債務者の民事再生手続開始決定までの弁済等の行為につき，否認権が認められている（民再127条以下）。

(3) 別除権

民事再生手続が開始された場合であっても，再生債務者の財産について，特別の先取特権，質権，抵当権（根抵当権を含む）または商事留置権を有する者は，その目的財産について別除権を有し，再生手続によらず担保権の実行ができる（民再53条）。したがって，別除権者は再生手続によらずに，別除権の種類に応じ，競売等本来の権利行使により，時期的な制約等を受けずに任意に優先的な弁済を受けることができる。一方，再生債務者は，開始申立て受理後，別除権

の目的物件を競売等しないことが再生債務者の再生に資するなど再生債権者の一般の利益に適合し，別除権者に不当な損害を及ぼすおそれがない場合，裁判所に担保権実行手続の中止命令の申立てを行い（31条）。また，担保物件が再生債務者の事業の継続に欠くことができないものであるときは，再生債務者は，その価格に相当する金銭を提供して担保権の消滅を裁判所に請求することができる（148条）。これらの命令がなされた場合，別除権者の権利は制限される。

このほか，再生債務者が担保物件の維持を図るために，別除権者と別除権協定を結ぶ場合がある。この別除権協定は担保物件に対して一定の弁済をする代わりに別除権を不行使とするものであり，別除権者と債務者との個別交渉で定まる。この別除権協定は，別除権の目的物の受戻しに当たり，監督委員の監督期間中は，監督委員の同意を要する。

(4) その他

民事再生手続には，小規模個人，給与所得者等を対象とした簡易な再生手続と住宅資金貸付債権に関する特則が用意されている。

4 会社更生手続

(1) 意 義

会社更生手続は，「窮境にある株式会社について，更生計画の策定及びその遂行に関する手続を定めること等により，債権者，株主その他の利害関係人の利害を適切に調整し，もって当該株式会社の事業の維持更生を図ることを目的とする」，株式会社を対象とする再生型の法的手続である（会更1条）。すなわち，再建の見込みのある株式会社について，債権者・株主その他の利害関係人の権利を調整しながら再建を図る法的制度である。

会社更生手続は，①株式会社を対象に限定としていること，②破産手続や民事再生手続と異なり更生会社の財産上に担保権を有する者も更生担保権者として更生計画によりその担保権の実行に制約を受けること，③債権届出をしない場合には更生計画認可により失権すること，④更生計画は株式および資本の取扱いにつき比較的自由度が高く，100％減資等既存株主の大幅な権利変更が行われるのがほとんどであること，⑤更生手続終結まで，管財人の監督が及ぶことが要点に挙げられる。近時，監督委員や調査委員の選任を前提として，管財

人を選任せず，既存の経営陣に事業の遂行や会社財産の管理処分を認める，DIP型の更生手続も行われている。

(2) 手 続

(a) 申立て　　実務上は，更生手続開始の申立てに先立ち，申立権者（当該会社自身が申し立てるのが通例である）と裁判所で事前相談等が実施され，申立てと同時に保全処分や保全管理命令が即日発せられることが多い。

裁判所は開始決定の可否判断のため，申立原因の有無や更生手続開始決定の当否等を調査する。この調査は，保全管理人による調査報告やその他の書面審理のほか，会社代表者や大口債権者等への審尋等の方法でなされる。これらの調査を踏まえ，更生手続開始の原因となる事実および申立棄却事由の有無を判断の上，更生手続開始決定の可否を決定する（会更41条）。

(b) 管財人の選任　　更生手続開始決定がなされた場合，裁判所は管財人を選任し，更生債権等の届出をすべき期間および更生債権等を調査する期間を定め（会更42条1項），その旨を公告する（43条）。更生手続開始決定が出ると，更生会社の事業の経営ならびに財産の管理および処分をする権利は管財人に専属することになり（72条1項），更生債権者は以後更生計画によらなければ弁済を受けられない（47条以下）。更生債権者および更生担保権者は債権届出期間内に権利の届出を行う（138条）。

(c) 更生担保権　　更生手続では，更生会社の財産上に担保権を有する債権者は担保権の実行を禁止され（会更50条），更生担保権として届出をしないと更生計画認可決定と同時に債権・担保権ともに失権することになる（204条）。また，相殺も債権届出期間内に限り可能であり，それ以後は相殺できない（48条1項）。

(d) 更生計画の作成　　管財人は債権届出期間の満了後裁判所の定める期間内に更生計画案を作成し裁判所に提出する（会更184条1項）。管財人は，事業の経営ならびに財産の管理および処分をしながら，再建の見込み，再建の方法，債権者への返済可能見込額などを確認しながら，法の定める要件を充足する更生計画案を作成する（167条）。

更生計画案が裁判所に提出されると，裁判所は，これを決議に付する旨の決定をする。更生計画案が可決され，裁判所によって認可（会更199条）される

と，以後この更生計画に従って債務の弁済や事業の遂行が行われることになる（209条）。更生計画の定めによって認められた金銭債権の総額の3分の2以上の額が弁済された時において更生計画に不履行が生じていない場合，もしくは更生計画が遂行されることが確実であると認められる場合には，管財人の申立てもしくは職権で，更生手続終結の決定を行い公告する（239条）。この決定により，更生手続は終了する（234条5号）。

5 特別清算手続

(1) 意 義

特別清算は，清算手続に入った株式会社について，清算の遂行に著しい支障を来すべき事情がある場合（会社510条1号），または債務超過の疑いがある場合（同条2号）に，債権者，清算人，監査役または株主は特別清算開始の申立てにより開始される（511条1項）。債務超過の疑いがある場合には，清算人はこの申立てをしなくてはならない（同条2項）。

(2) 手 続

(a) 申立て　特別清算開始の申立てがなされた場合，申立てによりもしくは職権で，決定があるまでの間，他の法的な手続について裁判所はその中止を命じることができる（会社512条）。また，特別清算開始の命令があった場合，破産の申立て，強制執行，保全執行または財産開示の申立てをすることはできず，すでになされた強制執行，保全処分，財産開示手続は中止され，その効力を失う（514条・515条）。裁判所は担保権の実行としての競売手続の中止を命じることも可能であり（516条），特別清算開始の命令が発せられると，清算会社に対する債権の時効は完成しない。もっとも，担保権の実行としての競売手続の中止は一時的なものであり，破産手続において別除権者となる債権者は，特別清算手続による制約を受けず，担保権を実行して優先的な弁済を受けられる。

(b) 特別清算人　特別清算開始の命令があった場合，清算株式会社の清算は裁判所の監督に属することになるが（会社519条），清算人は裁判所が選任する場合を除き，清算会社の清算人がそのまま継続する（524条参照）。清算人は，債権者，清算会社および株主に対して公平かつ誠実に清算事務を行わねば

ならず（523条），特別清算も清算手続と同様に，清算人は，会社財産を調査し（492条），現務の結了，債権の取立および債務の弁済，残余財産の分配等の職務を行うことになる（481条）。

(c) 協定書の作成　　特別清算手続に入るのは債務超過である場合がほとんどであり，清算手続の終結を図るためには，この超過する債務につき少なくとも資産と同額まで減額することが必要となる。この方法として債権者と個別に和解していく方法と，清算会社が債権届や財産目録にもとづき資産による弁済案および残債務の免除等を内容とする協定案を作成し（会社563条～565条），債権者集会において，出席した議決権者の過半数の同意と，議決権者の議決権の総額の3分の2以上の議決権を有する者の同意をもって可決し，かつ裁判所の認可を受ける方法がある（567条1項）。個別和解もしくは協定が成立すれば，清算人はその内容に従って債務を弁済し，清算事務を終了したときに裁判所に特別清算終結決定の申立てを行い（573条），その決定をもって終結するが，協定が成立する見込みのない場合や協定の実行見込みのない場合には，裁判所は職権で破産法に従い破産手続開始の決定をしなくてはならない（574条）。

第7節　事業再生 ADR

　事業再生 ADR とは，裁判外紛争解決手続（Alternative Dispute Resolution, 略して ADR という。正式には「特定認証紛争解決手続」である）のことを指し，これは私的事業再生手続の一つである。法的な再生手続として，民事再生手続や会社更生手続があるが，これらは裁判所が手続に関与して厳格かつ透明性や公正性を確保した手続であり，原則として債権者平等の原則が貫かれている。結果として，債務者の事業における商取引債権者も手続に拘束されることから，従前の取引関係の維持が難しくなり，事業運営に支障をきたし，債務者の事業価値が大きく毀損することも考えられる。従来は，こうした法的整理手続に起因する事業価値の毀損発生を回避するため，2001（平成13）年に策定された「私的整理ガイドライン」等にもとづき，メインバンクが中心となり債務者に対して必要な信用を補完する形で，債権者間の利害を調整して，債務者の事業再生を支えてきた。しかし，バブル崩壊後の経済環境や銀行自身の体力の低下もあ

り，メインバンクが債務者の再生支援をするモデルに限界が生じ，結果として法的整理手続を選択せざるをえないようになってきた。しかし，前述の通り，法的整理手続には事業継続への様々な障害が生じることから，2007（平成19）年の「産業活力の再生及び産業活動の革新に関する特別措置法」（産活法）の改正により事業再生 ADR 制度が創設され，2014（平成26）年に制定された産業競争力強化法に引き継がれた。

事業再生 ADR は私的再建手続であり，「私的整理ガイドライン」の手続を踏襲しているが，手続実施者が法定の要件をみたす ADR 事業者であり，その ADR 事業者が手続の進行や債権者間の調整を行う点と，産活法にもとづく有利な特則が存在する点が従来の私的整理手続と異なる。事業再生 ADR 手続の対象は中小企業に限らず，大企業も対象としている[80]。

1 事業再生 ADR の特徴

事業再生 ADR の特徴は，次の通りである。

① 事業価値の毀損が少ないこと

事業再生 ADR が事業運営にかかる商取引債権は原則対象とせず，主に金融機関や大口の債権を有する商社やメーカー等を対象として進められることから，本業を継続しながら金融機関等との話し合いで解決策を探ることができるので，法的整理手続のように申立てにより事業継続が事実上困難になるような事態を回避することができる。また，事業活動を維持するため，一時的な資金繰りの確保のためのつなぎ融資に対する中小企業基盤整備機構等の債務保証が用意されている（産業競争力強化法53条～55条）。

② 手続期間が短いこと

事業再生 ADR の手続利用申請の仮受理から終了までの期間は3か月程度を予定しており，法的整理手続よりも迅速かつ柔軟に解決を図ることができる。

③ 手続のプロセスと事業計画の透明性，公正性，衡平性，実行可能性が比較的確実であること

---

[80] 2014（平成26）年3月31日までの事業再生 ADR の利用は，50件の手続利用申請があり42件を受理。この内30件で事業再生計画案に債権者全員が同意している。また，16件が上場企業（経済産業省産業再生課「事業再生 ADR 制度について」〔平成26年〕）。

事業再生 ADR は，国家認証機関が手続実施者となり，法律にもとづき手続を進めることから，法的整理手続と同じく公正性や透明性が確保されている。

④ 手続参加者の債権につき時効中断効が生じること

裁判外紛争解決手続の利用の促進に関する法律（ADR 法）25 条により，法的整理手続と同様に時効中断効が認められる。

⑤ 債権の無税償却が認められること

私的整理において金融機関が債権放棄をするには，個別の案件ごとに税務当局に損金算入の可否について判断を受ける必要があるが，事業再生 ADR にもとづく債権放棄は，税務当局から合理的に債権放棄がなされたと推定され債権の無税償却ができる。

⑥ 法的再生手続への移行

事業再生 ADR において債権者の意見がまとまらないときは，裁判所を利用した法的再生手続に移行し，ADR の結果を尊重してもらうことが期待できる。

2　事業再生機関

事業再生 ADR が上手く機能するためには，ADR 事業者の信頼性と力量に負うところが大きい。これらを確保するために，ADR 法が施行され，紛争の範囲，手続実施者の能力，利害関係者の排除など業務の適正さを確保する要件を国が確認，認証する制度とされた。この ADR 事業者の資格審査は，法務省と経済産業省が行い，事業再生 ADR 事業者として認定する枠組みとなっている[81]。

3　事業再生手法

(1)　事業再生 ADR の手続の概要

事業再生 ADR の手続の要点は，次の通りである。

① 過剰債務を抱える債務者が事業再生 ADR 事業者へ相談を行う。
② ADR 事業者が事業再生の可否等の審査を行い，事業再生 ADR 手続実施予定者による調査や事業計画案策定の後，債務者からの正式な申込みを

---

[81]　事業再生実務家協会（Japanese Association of Turnaround Professionals，略称 JATP）が認定されている。

第7節　事業再生ADR

図表3-3　事業再生ADRによる事業再生手続の流れ

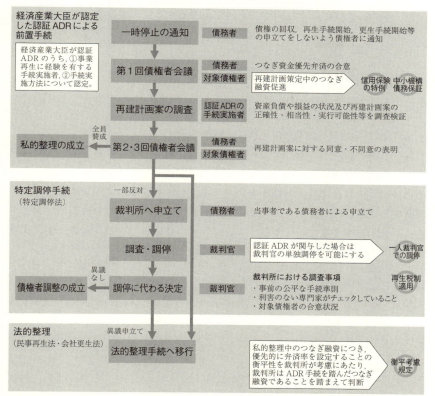

＊経済産業省産業再生課「『産業活力の再生及び産業活動の革新に関する特別措置法』に基づく事業再生ADR制度について──早期事業再生のために」(平成23年7月) 7頁をもとに作成。

受理する。

③　債務者とADR事業者が連名で，金融機関を中心とする債権者に対して，債権回収や担保設定等の停止および民事再生手続や会社更生手続の開始等の申立てをしないことを内容とする一時停止の通知を発出する。金融機関など大口債権者は，この時点から事業再生ADR手続に組み込まれることになる。

④　手続実施者が債権者間の意見調整，債務者の資産負債や損益の状況および再建計画案の正確性や履行可能性等について検証を行い，債権者からの意見を踏まえた修正等を加えた計画案の内容説明と手続実施者の調査内容

の報告を行う。
⑤ 再建計画案に対する同意，不同意を決定する債権者会議にて，この手続の成否を確定する。事業再生 ADR 手続は私的整理手続の枠組みであるから，再建計画の承認は債権者全員の合意により成立する。この結果，各債権者の債権は計画に従って権利変更が発生し，結果として債務免除が行われることになる。

（2） 債権者全員の合意が得られない場合

再生計画の同意・不同意を決定する債権者会議で一部でも再建計画案に反対があった場合は再建計画案は不承認となり，事業再生 ADR 手続は終了する。その後は，債務者は特定調停を申し立てることもできる。調停が成立または裁判所から調停に代わる決定（民調 17 条）がされれば，その内容に従い債務弁済条件や免除が決まることになる。一方，調停不成立または裁判所の決定に異議が生じた場合，民事再生手続や会社更生手続で解決を図ることになる[82]。

---

82) 全体の理解として，経済産業省産業再生課「『産業活力の再生及び産業活動の革新に関する特別措置法』に基づく事業再生 ADR 制度について――早期事業再生のために」（平成 23 年 7 月）参照。

第4章 銀行の為替取引

■第1節　決済システム
■第2節　為替取引

第1節　決済システム

1　決済システムとは何か

　決済とは，資金などの受渡しにより，債権・債務を解消することをいう。また，決済システムとは，債権者と債務者との間において，決済を円滑に行うための仕組みをいう。様々な主体により，各種の経済取引が盛んに行われている現代社会においては，大量の決済を効率的かつ安全に行うことが必要とされており，これを可能にするために整備されているのが決済システムであって，決済システムは，現代社会の重要なインフラを構成しているのである。

　わが国の主な決済システムには，「日銀ネット」，「外国為替円決済システム」，「全銀システム」および「手形交換制度」がある[1]。このうち，日銀ネットと外国為替円決済システムは，金融機関の資金決済など，大口の資金決済を主に行うシステムであり，全銀システムと手形交換制度は，個人や企業の振込みや手形・小切手の決済など，小口の資金決済を主に行うシステムである。

　前者のうち，日銀ネットは，正式名称を「日本銀行金融ネットワークシステム」といい，日本銀行とその取引先金融機関との間の資金や国債の決済をオン

---

1) 海外の銀行との決済の仕組みについては，⇨第2節 **3(1)**(b)参照。

ライン処理により効率的かつ安全に行うことを目的として構築された，日本銀行が運営しているネットワークである。日銀ネットでは，日本銀行の電算センターと，日本銀行本支店および日銀ネットに参加する金融機関が通信回線により接続されており，日本銀行本支店や金融機関が入力したデータは電算センターでオンライン処理されている。日銀ネットと金融機関の接続に関しては，端末による接続のほか，参加金融機関のコンピュータとの直接接続も可能となっている。日銀ネットの機能には，資金決済システムである「日銀ネット当預系」と，国債決済システムである「日銀ネット国債系」がある。このうち，日銀ネット当預系では，金融機関などが日本銀行に開設している日本銀行当座預金の間の資金の振替によって，短期金融市場での取引，国債取引にかかる資金決済や，全国銀行内国為替制度，手形交換制度，外国為替円決済制度などの民間決済システムに関わる資金決済が行われている。また，日銀ネット国債系では，売買に伴う国債の決済，国債発行時の入札・発行・払込みなどが処理されている[2]。

外国為替円決済制度（外国為替円決済システム）は，海外の個人や企業が日本国内へ円資金の振込みを依頼した場合や，金融機関同士が外国為替の売買を行った場合に，金融機関同士の円資金の決済を行うための仕組みである。同制度は，全国銀行協会により運営されている。支払指図の伝送等の事務は，日本銀行が同協会からの委託を受け，日銀ネットのインフラを利用して行っている[3]。

以下においては，小口の資金決済を主に行うシステムである全銀システムと手形交換制度について，やや詳しくみていくこととしたい。

2　全銀システム

全銀システムは，正式名称を「全国銀行データ通信システム」といい，個人や企業が金融機関に振込みを依頼した場合などに金融機関同士の決済を行うためのネットワークシステムであって，全国銀行資金決済ネットワーク（全銀ネット）により運営されている。振込みをはじめとする金融機関の為替取引に関

---

[2]　日本銀行ウェブサイト（http://www.boj.or.jp/announcements/education/oshiete/kess/i10.htm/）。

[3]　日本銀行ウェブサイト（http://www.boj.or.jp/announcements/education/oshiete/kess/i23.htm/）。

するデータの処理は，全銀システムのセンター（全銀センター）を通じて行われる。

このうち，1件1億円以上の大口取引については，支払指図毎に決済に必要な情報がセンターから日銀ネットに送信され，日本銀行当座預金上で即時グロス決済（RTGS）[4] により処理される。

他方，1件1億円未満の小口取引については，センターにおいて個々の支払指図を集計した上，金融機関毎に受払差額を計算し，その結果を日本銀行にオンラインで送信する。この送信結果にもとづき，当日の午後4時15分に，各金融機関と全銀ネットとの間で，日本銀行当座預金の入金または引落しを行うことにより最終的に決済される[5]。

全銀システムは，1973（昭和48）年に88行が参加してスタートしたが，現在では，わが国の民間金融機関のほとんどすべてを網羅するに至っており，銀行，信用金庫，信用組合，労働金庫，農業協同組合（各業態の中央機関を含む），ゆうちょ銀行が全銀システムに接続している。

3　手形交換制度

金融機関に当座勘定を有する法人・個人は，その取引先との間で行った取引の決済のために，約束手形や小切手を振り出し，または為替手形を引き受けることができる。手形や小切手を受け取った取引先がそれを資金化するためには，支払場所として指定された金融機関（以下，「支払銀行」という）に対して支払呈示をする必要があるが，支払銀行が遠隔地にあるときなど，支払銀行に直接に支払呈示を行うことは不便である。そこで，当該取引先は，自己の取引金融機

---

[4] RTGSとは，Real-Time Gross Settlement──日本語に訳せば「即時グロス決済」──の略で，時点ネット決済と並ぶ中央銀行における金融機関間の口座振替の手法の一つである。時点ネット決済では，金融機関が中央銀行に持ち込んだ振替指図が一定時点まで蓄えられ，その時点で各金融機関の受払差額が決済される一方，RTGSでは，振替の指図が中央銀行に持ち込まれ次第，一つひとつ直ちに実行される。
　RTGSの下では，時点ネット決済とは異なり，ある金融機関の不払いがどの金融機関への支払いの失敗であるかが必ず特定され，その他の金融機関の決済を直ちに停止させることがない。このように，時点ネット決済と比較すると，システミック・リスクの大幅な削減が可能である点で，RTGSは優れた仕組みであるといえる（日本銀行ウェブサイト〔http://www.boj.or.jp/announcements/education/oshiete/kess/i14.htm/〕）。

[5] 日本銀行ウェブサイト（http://www.boj.or.jp/announcements/education/oshiete/kess/i21.htm/）。

関に対して，当該手形・小切手の取立を依頼することになる。

　手形・小切手の取立を依頼された金融機関は，当該手形・小切手について，支払銀行に対して支払呈示をする必要があるが，個別に支払呈示をすることは，大きな労力と危険を伴う。そこで，一定地域内の金融機関が構成員となって，相互に取り立てるべき手形・小切手を集団的に呈示・交換し，その差額分のみの資金を授受することで，決済の合理化と安全を図る手形交換所が整備されている。

　東京であれば，通常，受け入れた手形・小切手は，交換日前日の夜に集められて，翌日の手形交換により支払銀行に渡り，そこで決済できなければ（不渡りになれば），翌々日の不渡返還時限までに返還される（不渡返還）。この一連の仕組みが手形交換制度である。

　手形交換所は，各地の銀行協会などにより運営されており，その一覧は一般社団法人全国銀行協会のウェブページで確認することができる[6]。

　各地の手形交換所では，取引停止処分制度が設けられており，資金不足などにより決済されなかった手形・小切手は不渡りとされ，6か月以内に同一手形交換所において2回の不渡りを出した約束手形・小切手の振出人や為替手形の引受人は，取引停止処分に付される。取引停止処分に付された者は，当該手形交換所のすべての加盟金融機関において当座取引および貸出取引が2年間停止される。取引停止処分に付された者は，当座取引および貸出取引を停止されることにより事実上倒産することが多く，このような制度を設けられていることによって，手形・小切手の信用が維持されているのである。

第2節　為替取引

1　為替取引とは何か

　銀行法2条2項で「銀行業」とは同項各号のいずれかを行う営業をいうとされており，同項2号で「為替取引を行うこと」が挙げられている。

---

[6]　http://www.zenginkyo.or.jp/abstract/clearing/index.html

為替取引の定義については，最高裁平成13年3月12日決定（刑集55巻2号97頁）がある。これは，銀行ではない者（被告人）が外国送金の依頼を受けて，送金資金を受領し，これをそのまま輸送するのではなく，現地の共犯者に連絡して指図し，外国にある口座の資金を用いて，外国にある受取人の口座に入金したという事案である。最高裁は，為替取引とは「顧客から，隔地者間で直接現金を輸送せずに資金を移動する仕組みを利用して資金を移動することを内容とする依頼を受けて，これを引き受けること，又はこれを引き受けて遂行することをいう」と判示した上で，被告人を銀行法違反により有罪とした原審の判断を是認した。為替取引とは何かについては，この最高裁決定に従って判断していくことになる。

　為替取引は，それによる資金決済が国を跨ぐか否かにより，内国為替と外国為替に分類される[7]。

> **COLUMN 4-1　為替取引の理解の為に**
>
> 　仕組み・資金の流れ等　　為替取引を理解するためには，隔地者である振込依頼人Aと受取人B，Aが振込みを依頼するα銀行，受取人Bの口座があるβ銀行，四者各々の関係を頭に入れておくことが重要である。
>
> 　振込みにおける資金は，A→α→β→B　という図表4-1では時計回りの流れになる（厳密には，A→αとβ→Bの後にα⇔β間の資金のやり取りが行われるのが通常である（⇨**2(1)**(a)参照）。
>
> 　代金取立における取立手形は，逆にB→β→α→Aと呈示され，結果，資金が振込みと同様に流れることとなる。
>
> 　当事者関係を頭に入れておくことが重要であるのは，外国為替取引も同様である。船荷証券等の付帯した荷為替手形は取立手形と同様の流れとなる（船荷証券等の付帯した荷為替手形による取引が外国為替取引の特徴の一つであり[8]，たとえば荷為替取引の場合，輸入者の取引銀行は商品の化体した有価証券である船荷証券等と引換えに資金の授受を行う）。

---

[7]　内国為替と外国為替の区別のメルクマールは，必ずしも一義的ではない。本文では，資金決済が国を跨ぐか否かというメルクマールによる区別を採用しているが，異種通貨の交換を伴うものであれば外国為替であるとするメルクマールもある。後者のメルクマールを採用する場合には，たとえば，異種通貨の交換を伴うものであれば，資金決済は国を跨がない場合でも，外国為替に分類されることになる（たとえば，国内同士の外貨送金も外国為替に分類されることがある）。

[8]　「為替手形は……国際取引のための送金および取立の手段としての機能を有する。国内取引においては……めったに利用されず……」（前田庸『手形法・小切手法入門』（有斐閣，1983年）と夙に言われている通りである。

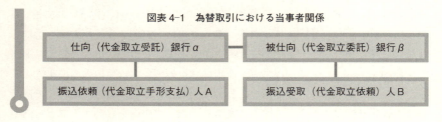

図表 4-1　為替取引における当事者関係

2　内国為替

　内国為替は，為替取引のうち，資金決済が国を跨がず，同一国内で決済されるものをいう。主な内国為替取引には，振込取引と代金取立がある[9]。

(1)　振込取引

　振込取引とは，依頼人が銀行（仕向銀行）に，他の銀行（被仕向銀行）にある受取人の預金口座に入金すべき旨の為替通知を発信することを委託し，これを受けて仕向銀行が被仕向銀行に為替通知を発信し，被仕向銀行がこれを受けて受取人の預金口座に入金を行う，一連の取引をいう。

　(a)　振込みの仕組み　　振込みの仕組みについて整理すると，次の通りである[10]（⇨**図表 4-2** 参照）。

① 　振込依頼人と受取人の間には，通常，資金移動の原因となる関係（物の売買により売掛債権が発生した等）がある。これは，振込みの原因関係と呼ばれることがある。

② 　一般に，振込依頼人の振込依頼によって，振込依頼人と仕向銀行の間には（準）委任契約の一種としての振込契約が成立すると解されている（〔準〕委任契約説）。ただし，振込依頼人と仕向銀行間の契約関係を，（準）委任契約ではなく請負契約であるとする考え方（請負契約説）[11]や，両者

---

[9]　内国為替取引には，このほかに送金がある。送金については，小山嘉昭『詳解銀行法〔全訂版〕』（金融財政事情研究会，2012年）154頁，松本貞夫「送金」鈴木禄弥＝竹内昭夫編『金融取引法大系（3）』（有斐閣，1983年）30頁参照。

[10]　森田宏樹「振込取引の法的構造——『誤振込』事例の再検討」中田裕康＝道垣内弘人編『金融取引と民法法理』（有斐閣，2000年）148頁参照。

[11]　岩原紳作「コンピューターを用いた金融決済と法——アメリカ法，西ドイツ法を参考として」金融法研究創刊号（1985年）28頁，同「振込規定試案の問題点と限界」金法1164号（1987年）10頁，同「電子的資金移動（EFT）」NBL 385号（1987年）21頁，同

第2節　為替取引

図表 4-2　振込みの仕組み

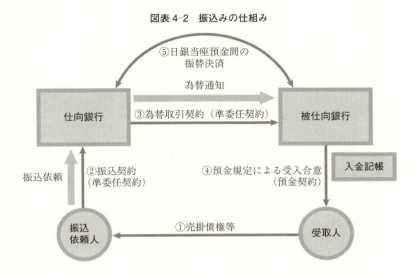

の関係を（準）委任と解しつつ，被仕向銀行が為替取扱規則と慣行に従って振込指図を処理することを，仕向銀行が振込依頼人に対して保証するとする，損害担保契約説[12]もある。

③　仕向銀行は，振込依頼人との振込契約に従って，被仕向銀行に対し，振込依頼人により指示された金額を受取人口座に入金記帳すべき旨の為替通知（支払指図）を，被仕向銀行に送付する。仕向銀行と被仕向銀行との間には，為替取引契約（為替取扱規則）が締結されており，被仕向銀行は，為替通知によって指定された預金口座に振込金を入金する義務を負う。なお，仕向銀行と被仕向銀行の関係については，振込依頼人と仕向銀行との間の委任契約とは独立した委任契約であるとする独立契約説（債務限定説という論者もある）[13]，被仕向銀行を仕向銀行の復受任者ととらえる復委任説[14]，被仕向銀行を仕向銀行の履行補助者ととらえる履行補助者説[15]が

『電子決済と法』（有斐閣，2003年）413頁。
12) 川村正幸「判批」金判848号（1990年）41頁。
13) 「特集・振込規定試案」金法1153号（1987年）14頁〔川田悦男〕，27頁〔林部實〕，松本貞夫「振込取引における仕向銀行と被仕向銀行との関係——高松高判平成元年10月18日に関連させて」金法1272号（1990年）9頁など。銀行実務家の多くはこの考え方をとっていると思われる。

ある。

④ 被仕向銀行と受取人（預金者）との間では，預金規定上に振込金を預金として受け入れると定められており（⇨第2章第2節**2**参照），この規定にもとづいて，被仕向銀行は，預金口座にこの為替通知による振込金の入金を記帳する。一般に，この④の預金口座への入金記帳時に預金が成立すると解されている[16]。

⑤ 仕向銀行と被仕向銀行との間の資金決済は，全銀センターで集中計算され，その結果にもとづいて，日本銀行に設けられた両銀行の当座預金間の振替により行われる。

COLUMN 4-2　振込依頼人と仕向銀行との法律関係

α銀行は，原則として，為替取引（振込み・代金取立）の依頼をするA側の事情，資金移動の原因となる関係（「原因関係」）の存否・内容を知りうる立場にはない。

また，振込受取人Bの口座がβ銀行にあるのか，口座番号・名義がAから依頼を受けた内容と符合しているか，についても原則として知りうる立場にはない。

したがって，αが責任をもって受任できるのは，βに対してAの依頼通りの振込通知を発信することのみであるが，（Aの依頼どおりの口座がβにあれば）B口座に入金するというAの目的は達成されることになる。

(b)　組戻し　振込依頼人の申出等にもとづき，振込みを取り消すことを「組戻し」という。

被仕向銀行における入金記帳前であれば，仕向銀行が為替通知を発信済みの場合であっても，被仕向銀行に組戻依頼電文を発信することにより，資金が仕向銀行を通じて依頼人に返還される。

問題は，すでに被仕向銀行が入金記帳してしまっている場合である。この場合は，振込みにかかる事務処理がすべて終了し，預金債権が成立しているので，一方的な取消しはできない。受取人である預金者が承諾したときに限り，振込資金が返還される。

---

14)　吉原省三「口座相違と銀行の責任」金法689号（1973年）43頁など。
15)　沢野直紀「エレクトロニック・バンキングと法的諸問題」鴻常夫先生還暦記念『八十年代商事法の諸相』（有斐閣，1985年）752頁。
16)　第2章注19) 参照。

組戻しの法律的性質については，振込依頼人と仕向銀行との間の振込契約を（準）委任ととらえる多数説を前提として，民法651条にもとづく（準）委任の解除であるとする考え方が多いようであるが[17]，仕向銀行において為替通知を発信済みである場合には，振込依頼人と仕向銀行間の契約関係を（準）委任関係と解し，かつその（準）委任の内容を被仕向銀行に対して為替通知を発信することであると解する限り[18]，別個の（準）委任と解すべきなのではないかと考える（私見）。なんとなれば，仕向銀行は，為替通知の発信を完了している以上，受任した（準）委任事務は履行を完了しており，履行の完了した（準）委任の解除は観念することができないからである（大判大正7年5月16日民録24輯967頁）。

COLUMN 4-3 組戻しに関する判例

最高裁平成12年3月9日判決（判タ1031号25頁）は，預金者の承諾を得ないで組戻しに応じた銀行の責任について判断された事例である。

破産申立予定会社Xが，従業員に支払うべき退職金および給料の原資を確保するために，従来取引関係のなかったY銀行に普通預金口座を開設し，従来から取引関係のあるA銀行に依頼して当該普通預金口座への振込みを行った。同日，A銀行を支払場所とする手形が支払呈示されたが，Xはこれを不渡りとする意向であった。振込み後のA銀行の預金残高では，支払呈示された手形の決済に不足することとなるため，A銀行の担当者は，Xに電話連絡したが，責任者との連絡がとれなかった。A銀行の担当者は，振込依頼は事務手続上の過誤に違いないと誤信し，Xの承諾がないにもかかわらず，Y銀行に対して組戻しの依頼をし，かつXの承諾が得られた旨連絡した。Y銀行では，すでに入金記帳を済ませていたが，A銀行からXの承諾を得た旨の連絡を受けたことから，自らXに承諾の確認をとることのないまま，組戻しに応じた。A銀行は組み戻された資金のうち手形決済に必要な金額をXの当座預金口座に振り替え，手形は決済された。Xは破産の申立てを行い，Xの管財人がY銀行に対して，組戻しは無効であるとして預金の払戻請求をした。

最高裁は，Y銀行においていったん成立した預金は，Xの承諾なしに行った組戻しにより消滅するものではないし，銀行の担当者が顧客の利益のために尽力することは相当であるとしても，いかに手形の不渡りを回避するためとはいえ，

---

17) 鈴木＝竹内編・前掲注9）100頁，後藤紀一『振込・振替の法理と支払取引』（有斐閣，1986年）156頁。
18) 前述の独立契約説の考え方である（仕向銀行と被仕向銀行との関係について，他の考え方（復委任説・履行補助者説）をとる場合や，そもそも振込依頼人と仕向銀行間の契約関係について請負契約であるとする考え方をとる場合には，この限りでない）。

取引先の承諾を得ることなく振込みの組戻手続や預金の払戻手続をとることまでが銀行の権限に属するとされる余地はなく、Y銀行は、Xの承諾の有無につき自ら確認することなく、本件預金を出金して本件組戻しに応じていることなどの事情をも併せ考慮すれば、本件払戻請求が信義則に反するとまではいえないなどとして、Y銀行を敗訴させた。

COLUMN 4-4　為替通知の取消し

組戻しは、振込依頼人の錯誤等によって誤った振込依頼がなされた場合の制度であるが、仕向銀行の事務ミスによって誤った為替通知が発信された場合（たとえば、100万円の振込指図に対して1億円の為替通知が発信された場合）には、入金記帳後でも受取人の承諾を得ることなく取り消すことができる。これを「（為替通知の）取消し」という。なお、このような取消しの処理をすることができることは、普通預金規定に規定されている（巻末普通預金規定3条2項）。

（c）誤振込み　（i）誤振込みによる預金の成否　振込依頼人と受取人の間に資金移動の原因となる関係がないのに、誤って振込みが行われることを、誤振込みという。誤振込みについては、それによって受取人の預金が成立するかが問題となる。

誤振込みの場合の預金の成否については、最高裁の有名な判例がある。第一勧業銀行の大森支店に開設されたA社の口座に振り込むべきところを、富士銀行の大森支店に開設された漢字は異なるがカタカナ社名が同じ別法人B社の口座に振り込んでしまったという事案である。振込依頼における被仕向銀行は富士銀行の大森支店、口座番号は富士銀行大森支店におけるB社の口座番号、受取人はA社とされており、仕向銀行は、依頼人から指示された通りに為替通知を発信した。被仕向銀行においては、原則として受取人名と口座番号の両方が一致しないと入金は行われないが、為替通知において受取人名はカタカナで表示されるため、本件ではカタカナ名での受取人名と口座番号の両方が一致し、被仕向銀行にあるB社の口座への入金がされてしまったものである。仕向銀行も被仕向銀行も過誤なく事務処理を行ったにもかかわらず、振込依頼人の内心としては、実は別人に振り込むつもりだったというものである。入金後、受取人の債権者が預金を差し押さえたことから、振込依頼人が第三者異議の訴え（民執38条）を提起した。

最高裁平成8年4月26日判決（民集50巻5号1267頁）は、「振込依頼人から

受取人の銀行の普通預金口座に振込みがあったときは，振込依頼人と受取人との間に振込みの原因となる法律関係が存在するか否かにかかわらず，受取人と銀行との間に振込金額相当の普通預金契約が成立し，受取人が銀行に対して右金額相当の普通預金債権を取得する」として，振込依頼人の訴えを棄却した。振込取引における，原因関係から切り離された安全，安価，迅速な資金移動手段としての側面を重視して，預金債権の成立を認めたものといえ，妥当な判断であると考えられる（なお，振込依頼人が，受取人に対して，不当利得返還請求権を有するのは当然である）。

(ii) 誤振込みにより成立した預金の払戻し　そうすると，誤振込みを受けた預金者は，誤振込みによって成立した預金の払戻しを請求してよいのかが問題となるが，最高裁平成15年3月12日決定（刑集57巻3号322頁）では，誤振込みであることを知った受取人が，情を秘して払戻しを受けた場合は，詐欺罪が成立するとされている。この考え方からすると，私法上は預金債権が成立するけれども，情を秘して払戻請求を行うと刑事罰に処せられるということになるが，これをどのように整合的に理解すればよいのかは，興味深い問題である[19]。受取人の預金が成立する以上，その払戻しの請求は私法上適法であるとすると，私法上適法な払戻請求が，刑事上は違法になるというのは，いかにもおかしいと思われるからである。

この問題に関連する判例として，最高裁平成20年10月10日判決（民集62巻9号2361頁）がある。事案は複雑であるが，簡略化すると，犯人が，XがY銀行に開設した普通預金の通帳と，Xの夫のAがB銀行に開設した定期預金の通帳を盗んで，Aの定期預金1100万円を解約し，解約代り金を振込資金として，B銀行に対して，Y銀行にあるXの普通預金口座への振込みを委託し，Y銀行にあるXの普通預金口座に振込入金がされたところで，盗んだ普通預金通帳を使って，振込入金された預金の払戻しをしたというものである。XがY銀行に対して，犯人への払戻しは無権限者への払戻しであって無効であるとして，預金払戻請求訴訟を提起したという事案である。

原審は，Xによる預金払戻請求は，権利の濫用として許されないと判断したが，最高裁は「受取人の普通預金口座への振込みを依頼した振込依頼人と受

---

[19] 佐伯仁志＝道垣内弘人『刑法と民法の対話』（有斐閣，2001年）34頁。

取人との間に振込みの原因となる法律関係が存在しない場合において，受取人が当該振込みに係る預金の払戻しを請求することについては，払戻しを受けることが当該振込みに係る金員を不正に取得するための行為であって，詐欺罪等の犯行の一環を成す場合であるなど，これを認めることが著しく正義に反するような特段の事情があるときは，権利の濫用に当たるとしても，受取人が振込依頼人に対して不当利得返還義務を負担しているというだけでは，権利の濫用に当たるということはできないものというべきである。」と判示して，破棄差戻しした。

　誤振込みであっても，受取人の預金口座に入金記帳がされた以上は受取人の預金債権は成立し，受取人がこれの払戻しを請求することも原則として差し支えなく，それが権利の濫用に当たる場合に認められないことがあるにすぎないということだろうと思われる。さらに，払戻しを受けることにより詐欺罪が成立するのは，当該払戻しの請求が例外的に権利濫用に当たる場合に限られると理解すれば，先ほどの刑事の判例も，民事の判例と整合的に理解することができるのではないかと思われる（私見）。

　　（iii）誤振込みにより成立した預金債権を受働債権とする相殺　それでは，被仕向銀行が，誤振込みにより成立した預金債権を受働債権として相殺し，受取人に対する債権（貸付金債権など）の回収を図った場合には，どうなるだろうか。

　被仕向銀行が，誤振込みにより成立した預金債権を受働債権として相殺したところ，振込依頼人が被仕向銀行に対して不当利得返還請求訴訟を提起した事案で，名古屋地裁平成16年4月21日判決（金判1192号11頁）は，被仕向銀行による相殺を，正義，公平の観念に照らして無効であるとした上で，振込依頼人の被仕向銀行に対する不当利得返還請求を認容した。しかし，この判断に対しては，相殺の無効をいうならば，自働債権の満足による消滅という被仕向銀行の利得はそもそも生じておらず，被仕向銀行が利得したというのであれば，相殺は有効であったというべきである，という批判がある[20]。

　その控訴審である名古屋高裁平成17年3月17日判決（金判1214号19頁）は，振込依頼人が組戻しを依頼し，受取人もそれを承諾している場合には，正義・

---

[20] 柴崎暁「判批」金判1201号（2004年）59頁ほか。

公平の観念に照らして，その法的処理においては，実質は振込みによる預金が成立していないのと同様に構成するべきだとして，振込依頼人から被仕向銀行に対する不当利得返還請求を認めた。この判断についても，論理が分かりにくいなどの批判がされている[21]。

また，東京地裁平成17年9月26日判決（判時1934号61頁）は，被仕向銀行による相殺については権利の濫用に当たると評価するに足りる事情は窺えず，有効であるとしつつ，被仕向銀行が振込依頼人から受取人の所在が不明であるため組戻しの承諾を得ることができない事情について説明を受けていながら，誤振込みの事実の有無を確認することのないまま，相殺した場合には，振込依頼人との関係では法律上の原因を欠き不当利得になる，と判示している。

この東京地裁判決は，相殺を有効であるとしつつ，被仕向銀行の不当利得を認めたところに特徴がある。相殺を有効であるとしている点で，名古屋地裁判決に対して示された先ほどの批判を回避することはできているが，これに対しても，不当利得の成立要件たる「法律上の原因の欠如」は振込依頼人と受取人との間に存するにすぎず，振込依頼人の損失と，受取人の利得した財貨の事後処分にすぎない相殺によって生じた被仕向銀行の「利得」との間には，因果関係は存在しないとする批判がある[22]。

この問題についてはどのように考えるべきだろうか。さきほどの最高裁平成8年4月26日判決を前提とすれば，誤振込みによっても預金は成立していることになり，形式的には相殺もすることができるようにも思えるが，この論点についての最高裁判決は，現在のところ存在しない。

被仕向銀行が（誤振込みであることを知って）相殺をした場合には，前記平成8年の最高裁判決の射程外であるとして，預金の成立を認めない前記名古屋高裁判決のような考え方もありうるが[23]，何故に被仕向銀行が（誤振込みであることを知って）相殺をした場合には預金が成立しないのかについて，説明が困難であるという問題がある。そこで，以下においては，前記平成8年の最高裁判決を前提とした上で，検討をすることとしたい。

平成8年の最高裁判決を前提とする限りは，相殺を無効としつつ被仕向銀行

---

21) 松岡久和「判批」金法1748号（2005年）11頁ほか。
22) 柴崎暁「判批」金判1241号（2006年）49頁。
23) 内田貴『民法Ⅱ債権各論〔第3版〕』（東京大学出版会，2011年）587頁。

の不当利得を肯定することは，前記名古屋地裁判決に対する批判のいう通り，困難なのではないかと思われる。したがって，仮に被仕向銀行の不当利得を肯定するとすれば，相殺を有効であると考えるほかないのではないかと思われるが，相殺を有効としたところで，被仕向銀行の不当利得をいかにして認めるかには，これまた困難がある。平成8年の最高裁判決の考え方を維持しつつ，相殺を有効であるとして，被仕向銀行の不当利得を肯定する考え方に，騙取金による弁済についての判例（最判昭和42年3月31日民集21巻2号475頁，最判昭和49年9月26日民集28巻6号1243頁）との類似性に着眼するものがある[24]。すなわち，金員を騙取した者が，その金員を自らの債権者に対する債務の弁済に充てた場合，騙取金による弁済であることについて弁済受領者に悪意または重過失があるときは，弁済受領者の弁済金の取得は，被騙取者に対する関係においては法律上の原因を欠き，不当利得となるものと解されているところ，これと同様に，誤振込みであることについて被仕向銀行に悪意または重過失があるときは，被仕向銀行による相殺による利得は，振込依頼人に対する関係においては法律上の原因を欠き，不当利得となるというわけである。

　この騙取金による弁済についての判例とパラレルに考える考え方には，それなりの説得力があるようにも思えるが，本当にパラレルに考えることができるかについては，疑問もある[25]。

　結局，平成8年の最高裁判決を維持する限り，振込依頼人の被仕向銀行に対する直接請求は困難であるというほかないのではないかと思われる。もちろん，事情によっては被仕向銀行による相殺が権利濫用として無効となりうることはいうまでもないので，相殺が権利濫用となるときは，振込依頼人は債権者代位の要件をみたせば受取人に代位して被仕向銀行に預金の払戻しを請求することができるし，債務名義を得て預金を差し押さえることもできるが，それにとどまると考えるほかないのではないかと思われる（私見）。

---

[24]　佐々木修「判批」銀法640号（2004年）28頁，三上徹「判批」銀法645号（2005年）10頁。なお，相殺を無効としつつ，騙取金による弁済についての判例との類似性を指摘するものとして，菅野佳夫「判批」判タ1152号（2004年）105頁。
[25]　松岡久和「判批」金法1748号（2005年）14頁，岡本雅弘「誤振込と被仕向銀行による相殺（上）」金法1751号（2005年）13頁。

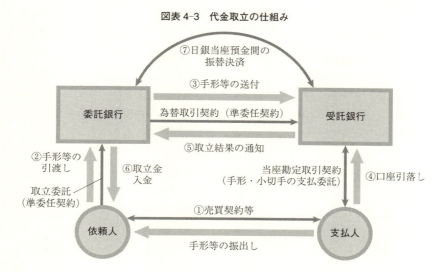

図表 4-3　代金取立の仕組み

(2) 代金取立

　代金取立とは，銀行が，取引先または他の金融機関から依頼を受けて，手形などの証券類にかかる債権を債務者に請求し，その代金を取り立てる為替取引をいう。本章第1節**3**において手形交換制度について説明したが，手形交換制度が同一手形交換所加盟銀行間での手形等の決済制度であるのに対して，代金取立はそれ以外の銀行間における手形等の決済の仕組みである。

　(a)　代金取立の仕組み　　代金取立の仕組みについて整理すると，次の通りである（⇨**図表4-3**参照。受託銀行が手形等の支払場所である場合の個別取立を例に説明する）。

① 依頼人と支払人との間で売買契約等が締結され，その代金等として支払人から依頼人に対して手形等が振り出される。
② 依頼人の取立依頼によって，依頼人と委託銀行の間には（準）委任契約の一種としての代金取立委任契約が成立する。当該契約には，「代金取立規定」という約款が適用される。

　　代金取立規定には，銀行には手形等の白地を補充する義務がないこと，手形等の取立のための発送の時期・方法は銀行が適当と認めるところによ

209

ること，引受けのない為替手形等について銀行は引受け等のための呈示をする義務を負わないこと，「期日入金手形」として取り扱った手形等（後記の集中取立・期近手形集中取立として取り扱った手形等）の取立金は，支払期日に預金口座に入金記帳するが，支払期日の翌営業日の不渡通知時限経過後に銀行で決済を確認した上でなければ支払資金としないこと，期日入金手形以外の手形等については，銀行間における入金報告により決済を確認の上で入金記帳し，支払資金となることなどが定められている。

　また，代金取立の対象が手形または記名式小切手である場合には，依頼人は委託銀行を被裏書人とする取立委任裏書を行うので，依頼人と委託銀行との間には，取立委任裏書の裏書人と被裏書人の関係が成立する。

③　委託銀行は，依頼人との代金取立委任契約に従って，支払呈示のために，受託銀行に対し，手形等を送付する。

　委託銀行と受託銀行との間には，あらかじめ内国為替取扱規則にもとづく包括的な為替取引契約が締結されており，当該契約にもとづく（準）委任関係が成立する。

④　委託銀行から手形等の取立依頼を受けた受託銀行は，当該手形等を期日に取り立てる。代金取立の対象が手形・小切手である場合には，受託銀行と支払人との間には当座勘定取引契約が存在するので，受託銀行は，当該契約にもとづき，手形・小切手金額を支払人の当座勘定から引き落とす。さらに，受託銀行は，委託銀行に対して，入金通知を発信する（不渡りの場合には，不渡通知を発信する）。

⑤　受託銀行から入金通知を受信した委託銀行は，これにもとづき依頼人の預金口座に取立代り金を入金する（不渡りの場合にはその旨を依頼人に連絡するとともに，後日，受託銀行から返送された手形等を依頼人に返却する）。

⑥　委託銀行と受託銀行との間の資金決済は，全銀センターで集中計算され，その結果にもとづいて，日本銀行に設けられた両銀行の当座預金間の振替により行われる。

(b)　代金取立の種類　　代金取立には，以上により説明した個別取立のほか，集中取立および期近手形集中取立という方式もある。

　集中取立とは，手形の取立事務をセンター（集手センター）に集中し，同一

図表4-4 大阪地裁平成元年10月30日判決の事案

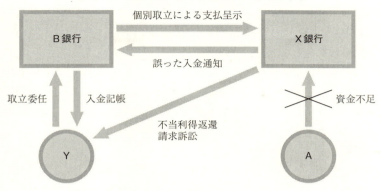

期日の手形をまとめて受託銀行の集手センターに送付して取り立てる方式である。集中取立においては，受託銀行は，期日に取立手形の合計金額で為替通知を発信して資金の付替えを行い，不渡りになったものについては個別に期日の翌営業日までに委託銀行宛に為替通知を発信して資金の請求を行うという仕組みが採用されている。これにより，取立手形等1件ごとに為替通知を行う必要がなくなり，事務が効率化されることとなるわけである。なお，期日の切迫した手形や一覧払いの手形等および小切手は，集中取立の対象外とされている。

期近手形集中取立とは，集中取立の仕組みを期日の切迫した手形や小切手の取立に利用する仕組みである。もっとも，受託銀行の事務処理体制によっては処理ができないこともあるので，この方式を利用するためには，あらかじめ，委託銀行と受託銀行との間で協定書を取り交わすことが必要とされている。

(c) 受託銀行による入金通知の誤発信　さて，代金取立において，支払人の当座預金に手形・小切手を決済するに足る資金がないにもかかわらず，受託銀行が，誤って委託銀行に対して入金通知を発信した結果，委託銀行に開設された依頼人の預金口座に手形・小切手金額相当額の入金がされた場合，受託銀行は，依頼人に対して，手形・小切手金額相当額の返還を求めることができるだろうか。

この点について争われた裁判例に，大阪地裁平成元年10月30日判決（判時1373号135頁）がある。事案は，次の通りである（⇨**図表4-4参照**）。

Aが振り出した約束手形の所持人であるYは，当該約束手形をB銀行に取

立委任し，B銀行はこれを個別取立の方法により，支払場所であるX銀行帯広支店に支払呈示した。X銀行帯広支店の担当者は，Aが同支店に開設していた当座勘定の支払資金が不足していたにもかかわらず，誤って，B銀行に対して入金通知を発信し，B銀行は，当該入金通知が到達するのと同時に，Yの預金口座に手形金相当額の入金記帳を行い，Yの預金が成立した。X銀行はB銀行に対して，手形金相当額の返還を求めたが，B銀行はYの預金口座に入金記帳済みであり，Yの同意が得られないことを理由に，当該返還要求に応じなかった。そこで，X銀行が，手形金相当額の返還を求めて，Yに対して訴訟を提起したものである。

これに対して大阪地裁は，「ところで，訴外会社〔筆者注：上記事案のA〕は，原告〔筆者注：上記事案のX銀行〕を支払担当者とする本件手形を振り出したことによって，原告に対し支払委託をなしたものというべきであるから，支払担当者たる原告による本件手形金の支払は，振出人たる訴外会社の債務の支払としての効力を有するものであり，弁済の効力があるものである。もっとも，本件手形につき支払呈示があった当時，訴外会社の当座預金口座には支払資金がなかったのであるが，かかる場合，原告はその主張のように本件手形につき訴外会社に対し支払義務を負わないとしても，支払委託が続いている以上（本件において当座取引契約解約の事実も窺われない），支払の結果を訴外会社の計算に帰せしめることができることには変りなく，その支払をしてしまった限りは，有効な弁済として訴外会社の被告〔筆者注：上記事案のY〕に対する本件手形金債務は消滅したというのほかはない。そうだとすると，本件手形金を受領した被告には利得はないから，その余の点につき判断するまでもなく，原被告間に不当利得返還請求権は発生しておらず，原告はむしろ，債務消滅という利得を得た訴外会社に対し請求をなすべきものである（大判大正13年7月23日新聞2297号15頁，大判昭和15年12月16日民集19巻2337頁参照，なお最判昭和53年11月2日判時913号87頁は本件に適切な先例とはいえない）。」と判示して，X銀行の請求を棄却した。X銀行は控訴したが，控訴審でも基本的に同様の判断が示され，控訴は棄却されている（大阪高判平成3年3月29日金法1288号31頁）。

それでは，支払委託の撤回があったにもかかわらず，受託銀行がこれを看過して誤って委託銀行に対して入金通知を発信した場合には，受託銀行は，手

第 2 節　為替取引

図表 4-5　東京地裁平成 9 年 10 月 21 日判決の事案

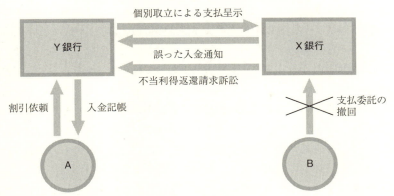

形・小切手金額相当額の返還を求めることができるだろうか。この点についても，次の裁判例がある。事案は次の通りである（⇨**図表 4-5** 参照）。

A は，B が X 銀行室町支店を支払場所として振り出した約束手形 2 通を裏書取得したので，1995（平成 7）年 4 月 20 日，Y 銀行に対し，当該手形の割引を依頼したところ，Y 銀行は，同月 27 日，当該手形を割り引いた上で，翌 28 日，当該手形を X 銀行に送付し，同年 5 月 1 日，当該手形は X 銀行に到着した。しかし，B は，同月 9 日，当該手形について，支払委託を撤回する旨の申出をしたが，X 銀行は，同月 10 日，B による支払委託の撤回を看過して，当該手形について決済として Y 銀行に入金通知を発信し，当該手形金相当額約 1577 万円を Y 銀行に送金した。X 銀行は，その後，Y 銀行に対し，入金取消しに応じるよう連絡したが，Y 銀行が当該資金の返還に応じないため，X 銀行から Y 銀行に対する当該送金は，法律上の原因を欠くとし，Y 銀行に対し，不当利得返還請求訴訟を提起した。

これに対し，東京地裁平成 9 年 10 月 21 日判決（判タ 986 号 240 頁）は，次の通り判示して，X 銀行の請求を棄却した。

「まず，原告銀行〔筆者注：上記事案の X 銀行〕及び補助参加人〔筆者注：上記事案の B〕は，振出人である補助参加人からの支払委託の撤回があった以上，原告銀行の本件送金は，本件各手形の弁済としてなされたものといえないから，本件送金は法律上の原因を欠くと主張する。しかし，本件においては，原告銀行は，補助参加人による支払委託の撤回を看過したとはいえ，本件各手形につ

いての決済として入金通知を発信し，被告銀行〔筆者注：上記事例のY銀行〕に対して本件各手形の手形金相当額を送金していることは，前記争いのない事実等の通りであるから，補助参加人の支払委託の撤回の有無にかかわらず，本件送金は，本件各手形の手形債務の弁済としてなされたと認められる。また，支払委託の撤回は，手形振出人・支払人間においては自由になしうるとしても，手形がいったん振り出された以上，手形金の受領権限は証券に表章されて流通するものであるから，支払委託の撤回という振出人の一方的な意思表示のみで，手形所持人の受領権限を消滅させることはできない。そうすると，右いずれの観点からも，本件送金が，支払委託の撤回を看過してなされたものであったことによって，法律上の原因を欠くことになるとは認められない。」

　以上の通り，これらの裁判例によれば，受託銀行は，入金通知を発信して手形金相当額の支払いを行った以上は，当該入金通知が誤発信によるものであったとしても，手形振出人の開設した当座預金口座の支払資金の有無にかかわらず，また，支払委託の撤回の有無にかかわらず，手形金相当額を受領した者に対して不当利得返還請求をすることはできないことになるのである。

(3) 為替取引に対する法規制

　すでに述べた通り，預金の受入れと貸付けもしくは手形の割引とを営業として併せ行うこと，または為替取引を営業として行うことが銀行業であり（銀行2条2項），また，「銀行業は，内閣総理大臣の免許を受けた者でなければ，営むことができない。」（4条1項）とされているので，免許を受けた銀行でなければ為替取引を営業として行うことはできない。海外送金なども為替に当たるので，いわゆる地下銀行のように銀行業の免許を得ないで海外送金を営むと，銀行法違反として刑事罰（3年以下の懲役もしくは300万円以下の罰金またはその併科）の対象となる（61条1項）。

　ただし，2010（平成22）年4月1日から施行された資金決済に関する法律は，銀行以外の者にも，資金移動業として登録を受けた上で100万円以下の為替取引を業として行うことを認めた（資金決済2条2項・37条，資金決済令2条）。もっとも，資金移動業者には，履行保証金を供託すること等が求められ，資金移動業者の倒産のリスクから送金資金を保全することが図られている（資金決済43条・59条）。

図表 4-6　海外送金の仕組み

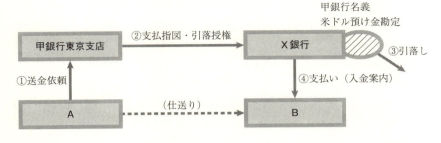

3　外国為替

　外国為替は，為替取引のうち，資金決済が国を跨ぎ，異国間で決済されるものをいう。主な外国為替取引には，海外送金，クリーンビル，貿易取引等がある。

(1)　海外送金

　Aが，アメリカの大学に在学する長女Bに1万米ドルの授業料を送金する必要があり，銀行を利用して海外送金をすることとしたとする。
　この場合における仕組み（各当事者が実施する役割等）は以下の通りである。

① Aは，甲銀行東京支店に対して，送金すべき1万米ドルに相当する円貨額を交付して送金を依頼する。
② 甲銀行は，Bが口座を保有するX銀行に甲銀行の米ドル預け金勘定があることを確認の上，X銀行に対して，甲銀行の預け金勘定から1万米ドルを引き落としてBの口座に入金するように依頼する。
③ X銀行は，甲銀行からの上記②の依頼にもとづき，甲銀行の口座から1万米ドルを引き落とす。
④ X銀行は，Bに入金案内するとともに口座入金する。

　このように，外国為替における送金の仕組みは，基本的に内国為替（振込取引）と同じであるが，外国為替は国を跨る資金決済であるため，内国為替と異なる点がいくつかある。それらに着目しながら，各当事者間の法律関係をみて

いくこととする。

　(a)　送金依頼人と仕向銀行の間の法律関係（A－甲銀行間）　送金依頼人と仕向銀行との契約は，送金にかかる事務を仕向銀行が受任する（準）委任契約であると解されており，この（準）委任契約は，仕向銀行が送金の依頼を承諾し，送金資金等を受領した時に成立するものとされている[26]。

　この（準）委任契約にもとづいて仕向銀行が負う義務は，「送金の依頼内容（送金依頼書に記載されている）にもとづいて，遅滞なく関係銀行に対して支払指図を発信すること」である（「X銀行にあるBの口座に1万ドルを入金すること」そのものではないことに留意する必要がある）。

　受任者は，委任の本旨に従い，善良なる管理者の注意をもって委任事務を処理する義務を負う（民644条）から，仕向銀行は，銀行に対して社会的，一般的に要求される注意を払って送金事務を行わなければならない。すなわち，たとえば，送金依頼書の内容と異なる送金事務を行った場合には，仕向銀行は債務不履行による損害賠償責任を負うことがあり（415条），仕向銀行は，送金依頼人に対し，債務不履行によって通常生ずべき損害のほか，特別の事情によって生じた損害であっても仕向銀行がその事情を予見し，または予見することができたときは，賠償する義務を負う（416条1項・2項）。

　たとえば，東京地裁昭和51年1月26日判決（判時822号67頁）は，受任者である仕向銀行が被仕向銀行を介して受取人に送金依頼人の名称を誤って通知したことが債務不履行に当たり，この仕向銀行の事務ミス（債務不履行）が受取人と依頼人の間の原因契約の解約と相当因果関係があるとして，送金依頼人の仕向銀行に対する多額の損害賠償請求を認めた。

　委任契約は，各当事者がいつでもその解除をすることができる（民651条1項）が，送金委託契約においてもこの点は同様である。送金委託契約の解除のことを実務上は「組戻し」というが，送金依頼人は，仕向銀行が支払指図を関係銀行に発信する前であれば（すなわち，委任事務処理が完了する前であれば）送金委託契約を解除することができる。ただ，送金委託契約では，一度成立した

---

26)　全国銀行協会が定める「外国送金取引規定ひな型」第4条第1項参照。多くの銀行がこのひな型を参考に，自行の取引規定を定めている。ただ，このような構成については，「予め基本契約が存在しない場合の振込取引に関する約款は，契約成立という事柄を，当該契約の成立を前提とする契約（約款）の規定の中で定めることができるのかという，基本的な問題が存在する」との指摘がある（岩原・前掲注11）『電子決済と法』362頁）。

送金委託契約を解除するには銀行が定める手数料（組戻手数料という）を要する旨が定められているのが一般的である。

これに対し，仕向銀行が支払指図を関係銀行に発信済みであるとき（受任者としての義務を履行済みであるとき）は，もはや送金依頼人は送金委託契約を自由に解除することはできず，関係銀行や受取人の了解を得ることができた場合に限り，いわば全当事者の合意解除の結果として，返金を受けることができるにすぎない。

> **COLUMN 4-5　外国為替及び外国貿易法について**
>
> 　私人が貿易等の取引を行うことは原則自由であるものの，内容によっては国際収支や通貨の変動にも影響を与えうること等から，そういう観点からの規制は必要と考えられており，外国為替及び外国貿易法（以下，外為法という）が制定されている。
>
> ① 適法性確認義務
>
> 　外為法16条，21条等は，一定の金銭支払いや受取り，金銭の貸借取引等について，主務大臣または財務大臣等の許可，承認またはこれらの者への事前届出を要することとしている。また，同法17条により，銀行等は，その顧客等の支払い等が，こういった許可，承認，届出を要するものではないこと，許可，承認，届出を要する場合には，許可，承認を受けていることや届出後の所要の手続を完了していることを確認した後でなければ，その支払い等にかかる為替取引を行ってはならない。
>
> 　なお，ここでいう許可を要する支払取引とは，たとえば，「タリバーン関係者等として外務大臣が定めるものに対する居住者もしくは非居住者による支払いおよびこれらのものによる本邦から外国へ向けた支払い」といったものである。
>
> ② 本人確認義務
>
> 　外為法18条により，銀行等は，本邦から外国に向けた支払い等（政令で定める小規模の支払い等を除く。現在は200万円が基準となっている）にかかる為替取引を行う場合，運転免許証，パスポート等の身分証明書の提示を受ける方法により，顧客の本人確認をしなければならない。

（b）　仕向銀行と被仕向銀行の関係（甲銀行 - X 銀行間）　内国為替の場合は，全銀ネットや内国為替規則等にもとづく統一的な銀行間の取り決め・制度が存在し，為替取引にかかる銀行間の決済は，資金決済機関を通じてなされるが，外国為替の場合は，取引相手が世界中に広がっており，全銀ネットにおける資金決済機関のような機関もなく，各国の通貨がそれぞれ異なっていること

図表 4-7　コルレス契約を締結している場合（預け金勘定なし）

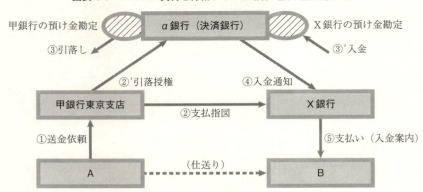

から，内国為替規則のような全金融機関に横断的に適用がある規律は存在せず，原則，個別銀行間同士の合意や契約によって相互の法律関係が形成されることとなる。

　一般に，外国為替を取り扱う銀行は，各国の有力な銀行とコルレス契約を締結している。コルレス契約とは，為替取引を円滑に進めるために，支払指示等のやり取り（相手からの指示であることを見極めるための本人確認手段を含む），資金決済方法および手数料等を取り決める内容の契約であり，このコルレス契約を締結した銀行のことをコルレス先（コルレス銀行）と呼んでいる。**図表 4-6**（215 頁）の例では，甲銀行にとって X 銀行はコルレス先であり，かつ，甲銀行は X 銀行にドル建ての預け金勘定（甲名義の預金口座のようなもの）を開設しているので（甲銀行にとって，この場合の X 銀行のことをデポコルレス先という），甲銀行は X 銀行に対して直接，甲銀行の預け金勘定から引き落としとして B に支払うよう指図することができるのである。

　たとえば甲銀行と X 銀行がコルレス契約を締結しているが甲銀行の預け金勘定が X 銀行にない場合（ノンデポコルレス先という）は，甲銀行は X 銀行に対して為替取引にかかる指図をすることはできても，直接資金決済することができないので，甲銀行と X 銀行の双方の預け金勘定がある a 銀行を見つけてきて，決済銀行の役割を担ってもらうこととなる（⇨**図表 4-7** 参照）。

　また，甲銀行と X 銀行がコルレス契約を締結していない場合（ノンコルレス先という）には，為替取引にかかる取決めがなされていないことから，直接支

第 2 節　為替取引

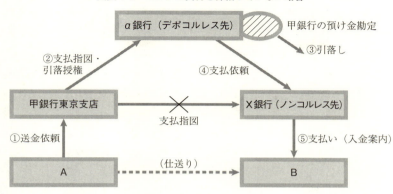

図表 4-8　コルレス契約を締結していない場合

払指図等をすることができず，たとえば同じ地域内にあるデポコルレス先に支払指図をし，そのデポコルレス先からX銀行に対して，受取人への支払いを依頼する流れとなる（⇨**図表 4-8** 参照）。

このように説明すると，さも，コルレス契約において詳細な取決めがあり，ケースに応じて画一的な事務処理が可能になっているかのようであるが，仕向銀行と被仕向銀行では，国も違えば規制を受ける法律も異なり，備えているシステム等もバラバラであることもあって，実際は，コルレス契約において詳細な法律関係が規律されるというものではない。

ただ，仕向銀行・被仕向銀行間の連絡等は，通常，「国際銀行間通信協会」（銀行等のネットワークを運営する組織であり，一般には「SWIFT」と略称される）のネットワークに接続して電文でやり取りされることになり，SWIFTを利用してやり取りするには，その銀行同士で相互にSWIFTを利用し合う旨の同意・承認を行い合う必要がある。

このような同意・承認を行い合った銀行同士では，実務上は，SWIFT電文を受信した時点で，当該電文に従った事務処理を行う旨の（準）委任契約が成立したものとして取り扱うものとされているようである[27]。

---

27) この点について明確に論じたものはないが，実務家の話を踏まえれば，"履行可能な内容の（実務に照らして常識的な）電文を受信した場合は，受信した被仕向銀行にとって（準）委任契約の申込みを承諾しないという選択肢はなく，（準）委任契約が有効に成立する"という内容をもつ，法規範たる意味を有する商慣習にまで高まってきているものと解される（私見）。

219

(c)　被仕向銀行と受取人の関係（X銀行－B間）　被仕向銀行は，仕向銀行との（準）委任契約によって，受取人に対して送金金額を支払う義務を負っている。被仕向銀行と受取人との間では預金契約関係があり，この預金契約がどのようなものかは，銀行の定める預金規定によることとなる（ちなみに，内国為替において述べた通り，日本における銀行の一般的な預金規定においては，振込金があった場合は預金口座に受け入れる旨の合意がなされている）。

　海外送金は，設例のような，本邦から海外に向けた送金だけではなく，海外から本邦に向けた送金もある。この場合，前述した外為法においては，本邦から海外に向けた支払いだけではなく，本邦における「支払いの受領」についても，銀行に確認義務を課しているから，被仕向銀行である本邦の銀行は，海外の銀行から支払指図等がなされたとしても，所定の確認を行わない限り，受取人に対して送金金額を支払う（受取人の預金口座に入金する）ことはできない。

(2)　クリーンビルの取立・買取り

　貿易の対象となる貨物（荷物）を表示する付帯書類（船荷証券等）が添付された為替手形がドキュメンタリービル（荷為替手形。後掲注29）も参照）と呼ばれるのに対して，それらの書類を伴わない手形，小切手類をクリーンビルと呼んでいる。

　銀行実務においては，バンカーズチェック（銀行振出小切手。⇨図表4-9参照），パーソナルチェック（個人や一般企業が振り出した小切手），トレジャリーチェック（年金，税金還付などのために外国政府が振り出した小切手〔最も一般的なものは米国財務省小切手〕）など，小切手類が多い。

　金融取引としては，内国為替における手形・小切手の取立と同様のものとして，クリーンビルの取立が，また国内におけるいわゆる手形割引に相当するものとして，クリーンビルの買取りがある。

　(a)　クリーンビルの取立　内国為替における代金取立手形と類似していることから，まずは一般的な仕組みを概説した上で，クリーンビルならではの取扱いについて説明する。

　① 振出人がクリーンビルを作成の上で，（原因関係にもとづく支払いのために）受取人に交付する。

図表4-9 バンカーズチェックのサンプル

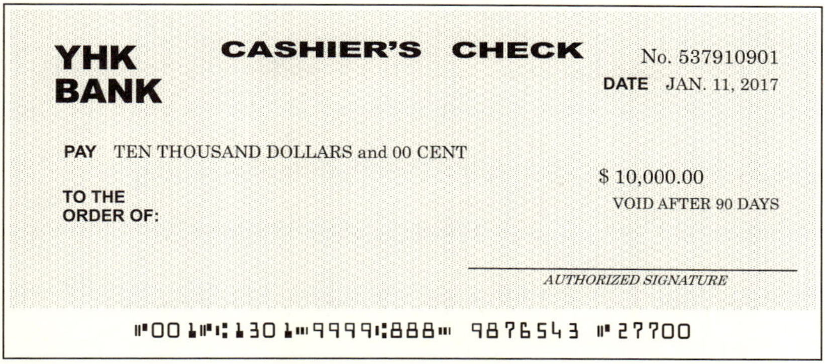

```
YHK BANK    CASHIER'S CHECK         No. 537910901
                                    DATE  JAN. 11, 2017

       PAY    TEN THOUSAND DOLLARS and 00 CENT
                                            $ 10,000.00
       TO THE
       ORDER OF:                          VOID AFTER 90 DAYS

                                    _____
                                        AUTHORIZED SIGNATURE

        ③③00 ③③:130③③9999:888③   9876543 ③27700
```

② 受取人は，仕向銀行に対して，クリーンビルの取立を依頼する（仕向銀行は，この取立依頼に応じるにあたっては，クリーンビルに要件不備等がないことをチェックする）。
③ 仕向銀行は，このクリーンビルにおいて支払人とされている銀行（支払銀行）に対して，クリーンビルを送付の上で取立事務を依頼する（この取立事務の内容ややり取りにかかる取決め等については，銀行間のコルレス契約等により定まる）。
④ 支払銀行は，クリーンビルを呈示し，
⑤ 振出人からクリーンビルに記載された金額を受領する。
⑥ 支払銀行は，仕向銀行が支払銀行に有する預け金勘定に，⑤により受領した取立代り金を入金し，
⑦ 支払銀行に対して入金した旨を通知する。
⑧ 仕向銀行は，受取人に対し，取立代り金を支払う。

なお，民間の経済団体である国際商業会議所（ICC）は，用語の定義や，支払いや呈示のルール，関係当事者の権利義務関係など，手形，小切手，荷為替手形の国際間の取立に関する国際的ルールとして「取立統一規則」を制定している。

図表4-10 クリーンビルの取立の仕組み

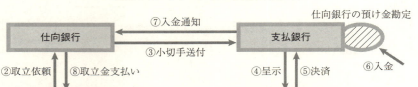

COLUMN 4-6　トレジャリーチェックに関する注意を要する取扱い

　トレジャリーチェックは，各国政府が発行するものであるが，各国の法律の規制を受けることから，銀行が取立委任を受けるにあたっては，格別の注意が必要となる。たとえば，トレジャリーチェックのうち最も一般的な，米国政府が発行するトレジャリーチェック（財務省小切手などとも呼ばれる）に関していえば，所持人から銀行が取立委任を受け，米国政府に取り立てることによって支払いを受けたとしても，米国の法律上は，支払後一定期間内に裏書の偽造が判明すれば，米国政府は支払銀行を通じて，いつでも取立銀行に対して請求できることとされている。

　(b)　クリーンビルの買取り　　クリーンビルの所持人が，早期の資金化を図るため，あるいは為替相場変動による為替リスクを回避するために，銀行に買取りを依頼することがある。ここでいう「買取り」とは，文字どおり売買であって，銀行がクリーンビル保有者（権利者）からクリーンビルの交付を受け，その対価を支払うことをいう（ここでいう対価は，クリーンビルの売買代金であるが，銀行が信用リスクを負う対価を一部割り引き，割引後の売買代金を依頼人に交付する。なお，クリーンビル買取りにかかる具体的なフロー図は，**図表4-10**における②が「買取依頼」となり，⑧が「買取代金支払い」となる以外は，**図表4-10**と同様である）。

　買取りに応じた銀行は，クリーンビルが振出人により決済されるまでは，振出人の信用リスクを負うこととなる。銀行は，この信用リスクをできるだけ抑えるために，買取りを依頼するクリーンビルの所持人との間で，外国向為替手形取引約定書を締結し，ⓐクリーンビルが期日に決済されなかった場合には，買取依頼人に対してクリーンビルの買戻しを請求することができること，ⓑ買取依頼人について債権を保全する必要がある事由が生じた場合には，クリーン

ビルの支払期日前であっても銀行は買取依頼人に対して買戻しを請求することができること，等を特約している。

(3) 貿易取引（総論）

貿易とは，ある国または地域と別の国または地域との間で行われる商品等の売買をいう[28]。商品等を外国に対して売却する取引を輸出，外国から購入する取引を輸入という。

貿易においては，取引相手が国をまたいだ遠隔地にいるため，国内取引に比べ支払いや商品の納品の確実性にリスクが伴う。そのため，貿易代金の決済は銀行を通じて行うのが一般的であり，その方法は，大別すると，送金によるものと荷為替手形[29]によるものに分けることができる[30] [31] [32]。

---

28) 通常は有形物の取引を指すが，サービス・技術等の無形物の取引を含める場合もある。
29) 荷為替手形とは貿易の対象となる貨物（荷物）を表示する付帯書類（船荷証券，保険証券，商業送り状〔Commercial Invoice〕等）が添付された為替手形のこという。荷為替手形と付帯書類は総称して船積書類とも呼ばれる。なお，実務上は，為替手形が伴わない付帯書面のみで取引が行われる場合もある。この点，以前，全国銀行協会連合会（現・全国銀行協会）が制定した「外国向為替手形取引約定書ひな型」では，為替手形を伴わないものも含め，輸出代金の支払いを受ける目的で作成され銀行に呈示される書類は，すべて「外国向為替手形とみなす」と規定されており，現在もこの定義を採用する金融機関が多いと思われる。本書においても，「荷為替手形」という用語は，為替手形を伴わないものも含める趣旨で使用する。
30) これらの決済方法のうちいずれが使われるかは，貿易取引の当事者（輸入者・輸出者）間の交渉により決まり，その内容は貿易にかかる売買契約において定められるのが通常である。
31) 貿易にかかる売買契約においては，決済方法のほか，価格を決めるための条件として，輸送料，輸送保険料，通関費用，関税などの費用の分担が定められる。これらの分担の定めを類型化・定形化し，国際的に統一的な定義を取り決めたものがインコタームズ（Incoterms）である。インコタームズは国際商業会議所（ICC）が制定しており最新版は2011年1月1日から発効している「Incoterms2010」である。インコタームズは任意規則であるため，貿易にかかる売買契約に「本契約で使用されている貿易条件は，インコタームズ2010によって解釈する」旨の条項を入れることが一般的である。
　　インコタームズのうち，貿易実務上よく用いられるのは，以下のFOB，CFR（C&F），CIFである。
　　・FOB（Free On Board）
　　　本船甲板渡し条件。輸出者は，輸出港で本船に荷物を積み込むまでの費用を負担し，それ以降の費用およびリスクは輸入者が負担する。
　　・CFR（C&F Cost and Freight）
　　　運賃込み条件。輸出者は，輸出港で本船に荷物を積み込むまでの費用および海上運賃を負担し，それ以降の保険料およびリスクは輸入者が負担する。1990年のインコタームズ改正まではC&Fと呼ばれており，現在でもC&Fと呼ばれることがある。
　　・CIF（Cost, Insurance and Freight）
　　　運賃・保険料込み条件。輸出者は，輸出港で本船に荷物を積み込むまでの費用，海上運賃および保険料を負担し，それ以降のリスクは輸入者が負担する。

第4章　銀行の為替取引

図表 4-11　貿易代金の決済方法

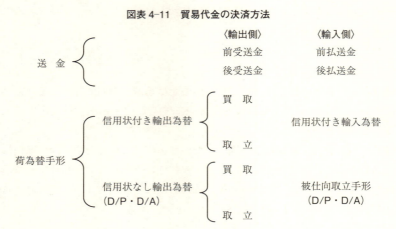

　(a)　送金による決済　　輸出側の立場からは，「貨物の出荷」と「代金の受領」の前後で「前受送金」と「後受送金」に分けることができるが，これは輸入側の立場から「貨物の受領」と「代金の支払い」の前後でみたときの「前払送金」と「後払送金」に対応する。

　「前受送金（前払送金）」は，輸出者は代金を受領してから商品を出荷（船積み）するが，輸入者は商品を受領する前に代金を支払うため，輸出者には有利で，輸入者には不利な決済方法である（輸入者は輸出者の債務不履行リスクを負う）。

　「後受送金（後払送金）」は，輸入者は商品を受領してから代金を支払うが，輸出者は代金回収前に商品を出荷（船積み）するため，輸入者には有利で，輸出者には不利な決済方法である（輸出者は輸入者の債務不履行リスクを負う）。

　このように，送金による決済は必ずどちらかにリスクが偏るため，比較的小額の取引や，信頼関係が確立している者同士や関連会社同士の取引等，当該リスクを取ることができる場合に利用される。

　なお，送金による決済を銀行の立場からみた場合，銀行は輸入者から送金の

---

32)　荷為替手形（特に信用状付き輸出為替）による与信取引は国内与信に比べ仕組みが複雑なため，初学者にとっては実務のイメージが湧きにくくとっつきにくい分野である（銀行員の中にも苦手意識をもつ者がいるほどである）。しかし，いったん理解してしまえばそこまで難しいものではなく，そのためには，まず**図表 4-13**をよく押さえておくことが肝要である。

第 2 節　為替取引

図表 4-12　荷為替手形による決済

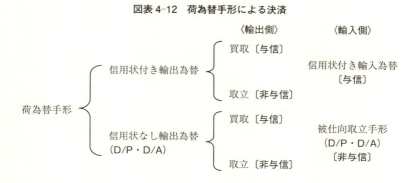

依頼を受けて取り扱うのみであり，輸入者または輸出者に対する与信行為は伴わない。

　(b)　荷為替手形による決済　　荷為替手形によるものは，「信用状 (Letter of Credit, L/C) 付き荷為替手形」と「信用状なし荷為替手形」に分かれ，さらに「信用状なし荷為替手形」による決済は「D/P 取引」と「D/A 取引」[33] に分かれる。

　荷為替手形の付帯書類のうち船荷証券[34]は，海運会社から貨物を受け取る権利が化体した有価証券で，貨物を引き取るためには海運会社に船荷証券を呈示しなければならない。よって，輸入者は船荷証券を入手するために代金の支払いを行う必要がある。荷為替手形による決済は，この関係を利用し，船荷証券を中心とした船積書類（≒貨物）の授受と輸入者の貿易代金の支払いに銀行を介在させることにより，両者の実質的な同時履行を実現させる仕組みである[35]。

---

33)　「D/P 取引」は Documents against Payment の略で，輸入者の支払いを条件に船積書類を引き渡すものである。「D/A 取引」は Documents against Acceptance の略で，輸入者の引受けを条件に船積書類を引き渡すものである。

34)　船荷証券とは，海運会社が，貨物の受取りまたは船積みを認証し，券面上の条件に従って海上運送を行い，指定の陸揚港において正当な所持人に引き渡すことを約した有価証券である。船積書類は，送付中の事故（紛失・滅失等）に備え，同じ物を 2～3 セット作成して別便で送付するのが通常であるため，船荷証券も原本が複数（通常 3 通）発行されるが，そのうち 1 通を呈示すればよい。

35)　商取引に関する情報を標準的な形式の電子データで統一して，当事者間でインターネットや専用の通信回線網などを通じて電子的にやり取りする仕組みを EDI (Electronic Data Interchange) という。貿易において売買契約書や船積書類を電子化してやり取りする仕組み

また，荷為替手形による決済は，送金による決済と異なり，輸入者・輸出者双方にメリットがある仕組みである。輸入者にとっては，荷為替手形到着時に資金が不足する場合，銀行からユーザンス（決済猶予）の供与を受けることができ（輸入与信），輸出者にとっては，荷為替手形を銀行に買い取ってもらうことにより輸出代金の早期資金化を図ることができる（輸出与信）。

　なお，荷為替手形による取引が銀行の与信行為に当たるかどうかは，**図表4-12**の通りである[36]。

（4）貿易取引（輸入与信）

　輸入取引の決済方法で銀行の与信行為に該当するものは，前述の通りいくつかの種類があるが，一般的に輸入与信という場合，主に信用状取引およびこれに関連する信用供与（ユーザンス，はね融資，貨物貸〔T/R〕，引取保証〔L/G〕等）を指すことが多い[37]。

　（a）信用状取引　　信用状とは，輸入者（発行依頼人）の依頼にもとづき，発行銀行が発行するもので，その内容は，発行銀行が信用状条件に合致した船積書類が呈示されることを条件に，輸出者から船積書類を買い取った銀行（買取銀行）等に対する支払い等を行うことを確約するというものである（信用状統一規則2条）。支払いを行った発行銀行は，輸入者に対して支払った金額相当額と利息・費用を償還請求し，輸入者がその弁済を行うのと引換えに船積書類を引き渡す[38]。これにより，輸入者にとっては輸入代金の支払いと船積書類の受領とが同時に行われることになり，輸入代金を支払ったが商品が送られてこないといった輸出者の債務不履行リスクの負担を回避することができる[39]。

　　を貿易EDIといい，これまでにBolero，TSUなどの方式が実用化されているが，まだ普及途上である。
36）荷為替手形による決済で与信取引に当たらないものは，手形の取立取引（為替取引の一種）に該当する。
37）ユーザンス，はね融資，引取保証（L/G）については，信用状取引を伴わない場合（D/P・D/A取引）にも行われることがある。
38）発行銀行にとっては，買取銀行に支払いを行ってから輸入者が発行銀行に弁済を行うまでの期間は立替払いとなっており，これが与信行為となる。
39）輸出者としても，輸入者が破綻や支払拒絶をした際も発行銀行が支払義務を負うため，輸出代金の回収リスクを低減できることになり，結果，輸入者としては後払送金など輸出者に回収リスクが残るような方法では輸入できない（輸出者が輸出に応じない）ケースでも輸入を行いやすくなる。

図表4-13 信用状取引(一覧払い)の流れ

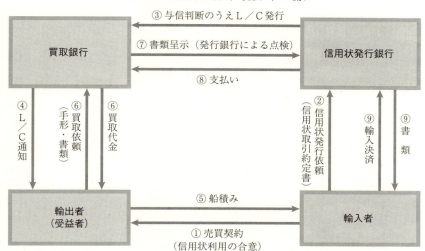

　信用状取引における輸入者の発行銀行に対する信用状発行依頼は委任契約と解されており，よって，発行銀行から輸入者に対する償還請求権は委任の受任者としての委任事務処理費用償還請求権（民650条・649条）と解される。実務上は，輸入者と発行銀行との間で基本約定書として銀行取引約定書，信用状取引約定書を締結するほか，発行依頼の都度，輸入者は発行銀行に信用状発行依頼書を提出する。

　信用状取引に適用される国際間の取決めとしては，国際商業会議所（ICC）が定める信用状統一規則（正式名称「荷為替信用状に関する統一規則および慣例」。最新版は2007年改訂版〔UCP600〕）がある。この信用状統一規則が適用されるためには，信用状上に信用状統一規則が適用される旨の文言を明記する必要がある[40]。

　信用状取引は，貿易契約（売買契約等）とは別個の独立した取引である（信用状統一規則4条）。よって，発行銀行から償還請求を受けた輸入者は，輸出者に対する抗弁（商品クレーム等）をもって請求を拒むことはできない。

　また，信用状取引約定書の約定にもとづき，発行銀行は，輸入者が負担する償還債務およびこれに付随する債務の支払いの担保として，輸入貨物および付

---

[40]　通常は，輸入者が発行銀行に提出する信用状発行依頼書に，信用状上に信用状統一規則が適用される旨の文言を明記することを依頼する文言が印刷されている。

属書類に対して譲渡担保権を有する。よって、発行銀行が買取銀行等に対して信用状にもとづく支払いを行った後、輸入者が償還債務を弁済しない場合、買取銀行は当該担保貨物から回収を図ることができる。担保貨物からの回収方法としては、ⓐ発行銀行が（運送会社から貨物を受け取る前の）船荷証券を処分する方法、ⓑ発行銀行が運送会社から貨物を直接受け取って処分する方法、ⓒ発行銀行が貨物貸をした貨物を輸入者から取り戻して処分する方法、ⓓ発行銀行が輸入者から貨物の売却代金を回収し、またはその代金債権を物上代位により差し押さえるなどして充当または取立充当する方法等が考えられる。もっとも、実際には、銀行が貨物の取扱いに不慣れであったり、貨物の処分先が見つけられなかったり、貨物が陳腐化したりするなどの障害があり、いずれの方法も実現は容易ではない。

なお、船積書類の送付を受けた発行銀行が当該書類を点検した結果、当該書類が信用状条件に合致していない（これをディスクレパンシー〔ディスクレ〕という）場合、発行銀行は支払い等を拒絶することができるが、この拒絶の通知は呈示日の翌日から起算して5銀行営業日の終了までに行わなければならず、遅れた場合にはディスクレの主張ができなくなる（信用状統一規則14条・16条）。

（b）ユーザンス（為銀ユーザンス）　ユーザンスとは、輸入者が発行銀行に対して負う償還債務の弁済を、発行銀行が一定期間猶予する（弁済期の延長に応じる）ものである。

ユーザンスの方法にはいくつか種類があるが、代表的なものとして為銀ユーザンス（自行ユーザンスともいう）がある。為銀ユーザンスとは、発行銀行が信用状の支払いによって輸入者に対して取得した償還請求権につき、輸入者からの依頼にもとづき、その弁済期を延長し弁済を一定期間猶予するものである。

この期限付償還請求権についても、発行銀行は輸入貨物および付属書類に対して譲渡担保権を有する。

（c）はね融資　はね融資とは、信用状の決済につきユーザンスを実行せず、それに代えて決済資金を通常の貸出金で一定期間融資するものである。はね融資の貸出方法は手形貸付によることが多いが、輸入者が輸入貨物の売却で得た商業手形を割り引く方法で行われることもあり、これをはね商手という。

（d）貨物貸（T/R）　信用状取引の場合、輸入貨物は発行銀行の譲渡担保の対象となっているため、ユーザンス債務の弁済が行われない限り、輸入者は

貨物を受け取ることができないのが原則である。しかし，輸入者がユーザンス債務の弁済をするまで発行銀行が輸入者に貨物を引き渡さないでいると，輸入者は貨物を使用または売却するなどの事業活動を行うことができず，せっかく受けたユーザンスの経済的な意味がなくなるという矛盾が生じる。一方，発行銀行にとっても，発行銀行が輸入者に代わって貨物の陸揚げ，通関，倉入れ等をする必要が生じる。そこで，輸入者が希望する場合でその信用に問題がないと判断するときは，輸入者が発行銀行に償還債務を弁済する前に，譲渡担保の対象となっている貨物を輸入者に貸し渡すことが行われており，これを貨物貸(Trust Receipt，T/R) という。

　貨物貸には，船便を対象とする甲号 T/R（単に T/R ともいう）と，航空便を対象とする丙号 T/R（Air T/R ともいう）がある[41]。甲号 T/R の場合，輸入者は輸入担保貨物保管証の差入れと引き換えに発行銀行から船荷証券を受領し，海運会社から貨物の引渡しを受ける。丙号 T/R の場合は，船便における船荷証券のような有価証券が発行されないため[42]，輸入者は発行銀行から貨物引渡指図書（Release Order）の発行を受け，航空会社から貨物の引渡しを受ける。

　貨物貸の法的性質は，発行銀行から輸入者に対する，譲渡担保とした貨物の処分を目的とした委任と解されており，この委任によって輸入者には銀行の計算で自己の名をもって売却等の処分を行う権限が与えられることになる。

　(e) 引取保証（L/G）[43]　　船便で船荷証券が発行されている場合，通常，船荷証券と引換えでなければ貨物を受け取ることができない（商 776 条・573 条，

---

41) T/R には，もう一つ船便を対象とする乙号 T/R もある。甲号 T/R は輸入者に荷物の売却まで認めるが，乙号は倉入れまでしか認めない。このことから，乙号 T/R は輸入者にとって条件が厳しすぎて実用的でないため，ほとんど利用されていない。

42) 航空便の場合，航空（貨物）運送状（Air Waybill）が発行される（通常，原本 3 通が発行される）。Air Waybill は，航空会社が荷送人から貨物を受領したことを示す受取証であるとともに運送契約の締結，運送条件を証明する証拠書類であり，有価証券ではない。信用状取引の場合，発行銀行の輸入貨物に対する担保権を確保するため，Air Waybill 上の荷受人は発行銀行とするよう信用状条件で指定するのが通常である。有価証券ではないため，船荷証券と異なり，Air Waybill と引換えに貨物の引渡しを請求することはできず，通常，信用状の決済またはユーザンスの実行に伴い荷受人である発行銀行から貨物引渡指図書の発行を受け，それを航空会社に提出して貨物を引き取る。

43) 信用度が高い輸入者の場合，発行銀行は引取保証を行う代わりに，あらかじめ信用状条件において，輸出者が船荷証券を輸入者へ（一部）直送することを認める場合がある。この場合，発行銀行は貨物に譲渡担保の設定を受けていないのと同じ状態になるため，発行銀行としてはこのような信用状を発行するにあたってはより慎重な与信判断が求められよう。

国際海運10条)。しかし実際には、輸出地が近隣であったり、高速船によったりして航海日数が短いと、発行銀行に船積書類が届くより前に貨物が到着することがある。このような場合、輸入者としては、船荷証券の到着を待っていては売却先に対する納期遅延が生じたり、貨物が変質したり、商機を逸したりすることがあり、発行銀行としても、同じ理由により担保価値の減価を招きかねない。他方、海運会社としても、倉庫での貨物の保管負担が生じる。

そこで、船荷証券の発行銀行への到着前に海運会社が船荷証券なしに貨物を輸入者に引き渡し、これによって、万一当該輸入者以外の船荷証券の所持人が現れて海運会社が損害賠償責任を問われた場合には、輸入者が損害を補填する旨の保証状に銀行も署名し、輸入者がこれを海運会社に差し入れて、海運会社から貨物を受け取るということが行われている。

このように、輸入者が海運会社に対して負担する損害賠償義務を発行銀行が保証するとともに、輸入者に対して貨物貸を行うことを引取保証 (Letter of Guarantee, L/G) という [44] [45]。

なお、引取保証は発行銀行に船積書類が届くより前に貨物が到着した場合に行われるものであり、輸入者が引取保証によって貨物の引渡しを受けた後に発行銀行に書類が到着することとなるが、輸入者がすでに貨物の引渡しを受けている以上、その後に到着した書類にディスクレが発見されても、輸入者は償還債務を負うことになる旨、信用状取引約定書において約定されている[46]。

---

[44] 銀行にとっては、信用状取引とは別の与信取引(支払承諾取引)となる。

[45] これに対し、銀行の保証(署名)がなく、輸入者だけが署名した保証状(シングルL/G) という形態も存在する。シングルL/Gには発行銀行の保証(署名)がないにもかかわらず、海運会社が自らの判断によって、輸入者からシングルL/Gの差入れを受けて貨物を引き渡すことがある。

シングルL/Gは発行銀行が関与しておらず、発行銀行の与信行為ではないため、輸入者にとっては簡便で、発行銀行に対する引取保証料もかからないが、発行銀行の同意なく輸入者と海運会社とで勝手に行われるものであり、発行銀行にとっては、自分のあずかり知らぬところで自身の譲渡担保権の対象となっている貨物が輸入者に引き渡され処分されてしまう可能性があるという点で、輸入者および海運会社による譲渡担保権の侵害行為である。

よって、シングルL/Gにより発行銀行が損害をこうむった場合、船荷証券を所持する発行銀行は海運会社に対して債務不履行による損害賠償請求ができるが、その請求には1年間の出訴期間制限があるため、損害を知った場合には迅速に対応する必要がある(国際海運14条・20条の2、東京高判平成7年10月16日金法1449号52頁、東京地判平成8年10月29日金法1503号97頁)。

[46] 引取保証を行った後、船積書類が発行銀行に到着した際、発行銀行がディスクレを理由に信用状の決済を拒絶した場合、船荷証券を含む船積書類は買取銀行に対して返却され、さらに

(5) 貿易取引（輸出与信）

　一般的に輸出与信とは，輸出者が輸入者から支払いを受ける前に輸出者が早期に輸出代金の資金化を行う手段を提供するものであり，主なものとして，信用状付き・信用状なし荷為替手形の買取りがある。

　(a)　信用状付き荷為替手形の買取り　　貿易取引の決済が信用状で行われる場合，信用状の通知を受けた輸出者は，信用状で要求されている船積書類を整え[47]，買取銀行に買取りを依頼する。買取銀行は，買取依頼人と発行銀行の信用に問題がないと判断する場合，提出書類が信用状条件に合致しているか点検の上，買取りを行い輸出者に買取代金を支払う。これにより，輸出者にとっては船積書類の提出と輸出代金の受領とが同時に行われ，出荷（船積）を行ったが輸出代金を受領できないといった不払いリスクの負担を回避できる[48]。

　この買取りの法的性質は，荷為替手形の売買（民555条）と解されている。実務上は，輸出者と買取銀行との間で，銀行取引約定書，外国向為替手形約定書を締結するほか，買取りの都度，輸出者から買取依頼書の提出を受ける。

　荷為替手形を買い取った後，買取依頼人や為替手形の支払義務者（信用状発行銀行等）の信用が悪化したり，支払義務者による支払い，引受けなどが拒絶されたり，その他債権保全を必要とする相当の事由が生じたりした場合，買取銀行は買取依頼人に対し，買い取った荷為替手形の買戻しを請求することができる旨が，外国向為替手形約定書において約定されている。買戻請求権が発生する事由には当然買戻事由と請求買戻事由があり，当然買戻事由が生じた場合には，買取依頼人は，買取銀行から通知，催告等がなくても，買取銀行に対し

　　買取銀行からの請求により輸出者がそれを買い戻すことにより，船積書類は輸出者に戻る。ところが，輸出者が船荷証券を海運会社に提出して輸出貨物を取り戻そうとしても，すでに貨物は引取保証により輸入者に引き渡されているため，海運会社は輸出者からの損害賠償請求を受けることになる（この場合の損害は，貨物の価格にとどまらず，遅延損害金，諸費用等も含まれるため，輸入者の信用状にかかる償還債務の金額よりも大きくなる可能性が高い）。そして，海運会社は輸入者およびその連帯保証人である発行銀行にこの損害の賠償を請求してくるので，輸入者はディスクレを主張せずに信用状にかかる償還債務を弁済した方が得策である。このような経済関係も踏まえ，本文記載の約定になっている。

47)　具体的には，輸出者は，信用状の内容が貿易契約と一致しているかをチェックした上，貨物の船積みをし，信用状条件にもとづき，自己が振り出した為替手形に，海運会社から発行を受けた船荷証券（航空便の場合には航空会社から発行を受けた Air Waybill），保険会社から発行を受けた保険証券，自己で作成した商業送り状等の書類を添えて，銀行に買取りを依頼する。

48)　買取銀行にとっては，輸出者に買取代金を支払ってから発行銀行から信用状にもとづく支払いを受けるまでの期間は資金回収のリスクを負担しており，与信行為となる。

て当然に買戻債務を負い，請求買戻事由が生じた場合には，買取依頼人は，買取銀行の請求によって，買取銀行に対して買戻債務を負う。この買戻債務に対応する買戻請求権の法的性質は，当然買戻事由にもとづく場合は，停止条件付き再売買契約による売買代金請求権，請求買戻事由にもとづく場合は，再売買の予約による売買代金請求権と解される。

ただし，買取銀行が自行の確認（Confirmation）[49]を加えた信用状にもとづいて荷為替手形を買い取った場合で[50]，買い取った荷為替手形と書類が信用状条件に合致している（ディスクレがない）ときは，発行銀行が支払不能に陥っても，買取銀行は買取依頼人に対して買戻請求を行うことができない[51]。

また，外国向為替手形約定書の約定にもとづき，買取銀行は，輸出者が負担する買戻債務およびこれに付随する債務の支払いの担保として，輸出貨物および付属書類に対して譲渡担保権を有する。

（b）信用状なし荷為替手形の買取り　信用状が付いていなくても，銀行は荷為替手形の買取りに応じることがある。もっとも，信用状なしの場合は発行銀行の支払い等の確約がないため，輸出者の信用度が高い場合や輸出手形保険制度[52]を利用することができる場合等に限られる。

なお，この場合の買取りの法的性質や，買取銀行の買戻請求権など，信用状に関係する以外の部分は，信用状付き荷為替手形の買取りの場合と同様である。

49）　信用状の確認とは，発行銀行の支払い等の確約に付加して，確認銀行が信用状の受益者である輸出者に対して発行銀行と同様の支払い等の義務を負うことを確約することである。
　　確認がない通常の信用状の場合，買取銀行は買取依頼人（輸出者）から荷為替手形を買い取った後，為替手形の支払義務者（信用状発行銀行等）による支払い，引受けなどが行われなかったとき，買取銀行は買取依頼人に対して買い取った荷為替手形の買戻しを請求することができるが，確認信用状の場合，確認銀行は，買い取った荷為替手形と書類が信用状条件に合致している（ディスクレがない）限り，発行銀行の信用状況にかかわらず買取依頼人に対して買取代金を支払う義務を負うため，買戻しを請求することはできない。
　　確認信用状は，発行銀行の信用力に懸念がある場合や発行銀行の所在国にカントリーリスクがある場合等に，それを補完するために利用されることが多い。
50）　確認銀行の支払い等の確約を履行させるため，確認信用状の受益者である輸出者は確認銀行に買取りを依頼する（取引銀行に買取りを依頼し，取引銀行が確認銀行に再買取りを依頼する場合もある）。
51）　確認銀行においては，発行銀行の信用力や発行銀行の所在国のカントリーリスク等を考慮の上，確認を行うかどうかの判断を行うこととなる。
52）　銀行が買い取った荷為替手形が不渡りまたは不払いとなった場合に，独立行政法人日本貿易保険（NEXI）が手形金額の95％を補塡する制度。

第5章 その他の銀行業務

■第1節　付随業務総論
■第2節　付随業務各論
■第3節　他業証券業務等
■第4節　登録金融機関業務

第1節　付随業務総論

1　歴史経緯

　銀行は，その経営健全性確保等の観点から，業務範囲に制限を受ける。すなわち，銀行法は，銀行の業務範囲を，①預金，貸付け，為替取引の業務（10条1項。以下「固有業務」），②債務保証，有価証券の貸付け等の「付随業務」（同条2項の1号から19号までに列挙された23項目〔以下「例示列挙業務」〕と，その他の銀行業に付随する業務〔同項柱書。以下「その他の付随業務」〕からなる），③投資助言業務など「〔固有業務の〕遂行を妨げない限度において」認められる業務（11条。以下「他業証券業務等」），④銀行の他業ではあるが，担保付社債信託法にもとづく担保付社債の受託業務など，銀行法以外の法律により兼営が認められる業務（12条前段。以下「法定他業」）[1]　に限定する。そして，銀行はこれら以外の業務を営むことができない（同条後段）。なお，銀行が業務として営むものでない限り，たとえば，遊休銀行店舗不動産の処分など，銀行が事実上の行為として，

---

1) 他の法定他業の例として，信託業務（ただし，金融機関の信託業務の兼営等に関する法律1条にもとづく認可が必要），宝くじに関する業務（ただし，当選金付証票法6条にもとづく委託が必要），保険の募集（窓販）業務（保険業法275条。ただし，同法276条にもとづく登録が必要）。

種々の行為をすることは差し支えないとされる[2]）。

　銀行業務の自由化，業際分野での相互乗り入れの歴史は，法的には付随業務の拡大の歴史そのものであり，銀行業規制法の中で最も変容した部分であるといえる。そこで，まずその経緯を俯瞰する。

　1890（明治23）年制定の銀行条例には，「銀行」の定義の規定はあるものの（1条），銀行の業務範囲にかかる規定はなかった[3]）。これがはじめて置かれたのは，1927（昭和2）年に制定された銀行法である（以下「旧銀行法」という）。昭和金融恐慌の最中に制定された旧銀行法は，普通銀行制度を整備し，健全経営の確保，信用秩序の維持を主眼としたが，その5条において，「銀行ハ担保附社債信託法ニ依リ担保附社債ニ関スル信託業ヲ営ミ又ハ保護預リ其ノ他ノ銀行業ニ附随スル業務ヲ営ム外他ノ業務ヲ営ムコトヲ得ズ」と定め，固有業務と付随業務以外の業務を禁止した。付随業務の例示業務は上述の担保付社債信託業務（現行法では法定他業に該当する）と保護預りのみであったが，大蔵省通達において「銀行の附随業務とは，銀行法第1条の業務を営むに必要又は有用なる従たる業務を指称するものにして，其の附随業務たるや否やを決定する標準は，各業務の性質並びに銀行の之を営む分量等に依り決定すべきもの」[4]）とされ，認められる付随業務の具体例として，「通常保護預り，代金取立，地金の売買，有価証券の売買，債務の保証，官金，公金及諸会社の金銭取扱，両替，他銀行の業務代理等」が挙げられていた（昭和3年5月2日蔵銀第2454通牒）。これら業務は，現行銀行法では，固有業務（為替取引）たる代金取立[5]）を除き，10条2項の付随業務とされている（順に，10条2項10号・2号・1号・9号・11号・8号。なお，金地金の売買は2項柱書の「その他の付随業務」とされる[6]）。

2）　小山嘉昭『詳解銀行法〔全訂版〕』（金融財政事情研究会，2012年）228頁。
3）　ただし，1916（大正5）年改正により，他の事業の兼営をする場合には，営業認可時および変更時に認可を受けることとされた（大蔵省銀行局内金融法令研究会『新銀行法精義』〔大蔵財務協会，1983年〕42頁）。
4）　なお，その後の担当官解説において「その当時における銀行のもつ社会的・経済的機能からみて，通常当然視される程度であって，銀行法第1条の業務を営むに必要または有用な従たる業務というほど厳格に考える必要はない」「要は，経済社会の推移およびそのなかにおける銀行の機能からみて，具体的にこれを判定すべきであり，固定観念によることなく，弾力性をもって，これが範囲をきめてしかるべきものと考える」（佐竹浩＝橋口収『新銀行実務講座（13）銀行行政と銀行法』〔有斐閣，1967年〕153頁）とあるように，この大蔵省通達よりも柔軟な運用がなされていたようである。
5）　小山・前掲注2）156頁。
6）　小山・前掲注2）170，217頁。

図表 5-1　銀行の業務範囲

区　分		条　文	具体例	本書での対応箇所
固有業務		10 条 1 項	預金，貸付け	第 2 章，第 3 章，第 4 章
付随業務	例示列挙業務	10 条 2 項 1 号～19 号	債務保証	本章第 2 節 **1～4**
	その他の付随業務	10 条 2 項柱書	コンサルティング	本章第 1 節 **3**・第 2 節 **5**
他業証券業務等		11 条	投資助言	本章第 3 節
法定他業		12 条	担保付社債の受託	（本章第 1 節）

　戦時・戦後の混乱から高度成長期を経ても，長らく旧銀行法下にて行政指導等を駆使して運用する時期が続いたが，1981（昭和56）年に至り，健全経営の確保，銀行業務の大衆化・多様化，国債等の大量発行，国際化等を背景として，旧銀行法の全面改正の貌で新たな銀行法が制定された（昭和56年法律59号。翌年施行）。同法は，従来行政指導に委ねられていた規制につき必要に応じて法定化することを方針とし[7]，業務規制に関しては，10条から12条において，固有業務，付随業務，他業証券業務，法定他業に区分の上，詳細な規定化がなされた。付随業務の範囲については，10条2項において，昭和3年通達で列挙された業務に加え，有価証券の貸付け（3号），国債等の引受け等（4号），金銭債権の取得・譲渡（5号）の業務が明定された。

　1992（平成4）年には，業態別子会社による銀行・証券相互参入を主眼とする金融制度改革法（金融制度及び証券取引制度の改革のための関係法律の整備等に関する法律）が制定された[8]。その際，有価証券の定義の整備も行われたが，その一環として，「有価証券の私募の取扱い」が銀行の付随業務として明文化された（銀行10条2項6号）。これは，従来，同業務について当局はその他の付随業務（同項柱書）として考えていたものの[9]，有力な反対説があったことから[10]，本改正で，「私募」概念の整備（証券取引法〔当時〕2条8項6号）に伴い，

---

[7]　1981（昭和56）年銀行法の制定については，金融法研究会編『新銀行法の解説』（金融財政事情研究会，1981年）に詳しい。

[8]　1992（平成4）年銀行法改正については，氏兼裕之＝仲浩史編著『銀行法の解説』（金融財政事情研究会，1994年）に詳しい。

[9]　『大蔵省証券局年報〔昭和53年版〕第16回』（金融財政事情研究会，1978年）126頁，森田章「私募に関する法整備」ジュリ1023号（1993年）26頁，小山・前掲注2）193頁。

[10]　河本一郎「私募債の仲介業者をめぐる法律上の問題」財団法人資本市場研究会編『証券取引審議会基本問題研究会報告書──証券取引に係る基本的制度の在り方について』（財団法人資本市場研究会，1991年）373頁。

「私募の取扱い」を銀行法上の付随業務として明定するとともに，証券取引法（当時）においても，本業務を銀証分離政策の例外として，大蔵大臣の認可により取扱い可能とした（証取65条の2。現在は，内閣総理大臣の登録〔金商33条の2〕）。

次に，いわゆる「金融ビッグバン」の下，1997（平成9）年に，銀行持株会社制度の導入を図る銀行法改正が，次いで翌1998（平成10）年に金融システム改革法が制定され[11]，両者は1998年に同時に施行された。利便性・効率性の高い金融サービス提供を実現するために商品・業務分野の自由化・多様化を図る本改正においては，銀行グループ会社で営む業務範囲の整備と共に，銀行本体の業務についても，銀行法10条2項での付随業務の例示列挙が付加され，また旧証券取引法上の銀証分離規定（65条2項）に所要の改正がなされた。具体的には，金融等デリバティブ取引（銀行10条2項14号），同媒介等（同項15号），有価証券店頭デリバティブ取引（同項16号），同媒介等（同項17号）が追加された。なお，一連の改正に伴う証券取引法（当時）65条2項の改正により，投資信託販売が解禁された[12]。

2001（平成13）年には，異業種による銀行業への参入を認めることを主眼とする銀行法の改正がなされた。銀行の業務規制に関しては，同法12条の法定他業とされている信託兼営について，「金融機関の信託業務の兼営等に関する法律」（以下「兼営法」）が併せて改正されることにより，都市銀行等に対し銀行本体での信託業務への参入が解禁された。ただし，処分を目的とする不動産信託等にかかる業務に関しては，新規参入銀行に対しては，兼営が認められる業務から除かれ（兼営法1条1項但書，同法施行令3条，同法施行規則3条），解禁の対象外とした一方で，本改正時点で兼営業務の認可を取得していた専業信託銀行や外国銀行系信託銀行等に対しては，その例外として，引き続き兼営が認められた（銀行法等の一部を改正する法律〔平成13年法律117号〕附則10条，信託業法附則16条7項）。なお，銀行法10条2項に関して法改正は行われなかったが，「その他の付随業務」に該当するか否かの基準に関し，金融庁の事務ガイドラ

---

11) 本法に伴う銀行法改正については，木下信行編『解説改正銀行法』（日本経済新聞社，1999年）に詳しい。
12) 本解禁は，証券取引法（当時）65条2項の改正によるもので，本業務は同法の適用を受ける（銀行法上は，もともと同法11条の他業証券業務に該当していたので，同法上の手当ては不要であった）。

インにおいて明文化された（現在は「監督指針」〔後述〕）。これにより，銀行が新たな業務に参入する際において，付随業務性の判断に関する予見可能性が高まった。

　2006（平成18）年の証券取引法の改正による金融商品取引法において，デリバティブ規制の横断化・包括化のための手当てがなされたことに伴い，銀行法においても，非有価証券関連のデリバティブ関連条項につき整理がなされた[13]。

　2008（平成20）年には，わが国金融・市場の競争力の強化等の観点から，金融商品取引法のファイアーウォール規制の見直しをはじめとした改正がなされ，銀行業務規制においても，付随業務としての外国銀行代理業務（銀行10条2項8号の2），他業証券業務等としての投資助言業務（11条1号）と算定割当量（排出権）関連業務（同条4号）が付加された。この規制緩和の一方で，利益相反等による弊害防止等のため，顧客利益保護体制整備義務（13条の3の2・52条の21の2，金商36条等）の規制強化も行われた。

　なお，銀行法は，上述の通り銀行本体における業務範囲を制限していることとの平仄から，銀行子会社等の業務範囲も制限しているが（16条の2），その業務範囲も順次拡大されている[14]。

---

13) 本改正の立法過程において策定された金融審議会第一部会報告（平成12年12月21日付「銀行業等における主要株主に関するルール整備及び新たなビジネス・モデルと規制緩和等について」）において，「その他の付随業務」に該当するか基準につき，「これを当局が提示し，行政の透明性を向上させ，銀行等が新たな付随業務を開始することを容易にすることが望ましい」との指摘がなされた。これを受け，従来の「取引所金融先物取引等」（銀行10条2項12号），「金融先物取引の受託等」（同項13号），「金融デリバティブ取引等」（同項14号）の規定が現行の通り整理されることとなった。このため，先物取引，スワップ，オプション，クレジットデリバティブ等のほとんどのデリバティブについては，改正前は「金融デリバティブ取引等」で読み込まれていたが，改正後はそれらは「デリバティブ取引」（同項12号）「デリバティブ取引の媒介等」（同項13号）に読み込まれることとなり（銀行則13条の2の2），「金融デリバティブ等」（銀行10条2項14号）については，わずかに，商品デリバティブと排出権デリバティブのみ該当することとなった。
14) 具体的な業務内容は，平成19年11月19日付金融庁金融審議会第二部会資料「銀行の業務範囲の規制のあり方について【関係資料】」10頁参照（http://www.fsa.go.jp/singi/singi_kinyu/dai2/siryou/20071119/03.pdf）。また，その後2007（平成19）年改正においては，子会社での事業再生業務（銀行16条の2第1項12号）やイスラム金融（銀行則17条の32項2号の2）が認められた。

2 他業禁止規制

(1) 他業禁止規制の趣旨

　銀行の業務範囲が一定の範囲に限定され，他業を禁止した立法目的は何であろうか。この点は，「その他の付随業務」の外縁を考える上でも重要である[15]。
　通説的見解によれば，他業を禁止する理由としては，銀行のように公共性の高い企業において，①可能な限り本業に専念し，与信・受信の両面において社会的意義と経済的機能を発揮するようにすること，②銀行に固有業務，付随業務等以外の業務を行うことを許せば，銀行の固有業務等がその影響を受けて顧客に対するサービス水準の低下を招き，預金者等の資産や取引者の安全を害する事態などが予想されること，の2点が挙げられる[16]。
　また，近時の議論では，上記①②に加え，③預金者のための健全な投資判断を行うことなく他業に資産をつぎ込む危険など，利益相反が生じることを防止すること，④監督の範囲を限定することにより，効率的・実効的な銀行監督を可能ならしめること，⑤巨大な資金力を利用しかつ免許事業として参入規制等により保護される銀行が他業に進出することは競争政策上問題であり，かかる制約はこの恩恵に対する代償と考えられること，⑥銀行のみが直接アクセス可能な預金保険制度や日本銀行による「セーフティネット」による保護を受けながら他業に進出できるとする結果生ずることになる，そのような保護を受けられない企業との間において生ずる競争条件上の不公平を避けること，などの見解もある[17]。また，⑦証券業務に関しては，証券業務に伴う高いリスクを防止することに加え，利益相反行為による弊害の未然防止，証券業の育成などを目的として[18]，金融商品取引法（33条以下）は銀行本体での証券業務を原則禁

---

[15] たとえば，2008（平成20）年改正に向けた付随業務の範囲拡大の議論に際し，他業禁止の趣旨が説明されている（たとえば，銀行法改正にかかる平成19年11月19日金融審議会金融分科会第二部会41回号議事録，また，同日金融庁提出資料「銀行の業務範囲規制のあり方について【関係資料】」参照。

[16] 小山・前掲注2）348頁。

[17] ③④⑤⑥につき，森下国彦＝渡邉雅之「銀行の『その他の付随業務』」弥永真生ほか編『現代企業法・金融法の課題』（弘文堂，2004年）238頁（本論文は，岩原紳作「保険会社の業務」竹内昭夫編『保険業法の在り方（上）』［有斐閣，1992年］を参考とて整理した考えとする）。また，③⑤⑥につき，高橋正志「銀行法の付随業務をめぐる問題──有価証券投資業務に関する立法論的考察」企業法学11号（2009年）186頁参照。

[18] 山下友信＝神田秀樹編『金融商品取引法概説』（有斐閣，2010年）387頁。また，川口

止しているが，他業禁止規定は，この銀証分離政策も反映されていると考えることもできよう。

以上の通り，他業禁止規定は多角的な政策趣旨を含んだものと解釈可能であるが，これらは「信用を維持し，預金者等の保護を確保するとともに金融の円滑を図る」という銀行法1条の目的に整合的といえる。

(2) 違反の効果

他業禁止規制の違反に対しては，公法上は，不利益処分ないし制裁が科される。すなわち，銀行の役員に対しては，過料に処し（銀行65条3号），銀行に対しては，内閣総理大臣は業務の停止もしくは役員の解任を命じ，または営業免許の取消しを行うことができる（27条）。また，会社法上も，かかる法令違反を行った取締役は，銀行に対して損害賠償の責めに任ずることになる（会社423条1項・355条）。

一方，当該取引に対する私法上の効果については，上述の通り業務範囲の外縁を画する付随業務の範囲が可変的であり，その他の付随業務といった弾力的な条項が入っている趣旨に照らせば，取引の安全性，法的安定性を害してまで硬直的に解釈することは無理があることから，外見上明白に銀行法の目的に反せず，かつ他の法令に違反していなければ原則有効と解するのが通説である[19]。

3　その他の付随業務

(1) 該当性の判断基準

私企業たる銀行は，顧客，利用者の各種ニーズに応じる必要があり，発展するIT技術や世界市場での金融技術革新を踏まえた業務・商品開発を行う期待を負う。よって，銀行の付随業務の範囲は，社会経済の変化に伴って銀行に対し要求される機能に応じて個別具体的に，柔軟に考慮されるべきものである[20]。

恭弘『現代の金融機関と法〔第5版〕』（中央経済社，2016年）270頁は，銀証分離の目的に関する二つの見解の一つとして，「銀行を証券業から排除することにより，証券業者が証券業における健全な発展を遂げることのできる制度的基盤を提供することにある」との見解を紹介する。

19）　無効と解する説もあった（西原寛一『金融法』〔有斐閣，1968年〕60頁）。

「その他の付随業務」の判断基準については，従来，①質的に固有業務との関連性ないし親近性があること，②分量において，固有業務に対して従たる程度を超えないこと，③営業として行うこと，の3基準が示されていた[21]。

金融庁は，2002（平成14）年に，行政の透明性を向上するため，「その他の付随業務」の判断基準を事務ガイドラインにおいて公表した[22]。そこでは，「判断にあたっては，法第12条において他業が禁止されていることに十分留意し，以下のような観点を総合的に考慮した取扱いとなっている」ことを求め，その観点として，①当該業務が法10条1項各号および2項各号に掲げる業務に準ずるか，②当該業務の規模が，その業務が付随する固有業務の規模に比して過大なものとなっていないか，③当該業務について，銀行業務との機能的な親近性やリスクの同質性が認められるか，④銀行が固有業務を遂行する中で正当に生じた余剰能力の活用に資するか，の四つが挙げられている[23]。

(2) 具体事例

「その他の付随業務」の具体例は金融庁の監督指針において順次明らかにされている。2003（平成15）年には，コンサルティング業務，ビジネスマッチング業務，M&Aに関する業務，事務受託業務が，2004（平成16）年には，市場誘導業務（銀行が取引先企業に対し株式公開等に向けたアドバイスを行い，または引受金融商品取引業者に対し株式公開等が可能な取引先企業を紹介する業務）[24]，個人財産形成にかかる資産運用アドバイス業務[25]，電子マネー発行業務が，また，

---

20) 小山・前掲注2）170頁。
21) 大蔵省銀行局内金融法令研究会・前掲注3）143頁，氏兼＝仲・前掲注8）52頁など。
22) 平成15年6月3日改定事務ガイドライン（第一分冊：預金取扱い金融機関関係）1-6-4 (8)。なお，この考え方は，現在の監督指針に引き継がれている（「主要行等向けの総合的な監督指針」〔平成28年3月〕V-3-2-(3)，「中小・地域金融機関向けの総合的な監督指針」〔平成27年4月〕Ⅲ-4-2）。
23) ④は，法文や他業禁止の趣旨からは導かれるものではない。「余剰能力」の考え方は，米国における，「付随性」をみたさずとも他業禁止の趣旨に反しなければexcess capacityの活用を認める考え方を参考にしたと思われる（森下＝渡邉・前掲注17）247頁）。
24) 実務につき，みずほ銀行証券信託業務部ほか『株式上場の実務〔第4版〕』（金融財政事情研究会，2011年）235頁以下参照。
25) なお，法人の海外不動産商品に対するフィナンシャルアドバイザリー業務につき，「銀行のいわゆる付随業務は，同法10条2項各号に列挙されているものに限られず，銀行業に付随する業務もこれに当たり，その中には，与信，受信等に関連して顧客に対しその資産の増殖に寄与する投資案件を紹介等することも含まれると解される」とした下級審がある（東京地判平成12年8月29日判夕1055号193頁）。

2007（平成19）年には，算定割当量（地球温暖化対策推進法にもとづく排出権）にかかる取得・譲渡の媒介やコンサルティング業務[26]が「その他の付随業務」に該当すると明示された。

このうち，たとえばM&Aに関する業務については，買収資金にかかる融資や決済業務（預金・為替）という固有業務に付随する業務であるとの解釈により[27]，銀行は前掲注22）で示した監督指針が制定される前から業務として営んでいたところ，その監督指針における，「銀行が，従来から固有業務と一体となって実施することを認められてきた……M&Aに関する業務……については，取引先企業に対する経営相談・支援機能の強化の観点から，固有業務と切り離してこれらの業務を行う場合も『その他の付随業務』に該当する。」[28]との記載により，銀行法上の取扱いが明確化された。一方で，たとえば，市場誘導業務は，同業務が証券取引法65条（現行金商33条）に抵触する懸念があるとされていたものが，監督指針の公表により「その他の付随業務」として銀行が実施できることが明確となった。

監督指針以外でも，いわゆるノーアクションレター制度（平成13年3月27日閣議決定「行政機関による法令適用事前確認手続の導入について」）の利用を通じて，銀行のATMや店舗等の空きスペースを広告媒体として活用する業務や，ダイレクトメール，通帳・残高明細書等の余白部分を提携企業等の情報提供（宣伝広告）として活用することが付随業務であることが明らかとなった[29]。

また，上述の法令，監督指針等で明確化された業務の他にも，たとえば，信用状に関する業務，トラベラーズ・チェックの発行，金地金の売買，クレジットカード業務[30]や，リバース・レポ取引，シンジケートローン等のアレンジ

---

[26] 松尾直彦ほか「金融商品取引法制の政令案・内閣府令案等の概要」金法1803号（2007年）16頁，平石努「排出権取引をめぐる法的環境」金法1809号（2007年）30頁。
[27] 國生一彦「金融機関とM&A（合併・買収）」銀法406号（1988年）30頁，山根眞文「M&A，銀行の関与とその法的諸問題」金法1253号（1990年）32頁。
[28] 主要行監督指針・前掲注22）V-3-2-(1)，中小・地域金融機関監督指針・前掲注22）Ⅲ-4-2 (1)。
[29] 平成15年7月1日付金融庁「照会に対する回答（文書）」(http://www.fsa.go.jp/common/noact/kaitou/index.html#001)。
[30] 以上4業務を付随業務として挙げる文献として，川田悦男『金融法務読本〔第27版〕』（金融財政事情研究会，2008年）5頁。なお，「信用状に関する業務」のうち，少なくとも「支払承諾」に属する取引（後述⇨第2節**1(1)**）は，銀行法10条2号1号で規定する付随業務にも該当すると考えられる。

ャー業務などが付随業務と考えられている。

(3) 態勢整備

監督指針は,「その他の付随業務」を実施する際の留意事項として,たとえば,「銀行が,従前から固有業務と一体となって実施することを認められ」「固有業務と切り離して行う」業務として例示されたものについては,顧客保護や法令遵守等の観点から,①優越的地位の濫用として独占禁止法上問題となる行為の発生防止等法令等の厳正な遵守に向けた態勢整備,②提供される商品やサービス内容,対価等契約内容につき書面等による明示,③付随業務に関連した顧客の情報管理について,目的外使用も含めた具体的な取扱基準の定めおよび行員宛周知徹底について検証態勢の整備,を挙げている。

(4) 銀行法以外の規制法

銀行の業務範囲は,銀行法以外の各種規制法によっても制約されうる。たとえば,有価証券関連業務や投資助言業務に関しては金融商品取引法に,不動産関連業務に関しては宅地建物取引業法に,アドバイス業務に関しては弁護士法,税理士法などの業務規制に服する。さらに,海外拠点で業務を行う場合などは,関連国・法域の規制法に服する。

第2節　付随業務各論

ここでは,付随業務について,それらの経済的機能に照らして,①信用供与関連業務,②資金管理関連業務,③デリバティブ業務,④その他役務提供業務に分類した上,その代表的な業務について説明を行う[31]。

---

[31] ここでは,10条2項各号と「その他の業務」の代表的な業務を述べる。なお,立法上,これら各号や「その他の付随業務」はなるべく重複しないように規定されているが,重複適用は排除されているわけはないので,ある業務が付随業務に該当すると解釈する際の根拠として,上記各号や「その他の付随業務」のうち複数を挙げることも差し支えないとされる(家根田正美＝小田大輔「銀行の業務範囲(3)」金法1959号〔2012年〕74頁)。

1　信用供与関連業務

（1）　債務の保証または手形の引受け（1号）

　銀行は，銀行法10条2項1号が規定する付随業務として，「債務の保証又は手形引受け」を営む。これは，顧客が第三者との間で行う取引によって負う債務等（たとえば，買掛債務）について，銀行が，当該顧客の委託にもとづき，対価（保証料）を得て，保証その他手形引受などの保証に類する債務負担を行う取引を指し，この取引を総称して「支払承諾取引」と呼ぶ[32]。その詳細は，第3章第2節 **5** を参照。

（2）　有価証券の売買等（2号）

　銀証分離政策から，金融商品取引法33条1項は，原則として銀行による証券業務（有価証券関連業および投資運用業）を禁止しているが，同項但書は，投資の目的をもって行うものについて，同条2項は，書面取次ぎ行為について，禁止規定の例外としている。これを受けて，銀行法10条2項2号は，投資の目的[33]をもってまたは書面取次ぎ行為として行う限り，有価証券（5号に規定する証書をもって表示される金銭債権に該当するものおよび短期社債を除く）の売買または有価証券関連デリバティブ取引を付随業務として許容している。

　ここにいう「売買」には，金融商品取引法2条8項1号の「有価証券の売買」が既発債の売買を意味するのとは異なり，新発債の取得が含まれると解されている。銀行も一般企業と同様の立場で，投資の目的をもって有価証券の売買を行うことは，営利法人の行為能力の範囲内にあるものとして当然にできることから，本号はその確認規定であると解されている[34]。

　次に，「有価証券関連デリバティブ取引」とは，金融商品取引法28条8項6号において定義される取引，すなわち，有価証券関連の市場デリバティブ取引

---

32) 「支払承諾」という語句は，銀行法施行規則（18条2項関連，別紙様式第3号 第1事業概況書 12 支払承諾の内訳および支払承諾見返りの担保内訳）における勘定科目に使用されており，内訳として，手形引受，信用状，保証の別に報告が求められている。

33) 「投資の目的」には，他の者による有価証券の取得または譲渡を仲介する目的（つまり，取次ぎ）は含まれないが，その他の目的であれば広く含まれると解されている（小山・前掲注2）178頁）。

34) 小山・前掲注2）177頁。

(金商28条8項3号),有価証券関連の店頭デリバティブ取引(同項4号)および外国金融商品市場において行う取引であって有価証券関連の市場デリバティブ取引と類似の取引(同項5号)を指す。

また,「書面取次ぎ行為」とは,金融商品取引法33条2項柱書に規定する行為,すなわち,顧客の書面による注文を受けてその計算において有価証券の売買または有価証券関連デリバティブ取引を行うことをいい,当該注文に関する顧客に対する勧誘にもとづき行われるものおよび当該金融機関が行う投資助言業務に関しその顧客から注文を受けて行われるものを除くものとされている(銀行10条4項)。書面取次ぎ行為が例外的に許容されているのは,銀行が預金業務を取り扱っている関係上,顧客から受働的に有価証券の売買の委託を受けることが考えられ,顧客の注文にもとづく受動的行為であり弊害が小さいと認められる範囲で証券業務を認めようという政策判断によるものである[35]。一方で,①当該注文に関する顧客に対する勧誘にもとづき行われるもの,および②当該金融機関が行う投資助言業務に関しその顧客から注文を受けて行われるものについては,そのような理由が妥当しないことから除外される(したがって,銀行がこれらを行うことが禁止される)。

私募債(後述)の取得も銀行法10条2項2号に含まれるが,社債は企業にとっての長期・安定資金調達手段であり,銀行にとっては,私募債の保有による金利収益以外にも,私募の取扱い,社債管理業務や財務代理業務,銀行保証債における支払承諾業務などを通じた収益を得る機会であり,顧客企業に対する取引地位の強化も期待できる。

社債は金融商品取引法2条1項に規定される有価証券(第一項有価証券)である。取得勧誘は,多数の者を相手方として取得勧誘を行う「募集」とそれ以外の「私募」に大別され(金商2条3項。前者にかかる債券は「公募債」,後者は「私募債」と呼ばれる),公募債には発行開示規制が課せられる(4条1項)。なお,銀行による(新発の)私募債の取得は,将来売り捌くことを目的としないことから,「有価証券の引受け」(2条8項6号)には該当せず,私募債の取得の申込みの勧誘をする「私募の取扱者」の設置も不要であり,取得勧誘先が適格機関投資家たる銀行であって(同条3項1号,定義府令10条1項4号),転売制限

---

[35] 小山・前掲注2)178頁。

(「適格機関投資家に譲渡する場合以外の譲渡が禁止される旨の制限」。金商令1条の4第3号ハ，定義府令11条2項1号）を付すことにより「プロ私募」（適格機関投資家のみを相手方として行う有価証券の取得勧誘であって，当該有価証券がその取得者から適格機関投資家以外の者に譲渡されるおそれが少ないものとして定められる要件〔転売制限要件〕をみたすもの）要件（金商2条3項2号イ）をみたすのであれば，発行会社は開示規制に服さない。

社債は信用補完の有無・手段により，無担保社債，担保付社債，保証付社債に大別され，さらに，社債管理者の設置の有無によって，社債管理者設置債と不設置債に大別される。このうち，特に中小企業金融においては，保証付私募債（社債管理者不設置債）が多く利用されている。この一環として，銀行のみが保証を行う銀行保証付私募債がある。この典型として，顧客が発行する無担保社債に対し，銀行が保証（支払承諾）を付し，これを投資家（当該保証銀行が投資家を兼ねることも多い）が総額引受けを行い，社債管理者不設置とする社債が多い。私募債とするのは発行開示の負担がないことが主な理由であり，また，保証付社債とするのは，社債の信用力を高めるためである。これにより，銀行は顧客に対し資金提供を行い，その際必要に応じて求償権を保全するため担保設定や親会社保証等を徴求するので，実質的にみれば，長期貸金に類似した機能を有することになる。

（3）　有価証券の貸付け（3号）

有価証券の貸付けは，銀行が顧客の依頼に応じて，対価（貸付料）を得て，銀行が保有する有価証券を貸し付ける業務である。これは，顧客が，法令等の要請（資金決済14条3項，商品先物取引法101条3項，酒税法31条1項等）や取引先との契約により，有価証券の担保提供をしなければならない場合や，金融取引として借り受けた有価証券を売却して資金調達をしたい場合に利用される。

その方法は，有価証券のペーパーレス化前は，①現物貸渡し方式と②登録貸渡し方式があり，その法的性質として，①は，その契約形態に応じて，有価証券の賃貸借または消費貸借と解され，②は，銀行に対する，顧客の債権者（担保提供先）のために物上保証してもらうことについての委任と解されていた。しかし，ペーパーレス化後（振替債）については，銀行の自己口に保有する振替債を減額記録する代わりに，①の場合は，顧客名義の自己口に，②の場合は，

担保提供先名義の質権口に、それぞれ増加記録することになることから、①は、一般に有価証券の消費貸借（法的性質に関する議論はあまりみられないが、口座記録につき社債、株式等の振替に関する法律〔社債・株式等振替法〕76条等は推定効にとどまることから、口座移転があっても必ずしも権利が移転せず、よって賃貸借とする余地もあるが、通常は、担保提供先に権利移転がなされ〔社債株式振替73条等〕、顧客は同種同量のものを銀行に返還するという消費貸借と解すべきである）、②は、従前と同様、委任と解するのが妥当である。顧客が破綻した場合、貸付対象の有価証券は、顧客（破産財団等）に帰属するか（消費貸借構成の場合）、担保提供先により担保処分される（委任構成の場合）ことから、顧客に対しては、債権的な返還請求権または損害賠償請求権（消費貸借構成の場合）か求償権（委任構成の場合）という一般債権しか有しないことになる。したがって、貸付有価証券取引においては、通常の貸付取引同様の与信判断が必要である。

(4) 国債等の引受けまたは募集の取扱い（4号）

銀行は、国債、地方債もしくは政府保証債（以下「国債等」という）の引受け（売出しの目的をもってするものを除く）または当該引受けにかかる国債等の募集の取扱いを行うことができる。これは、かかる国債等の引受け（売出目的のない残額引受け）は、公共債の発行予定額の満額消化（つまり国や地公体の安定的な資金調達）を下支えするものであって、銀行の与信機能の一環として位置づけられるし、また、当該引受けにかかる国債等の募集の取扱い（国債等の窓口販売）は、引受けと一体不可分として行われるものであって、残額引受けにおける銀行のリスク負担額を減少させる行為として残額引受けに当然に随伴するものと考えられたことによる[36]。

(5) 金銭債権の取得または譲渡（5号）

銀行法10条2項5号における金銭債権とは、「内閣府令で定める証書をもって表示されるものを含む」とされ、内閣府令（銀行則12条）において、譲渡性預金証書、コマーシャル・ペーパー（CP）、住宅抵当証券、貸付債権信託の受益権証書等が列挙されている。これらは例示であって[37]、金融商品取引法33

---

36) 小山・前掲注2) 181頁。
37) 小山・前掲注2) 182頁。

条 1 項により禁止されるものを除き，金銭債権であれば，売掛債権のファクタリング（資金化や回収委託等を目的とした債権買取り）や不良債権のバルクセール（一括売却）など，広範囲に金銭債権の取得・譲渡にかかる業務を行うことができる。さらに，本号の業務には，当該金銭債権のうち有価証券に該当するものについて，金融商品取引法 2 条 8 号 1 号から 6 号までおよび 8 号から 10 号までに掲げる行為を行う業務が含まれるものとされている（銀行 10 条 6 項）。

　金融機関間でも，新規顧客獲得や取引拡大の手段として，他の金融機関保有の当該顧客宛貸付債権を取得することがある。逆に，ポートフォリオリスク管理としての ALM 政策（Asset Liability Management）や与信枠の制約から，その保有する貸付債権の売却を図る場合もある。現在では，かかる両者間の貸付債権の売買市場（セカンダリー市場）が形成されており[38]，この市場の発展は，各金融機関にとって，新たな融資余力の創出，貸出資産の健全化，価格形成の透明化を通じた貸出金利の適正さ等に資するとともに，企業にとっても，取引銀行の枠を超えて機動的な資金調達が可能となるなど金融の円滑化に資するものとなっている[39]。

　民法上，貸付債権は指名債権であるので，譲渡禁止特約がない限り，誰に対しても譲渡可能である（民 466 条）。債権売買取引の際は，譲渡人・譲受人の二者が債権譲渡（売買）契約書を締結する（場合により，対抗要件具備を兼ねて借入人も加わる）。債権譲渡契約書上では，価格，資金決済方法に加え，通常，表明保証，譲渡人への債権回収委託（サービサー）等の有無，対抗要件具備，担保移転等に関する合意を明記する[40]。

　なお，貸付債権売買と経済的効果が同様な取引にローンパーティシペーション（貸出参加）がある。これは，原貸付人と相手方（「参加者」と呼ばれる）の間の相対契約より，法的に対象貸付債権を移転させることなく，原貸付人が有す

---

[38] 貸出債権市場に関する基本的問題点について，貸出債権市場協議会「貸出債権市場協議会報告書」（2003 年）（http://www.zenginkyo.or.jp/news/entryitems/news150328-4.pdf），全国銀行協会「貸出債権市場における情報開示に関する研究会 報告書」（2004 年）。（http://www.zenginkyo.or.jp/news/entryitems/news160490-1.pdf），全国銀行協会「貸出債権市場取引動向」（http://www.zenginkyo.or.jp/stats/year4_01/index.html）参照。

[39] 全国銀行協会・前掲注 38) 報告書（2004 年）2 頁。

[40] 日本ローン債権市場協会の推奨契約案文として「貸付債権の売買にかかる契約書（平成 25 年版）」掲示書式参照（http://www.jsla.org/ud0200.php）。

る貸付債権にかかる経済的利益（この部分で，保証料のみを対価にリスクを引き受ける保証〔支払承諾〕取引とは異なる）とリスクを移転する（原貸付人が回収する限りにおいて，参加者に弁済を行う）取引である。この契約は，原債権者と参加者間の二者間で締結され，一種の無名契約とされている[41]。本取引の実施は，借入人に知られることがなく，また，参加者は貸金実行と同じ効果を得ることができる。一方で，参加者は借入人に対する直接的な権利を取得しないので，対象債権のデフォルトリスクに加え，原貸付人の破綻リスクを負うなど，債権売買よりリスク要因が多い。

COLUMN 5-1　匿名組合出資

　近年の金融技術の発展により，銀行は証券化や投資用のビークルに対し，貸金だけでなく，高リスクであるがキャピタルゲインが期待できるエクイティ性ある投資を行うようになった。匿名組合出資は，その代表的な出資方法の一つであり，税務上の導管性や，任意法規性が高く柔軟に権利義務を設定できること等から，特に不動産・債権等の流動化やレバレッジ・リースの特別目的会社（SPC）に対する出資方法としてよく使われている。

　匿名組合契約は，匿名組合員（投資者）と営業者（出資を受ける者）との間に成立する商法535条以下にもとづく双務有償の契約である。銀行法上，匿名組合出資につき明文はないが，少なくとも金銭による利益配当・元本償還を予定している匿名組合出資については，同法10条2項5号の「金銭債権の取得」に該当すると考えられ，またそうでないとしても，同項2号の「有価証券の売買」として説明可能である。金融商品取引法上は，匿名組合出資は，第二項有価証券（金商2条2項5号。ただし，同号イないしニに適用除外あり）として，同法の適用を受けるが，銀行も出資可能である（33条1項但書）。

　匿名組合出資を行う場合，銀行は営業者（特別目的会社〔SPC〕であることが多い）と匿名組合契約を締結する。契約内容は，出資者が「相手方の営業のために出資」をすること，「その営業から生ずる利益を分配すること」が法定要件となる（商535条）。なお，出資者による損失の負担は，匿名組合の必須要件でないので，出資額以上に損失を分担しないとする特約をなし，有限責任とすることができる。

　このように匿名組合出資は経済的にエクイティ性を有する。したがって出資者は，当該営業の奏功に重大な関心がある立場ではあるが，営業者の業務を執行，代表することはできず（商536条3項），また株式出資のように議決権等もなく，貸借対照表の閲覧や業務および財産状況に関する検査といった限定的な監視権を

41）山岸晃「金融機関の貸出債権にかかるローン・パーティシペーションの取扱い」金法1423号（1995年）35頁。

有するにすぎない（539条）。仮に，匿名組合契約上，積極的な指図権等を設定すれば，匿名組合契約としての性質が否認され，民法上の任意組合とされて，その結果，無限責任を負う可能性や，当該営業を銀行自ら行っているとして，他業禁止規定（銀行12条）に抵触する可能性が生じる。また，確定利回りを約すことも匿名組合性を否定し，出資法（1条。出資金の受入れ）に抵触する可能性がある。

(6) 特定社債の引受けまたは募集の取扱い（5号の2）

銀行は，特定目的会社が発行する特定社債等[42]の引受け（売出しの目的をもってするものを除く）または当該引受けにかかる特定社債等の募集の取扱いを行うことができる。なお，「特定目的会社」とは，資産流動化取引におけるビークルの一つとして，資産の流動化に関する法律の規定にもとづき設立される社団（同法2条3項において定義される）である[43]。税務上の理由（配当の損金算入）から特定社債が機関投資家[44]のみにより保有されることが求められる場合があり，実務上，特定社債の取得勧誘は，プロ私募として行われることが多い。

(7) 短期社債等の取得または譲渡（5号の3）

銀行は，短期社債等の取得または譲渡を行うことができる。「短期社債等」は銀行法10条3項において定義されており，社債・株式等振替法66条1号に規定する短期社債（いわゆる電子CP）等がこれに含まれる。なお，本号の業務には，短期社債等について，金融商品取引法2条8項1号から6号までおよび

---

42) ここにいう「特定社債」とは，特定短期社債を除き（なお，特定短期社債の取得または譲渡は，銀行法10条2項5号の3にもとづく付随業務として許容される），資産流動化計画において当該特定社債の発行により得られる金銭をもって指名金銭債権または指名金銭債権を信託する信託の受益権のみを取得するものに限られる。また，「特定社債等」には，金融商品取引法施行令15条の17第1項第2号または同条3項に規定する有価証券（同項に規定する有価証券については，金融商品取引法2条1項4号または5号に掲げるものの性質を有するものに限る）であって，金融商品取引業等に関する内閣府令40条1号に規定する譲渡資産が，指名金銭債権または指名金銭債権を信託する信託の受益権であるものが含まれる（銀行則12条の2）。
43) なお，実務上，資産の流動化に関する法律にもとづく「特定目的会社」は「TMK」と，事業の内容の変更が制限されていて，特定目的会社と同様の事業を営む事業体である「特別目的会社」（会社則4条参照）は「SPC」と，それぞれ呼称されている。
44) 租特67条の14第1項1号ロ(2)。なお，租税特別措置法上の「機関投資家」は，金融商品取引法上の「適格機関投資家」（金商2条3項1号，定義府令10条1項）とは一部範囲が異なる。

8号から10号までに掲げる行為（売買，その媒介・取次ぎ・代理，引受け等）を行う業務が含まれるものとされている（銀行10条6項）。

(8) 有価証券の私募の取扱い（6号）

銀行は，有価証券の私募の取扱いを行うことができる。「有価証券の私募」とは，新たに発行される有価証券の取得の申込みの勧誘であって，有価証券の募集（公募）に該当しないものである（金商2条3項）[45]。たとえば，(2)で述べた私募債は，私募により取得勧誘される債券である。また，「有価証券の私募の取扱い」とは，「有価証券の私募」に際して，私募取扱業者（としての銀行）が，発行者のために，投資家に対して当該有価証券の取得の申込みを勧誘すること（私募による有価証券の取得の斡旋業務）である。有価証券の私募の取扱いは，証券業務（有価証券関連業）ではあるものの，利益相反等の弊害が比較的生じにくいと考えられること，銀行は融資の変形の側面をもつ私募債の発行にこれまでも関与してきたことを踏まえ，銀行自身が行うことが適当とされた[46]。

なお，銀行は株券についても私募の取扱いを行うことができるが，上場株券については私募が想定されないことから[47]，銀行が私募の取扱いを行うことができる株券は未上場のもの（当該株券の発行者が，当該株券と同一の内容を表示した株券であって金融商品取引法24条1項各号のいずれかに該当するものをすでに発行している者ではない者）に限られる。

---

[45] 「有価証券の私募」には，第一項有価証券（金融商品取引法2条1項各号に掲げる有価証券または同条2項前段もしくは中段により1項に規定する有価証券とみなされる有価証券表示権利もしくは特定電子記録債権）と第二項有価証券（金融商品取引法2条2項各号に掲げるみなし有価証券）の別に応じ，次のような類型化がなされている。まず，第一項有価証券の私募には，①適格機関投資家私募（適格機関投資家のみを相手方として行う場合であって，当該有価証券がその取得者から適格機関投資家以外の者に譲渡されるおそれが少ないものとして定められる要件（転売制限要件）がみたされる取得勧誘。金商2条3項2号イ，金商令1条の4），②特定投資家私募（金商2条3項2号ロ。なお，同法4条3項1号において「特定投資家向け取得勧誘」と定義されている）および③少人数私募（49名〔転売制限要件がみたされている場合における適格機関投資家を除く〕以下の者を相手方として行う取得勧誘。金商2条3項2号ハ，金商令1条の7）の3類型がある。一方，第二項有価証券の私募は，その取得勧誘にかかる有価証券を499名以下の者が所有することとなる取得勧誘をいう（金商2条3項3号，金商令1条の7の2）。

[46] 小山・前掲注2）194頁。

[47] 金商2条3項2号イ・ロ（2）・ハ，金商令1条の4第1号イ・1条の5の2第2項1号イ・1条の7第2号イ（1）参照。

(9) ファイナンス・リース業務およびその代理または媒介（18号および19号）

　銀行は，機械類その他の物件[48]についてのファイナンス・リース業務およびその代理または媒介を行うことができる。リース取引に関する会計基準（企業会計基準第13号）によれば，「リース取引」とは，特定の物件の所有者たる貸し手（レッサー）が，当該物件の借り手（レッシー）に対し，合意された期間（以下「リース期間」という）にわたりこれを使用収益する権利を与え，借り手は，合意された使用料を貸し手に支払う取引をいい[49]，このうち「ファイナンス・リース取引」とは，リース契約にもとづくリース期間の中途において当該契約を解除することができないリース取引またはこれに準ずるリース取引（中途解約不能）で，借り手が，当該契約にもとづき使用する物件（以下「リース物件」という）からもたらされる経済的利益を実質的に享受することができ，かつ，当該リース物件の使用に伴って生じるコストを実質的に負担することとなるリース取引（フルペイアウト）をいう[50]。なお，銀行法上は，ファイナンス・リース契約の要件として，①リース期間の中途において解除できないこと（中途解約不能。銀行10条2項18号イ，銀行則13条の2の4第1項[51]），②リース期間において物件価格と付随費用の全額回収を内容とすること（フルペイアウト。銀行10条2項18号ロ，銀行則13条の2の4第2項），③リース期間の終了時にリース物件の所有権またはリース物件の使用または収益を目的とする権利[52]が相手方に移転する旨の定めがないこと（所有権移転外ファイナンス・リース。銀行10条2項18号ハ）を定めている。

　ファイナンス・リース取引は，リース物件の賃貸借の形式を有するものの，経済的実質は金融取引であるところ（それゆえ，「金融」に対し「物融」といわれる），ファイナンス・リース取引に関わるノウハウの蓄積および固有業務（資金の貸付け）との親近性やリスクの同質性が認められることを踏まえ，2011（平

---

[48] ここにいう「物件」とは，有体物たる動産および建物を指す（ただし，土地は含まれない）ものと解されている（家根田正美＝小田大輔「銀行の業務範囲（4）」金法1961号〔2013年〕75頁）。
[49] リース取引に関する会計基準（企業会計基準第13号）4項。
[50] リース取引に関する会計基準（企業会計基準第13号）5項。
[51] リース契約を中途において解除する場合において，「規定損害金」等として，未経過期間にかかる使用料の概ね全部を支払うこととされているものも，「中途解約不能」に該当する。
[52] 「リース物件の使用又は収益を目的とする権利」とは，いわゆるソフトウェア・リースにおいて発生する使用権等を指す。

成23）年の銀行法改正により，本体業務として解禁されたものである53)。

一方，ファイナンス・リース取引以外のリース取引であるオペレーティング・リース取引54)については，物件の賃貸業に近い側面があり，固有業務との親近性やリスクの同質性が認められないことから，また，メンテナンス・リース取引（ファイナンス・リース取引に保守・点検業務が付加されたリース取引）についても，保守・点検等の業務は，銀行業との親近性がなく，あくまでもファイナンス・リース取引に付加される業務であって一体性が認められないことから，銀行本体がこれらのリース業務およびその代理または媒介を行うことは認められない55)。

2　資金管理関連業務

（1）　債券の募集または管理の受託（7号）

（a）　社債管理業務56)　　社債管理者とは，社債発行会社の委託を受けて，社債権者のために，弁済の受領，債権の保全その他社債の管理を行う者である（会社702条）。各社債の金額が1億円以上の場合や，ある社債の社債総額を当該種類の各社債の金額の最低限で除した数が50未満の場合を除き，社債管理者の設置が義務付けられる（同条，会社則169条）。銀行は，会社法上社債管理者に就任する資格があり（会社703条），付随業務として受任することができる。

銀行は，社債管理業務の受任にあたり，発行会社と社債管理委託契約を締結する。銀行は同契約にもとづく発行会社との二者間の権利義務関係を有するの

---

53)　ファイナンス・リース業務およびその代理または媒介が，銀行法10条2項柱書のいわゆる「その他の付随業務」ではなく，同項各号に追加される取扱いとされたのは，銀行法上の「その他の付随業務」は，変化の大きい金融情勢において，新しい種類の業務が発生した場合の法律上の受け皿として想定されているものであるところ，ファイナンス・リース取引は，すでに銀行の子会社が行っていることから新しい種類の業務が発生したとはいい難く，また，ファイナンス・リース取引を銀行本体の業務として明確に位置づけるためである（有吉尚哉ほか『「資本市場及び金融業の基盤強化のための金融商品取引法等の一部を改正する法律」の概要（1）――多様で円滑な資金供給の実現』金法1925号〔2011年〕82頁）。
54)　リース取引に関する会計基準（企業会計基準第13号）6項。
55)　有吉ほか・前掲注53）83頁。
56)　社債管理者の義務等に関する文献として，江頭憲治郎「社債の管理に関する受託会社の義務と責任」鴻常夫先生還暦記念『八十年代商事法の諸相』（有斐閣，1985年）105頁，神作裕之「社債管理会社の法的地位」鴻常夫先生古稀記念『現代企業立法の軌跡と展望』（商事法務研究会，1995年）182頁，森まどか「社債管理者の義務と責任」中京法学43巻3＝4号（2009年）499頁等。

みならず，会社法により社債権者の法定代理人として[57]，総社債権者のために法定権限（元利金の支払いを受け，社債にかかる債権の実現を保全するために裁判上または裁判外の行為をする権限〔会社705条1項〕，社債権者集会の決議にもとづく支払猶予，倒産手続等〔706条1項〕，業務・財産状況の調査〔同条4項〕）や約定権限（676条12号，会社則162条4号）にもとづく社債管理を行う責務が生じる。また，実務的には，この契約に加え事務委託契約を締結し，発行会社のために，社債申込書の作成・取りまとめ，社債原簿作成，社債原簿の記録，買入消却，振替機関に対する諸通知，社債元利金支払取りまとめ事務等を受任する。

　会社法上，社債管理者は，社債権者に対する善管注意義務（704条2項）に加え，公平・誠実義務（同条1項）を負い，またこの特則として，社債デフォルト前後3か月に銀行が弁済を受けていた場合等に，銀行が誠実に社債管理を怠らなかったこと等を証明しない限り損害賠償責任を負う（710条2項。挙証責任の転換を図るものと考えられる）。実際上，社債管理者はメイン銀行が受任することが多いが，メイン銀行は同時に発行会社に対し多額の貸付債権を有するので，発行会社の信用状況が悪化した際には，この社債権者に対する誠実義務等と，自己の債権回収にかかる善管注意義務との利益相反状況に陥ることがある。このような利益相反問題に対しては定まった解決方法はなく，個別具体的に判断していくほかない[58]。

　(b)　財務代理人　　各社債の金額が1億円以上である場合または社債の総額を各社債の金額の最低額で除して得た数が50を下回る場合（会社702条但書，会社則169条）には社債管理者を置く必要がなく，これは社債管理者不設置債と呼ばれる。この場合，財務代理人（Fiscal Agent）が置かれるのが通常である。この財務代理人は，発行会社の委託を受けて，社債振込金交付，社債原簿作成，社債原簿の記録，買入消却，振替機関に対する諸通知，社債元利金支払取りまとめ事務等の事務（社債管理業務に付帯する上述の事務委託と略同様）を行う。

---

57)　江頭憲治郎編『会社法コンメンタール（16）社債』（商事法務，2010年）132頁〔藤田友敬〕。

58)　日本銀行金融研究所・金融取引におけるフィデューシャリーに関する法律問題研究会「金融取引の展開と信認の諸相」金融研究29巻4号（2010年）222頁。具体的な事例にもとづいた議論につき，利益相反研究会編『金融取引における利益相反〔各論編〕』（商事法務，2009年）23頁以下。

本業務は，銀行法上直接の規定はないが，銀行法10条2項7号[59] または同9号（金銭出納事務等）[60] に該当すると考えられ，民法上は（準）委任契約である。

財務代理人は，社債権者の代理人または受任者ではなく，社債権者に対し忠実義務（誠実義務）等を負わない。したがって，社債管理者と異なり，発行会社の財務状況が悪化した際に上述の利益相反が問題になることはない[61]。

(2) 業務の代理または媒介（8号・8号の2）

銀行は，銀行その他金融業を行う者の業務の代理[62] または媒介[63] を行うこと[64] ができる。代理貸付（銀行が他の金融機関から委託を受けて当該金融機関の代理として行う貸付け。たとえば，(株)日本政策金融公庫〔2008（平成20）年に国民生活金融公庫，農林漁業金融公庫，中小企業金融公庫を統合して発足したもの〕からの委託を受けて行う代理貸付），保険会社貸付の代理，信託代理店業務などまたはその媒介がこれに該当する。なお，本号に規定する銀行が別の金融業者から委託を受けて業務の代理または媒介を行う場合と異なり，銀行が第三者に固有業務を委託する場合は，銀行代理業の規律（銀行法7章の4）による。

また，銀行は，外国銀行[65] の業務の代理または媒介を行うことができる

---

59) 渡邉雅之＝八木俊則「銀行・銀行グループ会社の業務範囲規制の現状と今後の展望――金融審議会金融分科会第二部会報告を受けて」金法1828号（2008年）16頁注4参照。解釈上，各号業務の代理，媒介が含まれるとする。
60) 小山・前掲注2）200頁は，社債元利金支払事務を金銭出納事務等業務（銀行10条2項9号）の一つとして紹介する。上述の通り社債管理業務と併せて行われる社債元利金支払事務も，これと同様に解することができる。
61) 北村雅史「社債管理会社の義務と責任――利益相反関係を中心として」ジュリ1217号（2002年）11頁。江頭編・前掲注57）131頁〔藤田〕。
62) 「代理」とは，代理人がその権限内において行った意思表示または第三者が代理人に対して行った意思表示の法律効果が本人に帰属することをいう（民99条，商504条参照）。
63) 「媒介」とは，他人の間に立って，他人を当事者とする法律行為の成立に尽力する事実行為をいう（商543条参照）。
64) 銀行法施行規則13条各号に定める場合に限る。なお，同条各号に貸金業者による資金の貸付けに関する業務が含まれていないことから，銀行が貸金業者による資金の貸付けに関する業務の代理または媒介を行うことはできない。また，外国銀行代理業務（銀行52条の2第1項）が除外されている。これは，外国銀行代理業務は，クロスボーダー取引であることに加え，取引関係がいたずらに複雑なものとなることから，顧客の保護，監督上の観点からも好ましくないと考えられることから，銀行が行う外国銀行代理業務については，他の銀行に「再委託」または「復代理」させることを禁止する趣旨である（家根田正美＝小田大輔「銀行の業務範囲（5）」金法1965号〔2013年〕105頁）。

（銀行10条2項8号の2。7章の2以下の「外国銀行代理業務」）。従前，委託元の外国銀行についてわが国監督当局の直接の監督が及ばないことを踏まえ，受託者と親子・兄弟会社の関係にある外国銀行に限定されていたが，国内企業の海外進出を国内銀行が支援する環境を整備する観点から，2013（平成25）年金融商品取引法等改正等にかかる銀行法施行規則の改正（平成26年4月1日から施行）により，国内銀行が代理または媒介を海外で行う場合に限り，また，日本の銀行法上の固有業務および付随業務の範囲内においてのみ，出資関係の有無を問わず，外国銀行の業務の代理または媒介を行うことができるようになった（銀行則13条の2第2項2号）。

(3) 金銭にかかる事務の取扱い（9号）

銀行は，銀行法10条2項9号の付随業務として「国，地方公共団体，会社等の金銭の収納その他金銭に係る事務の取扱い」を行うことができる。具体的には，①地方公共団体の指定金融機関としての公金の出納事務，②日本銀行代理店としての国庫金，国債収入金等の出納事務，③株式払込金の受入れ，株式配当金，社債等元利金の支払事務，国税・地方税および各種公共料金の自動振替，クレジット・カード会社と提携したキャッシング・サービスなども挙げられる。

(a) 指定金融機関公金取扱事務　都道府県は，公金の収納や支払事務を取り扱わせるため，金融機関を指定しなければならず（自治235条1項），また，市町村は，任意に金融機関を指定することができる。公共団体の長は，一の指定金融機関を議会の議決を経て指定し（自治令168条1項・2項），必要があれば，当該指定金融機関の意見を聞いた上で，指定代理・収納代理金融機関を指定する（同条7項）。

指定金融機関と公共団体との間の契約は，「公金の収納および支払事務委託契約」にもとづく委託契約である。指定金融機関は，手数料を取得するほか，当該公共団体の資金を預金として集中できる（自治令168条の3第3項・168条の5。なお，168条の6）利点がある。一方，指定金融機関は，公共団体の長の定め

---

65)「外国銀行」とは，外国の法令に準拠して外国において銀行業を営む者（銀行法4条5項に規定する銀行等〔すなわち，銀行，長期信用銀行，株式会社商工組合中央金庫，信用金庫連合会および農林中央金庫。銀行則4条の2〕を除く）をいう（銀行10条2項8号）。

るところにより，担保の提供をしなければならず（168条の2），公共団体の会計責任者の定時または臨時の検査を受ける（168条の4）。

公金の納入は，納税通知書，納入通知書等の書類にもとづいて行われる（自治令168条の3第1項）。指定金融機関は，納入義務者から，現金，口座振替（自治231条の2第3項，自治令155条），所定の小切手，公債などの証券（自治令156条）により納入を受ける。また，指定金融機関がある場合の公金の支出は，指定金融機関を支払人とした小切手振出しまたは公金振替書を当該金融機関に交付することを原則とし（自治232条の6第1項本文，自治令165条の4第1項・2項・4項），また，現金払いを指定金融機関（窓口）にさせることもできる（自治令165条の4第3項参照）。

（b）　国庫金出納事務[66]　　日本銀行は，国庫金出納の事務取扱機関であるが（会計34条，日銀35条），大量の国庫金出納事務を円滑に処理するために，会計法や日本銀行国庫金取扱規程にもとづき，日本銀行代理店（または国庫金出納事務のうち国の受入れのみを取り扱う日本銀行歳入代理店）を民間金融機関に委嘱している。この代理店契約は，国庫金の出納事務，国庫金送金事務等を受託するという委任契約である。受託金融機関は，手数料収入の獲得機会を得る一方で，日本銀行により一定期間ごとに代理店検査を受けることになる[67]。

（c）　株式払込事務　　株式会社の会社設立時に，発起人または株式引受人は，株式の払込みを発起人が定めた銀行等（以下「取扱銀行」）において行う必要がある（会社34条2項・59条1項4号）。増資時においても同様である（208条1項）。このため，取扱銀行は，発起設立の場合は，株式振込金を受け入れ，保管し，会社に返還することを内容とする株式払込事務取扱委託契約を，また，募集設立・増資の場合は，これらに加え，株式の割当て（会社60条1項・204条1項）前に，募集に応じた引受人から申込証拠金と共に申込手続を受任することも内容とする株式申込事務委託契約を締結する。

所定の払込みがあった後，募集設立の場合は，取扱銀行は，発起人の請求により，登記申請添付書類とすべく保管証明書の発行を行う。取扱銀行は，保管証明書をいったん発行すれば，払込金額に相違があったことや返還に制限があ

---

[66]　日本銀行金融研究所編『日本銀行の機能と業務』（有斐閣，2011年）205頁以下参照。
[67]　信用維持を目的として行われる日銀考査（日銀44条）とは別個の検査である（日本銀行金融研究所編・前掲注66）212頁）。

ることをもって成立後の会社に対抗できず，証明書金額につき厳格な責任を負う（会社64条2項）。一方で，発起設立や増資の際には，保管証明書の発行は不要であり，登記申請のためには，発起人等の口座に振込みがあったことが確認できる預金通帳等の写しを交付すれば足りるとされる（商登47条2項5号）。

受託事務が適正に行われなかった場合は，委任契約たる株式払込取扱契約にもとづき，取扱銀行は善管注意義務違反ないし債務不履行の責任を負うことになる。

(4) 振替業（10号の2）

有価証券のペーパーレス化においては，証券発行の際には現物証券が発行されずに，振替機関またはその下位機関である口座管理機関にある口座に権利内容が記載され，その後の権利の譲渡・質入れは，振替機関等の振替口座簿への増加・減少等の記録によって効力が生じる。このように振替機関（株式会社証券保管振替機構。なお，国債については，日本銀行）・口座管理機関は，振替制度における証券決済の中核を担うものである。銀行は，社債・株式等振替法44条により口座管理機関となることができ，銀行法上も付随業務として，かかる振替業務を営むことができる。この場合，銀行は，上部機関たる振替機関とは，振替法および振替機関が定める業務規程にもとづき業務を行う。また，当該銀行に口座開設をした投資家とは，銀行が定める口座管理規定に従い業務を行うが，その業務内容は，有体物の占有を有するか否かの相違はあるものの，権利についてその所在，移転を管理する点および経済実態の点において，後述の保護預りと類似している。

(5) 両替（11号）

両替については，商法502条8号（営業的商行為）に「両替その他の銀行取引」と，銀行取引の代表例であるかのごとき規定があるが，これは銀行起源の沿革によるもので，今日では銀行業務の中核ではなく，銀行法上も付随業務でしかない。

両替は，外国通貨と邦貨等との交換と，邦貨と邦貨の交換がある。外国通貨と邦貨等との交換は，通常，邦貨から外貨への交換は電信売相場（T.T.Selling Rate）で，外貨から邦貨への交換は電信買相場（T.T.Buying Rate）で交換する

ものであり、法的性質は通貨の売買と考えられている。一方、邦貨と邦貨の交換については、従来は無料で行われていたが、現在は一部有料化されている。

なお、現金両替の金額が200万円を超える場合は、銀行は、「犯罪による収益の移転防止に関する法律」上の特定事業者として、預金取引等と同様、取引時確認義務を負う（同法4条、同法施行令7条1項1号タ）。

3　保護預り（10号）

（1）（狭義の）保護預り

（a）保護預り　銀行は、耐震・防火・防水性に優れ安全な設備を有することから、顧客からの依頼により、有価証券、預金証書、貴金属、契約書その他の貴重な物品（金融資産か否かを問わない）を預かる業務、また、顧客がこれら貴重品を格納する貸金庫を提供する業務を行っている。前者は、「狭義の保護預り」と称せられるが、①顧客が対象物を開封したまま保管を銀行に依頼する「開封預り（披封預り）」と、②顧客が保管対象物を明示せず封緘したまま保管する「封緘預り」に大別される。開封預りが実際に利用されるのは、公社債債券、株券等の有価証券の保護預りに限定されており、その際には利札や配当金の取立の委託を併せて受任するのが普通である。ただし、有価証券のペーパーレス（振替債）化により、現在は、証券現物の保管については、非上場株券などに限られている。

保護預りは、有償の寄託契約（民657条以下。なお、上述の利札等の取立委託については準委任契約〔656条〕）であり、銀行は目的物の保管について善管注意義務を負う。開封保護預りは、対象物の内容を確認して預かるので、銀行は返還に際して内容の同一性に責任を負う。封緘保護預りは、顧客が自ら封緘をした上で銀行が受け入れて保管するもので、銀行は封緘されたその物を返還すればよく、内容については関知しない。その他の条件は、銀行取引約款の一つである「保護預り規定」に規定される。

なお、銀行は、「犯罪による収益の移転防止に関する法律」上の特定事業者として、預金取引同様、保護預り契約締結時において、取引時確認を義務付けられている（同法4条、同法施行令7条1項1号ラ。後述の公共債保護預り〔同号ネ〕、貸金庫〔同号ツ〕において同じ）。

（b）公共債保護預り　国債等の公共債については、銀行は窓口販売によ

る販売対象債券を自行において保護預りすることが多いが，これも開封預りの一種と考えられる。ただし，対象債券が振替債であって，当該銀行が口座管理機関として口座管理業務を行う場合は，銀行法10条2項10号（保護預り）に加えて10号の2（振替業）が付随業務としての根拠となる。金融商品取引法上は，有価証券売買に関して有価証券の預託を受けることになるので，銀行は有価証券等管理業務（金商28条5項）を行うものとして登録金融機関としての登録を行い（33条の2柱書），同法上の善管注意義務（43条）と分別管理義務（43条の2・43条の3）等を負う。振替債については，証券現物という「物」（民657条）を占有することがないことから，民法上の寄託には該当しない。口座管理機関を兼ねる銀行と顧客との関係は，社債・株式等振替法，振替機関が定める業務規程および銀行が定める「振替決済口座規定」により定まるが，振替債の特殊性を別とすれば，有価証券の管理をすることに変わりがなく，寄託契約類似の無名契約（元本金や利金の取立業務がある場合は委任契約を含む）といってよいであろう。

(2) 貸金庫

貸金庫取引は，銀行店舗の金庫室内に，顧客ごとに区分けされた小規模の金庫を顧客の利用に供する取引をいう。顧客は，銀行営業時間内に所定の届出印の押印等での本人確認を経て金庫室内に入室し，契約時に交付を受けた鍵によって，自己の貸金庫を開扉して収納箱を取り出し，所定の場所で格納品の出し入れをし，自分で収納箱を貸金庫に収納・施錠するのが典型的な利用手順である。ただし，最近では，本人確認に電磁カード・暗証番号を用いたり，個別収納箱搬出を機械化したりするなど自動化が進んでいる。いずれにしろ，銀行職員は，原則，格納品の出し入れには立ち会わず，内容物には一切関知しない。

貸金庫業務は，保護預り業務の一形態であって付随業務である。顧客との契約は銀行取引約款である「貸金庫規定」によるが，私法上は，内容物の有無・量にかかわらず契約が成立し，また手数料も一定であることから，物の保管場所を有償で提供するという賃貸借契約（民601条以下）と解するのが通説である。もっとも，最高裁は，貸金庫の特定の内容物に対し，債権執行として内容物引渡請求権を差し押えた上で銀行に取立訴訟を提起した事案（民執143条・163条1項・157条）において，銀行が利用者と共同して占有を有し，また，そ

の占有は「貸金庫の内容物全体につき一個の包括的な占有として成立する」と解して，かかる執行を認めた（最判平成 11 年 11 月 29 日金法 1567 号 10 頁）。この判決は，「差押債権者は，貸金庫を特定し，それについて貸金庫契約が締結されていることを立証すれば足り，貸金庫内の個々の動産を特定して立証する必要がない」と述べるなど，差押実務に一定の指針を与えた。一方で，本判決は貸金庫契約の民法上の位置づけにつき直截に述べたものではないが，銀行に占有権があるとすると上述の賃貸借契約構成とは矛盾することになり，また，銀行が顧客に債権を有している場合に，商事留置権（商 521 条）または銀行取引約定書にもとづき内容物から回収できると考える余地も生じてくるなど，まだ検討すべき点が残されている。

(3) カストディ業務

　有価証券を投資家に代わって管理する業務をカストディ業務という。国際的に分散投資をしている投資家は，各国に保有する株式，証券等の資産を管理するために，グローバル・カストディアンを選定し，当該グローバル・カストディアンは，投資先国によって振替制度，受渡決済，権利保全，議決権行使等が異なることから，国毎のサブ・カストディアンを選定して当該国での証券管理を担当させることがある。このカストディ業務は，一般に，①投資家の指図（サブ・カストディアンはグローバル・カストディアンからの指図）に従い，証券の取得，処分，移転およびこれに伴う投資証券の預託・振替，ならびに当該証券の利金，配当金，売却代金等の資金管理等を行う業務，および，証券保管状況，その時価等の定期的報告を行う業務（「狭義のカストディ業務」と呼ばれる）と，②投資家の指示に従い，証券権利者としての立場を代理して，新株予約権等の権利行使，コーポレートアクションに対する議決権行使等の業務，租税条約にもとづく源泉徴収調整や外為法上の手続を代行する業務等（「常任代理人業務」と呼ばれる）を行う業務であり[68]，国内投資家に対しても，①の業務を中心に

---

68) 一般的説明として，南條隆「グローバル・カストディについて」金融研究 10 巻 1 号（1991 年）20 頁，日本トラスティ・サービス信託銀行『The 資産管理専門銀行――その実務のすべて』（金融財政事情，2003 年），杉浦宣彦＝渋谷彰久「カストディ業務発展に向けての法的課題について――カストディ業務の現状についての包括的分析とさらなる発展のための残された法的課題についての検討」FSA リサーチ・レビュー 2 号（2005 年）5 頁，神田秀樹監修・著『株券電子化――その実務と移行のすべて』（金融財政事情研究会，2008 年）

行うことがある。このように、カストディ業務は、証券の保護預かりに加えて、証券投資を行うに有益・必要なサービスを含めた総合的サービスといえる。なお、カストディ業務は、銀行のほかに、信託銀行（有価証券管理信託で行うこともある）、証券会社等が担っている。

カストディ業務については、保護預り業務の一種として付随業務と考えられる[69]。金融商品取引法上は、公共債保護預かりと同様、有価証券管理業（2条8項16号）と考えられる。

カストディ契約の性質については、保護預り相当部分については寄託契約的な無名契約であり、常任代理人業務等の部分については（準）委任契約と考えられる。この点、財産管理制度としてのカストディ業務を、その責任内容が信託受託者のそれに近いととらえ、信託類似の契約と解する説もある[70]。しかし、対象証券の所有権がカストディアン業者に帰属しないことは明らかであり、また、カストディ業者は投資家の指図に従い事務処理をするのであり、信託受託者のような裁量を有しないので、（準）委託契約と解するのが妥当である[71]。

4 デリバティブ取引（12号から17号まで）

(1) デリバティブ取引とは

「デリバティブ取引」とは、「派生取引」との訳語が示す通り、原資産にかかる取引から派生した先物取引・先渡取引、オプション取引、スワップ取引等をいう。このうち「先物取引・先渡取引」とは、売買の当事者が将来の一定の時期において特定の商品（たとえば、国債、株式等）およびその対価の授受を約する売買であって、当該売買の目的となっている特定の商品の転売または買戻しをしたときは差金の授受によって決済することができる取引をいい、先物取引は市場デリバティブ取引の、先渡取引は店頭デリバティブ取引の、それぞれ一類型である[72]。また、「オプション取引」とは、当事者の一方の意思表示によ

380頁。
69) 神田監修・著・前掲注68) 395頁。なお、常任代理人業務については、理論的には、付随業務に付随する業務として位置づけるべきか、この場合、そもそも付随業務の付随業務が認められるかという論点が生じよう。しかし、本点を消極に解したとしても、本業務の性質・内容に鑑みれば、銀行法10条2項柱書の「その他の付随業務」として認められよう。
70) その説の紹介として、杉浦＝渋谷・前掲注68) 25頁。
71) 同旨、神田監修・著・前掲注68) 399頁。
72) 「先物取引」が、取引仕様が定型化しており、取引所において取引されるものであるのに対

り当事者間において売買等の取引を成立させることができる権利(オプション。「選択権」であり,売る選択権をプット・オプション,買う選択権をコール・オプションと呼ぶ)を相手方が当事者の一方に付与し,当事者の一方がこれに対して対価(プレミアム)を支払うことを約する取引をいう。オプションの買い取引により原資産の価値下落リスクをヘッジしたり(プット・オプションの買い),原資産の価値上昇益を享受したり(コール・オプションの買い)することができる一方,オプションの売り取引の場合には理論上無限大の損失を負担する可能性がある[73]。さらに,「スワップ取引」とは,当事者が元本として定めた金額について当事者の一方が相手方と取り決めた金融商品の利率・通貨等または金融指標の約定した期間における変化率にもとづいて金銭を支払い,相手方が当事者の一方と取り決めた金融商品の利率等または金融指標の約定した期間における変化率にもとづいて金銭を支払うことを相互に約する取引,すなわち,当事者間で約定した内容において将来のキャッシュ・フローを交換する取引をいう。典型的なものは,金利リスクのヘッジのために金銭債権の変動金利を固定金利と交換する金利スワップや,為替リスクのヘッジのために異なる通貨を交換する通貨スワップである。

　デリバティブ取引の原資産としての「金融商品」とは,①有価証券,②預金債権等,③通貨,④商品,⑤同一の種類のものが多数存在し,価格の変動が著しい資産であって,当該資産にかかるデリバティブ取引について投資者の保護を確保することが必要と認められるものとして政令で定めるもの(現状,政令指定なし),および⑥有価証券,預金債権等または「同一の種類のものが多数存在し,価格の変動が著しい資産」について,金融商品取引所が,市場デリバティブ取引を円滑化するため,利率,償還期限その他の条件を標準化して設定した標準物をいう(金商2条24項)。また,デリバティブ取引の参照指標としての「金融指標」とは,①金融商品の価格または金融商品の利率等,②気象庁そ

　　し,「先渡取引」は,不定型の形態で相対取引されるものである(小山・前掲注2)209頁)。通常の為替予約は,「予約」とは呼ばれるものの,実態は将来の通貨の(現物の受渡しによる)売買という先渡契約であるが,金利先渡取引(FRA:Forward Rate Agreement)のような差金決済が行われないことから,店頭デリバティブ取引には該当しない(松尾直彦『金融商品取引法〔第4版〕』〔商事法務,2016年〕75頁)。
[73]　最高裁平成17年7月14日判決(民集59巻6号1323頁)は,株価指数オプションの売り取引に関し,「オプションの売り取引は,利益がオプション価格の範囲に限定される一方,損失が無限大又はそれに近いものとなる可能性がある」旨摘示する。

の他の者が発表する気象の観測の成果にかかる数値，③その変動に影響を及ぼすことが不可能もしくは著しく困難であって，事業者の事業活動に重大な影響を与える指標または社会経済の状況に関する統計の数値であって，これらの指標または数値にかかるデリバティブ取引（デリバティブ取引に類似する取引を含む）について投資者の保護を確保することが必要と認められるものとして政令（金商令1条の18）で定めるもの，および④ ①から③までにもとづいて算出した数値をいう（金商2条25項）。たとえば，金利スワップ取引は「金融商品の利率等」を参照指標とするスワップ取引であるし，いわゆる天候デリバティブ取引は一定期間の降水量等を参照指標とするオプション取引である。また，③の例としては，地震・津波等の天災に関する観測数値，GDPなどの統計数値，不動産価格・賃料等が挙げられる。

(2) 銀行が行うことのできるデリバティブ取引

銀行は，次に掲げるデリバティブ取引を行うことができる。

① 有価証券関連デリバティブ取引[74]以外のデリバティブ取引（銀行10条2項12号）
② ①のデリバティブ取引の媒介，取次ぎ[75]または代理（同項13号）
③ 金融等デリバティブ取引[76]（同項14号）
④ ③の媒介，取次ぎまたは代理[77]（同項15号）
⑤ 有価証券関連店頭デリバティブ取引[78]（同項16号）

---

74) 銀行は，投資の目的をもってまたは書面取次ぎ行為としてする限り，有価証券関連デリバティブ取引を行うことができる（銀行10条2項2号）。
75) 「取次ぎ」とは，自己の名義において他人の計算で法律行為をすることを引き受けることをいう（商552条参照）。いわゆるブローカレッジがこれに該当する。
76) 規制の重複を避けるため，本号の金融等デリバティブ取引から5号（金銭債権の取得または譲渡）および12号（デリバティブ取引）に掲げる業務に該当するものが除外されている。
77) 規制の重複を避けるため13号（デリバティブ取引の媒介，取次ぎまたは代理）に掲げる業務に該当するものが除外されているほか，商品先物取引法15条1項1号に規定する上場商品構成物品等について同法2条9項に規定する商品市場における相場を利用して行う同法2条14項1号から3号までおよび4号（二を除く）に掲げる取引の媒介，取次ぎまたは代理が除外されている（銀行則13条の2の3第3項）。
78) 当該有価証券関連店頭デリバティブ取引にかかる有価証券が銀行法10条2項5号に規定する証書をもって表示される金銭債権に該当するものおよび短期社債等以外のものである場合には，差金の授受によって決済されるものに限る。

⑥　⑤の媒介，取次ぎまたは代理（同項17号）

　銀行法10条2項12号または13号の「デリバティブ取引」とは，金融商品取引法2条20項に定義するもの，すなわち，市場デリバティブ取引，店頭デリバティブ取引および外国市場デリバティブ取引をいう（銀行10条10項）。このうち「市場デリバティブ取引」とは，金融商品市場において，金融商品市場を開設する者の定める基準および方法に従い行う所定の類型の取引（金融商品先物取引，金融指標先物取引，金融商品等オプション取引，金融商品等スワップ取引，クレジット・デリバティブ取引等）であり（金商2条21項），「店頭デリバティブ取引」とは，金融商品市場および外国金融商品市場によらないで行う所定の類型の取引（金融商品先渡取引，金融指標先渡取引，金融商品等オプション取引，金利指標オプション取引，金融商品等スワップ取引，クレジット・デリバティブ取引等）であり（同条22項），また，「外国市場デリバティブ取引」とは，外国金融商品市場において行う取引であって，市場デリバティブ取引と類似の取引をいう。

　また，銀行法10条2項14号または15号の「金融等デリバティブ取引」とは，金利，通貨の価格，商品の価格，算定割当量の価格その他の指標の数値としてあらかじめ当事者間で約定された数値と将来の一定の時期における現実の当該指標の数値の差にもとづいて算出される金銭の授受を約する取引またはこれに類似する取引であって内閣府令（銀行則13条の2の3第1項）で定めるものをいう。ただし，付随業務として行うことができるものは，「銀行の経営の健全性を損なうおそれがないと認められる取引として内閣府令で定めるもの」に限定されているところ，ここにいう内閣府令として，銀行法施行規則13条の2の3第2項（および1項）は，ⓐ商品デリバティブ取引のうち差金決済される等所定の要件をみたすもの[79]，ⓑ算定割当量に関するデリバティブ取引のうち差金決済される等所定の要件をみたすもの[80]およびⓒこれらのオプション

---

[79]　具体的には，当事者が数量を定めた商品について当該当事者間で取り決めた商品相場にもとづき金銭の支払いを相互に約する取引その他これに類似する取引であって，①差金の授受によって決済される取引，または②商品およびその対価の授受を約する売買取引であってⓐ当該売買取引にかかる商品を決済の終了後に保有することとならないこと，およびⓑ当該売買取引にかかる商品の保管または運搬に伴い発生しうる危険を負担しないこと，のいずれの要件もみたすものをいう。

[80]　具体的には，当事者が数量を定めた算定割当量について当該当事者間で取り決めた算定割当量の相場にもとづき金銭の支払いを相互に約する取引その他これに類似する取引であって，

取引を定めている。

さらに，銀行法10条2項16号または17号の「有価証券関連店頭デリバティブ取引」とは，金融商品取引法28条8項4号に掲げる行為，すなわち，店頭デリバティブ取引のうち，有価証券先渡取引，有価証券店頭指数先渡取引，有価証券店頭オプション取引，有価証券店頭指数等スワップ取引等をいう（銀行10条10項）。

5 その他役務提供業務

銀行法10条2項柱書の「その他の付随業務」には，銀行の専門的知見を活用して，助言やアレンジメントなど，個別事案に応じた裁量性の高い役務提供を行う業務がある。ここでは，その代表的なものを取り上げる。

(1) M&Aアドバイザリー業務[81]

(a) 概要・法的性質　M&Aアドバイザリー業務（フィナンシャル・アドバイザー〔FA〕業務と呼ばれることもある）は，一般的に，企業が第三者割当増資，株式譲渡，事業譲渡，合併，会社分割，株式交換や株式移転等を行う場合に，当該企業またはその株主の委託を受けて，相談，助言，仲介等の支援を行う業務である。具体的な業務内容は，個々の案件により異なりうるが，たとえば，企業価値評価，M&A相手方候補先の選定・探索，引き合わせ，交渉に対する支援・助言，交渉や手続のスケジューリング管理，契約書等のドラフト作成に関する支援，法律事務所・会計事務所等の専門家との折衝等がある。

一般に，M&Aアドバイザリー業務は，それ自体，原則として許認可を必要としない業務であり[82]，法的には，コンサル会社などの非金融機関や個人な

---

①差金の授受によって決済される取引または②算定割当量およびその対価の授受を約する売買取引であって，当該売買取引にかかる算定割当量を決済の終了後に保有することとならないものをいう。

81）M&Aアドバイザリー業務の概要について，たとえば，木俣貴光『企業買収の実務プロセス』（中央経済社，2010年）45頁以下参照。

82）ただし，通常のM&Aアドバイザリー業務には含まないものの，仮に，同業務に付随して，有価証券の売買の媒介，募集・私募の取扱いや，投資助言まで業として行うならば，金融商品取引法の適用を受けることになる。なお，金融商品取引業者は，金融商品取引法35条1項11号の付随業務として，M&Aアドバイザリー業務を行うことができる（金融庁「『金融商品取引法制に関する政令案・内閣府令案等』に対するパブリックコメントの結果」〔平成19年7月31日〕209頁）。

ども営みうる業務である。前述（⇨第1節**3(2)**）の通り，銀行は，銀行法10条2項柱書の「その他の付随業務」として営むことができる。ただし，銀行は，株式等有価証券の売買の媒介，代理を行うことが原則として禁止される（金商33条1項）など銀証分離規制上の制約に服するほか，宅地または建物の売買の媒介，代理（宅建業3条），非弁業務（弁護72条）など他の規制法で禁止されている業務を受任することはできない。

実務では，M&Aアドバイザリー業務受任に際して，銀行は顧客とアドバイザリー業務委託契約を締結し，業務範囲，専属義務の有無，手数料，免責事項等を定める。この契約は，（準）委任契約と考えられ，仕事（M&A成功）の完成を約する請負契約ではない[83]。なお，事例判決であるが，M&A仲介を受任した銀行が株式売却斡旋義務を負うかにつき争われた事案において，契約上の義務に加え，同委託契約に付随する義務として，（銀行が法令上可能な範囲で）証券会社への紹介などを行う「信義則上の義務」が「生じると解する余地」を認めた下級審判決がある（大阪高判平成14年3月5日金判1145号16頁。結局，本事案の下では当該義務を否定）。この信義則上の義務は，個々の事案ごとに判断されるものであり一律に論ずることは難しいが，実務対応としては，契約書や書面・口頭での顧客説明において，業務内容や責任範囲を可能な限り明確にすべきと考えられる。

なお，M&Aアドバイザリー業務の受任前の段階において，通常の銀行取引では聴取できない情報の開示を受けることから，あらかじめ守秘義務契約を締結することが多い。

(b) 法的論点 (i) 利益相反[84] M&Aでは，買い手と売り手は価格交渉等で相対立し，また，銀行も関連当事者に対して貸付債権者など様々な立場に立つことから，顧客と顧客，また顧客と銀行間等に様々な利害対立が生

---

83) 事例判決であるが，M&A業務委託報酬の性質につき，「アドバイザリー業務（事務処理や助言等）の対価であって，……その業務が行われた結果として破産会社〔筆者注：アドバイザリー委託者のこと〕の目的が達成されることや破産会社が経済的利益を得ることは条件となっておらず，いわゆる成功報酬でない」と判示した下級審判決がある（東京高判平成26年1月23日金法1992号65頁）。

84) 理論的側面からの参考文献として，森下哲朗「M&A取引における投資銀行の責任」江頭憲治郎先生還暦記念『企業法の理論（下）』（商事法務，2007年）158頁，金融法務研究会「金融機関における利益相反の類型と対応のあり方」（2010年）（特に，「第5章 金融機関と利益相反：総括と我が国における方向性」〔岩原紳作〕）100頁。

じる。およそ経済活動を行う限り，関係当事者間で利害対立が生じるのは避けられないものであって，利害対立の事象やその当事者となること自体が，直ちに法的な問題となったり，社会的非難の対象となったりするわけではない。しかし，場合によっては，利害対立の結果として法令違反を招来するなど，いわば悪性のある事態が生じうるので[85]，かかる利益相反上の問題の抽出・特定や適切な対応が課題となる。

この点，M&A アドバイザリー業務においては，銀行は，本業務の受任に際しての（準）委任契約にもとづき，当該顧客に対して善管注意義務（民 644 条）や忠実義務（善管注意義務と忠実義務にかかる同質説でも説明できるが，本業務における当事者の合理的な契約意思として，受任者である銀行が委任者のために忠実に業務を遂行するとの義務が導かれるものと考えられる）を負うことになる。他方，銀行は他の顧客に対する善管注意義務等を負う場合や，自行の貸出債権に対する権利保全の必要性（それを追行すべき取締役の善管注意義務）があるが，仮にこれらの要請が衝突して両立しないならば，一方の法的義務を履行するためには他方の法的義務が履行できないという状態が生じうる。さらに，銀行は，公共性（銀行 1 条）や中立的存在という社会的期待を担うので，法令に抵触しなくとも，当該期待に反する業務に関与した場合は，銀行のレピュテーションを害することになり，これは銀行経営にとっても重要な問題となる。

たとえば，売り手・買い手双方の M&A アドバイザーに就任することは，利害対立ある両当事者に対する忠実義務等を両立させることは困難であるので，原則，妥当ではないと考えられる[86]。また，銀行与信先でもある売り手のアドバイザーに就任する場合は，当該売却代金からの回収を期待する債権者としての銀行は，売却の時期，金額等において顧客と異なる利害を有する可能性がある。

かかる利益相反問題による弊害防止のため，銀行法は，銀行に顧客保護体制

---

85) 浅田隆「金融取引における利益相反に関する実務的課題——設例を通じた問題提起」金法 1927 号（2011 年）26 頁。
86) ただし，たとえば，両当事者の引き合わせ，交渉スケジュール調整など業務範囲が限定されており，中立的な立場で双方顧客の調整を行う場合で，その旨の同意を双方から取得しているような，いわばコーディネート業務は，利益相反の問題も少ないと思われる。この場合，仲介契約に関する規定（商 543 条～550 条）の類推適用の可能性に鑑み，善管注意義務の範囲内容を具体的に約定しておくべきものである。

の整備義務を課し,監督指針(「主要行等向けの総合的な監督指針」V-5-1,「中小・地域金融機関向けの総合的な監督指針」Ⅲ-4-12)においても,①利益相反対象の特定,②利益相反の管理方法を明確化,③利益相反を一元的に管理する統括部署の設置,④利益相反管理方針の策定,公表等を求めている。そして,M&Aアドバイザリー業務は,顧客の経営にとって重大な影響を与えるものであり,顧客の銀行に対する期待・信頼も大きいことから,利益相反管理は重要である。この為,内部規定の整備や,M&Aアドバイザリー担当部署と他部署との間に情報遮断(チャイニーズ・ウォールの設置)等を行い,個別事案に際しては,利益相反管理部署が,当該M&Aに関する情報を収集・管理をし,これを基に,業務推進の可否や,追加的な情報遮断,顧客からの同意(利益相反の可能性について顧客に開示した上での顧客同意の取得〔いわゆるインフォームド・コンセント〕が望ましい),アドバイザリー業務委託契約上での業務範囲の明確化,免責事項の規定化等の手当ての要否を指示する,といった対応が必要となる。もっとも,何が利益相反に該当するか,解決方法は何かなど,利益相反問題については未解明な部分が多く,また,M&A取引において利害対立が生じる類型は様々で,かつ顧客ごとに考慮要素が異なりうることから,実務対応に迷うことは少なくないのが実情である[87]。

(ii) 情報管理　通常の銀行業務における守秘義務に加え,M&Aアドバイザリー業務においては,委任契約中の守秘義務条項や個別の守秘義務契約において,M&A情報の管理方法,目的外利用の禁止が規定されるのが通常である。また,インサイダー規制遵守の観点からも,非公開重要情報等の取扱いについては,入手部署との情報遮断を図るなど適切な体制整備が必要となる。

(2) シンジケートローン・アレンジメント業務

(a) 概　要　シンジケートローンにおけるアレンジメント業務は,一般に,借入人の委任を受けて,借入人と適宜協議しつつ,取引スキームを設計・検討し,融資条件を決定した上,これに沿って参加銀行を招聘し,必要に応じて弁護士等の専門家選定の助言を行い,融資関連契約書のドラフト作成・取り

---

[87] 実務上の問題点につき,利益相反研究会『金融取引における利益相反〔各論編〕』(商事法務,2009年)(特に,第1章M&A)3頁以下,森下哲朗「金融取引と利益相反についての基本的視座──M&A・証券引受業務を主たる題材に」金法1927号(2011年)52頁。

まとめ作業を行うなど,シンジケートローンを組成する業務をいう。このアレンジメント業務は,それ自体,許認可等を必要としない業務である。一方,銀行法上の取扱いについては,法文や監督指針上に明記はないが[88],10条2項柱書の「その他の付随業務」と解される[89]。

銀行がアレンジメント業務を受任する場合は,借入人と,業務範囲,手数料,免責等を定めたアレンジメント業務委託契約を締結する。実務では,タームシート(提案する主要融資条件)やアレンジメント業務受任条件を記載した提案書を銀行が借入人宛に提出し,これを受けて,借入人が「同提案書記載の条件を検討・承諾の上,シンジケートローンの組成を委任する」旨のレター(「マンデートレター」と呼ばれる)を出状する形式がとられることが多い。アレンジメント契約の法的性質は,(準)委任契約(民656条)と考えられる。

(b) 法的論点[90]　(i) 借入人に対する責任　銀行は,借入人に対してアレンジメント契約の内容に従い,受任者としての善管注意義務を負う。なお,別途所定の金額の引受け(アンダーライト)を行う場合(「アンダーライト・ベース」と呼ばれる)を除き,借入人の融資希望全額の融資を実現する義務までは負担せず,希望に沿ってシンジケートローン組成に向け尽力する義務にとどまる(「ベストエフォート・ベース」と呼ばれる)。

アレンジャー銀行は,融資実行後に,当該シンジケートローンのエージェント(後述)に就任することが多い。この場合,借入人からアレンジャーを受任した者が,同一シンジケートローンにつき,(借入人と対向する)貸付人団の代理人たるエージェントに就任することが利益相反になるかが一応論点となる。この点,アレンジャーに対する委任の本旨に照らしてその義務を果たしたかがポイントであって,(それが可能である限り)利益相反が問題とされるべき状況ではないと考えられ[91],また,アレンジャー業務はシンジケートローン締結(に伴うエージェント就任)と同時に終了し,同時期に双方から委任を受けるこ

---

88) なお,預金等受入金融機関にかかる検査マニュアル「顧客保護等管理態勢の確認検査用チェックリスト」Ⅲ2①④にアレンジャー業務に関する言及がある。
89) 金融法委員会「論点整理:シンジケートローン取引におけるアレンジメントフィー/エージェントフィーと利息制限法及び出資法」(2009年)13頁。
90) 全般的な説明として,森下哲朗「シンジケート・ローンにおけるアレンジャー,エージェントの責任」上智法学論集51巻2号(2007年)1頁。神田秀樹ほか『金融法講義』(岩波書店,2013年)212頁。
91) 森下・前掲注90)22頁。

とにはならないことから[92]，利益相反を理由とした責任を問われることはないと考えられる。

アレンジャー銀行も，取引銀行として，借入人に対し銀行守秘義務を負う。したがって，招聘活動中に参加予定金融機関から借入人の信用状況に関する照会があったとしても，借入人から同意を得ている場合等許容されている範囲内で回答するのが原則であって，その他の正当な理由がない限り，借入人に無断で回答することはできない。

　(ⅱ)　参加予定金融機関に対する責任　　アレンジャーが借主の信用に関する不芳情報を有していた場合に，参加予定金融機関に情報提供義務があるかが実務上問題となる。アレンジャーは借主の受任者として，シンジケートローン契約の締結過程において，参加予定金融機関と対峙する関係にあるのであって，その招聘活動に際して参加金融機関とは，（準）委任関係など善管注意義務等を負う契約関係にはない。よって，借入人・アレンジャーと参加予定金融機関に情報の非対称性があったとしても，アレンジャーは積極的に開示する義務を負わないし，また借入人に対する守秘義務（上述）から，借入人の同意等なしには開示することができない。また，一般に，アレンジャーにより配布される借入人情報等が記された書面（「インフォメーション・メモランダム」と呼ばれる）においても，情報の真偽・正確性についてアレンジャーが何ら責任を負うものではない旨の免責規定が置かれる。このように，融資の専門家たる参加予定金融機関には，与信判断に必要であれば能動的に情報を求め，自己責任での与信判断が求められるのが原則である[93]。仮にアレンジャーと参加金融機関間で利害状況が異なる場合があるとしても，両者に契約関係はなく，また通常は信義則上の注意義務が生じる事情もないことから，それを理由に法的な利益相反問題が生じることにはならないと考えられる。

　もっとも，アレンジャーが知っていながら，参加予定金融機関に伝達していない非公開情報で，参加意思決定のために重大な情報（重大なネガティブ情報）である場合には，不法行為にもとづく損害賠償責任を負う可能性もあると考えられる。また，アレンジャーが，インフォメーション・メモランダムに重大な

---

[92]　利益相反研究会「金融取引における利益相反〔総論編〕」（商事法務，2009年）38頁。
[93]　日本ローン債権市場協会「ローン・シンジケーション取引における行為規範」（2003年）（http://www.jsla.org/ud0200.php）5頁。また，森下・前掲注90）58頁。

虚偽記載があることを知りつつ，その旨を告げずに参加金融機関に配布した場合にも，同様の問題が生じる[94]。かような場合は，アレンジャーは，借入人に対して正確な情報開示を促すか，組成中止を判断することが実務対応上のベスト・プラクティスとされる[95]。この点，自行が有するネガティブ情報を参加金融機関に開示せずシンジケートを組成したのち，借入人が破綻した事案において，アレンジャーが信義則上の情報提供義務に違反したものとして参加金融機関に対する不法行為責任を認めた判決がある（最判平成24年11月27日判時2175号15頁）。一方，その後，シンジケートローンの実行後に，借入人から提出されていた資料が偽造されたものであったことが判明した事案において，アレンジャーの情報提供義務違反にもとづく不法行為責任を否定した判決も現れた（東京地判平成25年11月26日金判1433号51頁）。アレンジャーの不法行為責任については，事案における事実認定によって判断されるべき問題である。

(3) シンジケートローン・エージェント業務

シンジケートローンにおけるエージェント業務とは，シンジケートローンの参加金融機関（貸付人）の委託を受けて，参加金融機関の代理人として，①資金決済業務（参加金融機関と借入人の間において，融資実行資金や返済資金の授受や決済を行う業務），②通知業務（借入人または参加金融機関から発出される通知を受領し，他の当事者に回付する業務），③意思結集手続業務（シンジケートローン債権について期限の利益の喪失請求を行う場合など，シンジケート団としての意思結集を行う際に，各参加金融機関の意思決定内容を取りまとめる業務）等を行う業務をいう。通常，エージェント業務は，機械的・非裁量的な事務にとどまる。

エージェント業務のうち，資金決済業務については，銀行の固有業務たる預金や為替（銀行10条1項1号・3号）を含むので，銀行以外がエージェント業務を行うのは稀である。銀行法上，エージェント業務は，資金の貸付けおよび為替取引に付随する業務（同条2項参照）に該当するものと解されている。また，エージェント業務のうち資金決済業務については，預金・為替業務のほか金銭

---

94) 日本ローン債権市場協会「ローン・シンジケーション取引に係る取引参加者の実務指針について」(2007年) (http://www.jsla.org/ud0200.php) 5頁。また，森下・前掲注90) 59頁。
95) 日本ローン債権市場協会・前掲注94) 6頁。

にかかる事務の取扱い（同項9号）とも位置づけることができる。

　エージェント業務に関する契約は，通常，シンジケートローン契約の一部の条項（「エージェント条項」と呼ばれる）として規定されるが[96]，その法的性質は（準）委任契約と解される。エージェントは，受任者として，参加金融機関に対して善管注意義務を負うところ（民644条参照），エージェント条項において，同契約の各条項に明示的に定められた義務以外の義務を負わない旨が定められる。エージェントは，借入人との間で別途シンジケートローン以外の与信取引（相対貸付等）を行うことがある。そこで，典型的には，借入人の信用悪化の局面において固有貸付の保全・回収を行う場合に，受任者としての義務との衝突が生じる可能性があり，この利益相反が問題とならないかが論点となる。この点，上述の通りエージェント業務は機械的・非裁量的なものに限定されていること，参加金融機関も契約当事者として合意しているエージェント条項において，エージェントは借入人との間で別途銀行取引を行うことができることや，同契約外の取引において借入人から支払いを受けた金員を他の参加金融機関に分配する義務を負わないことが定められていること[97]からすると，契約上，上記の保全・回収行為が法的責任を生じさせることはないと考えられる[98]。また，エージェントが借入人から不芳情報を入手した場合に，他の参加金融機関にこれを開示せず先駆けて回収を図るケースにおいて，情報開示義務が問題とされることがあるが，一般に，シンジケートローン契約において，同契約外において取得した借入人に関する情報を他の参加金融機関に対して開示する義務を負わない旨も規定されていることから，「同契約にもとづいて送付したことが明示されている」情報など同契約上開示が義務付けられている場合は別として，単に一取引銀行として入手した情報について開示する契約上の義務は負わないと考えられる。

---

96) 日本ローン債権市場協会推奨案文「タームローン契約書（JSLA平成25年度版）」21条参照（https://www.jsla.org/ud0200.php）。
97) 日本ローン債権市場協会・前掲注93)参照。
98) 日本ローン債権市場協会・前掲注93)9頁。なお，エージェントが「通常の銀行取引」の範囲を超えるような取引・行為を行う場合（たとえば，その立場で債務者とのリスケジュール交渉の取り纏め等を行った場合）は，例外的に，エージェントが責任を負う場合があるとする指摘がある（森下・前掲注90)72頁）。

第3節　他業証券業務等

銀行は，固有業務および付随業務のほかに，「他業証券業務等」として，銀行法11条に規定される以下の業務を行うことができる[99]。なお，同条に規定される業務は，銀行が本来果たすべき資金仲介機能の遂行が疎かになることのないよう[100]，固有業務の遂行を妨げない限度においてのみ許容されている。

(1)　投資助言業務（1号）

銀行は，他業証券業務等として投資助言業務を行うことができる。ここにいう「投資助言業務」とは，金融商品取引法28条6項に規定する業務，すなわち，当事者の一方が相手方に対して株式・債券などの有価証券や金融商品の価値等の分析にもとづく投資対象の選別，売買の別，方法・時期などについての投資判断に関し，投資顧問契約にもとづく助言を行うこと（金商2条8項11号）をいう。なお，「主要行等向けの総合的な監督指針」Ⅴ-3-2(1)①および「中小・地域金融機関向けの総合的な監督指針」Ⅲ-4-2(1)①の注において，「その他の付随業務」の実施に関し，顧客保護や法令等遵守の観点から，「個人の財産形成に関する相談に応ずる業務の実施に当たっては，金融商品取引法に規定する投資助言業務に該当しない等の厳正な遵守に向けた態勢整備が行われているか」に留意する必要があるものとされている。当該記載の趣旨は，「投資助言業務」を禁止するものではなく，あくまで「個人の財産形成に関する相談に応ずる業務」を「その他の付随業務」に位置づけて実施する場合には，（付随業務とは異なり，「固有業務の遂行を妨げない限度において」との量的制限が課された）他業証券業務等としての「投資助言業務」に該当しない範囲内で行う必要があるとの，当然の事理を確認する趣旨にすぎないものと解される。

また，銀行は，自ら投資助言業務を行うほか，付随業務として，金融商品取引業者もしくは登録金融機関の投資顧問契約または投資一任契約[101]の締結の

---

[99]　銀行法10条とは別途11条を起こして条文を書き分けているのは，11条の業務は銀行業に当然には随伴しない業務であるとの立場によるものである（小山・前掲注2）172頁）。
[100]　小山・前掲注2）218頁。

代理または媒介を営むことができる（銀行10条2項8号，銀行則13条3号の2）。

(2) 有価証券関連業（2号）

銀行は，他業証券業務等として，一定の範囲の有価証券関連業（金融商品取引法33条2項各号に掲げる有価証券または取引について同項各号に定める行為を行う業務であって，付随業務として営む業務を除いたもの）を行うことができる。すなわち，銀行は，売出しの目的をもってする国債等の引受け（同項1号）や，投資信託受益証券等（「投資信託及び投資法人に関する法律」に規定する投資信託または外国投資信託の受益証券〔金商2条1項10号〕ならびに同法に規定する投資証券もしくは投資法人債券または外国投資証券〔同項11号〕）の募集または私募の取扱い（33条2項2号。いわゆる投資信託の窓口販売）を，他業証券業務等として行うことができる。

> **COLUMN 5-2　投資信託の窓口販売**
>
> 　銀行による投資信託の窓口販売は，いわゆる「日本版金融ビッグバン」の一環として，1998（平成10）年に成立・施行された金融システム改革法により旧証券取引法が改正され，解禁された。その際，顧客が元本保証のある預金と誤認してしまうことを防止することが求められた。そこで，銀行は，顧客の知識，経験，財産の状況および取引を行う目的を踏まえ，顧客に対し，書面の交付その他の適切な方法により，預金との誤認を防止するための説明を行わなければならず（銀行則13条の5第1項），また，当該説明を行う場合には，①預金等ではないこと，②預金保険の対象ではないこと，③元本の返済が保証されていないこと，④契約の主体，⑤その他預金等との誤認防止に関し参考となると認められる事項を説明するものとし（同条2項），かつ，特定の窓口において取り扱うとともに，上記①から③までの事項を顧客の目につきやすいように当該窓口に掲示しなければならないとされている（同条3項）。

(3) 自己信託事務業務（3号）

銀行は，他業証券業務等として，信託法3条3号に掲げる方法によってする信託，すなわち自己信託にかかる事務に関する業務を行うことができる。

なお，信託業法上，自己信託を営業として行ったとしても，信託業に該当せ

101）当事者の一方が，相手方から，金融商品の価値等の分析にもとづく投資判断の全部または一部を一任されるとともに，当該投資判断にもとづき当該相手方のため投資を行うのに必要な権限を委任されることを内容とする契約をいう（金商2条8項12号ロ）。

ず，免許・登録を取得する必要はないが[102]，その受益権を多数の者[103]が取得できる場合には，内閣総理大臣[104]の登録が必要になる（信託業50条の2第1項）。

(4) 算定割当量関連業務（CO_2排出権取引関連業務）（4号）

銀行は，他業証券業務等として，算定割当量を取得し，もしくは譲渡することを内容とする契約の締結またはその媒介，取次ぎもしくは代理を行う業務を行うことができる（銀行11条4号，銀行則13条の2の5）。「算定割当量」とは，「地球温暖化対策の推進に関する法律」2条6項に規定する算定割当量その他これに類似するもの（銀行則13条の2の3第1項2号），すなわち，京都議定書で定められた温室効果ガスの削減目標により先進国に割り当てられた温室効果ガスの排出抑制・吸収量等を二酸化炭素1トン単位で表記したもの等をいう。

第4節　登録金融機関業務

　前述の通り，銀行は付随業務として，また他業証券業務等として，所定の範囲の証券業務（有価証券関連業）等を行うことが許容されているが，かかる証券業務等を適法に行うためには，同時に金融商品取引法においても許容されている必要がある。金融商品取引法上，銀行がかかる業務を行うためには登録を受けることが必要とされており，当該登録を受けた銀行を「登録金融機関」（金商2条11項），当該登録にかかる業務を「登録金融機関業務」と呼ぶ（33条の5第1項3号）。つまり，銀行法上の付随業務（の一部）・他業証券業務等は，金融商品取引法上は登録金融機関業務と分類されていると言い換えることができる。

　金融商品取引法においては，銀行が行う有価証券関連業および投資運用業は，

---

102) 『信託法及び信託法の施行に伴う関係法律の整備等に関する法律の施行に伴う金融庁関係政令の整備に関する政令（案）』および『信託業法施行規則等の一部を改正する内閣府令（案）』に対するパブリックコメントの結果について」における提出されたコメントの概要とコメントに対する金融庁の考え方（平成19年7月13日公表）の「その他」参照。
103) 50名以上とされている（信託業令15条の2第1項）。なお，受益権を多数の者が取得することができる「場合」について，同条2項参照。
104) 金融庁長官への委任（信託業87条1項），さらには財務局長または財務支局長への再委任（同条2項，信託業令20条）がなされる。

金融商品取引業の定義から除外されているので（金商2条8項柱書），同法29条の一般的禁止規定（内閣総理大臣の登録を受けない限り，金融商品取引業を行うことができない）には抵触しないが，銀証分離規制として，あらためて同法33条1項本文により，銀行が有価証券関連業（28条8項）または投資運用業（同条4項）を行うことを原則として禁止し（33条1項）[105]，一部をその例外として許容するという構成をとっている。

かかる例外として，有価証券関連業については，銀行は，投資の目的をもって行う有価証券の売買または有価証券関連デリバティブ取引（⇨第2節**1(2)**）を（登録なく）行うことができ（金商33条1項但書），また，書面取次ぎ行為（同条2項柱書）のほか，国債等や特定社債の引受けまたは募集の取扱い（⇨第2節**1(4)**および**(6)**），短期社債等の取得または譲渡（⇨同**(7)**），有価証券の私募の取扱い（⇨同**(8)**）等を含む金融商品取引法33条2項各号に掲げる行為については，内閣総理大臣[106]の登録を受けた上で，行うことができる（33条の2第1号・2号）。

また，投資運用業については，銀行がこれを行うことは禁止されているものの，信託兼営金融機関であれば，原則として[107]登録金融機関業務としての登録を受けることにより行うことができる（金商33条の8第1項による33条1項・33条の2柱書の読替え）[108]。

---

[105] なお，「金融商品取引業者等向けの総合的な監督指針」（平成28年10月）Ⅷ-2-5 (1) において，銀行が①取引先企業に対し株式公開等に向けたアドバイスを行い，または引受金融商品取引業者に対し株式公開等が可能な取引先を紹介する業務や②勧誘行為をせず，単に顧客を金融商品取引業者に紹介（「紹介」には，ⓐ銀行の店舗に，金融商品取引業者が自らを紹介する宣伝媒体を据え置くことまたは掲示すること，および，ⓑ銀行と金融商品取引業者の関係または当該金融商品取引業者の業務内容について説明を行うことが含まれる）する業務は，同項本文により禁止される業務には該当しないとされている。

[106] 金融庁長官への委任（金商194条の7第1項），さらには財務局長または財務支局長への再委任（同条5項，金商令43条）がなされる。

[107] ただし，金融機関の信託業務の兼営等に関する法律にもとづき行う本来業務について金融商品取引法により重複的に規制が課されることを回避すべく，信託兼営金融機関が信託財産として所有する金銭その他の財産について行う委託者非指図型投資信託の受託者としての運用行為（金商2条8項14号）または自己運用行為（同項15号）については，登録金融機関業務としての登録は不要とされている（なお，信託会社が信託業法にもとづき行う本来業務についても，金融商品取引法により重複的に規制が課されることを回避すべく，適用除外規定が設けられている〔金商65条の5第5項〕）。

[108] 投資運用業を行うことができる信託兼営金融機関については，銀行による書面取次ぎ行為に関し，「当該金融機関が行う投資助言業務に関しその顧客から注文を受けて行われるもの」を除外する趣旨（顧客の注文にもとづく受動的行為に限り許容されるべきもの）が妥当しない

第 4 節　登録金融機関業務

　さらに，有価証券関連業および投資運用業以外の金融商品取引業，たとえば，有価証券関連デリバティブ取引等以外のデリバティブ取引，自己募集（金商 2 条 8 項 7 号），投資助言・代理業（⇨第 3 節**(1)**），カストディ業務（有価証券等管理業務。⇨第 2 節 **3(3)**））等金融商品取引法 33 条 3 項に規定するものについても，本来金融商品取引法 29 条による登録が必要となるところ，その適用除外とした上で，やはり内閣総理大臣の登録を受けることにより，銀行ができるものとされている（33 条の 2 柱書・3 号・4 号）。

　ことから，かかる内容の書面取次ぎ行為が許容されている（金商 33 条の 8 第 1 項による 33 条 2 項柱書の読替え）。

巻末資料集

・銀行取引約定書の例
・普通預金規定の例
・当座勘定規定の例
・反社会的勢力の排除に係る規定の例

銀行取引約定書の例

　　　　　　　　　　　　　　　　　　　　　西暦　　　年　　　月　　　日

　　　　　　　　　甲　　（取引先）　　　　　　　　　印

　　　　　　　　　乙　　（銀　行）　　　　　　　　　印

甲と乙は，甲乙間の取引について，以下のとおり合意しました。

第１条（適用範囲）
① 本約定は，甲乙間の手形貸付，手形割引，電子記録債権貸付，電子記録債権割引，証書貸付，当座貸越，支払承諾，外国為替，デリバティブ取引，保証取引その他甲が乙に対して債務を負担することとなるいっさいの取引に関して適用されるものとします。
② 甲が振出，裏書，引受，参加引受もしくは保証した手形または甲がその発生記録における債務者，変更記録により記録された債務者もしくは電子記録保証人（以下「電子記録債務者」といいます。）である電子記録債権を，乙が第三者との取引によって取得した場合についても本約定が適用されるものとします。
③ 甲乙間で別途本約定と異なる合意を行った場合については，その合意が本約定の該当する条項に優先するものとします。

第２条（適用店舗）
　本約定は，甲および乙の本支店との前条に定める取引に共通に適用されるものとします。

第３条（利息，損害金等）
① 甲が支払うべき利息，割引料，保証料，手数料等または乙が支払うべきこれらの戻しについての利率，料率および支払の時期，方法については，別に甲乙間で合意したところによるものとします。
② 金融情勢の変化その他相当の事由がある場合には，甲または乙は前項の利率等を一般に合理的と認められるものに変更することについて，協議を求めることができるものとします。ただし，固定金利の約定を締結している場合を除くものとします。
③ 甲は，乙に対する債務を履行しなかった場合には，支払うべき金額に対し年14％の割合の損害金を支払うものとします。この場合の計算方法は年365日の日割計算とします。

第４条（担保）
① 次の各号において乙が請求した場合には，甲は乙が適当と認める担保もしくは増担保を提供し，または保証人をたてもしくはこれを追加するものとします。
　1. 乙に提供されている担保について乙の責めに帰すことのできない事由により毀損，滅失または価値の客観的な減少が生じたとき。

2. 甲または甲の保証人について乙の債権保全を必要とする相当の事由が生じたとき。ただし、乙はその事由を明示するものとします。
 ② 甲が乙に対する債務を履行しなかった場合には、乙は、担保および乙の占有している甲の動産、手形その他の有価証券（乙の名義で記録されている甲の振替株式、振替社債、電子記録債権その他の有価証券を含みます。）について、かならずしも法定の手続によらず一般に適当と認められる方法、時期、価格等により取立または処分のうえ、その取得金から諸費用を差し引いた残額を法定の順序にかかわらず甲の債務の弁済に充当できるものとします。取得金を甲の債務の弁済に充当した後に、なお甲の債務が残っている場合には、甲は直ちに乙に弁済するものとし、取得金に余剰が生じた場合には、乙はこれを権利者に返還するものとします。

第5条（期限の利益の喪失）

① 甲について次の各号の事由が一つでも生じた場合には、乙からの通知催告等がなくても、甲は乙に対するいっさいの債務について当然期限の利益を失い、直ちに債務を弁済するものとします。
  1. 支払の停止または破産手続開始、民事再生手続開始、会社更生手続開始もしくは特別清算開始の申立があったとき。
  2. 手形交換所または電子債権記録機関の取引停止処分を受けたとき。
  3. 甲またはその保証人（譲渡記録とともにされた保証記録に係る電子記録保証人を除きます。以下同じ。）の預金その他の乙に対する債権について仮差押、保全差押または差押の命令、通知が発送されたとき。
  4. 甲の責めに帰すべき事由によって、乙に甲の所在が不明となったとき。
② 甲について次の各号の事由が一つでも生じ、乙が債権保全を必要とするに至った場合には、乙からの請求によって、甲は乙に対するいっさいの債務について期限の利益を失い、直ちに債務を弁済するものとします。
  1. 乙に対する債務の一部でも履行を遅滞したとき。
  2. 担保の目的物について差押または競売手続の開始があったとき。
  3. 乙との約定に違反したとき。
  4. 甲の保証人が前項または本項の各号の一つにでも該当したとき。
  5. 前各号のほか甲の債務の弁済に支障をきたす相当の事由が生じたとき。
③ 前項において、甲が乙に対する住所変更の届け出を怠るなど甲の責めに帰すべき事由により、乙からの請求が延着しまたは到達しなかった場合には、通常到達すべき時に期限の利益が失われたものとします。

第6条（割引手形または割引電子記録債権の買戻し）

① 甲が乙より手形または電子記録債権の割引を受けた場合、甲について前条第1項各号の事由が一つでも生じたときは、乙からの通知催告等がなくても、甲は全部の手形および電子記録債権について当然に手形面記載の金額または電子記録債権の債権額の買戻債務を負担し、直ちに弁済するものとします。
② 割引手形の主債務者もしくは割引電子記録債権の債務者が期日に支払わなかったときまたは割引手形の主債務者もしくは割引電子記録債権の債務者について前条第1項各号の事由が一つでも生じたときは、その者が主債務者となっている手形およびその者が債務者となっている電子記録債権について、前項と同様とします。
③ 前2項のほか、割引手形または割引電子記録債権について乙の債権保全を必要とする相当の事由が生じた場合には、乙からの請求によって、甲は手形面記載の金額または電子記

録債権の債権額の買戻債務を負担し，直ちに弁済するものとします。なお，甲が乙に対する住所変更の届け出を怠るなど甲の責めに帰すべき事由により，乙からの請求が延着しまたは到達しなかった場合には，通常到達すべき時に甲は買戻債務を負担するものとします。
④ 甲が前3項による債務を履行するまでは，乙は手形所持人または電子記録債権の債権者としていっさいの権利を行使することができるものとします。
⑤ 甲が第1項，第2項または第3項により割引電子記録債権の買戻債務を履行した場合には，乙は，遅滞なく，その割引電子記録債権について甲を譲渡人とする譲渡記録（保証記録を付さないものとします。）を電子債権記録機関に対して請求し，または，乙を譲渡人とする譲渡記録を削除する旨の変更記録を電子債権記録機関に対して請求するものとします。ただし，電子債権記録機関が電子記録の請求を制限する期間は，この限りではありません。

第7条（反社会的勢力の排除）
① 甲は，甲または保証人が，現在，暴力団，暴力団員，暴力団員でなくなった時から5年を経過しない者，暴力団準構成員，暴力団関係企業，総会屋等，社会運動等標ぼうゴロまたは特殊知能暴力集団等，その他これらに準ずる者（以下これらを「暴力団員等」といいます。）に該当しないこと，および次の各号のいずれにも該当しないことを表明し，かつ将来にわたっても該当しないことを確約します。
 1. 暴力団員等が経営を支配していると認められる関係を有すること。
 2. 暴力団員等が経営に実質的に関与していると認められる関係を有すること。
 3. 自己，自社もしくは第三者の不正の利益を図る目的または第三者に損害を加える目的をもってするなど，不当に暴力団員等を利用していると認められる関係を有すること。
 4. 暴力団員等に対して資金等を提供し，または便宜を供与するなどの関与をしていると認められる関係を有すること。
 5. 役員または経営に実質的に関与している者が暴力団員等と社会的に非難されるべき関係を有すること。
② 甲は，甲または保証人が，自らまたは第三者を利用して次の各号の一にでも該当する行為を行わないことを確約します。
 1. 暴力的な要求行為
 2. 法的な責任を超えた不当な要求行為
 3. 取引に関して，脅迫的な言動をし，または暴力を用いる行為
 4. 風説を流布し，偽計を用いまたは威力を用いて乙の信用を毀損し，または乙の業務を妨害する行為
 5. その他前各号に準ずる行為
③ 甲または保証人が，暴力団員等もしくは第1項各号のいずれかに該当し，もしくは前項各号のいずれかに該当する行為をし，または第1項の規定にもとづく表明・確約に関して虚偽の申告をしたことが判明し，甲との取引を継続することが不適切である場合には，乙からの請求によって，甲は乙に対するいっさいの債務について期限の利益を失い，直ちに債務を弁済するものとします。
④ 甲が乙より手形または電子記録債権の割引を受けた場合，甲または保証人が暴力団員等もしくは第1項各号のいずれかに該当し，もしくは第2項各号のいずれかに該当する行為をし，または第1項の規定にもとづく表明・確約に関して虚偽の申告をしたことが判明し，甲との取引を継続することが不適切である場合には，乙からの請求によって，甲は全部の手形および電子記録債権について，手形面記載の金額または電子記録債権の債権額の買戻

債務を負担し，直ちに弁済するものとします。甲がこの債務を履行するまでは，乙は手形所持人または電子記録債権の債権者としていっさいの権利を行使することができるものとします。
⑤ 前2項の規定の適用により，甲または保証人に損害が生じた場合にも，乙になんらの請求をしません。また，乙に損害が生じたときは，甲または保証人がその責任を負います。
⑥ 第3項または第4項の規定により，債務の弁済がなされたときに，本約定は失効するものとします。

第8条（乙による相殺，払戻充当）
① 期限の到来，期限の利益の喪失，買戻債務の発生，求償債務の発生その他の事由によって，甲が乙に対する債務を履行しなければならない場合には，乙は，その債務と甲の預金その他の乙に対する債権とを，その債権の期限のいかんにかかわらず，いつでも相殺することができるものとします。
② 前項の相殺ができる場合には，乙は事前の通知および所定の手続を省略し，甲に代わり諸預け金の払戻しを受け，債務の弁済に充当することもできるものとします。この場合，乙は甲に対して充当した結果を通知するものとします。
③ 前2項により乙が相殺または払戻充当を行う場合，債権債務の利息，割引料，保証料，損害金等の計算については，その期間を計算実行の日までとします。また，利率，料率等は甲乙間に別の定めがない場合には乙の定めによるものとし，外国為替相場については乙による計算実行時の相場を適用するものとします。

第9条（甲による相殺）
① 期限の到来その他の事由によって，乙が甲の預金その他の甲に対する債務を履行しなければならない場合には，甲は，その債務と乙の甲に対する債権とを，その債権の期限が未到来であっても，次の各号の場合を除き，相殺することができるものとします。なお，満期前の割引手形または支払期日前の割引電子記録債権について甲が相殺する場合には，甲は手形面記載の金額または割引電子記録債権の債権額の買戻債務を負担して相殺することができるものとします。
1. 乙が他に再譲渡中の割引手形または割引電子記録債権について相殺するとき。
2. 弁済または相殺につき法令上の制約があるとき。
3. 甲乙間の期限前弁済を制限する約定があるとき。
② 前項によって甲が相殺する場合には，相殺通知は書面によるものとし，相殺した預金その他の債権の証書，通帳は届出印を押印もしくは届出署名を記入して遅滞なく乙に提出するものとします。
③ 甲が相殺した場合における債権債務の利息，割引料，保証料，損害金等の計算については，その期間を相殺通知の到達の日までとします。また，利率，料率等は甲乙間に別の定めがない場合には乙の定めによるものとし，外国為替相場については乙による計算実行時の相場を適用するものとします。この場合，期限前弁済について別途の損害金，手数料等の定めがあるときは，その定めによるものとします。

第10条（手形または電子記録債権に係る権利の選択）
乙の甲に対する債権に関して手形または電子記録債権が存する場合，乙はその債権または手形上の債権もしくは電子記録債権のいずれによっても請求することができるものとします。

第11条（手形の呈示，交付または電子記録債権の支払等記録等）
① 乙の甲に対する債権に関して手形が存する場合，乙が手形上の債権によらないで第8条による相殺または払戻充当をするときは，相殺または払戻充当と同時にその手形を返還す

ることは要しないものとします。
② 乙が手形上の債権によって第8条の相殺または払戻充当を行うときは，次の各号の場合にかぎり，手形の呈示または交付を要しないものとします。
1. 乙において甲の所在が明らかでないとき。
2. 甲が手形の支払場所を乙にしているとき。
3. 乙の責めに帰すことのできない事由によって，手形の呈示または交付が困難と認められるとき。
4. 取立その他の理由により，呈示，交付の省略がやむをえないと認められるとき。
③ 第8条または第9条の相殺または払戻充当により，甲が乙から返還をうける手形が存する場合，乙からの通知があったときは，甲はその手形を乙まで遅滞なく受領に出向くこととします。ただし，満期前の手形については乙はそのまま取り立てることができるものとします。
④ 第8条または第9条の相殺または払戻充当の後，なお直ちに履行しなければならない甲の乙に対する債務が存する場合，手形に甲以外の債務者があるときは，乙はその手形をとめおき，取立または処分のうえ，債務の弁済に充当することができるものとします。
⑤ 乙の甲に対する債権に関して電子記録債権が存する場合，乙が電子記録債権によらないでまたは電子記録債権によって第8条の相殺または払戻充当をするとき，乙は，その電子記録債権について，甲が支払等記録の請求をすることについての承諾をすること，および第8条の相殺もしくは払戻充当と同時に甲を譲渡人とする譲渡記録もしくは乙を譲渡人とする譲渡記録を削除する旨の変更記録の請求をすることを要しないものとします。
⑥ 乙は，第8条または第9条の相殺または払戻充当後遅滞なく，その相殺または払戻充当に関して存する電子記録債権について，支払等記録または甲を譲受人とする譲渡記録（保証記録を付さないものとします。）もしくは乙を譲受人とする譲渡記録を削除する旨の変更記録の請求をするものとします。ただし，電子債権記録機関が電子記録の請求を制限する期間はこの限りではなく，また，支払期日前の電子記録債権については乙はそのまま支払を受けることができるものとします。
⑦ 第8条または第9条の相殺または払戻充当の後，なお直ちに履行しなければならない甲の乙に対する債務が存する場合，電子記録債権に甲以外の電子記録債務者があるときは，乙はその電子記録債権について前項の電子記録の請求を行わず，支払を受け，またはその電子記録債権を処分したうえ，債務の弁済に充当することができるものとします。

第12条（乙による相殺等の場合の充当指定）
　乙が相殺または払戻充当をする場合，甲の乙に対する債務全額を消滅させるに足りないときは，乙は適当と認める順序方法により充当することができるものとし，甲はその充当に対して異議を述べることができないものとします。

第13条（甲による弁済等の場合の充当指定）
① 甲が弁済または相殺する場合，甲の乙に対する債務全額を消滅させるに足りないときは，甲は乙に対する書面による通知をもって充当の順序方法を指定することができるものとします。
② 甲が前項による指定をしなかったときは，乙は適当と認める順序方法により充当することができ，甲はその充当に対して異議を述べることができないものとします。
③ 第1項の指定により乙の債権保全上支障が生じるおそれがあるときは，乙は，遅滞なく異議を述べたうえで，担保，保証の有無，軽重，処分の難易，弁済期の長短，割引手形または割引電子記録債権の決済見込みなどを考慮して，乙の指定する順序方法により充当す

ることができるものとします。この場合，乙は甲に対して充当した結果を通知するものとします。
④　前2項によって乙が充当する場合には，甲の期限未到来の債務については期限が到来したものとして，また満期前の割引手形および支払期日前の割引電子記録債権については買戻債務を，支払承諾については事前の求償債務を甲が負担したものとして，乙はその順序方法を指定することができるものとします。

第14条（危険負担，免責条項等）
①　甲が振出，裏書，引受，参加引受もしくは保証した手形または甲が乙に提出した証書等または甲が電子記録債務者である電子記録債権の電子記録が，事変，災害，輸送途中の事故等やむをえない事情によって紛失，滅失，損傷，消去または延着した場合には，甲は乙の帳簿，伝票等の記録に基づいて債務を弁済するものとします。なお，乙が請求した場合には，甲は直ちに代りの手形，証書等を提出し，または，代りの電子記録債権について電子債権記録機関に対し，発生記録もしくは譲渡記録を請求するものとします。この場合に生じた損害については，乙の責めに帰すべき事由による場合を除き，甲が負担するものとします。
②　甲が乙に提供した担保について前項のやむをえない事情によって損害が生じた場合には，その損害について，乙の責めに帰すべき事由による場合を除き，甲が負担するものとします。
③　万一手形要件の不備もしくは手形を無効にする記載によって手形上の権利が成立しない場合，電子記録債権の発生要件の不備により電子記録債権が成立しない場合，または権利保全手続の不備によって手形上の権利もしくは電子記録債権が消滅した場合でも，甲は手形面記載の金額または電子記録債権の債権額として記録された金額の責任を負うものとします。
④　乙が手形，証書等の印影，署名を甲の届け出た印鑑，署名鑑と相当の注意をもって照合し，入力されたID，パスワード等の本人確認のための情報が乙に登録されたものと一致することを乙所定の方法により相当の注意をもって確認し相違ないと認めて取引したときは，手形，証書，印章，署名，ID，パスワード等について偽造，変造，盗用，不正使用等の事故があってもこれによって生じた損害は甲の負担とし，甲は手形または証書等の記載文言または電子記録債権の電子記録にしたがって責任を負うものとします。
⑤　甲に対する権利の行使もしくは保全または担保の取立もしくは処分に要した費用，および甲の権利を保全するために甲が乙に協力を依頼した場合に要した費用は，甲の負担とします。

第15条（届出事項の変更）
①　甲は，その印章，署名，名称，商号，代表者，住所その他の乙に届け出た事項に変更があった場合には，書面により直ちに乙に届け出るものとします。
②　前項の届け出を怠るなど甲の責めに帰すべき事由により，乙が行った通知または送付した書類等が延着または到達しなかった場合には，通常到達すべき時に到達したものとします。

第16条（報告および調査）
①　甲は，貸借対照表，損益計算書等の甲の財産，経営，業況等を示す書類を，定期的に乙に提出するものとします。
②　甲は，乙から請求があったときは，財産，経営，業況等について直ちに乙に対して報告し，また調査に必要な便益を提供するものとします。

③ 甲の財産，経営，業況等について重大な変化を生じたとき，または生じるおそれのあるときは，甲はその旨を直ちに乙に対して報告するものとします。

④ 甲が個人の場合，甲について家庭裁判所の審判により，補助，保佐，後見が開始されたときもしくは任意後見監督人の選任がなされたとき，またはこれらの審判をすでに受けているときには，甲または甲の補助人，保佐人，後見人は，その旨を書面により直ちに乙に届け出るものとします。届出内容に変更または取消が生じた場合にも同様とします。

第17条（準拠法，合意管轄）
① 本約定および本約定が適用される諸取引の契約準拠法は日本法とします。
② 本約定が適用される諸取引に関して訴訟の必要が生じた場合には，乙の本店または取引店の所在地を管轄する裁判所を管轄裁判所とします。

第18条（約定の解約）
　　第1条に定める取引がすべて終了し，甲が乙に対して負担する債務が存しない場合は，甲または乙いずれか一方が書面により他方に通知することによって，本約定を解約することができるものとします。

以　上

普通預金規定の例

1. 取扱店の範囲
    この預金は，取引店のほか取引店以外の当行店舗（一部の店舗を除きます。）でも預け入れまたは払い戻し（当座貸越を利用した普通預金の払い戻しを含みます。）ができます。ただし，取引店以外での払い戻しは，当行所定の手続を行ったものにかぎります。なお，自動預入引出機（以下「ATM」といいます。）による預け入れについては，1回あたりの預け入れ金額はそのATMに表示された範囲内とし，ATMが現金を確認したうえで受け入れの手続をします。
2. 証券類の受け入れ
    (1) この預金口座には，現金のほか，手形，小切手，配当金領収証その他の証券で直ちに取り立てのできるもの（以下「証券類」といいます。）を受け入れます。
    (2) 手形要件（とくに振出日，受取人），小切手要件（とくに振出日）の白地はあらかじめ補充してください。当行は補充する義務を負いません。
    (3) 証券類のうち，裏書，受取文言等の必要があるものはその手続を済ませてください。
    (4) 手形，小切手を受け入れるときは，複記の有無にかかわらず，所定の金額欄記載の金額によって取り扱います。
    (5) 証券類の取立のため特に費用を要する場合には，店頭掲示の代金取立手数料に準じてその取立手数料をいただきます。
3. 振込金の受け入れ
    (1) この預金口座には，為替による振込金を受け入れます。
    (2) この預金口座への振込について，振込通知の発信金融機関から重複発信等の誤発信による取消通知があった場合には，振込金の入金記帳を取り消します。
4. 受入証券類の決済，不渡り
    (1) 証券類は，受入店で取り立て，不渡返還時限の経過後その決済を確認したうえでなければ，受け入れた証券類の金額にかかる預金の払い戻しはできません。その払い戻しができる予定の日は，通帳の当該入金記帳行に記載します。
    (2) 受け入れた証券類が不渡りになったときは預金になりません。この場合は直ちにその通知を届出の住所宛に発信するとともに，その金額を普通預金元帳から引き落とし，その証券類は取引店で返却します。
    (3) 前項の場合には，あらかじめ書面による依頼を受けたものにかぎり，その証券類について権利保全の手続をします。
5. 預金の払い戻し
    (1) この預金を払い戻すときは，当行所定の払戻請求書に届出の印章（または署名）により記名押印（または署名）して，通帳とともに提出してください。
    (2) この預金口座から各種料金等の自動支払いをするときは，あらかじめ当行所定の手続をしてください。
    (3) 同日に数件の支払いをする場合にその総額が預金残高をこえるときは，そのいずれを支払うかは当行の任意とします。

6. 利息

　この預金の利息は，毎日の最終残高（受け入れた証券類の金額は決済されるまでこの残高から除きます。）1,000円以上について付利単位を100円として，毎年2月と8月の当行所定の日（以下，「利息支払日」といいます）に，店頭に表示する毎日の利率によって計算のうえこの預金に組み入れます。なお，この計算は，みずほ総合口座取引規定による当座貸越の限度額が設定されており，かつ利息支払日の前日が銀行営業日でない場合は，利息支払日の直前の銀行営業日における最終残高が利息支払日の前日まで変動しなかったものとして行うものとし，残高が変動し組み入れた利息に過不足が生じた場合は，その過不足分を次回の利息支払日に精算いたします。また，利率は金融情勢の変化に応じて変更します。

7. 届出事項の変更・通帳の再発行等
   (1) 通帳や印章を失ったとき，または，印章，名称，住所その他の届出事項に変更があったときは，ただちに書面によって取引店に届け出てください。この届出の前に生じた損害については当行は責任を負いません。
   (2) 通帳または印章を失った場合のこの預金の払い戻し，解約または通帳の再発行は，当行所定の手続をした後に行います。この場合，相当の期間をおき，また，保証人を求めることがあります。
   (3) 通帳を再発行する場合には，当行所定の手数料をいただきます。
   (4) 預金口座の開設の際には，当行は法令で定める本人確認等の確認を行います。預金口座の開設後も，この預金の取引にあたり，当行は法令で定める本人確認等の確認を行う場合があります。本項により当行が預金者について確認した事項に変更があったときには，直ちに当行所定の方法により届け出てください。

8. 成年後見人等の届出
   (1) 家庭裁判所の審判により，補助・保佐・後見が開始された場合には，直ちに書面によって成年後見人等の氏名その他必要な事項を取引店に届け出てください。
   (2) 家庭裁判所の審判により，任意後見監督人の選任がなされた場合には，直ちに書面によって任意後見人の氏名その他必要な事項を取引店に届け出てください。
   (3) すでに補助・保佐・後見開始の審判を受けている場合，または任意後見監督人の選任がなされている場合にも，前2項と同様に，直ちに書面によって取引店に届け出てください。
   (4) 前3項の届出事項に取消または変更等が生じた場合にも同様に，直ちに書面によって取引店に届け出てください。
   (5) 前4項の届出の前に生じた損害については，当行は責任を負いません。

9. 印鑑照合等

　払戻請求書，諸届その他の書類に使用された印影（または署名）を届出の印鑑（または署名鑑）と相当の注意をもって照合し，相違ないものと認めて取り扱いましたうえは，それらの書類につき偽造，変造その他の事故があってもそのために生じた損害については，当行は責任を負いません。

10. 譲渡，質入等の禁止
    (1) この預金，預金契約上の地位その他この取引にかかるいっさいの権利および通帳は，譲渡，質入れその他第三者の権利を設定すること，または第三者に利用させることはできません。
    (2) 当行がやむをえないものと認めて質入れを承諾する場合には，当行所定の書式により行います。

11. 解約等
(1) この預金口座を解約する場合には、当行所定の請求書に届出の印章により記名押印して通帳とともに持参のうえ、取引店のほか取引店以外の当行店舗（一部の店舗を除きます。）に申し出てください。ただし、取引店以外での解約は、当行所定の手続を行ったものにかぎります。
(2) 次の各号の1つにでも該当した場合には、当行はこの預金取引を停止し、または預金者に通知することによりこの預金口座を解約することができるものとします。なお、通知により解約する場合、到達のいかんにかかわらず、当行が解約の通知を届出のあった氏名、住所にあてて発信した時に解約されたものとします。
　① この預金口座の名義人が存在しないことが明らかになった場合または預金口座の名義人の意思によらずに開設されたことが明らかになった場合
　② この預金の預金者が前条第1項に違反した場合
　③ この預金が法令や公序良俗に反する行為に利用され、またはそのおそれがあると認められる場合。
　④ 当行が法令で定める本人確認等の確認を行うにあたって預金者について確認した事項に関し、偽りがあることが明らかになった場合
　⑤ 上記①から④までの疑いがあるにもかかわらず、正当な理由なく当行からの確認の要請に応じない場合
(3) この預金が、当行が別途表示する一定の期間預金者による利用がなく、かつ残高が一定の金額を超えることがない場合には、当行はこの預金取引を停止することができるものとします。
(4) 前2項により、この預金口座が解約され残高がある場合、またはこの預金取引が停止されその解除を求める場合には、通帳を持参のうえ、取引店に申出てください。この場合、当行は相当の期間をおき、必要な書類等の提出または保証人を求めることがあります。

12. 通知等
届出のあった氏名、住所にあてて当行が通知または送付書類を発送した場合には、延着しまたは到達しなかったときでも通常到達すべき時に到達したものとみなします。

13. 保険事故発生時における預金者からの相殺
(1) この預金は、当行に預金保険法の定める保険事故が生じた場合には、本条各項の定めにより相殺することができます。
なお、この預金に預金者の当行に対する債務を担保するため、もしくは第三者の当行に対する債務で預金者が保証人となっているものを担保するために質権等の担保権が設定されている場合にも同様の取り扱いとします。
(2) 相殺する場合の手続きについては次によるものとします。
　① 相殺通知は書面によるものとし、複数の借入金等の債務がある場合には、充当の順序方法を指定のうえ、通帳は届出印を押印して直ちに当行に提出してください。ただし、この預金で担保される債務がある場合には、当該債務または当該債務が第三者の当行に対する債務である場合には預金者の保証債務から相殺されるものとします。
　② 前号の充当の指定のない場合には、当行の指定する順序方法により充当いたします。
　③ 第1号による指定により、債権保全上支障が生じるおそれがある場合には、当行は遅滞なく異議を述べ、担保・保証の状況等を考慮して、順序方法を指定することができるものとします。
(3) 相殺する場合の借入金等の債務の利息、割引料、遅延損害金等の計算については、その

期間を相殺通知が当行に到達した日までとして，利率，料率は当行の定めによるものとします。また，借入金等を期限前弁済することにより発生する損害金等の取り扱いについては，当行が負担するものとします。
(4) 相殺する場合の外国為替相場については当行の計算実行時の相場を適用するものとします。
(5) 相殺する場合において借入金の期限前弁済等の手続きについて別の定めがあるときには，その定めによるものとします。但し，借入金の期限前弁済等について当行の承諾を要する等の制限がある場合においても相殺することができるものとします。

14. 規定の改定

この規定を改定する場合は，当行本支店の窓口またはATMコーナーにおいて，改定内容を記載したポスターまたはチラシ等にて告知することとし，改定後の規定については，告知に記載の適用開始日以降の取引から適用するものとします。

以 上

当座勘定規定の例

第1条（当座勘定の受け入れ）
① 当座勘定には，現金のほか，手形，小切手，利札，郵便為替証書，配当金領収証その他の証券でただちに取立てのできるもの（以下「証券類」といいます。）も受け入れます。
② 手形要件，小切手要件の白地はあらかじめ補充してください。当行は白地を補充する義務を負いません。
③ 証券類のうち裏書等の必要があるものは，その手続を済ませてください。
④ 証券類の取り立てのため特に費用を要する場合には，店頭掲示の代金取立手数料に準じてその取立手数料をいただきます。

第2条（証券類の受け入れ）
① 証券類を受け入れた場合には，取引店で取り立て，不渡返還時限の経過後その決済を確認したうえでなければ，支払資金としません。
② 取引店を支払場所とする証券類を受け入れた場合には，取引店でその日のうちに決済を確認したうえで，支払資金とします。

第3条（本人振り込み）
① 当行の他の本支店または他の金融機関を通じて当座勘定に振り込みがあった場合には，当行で当座勘定元帳へ入金記帳したうえでなければ，支払資金としません。ただし，証券類による振り込みについては，その決済の確認もしたうえでなければ，支払資金としません。
② 当座勘定への振り込みについて，振り込み通知の発信金融機関から重複発信等の誤発信による取消通知があった場合には，振込金の入金記帳を取り消します。

第4条（第三者振り込み）
① 第三者が取引店で当座勘定に振り込みをした場合に，その受け入れが証券類によるときは，第2条と同様に取り扱います。
② 第三者が当行の他の本支店または他の金融機関を通じて当座勘定に振り込みをした場合には，第3条と同様に取り扱います。

第5条（受入証券類の不渡り）
① 前3条によって証券類による受け入れまたは振り込みがなされた場合に，その証券類が不渡りとなったときは，ただちにその旨を本人に通知するとともに，その金額を当座勘定元帳から引き落し，本人からの請求がありしだいその証券類は受け入れた店舗，または振込みを受け付けた店舗で返却します。ただし，第4条の場合の不渡証券類は振込みをした第三者に返却するものとし，同条第1項の場合には，本人を通じて返却することもできます。
② 前項の場合には，あらかじめ書面による依頼を受けたものにかぎり，その証券類について権利保全の手続きをします。

第6条（手形，小切手の金額の取り扱い）
手形，小切手を受け入れまたは支払う場合には，複記のいかんにかかわらず，所定の金額欄記載の金額によって取り扱います。

第7条（手形，小切手の支払い）

① 小切手が支払いのために呈示された場合，または手形が呈示期間内に支払いのため呈示された場合には，当座勘定から支払います。

② 当座勘定の払い戻しの場合には，小切手を使用してください。

第8条（手形，小切手用紙）

① 当行を支払人とする小切手または取引店を支払場所とする約束手形を振り出す場合には，当行が交付した用紙を使用してください。

② 取引店を支払場所とする為替手形を引き受ける場合には，預金業務を営む金融機関の交付した手形用紙であることを確認してください。

③ 前2項以外の手形または小切手については，当行はその支払いをしません。

④ 手形用紙，小切手用紙の請求があった場合には，必要と認められる枚数を実費で交付します。

第9条（支払いの範囲）

① 呈示された手形，小切手等の金額が当座勘定の支払資金をこえる場合には，当行はその支払義務を負いません。

② 手形，小切手の金額の一部支払はしません。

第10条（支払いの選択）

同日に数通の手形，小切手等の支払いをする場合にその総額が当座勘定の支払資金をこえるときは，そのいずれを支払うかは当行の任意とします。

第11条（過振り）

① 第9条の第1項にかかわらず，当行の裁量により支払資金をこえて手形，小切手等の支払いをした場合には，当行からの請求がありしだいただちにその不足金を支払ってください。

② 前項の不足金に対する損害金の割合は年14％（年365日の日割計算）とし，当行所定の方法によって計算します。

③ 第1項により当行が支払いをした後に当座勘定に受け入れまたは振り込まれた資金は，同項の不足金に充当します。

④ 第1項による不足金，および第2項による損害金の支払いがない場合には，当行は諸預り金その他の債務と，その期限のいかんにかかわらず，いつでも差引計算することができます。

⑤ 第1項による不足金がある場合には，本人から当座勘定に受け入れまたは振り込まれている証券類は，その不足金の担保として譲り受けたものとします。

第12条（手数料等の引き落とし）

① 当行が受け取るべき貸付金利息，割引料，手数料，保証料，立替費用，その他これに類する債権が生じた場合には，小切手によらず，当座勘定からその金額を引き落すことができるものとします。

② 当座勘定から各種料金等の自動支払いをする場合には，当行所定の手続をしてください。

第13条（支払保証に代わる取り扱い）

小切手の支払保証はしません。ただし，その請求があるときは，当行は銀行振出小切手を交付し，その金額を当座勘定から引き落します。

第14条（印鑑等の届出）

① 当座勘定の取引に使用する印鑑または署名鑑は，当行所定の用紙を用い，あらかじめ取引店に届け出てください。

② 代理人により取引をする場合には，本人からその氏名と印鑑または署名鑑を前項と同様

に届け出てください。

第15条（届出事項の変更）
① 手形，小切手，約束手形用紙，小切手用紙，印章を失った場合，または印章，名称，商号，代表者，代理人，住所，電話番号その他届出事項に変更があった場合には，直ちに書面によって取引店に届け出てください。
② 前項の届出の前に生じた損害については，当行は責任を負いません。
③ 第1項による届出事項の変更がなかったために，当行からの通知または送付する書類等が延着しまたは到達しなかった場合には，通常到達すべき時に到達したものとみなします。
④ 預金口座の開設の際には，当行は法令で定める本人確認等の確認を行います。預金口座の開設後も，この預金の取引にあたり，当行は法令で定める本人確認等の確認を行う場合があります。本項により当行が預金者について確認した事項に変更があったときには，直ちに当行所定の方法により届け出てください。

第16条（成年後見人等の届出）
① 家庭裁判所の審判により，補助・保佐・後見が開始された場合には，直ちに書面によって成年後見人等の氏名その他必要な事項を取引店に届け出てください。
② 家庭裁判所の審判により，任意後見監督人の選任がなされた場合には，直ちに書面によって任意後見人の氏名その他必要な事項を取引店に届け出てください。
③ すでに補助・保佐・後見開始の審判を受けている場合，または任意後見監督人の選任がなされている場合にも，前2項と同様に，直ちに書面によって取引店に届け出てください。
④ 前3項の届出事項に取消または変更等が生じた場合にも同様に，直ちに書面によって取引店に届け出てください。
⑤ 前4項の届出の前に生じた損害については，当行は責任を負いません。

第17条（印鑑照合等）
① 手形，小切手または諸届書類に使用された印影または署名を，届出の印鑑または署名鑑と相当の注意をもって照合し，相違ないものと認めて取り扱いましたうえは，その手形，小切手，諸届書類につき，偽造，変造その他の事故があっても，そのために生じた損害については，当行は責任を負いません。
② 手形，小切手として使用された用紙を，相当の注意をもって，第8条の交付用紙であると認めて取り扱いましたうえは，その用紙につき模造，変造，流用があっても，そのために生じた損害については，前項と同様とします。
③ この規定および別に定める手形用法，小切手用法に違反したために生じた損害についても，第1項と同様とします。

第18条（振出日，受取人記載もれの手形，小切手）
① 手形，小切手を振り出しまたは為替手形を引き受ける場合には，手形要件，小切手要件をできるかぎり記載してください。もし，小切手もしくは確定日払いの手形で振出日の記載のないものまたは手形で受取人の記載のないものが呈示されたときは，その都度連絡することなく支払うことができるものとします。
② 前項の取り扱いによって生じた損害については，当行は責任を負いません。

第19条（線引小切手の取り扱い）
① 線引小切手が呈示された場合，その裏面に届出印の押なつまたは届出の署名があるときは，その持参人に支払うことができるものとします。
② 前項の取扱いをしたため，小切手法第38条第5項の規定による損害が生じても，当行はその責任を負いません。また，当行が第三者にその損害を賠償した場合には，振出人に

求償できるものとします。

第20条（自己取引手形等の取り扱い）
① 手形行為に取締役会の承認，社員総会の認許その他これに類する手続を必要とする場合でも，その承認等の有無について調査を行なうことなく，支払いをすることができます。
② 前項の取扱いによって生じた損害については，当行は責任を負いません。

第21条（利息）
当座預金には利息をつけません。

第22条（残高の報告）
当座勘定の受払いまたは残高の照会があった場合には，当行所定の方法により報告します。

第23条（譲渡，質入れの禁止）
この預金は，譲渡または質入れすることはできません。

第24条（解約）
① この取引は当事者の一方の都合でいつでも解約することができます。ただし，当行に対する解約の通知は書面によるものとします。
② 当行が解約の通知を届出の住所にあてて発信した場合に，その通知が延着し，または到達しなかったときは，通常到達すべき時に到達したものとみなします。
③ 手形交換所の取引停止処分を受けたために，当行が解約する場合には，到達のいかんにかかわらず，その通知を発信した時に解約されたものとします。

第25条（取引終了後の処理）
① この取引が終了した場合には，その終了前に振り出された約束手形，小切手または引き受けられた為替手形であっても，当行はその支払義務を負いません。
② 前項の場合には，未使用の手形用紙，小切手用紙は直ちに取引店へ返却するとともに，当座勘定の決済を完了してください。

第26条（手形交換所規則による取り扱い）
① この取引については，前各条のほか，関係のある手形交換所の規則に従って処理するものとします。
② 関係のある手形交換所で災害，事変等のやむをえない事由により緊急措置がとられている場合には，第7条の第1項にかかわらず，呈示期間を経過した手形についても当座勘定から支払うことができるなど，その緊急措置に従って処理するものとします。
③ 前項の取扱いによって生じた損害については，当行は責任を負いません。

第27条（個人信用情報センターへの登録）
個人取引の場合において，つぎの各号の事由が一つでも生じたときは，その事実を銀行協会の運営する個人信用情報センターに5年間（ただし，下記第3号の事由の場合のみ6か月間）登録し，同センターの加盟会員ならびに同センターと提携する個人信用情報機関の加盟会員は自己の取引上の判断のため利用できるものとします。
1. 差押，仮差押，支払停止，破産等信用欠如を理由として解約されたとき。
2. 手形交換所の取引停止処分を受けたとき。
3. 手形交換所の不渡報告に掲載されたとき。

第28条（規定の改定）
この規定を改定する場合は，当行本支店の窓口またはATMコーナーにおいて，改定内容を記載したポスターまたはチラシ等にて告知することとし，改定後の規定については，告知に記載の適用開始日以降の取引から適用するものとします。

以　上

反社会的勢力の排除に係る規定の例

1. **(反社会的勢力との取引拒絶)**
   当行との各種預金取引その他の取引や当行が提供する各種サービス等(以下,これらの取引やサービスを総称して「取引」といい,取引に係る契約・約定・規定を「原契約」といいます。)は,第2条第1号,第2号AからFおよび第3号AからEのいずれにも該当しない場合に利用することができ,第2条第1号,第2号AからFおよび第3号AからEの一にでも該当すると当行が判断する場合には,当行は取引の開始をお断りするものとします。
2. **(取引の停止,口座の解約)**
   次の各号の一にでも該当すると当行が判断し,お客さま(この規定においては取引にかかる代理人及び保証人を含みます,以下同じ)との取引を継続することが不適切であると当行が判断する場合には,当行はお客さまに通知することなく取引を停止し,またはお客さまに通知することにより原契約を解約することができるものとします。
   ① お客さまが取引の申込時にした表明・確約に関して虚偽の申告をしたことが判明した場合
   ② お客さまが,次のいずれかに該当したことが判明した場合
      A. 暴力団
      B. 暴力団員
      C. 暴力団準構成員
      D. 暴力団関係企業
      E. 総会屋等,社会運動等標ぼうゴロ,特殊知能暴力集団等
      F. その他A~Eに準ずる者
   ③ お客さまが,自らまたは第三者を利用して次のいずれかに該当する行為をした場合
      A. 暴力的な要求行為
      B. 法的な責任を超えた不当な要求行為
      C. 取引に関して,脅迫的な言動をし,または暴力を用いる行為
      D. 風説を流布し,偽計を用いまたは威力を用いて当行の信用を毀損し,または当行の業務を妨害する行為
      E. その他A~Dに準ずる行為
3. 本規定は,原契約に基づく当行の権利行使を何ら妨げるものではなく,本規定と抵触しない原契約の各条項の効力を変更するものではありません。また,本規定は,原契約と一体をなすものとして取扱われるものとします。

以 上

事項索引

A~Z

ADR ……………………………………… *190*
ALM 政策 ……………………………… *247*
ATM …………………………………… *108*
CFR ……………………………………… *223*
CIF ……………………………………… *223*
D/A 取引 ……………………………… *225*
DIP 型 ………………………………… *186*
D/P 取引 ……………………………… *225*
EDI ……………………………………… *225*
FOB ……………………………………… *223*
FSB ………………………………… *44, 46*
G20 ………………………………… *44, 46*
ICC ……………………………………… *223*
Incoterms ……………………………… *223*
IOSCO …………………………………… *44*
L/G ………………………………… *229, 230*
LIBOR …………………………………… *125*
M&A ……………………………………… *265*
RTGS …………………………………… *197*
SPC ……………………………………… *249*
SWIFT …………………………………… *219*
TIBOR …………………………………… *125*
too big to fail ………………………… *60*

あ

アームズ・レングス・ルール ………… *73*
預入原資 ………………………………… *97*
アレンジメント業務 …………………… *269*
アンダーライト・ベース ……………… *269*

い

遺言執行者 ……………………………… *107*
一括清算法 ………………………………… *8*
一般当座貸越 …………………………… *143*
一般投資家 ………………………………… *21*
委任契約説（振込取引） ……………… *200*
印鑑照合 ………………………………… *108*
インコタームズ ………………………… *223*
インターネットバンキング …………… *108*

インフォメーション・メモランダム ……… *270*

う

ウォールの抗弁 ………………………… *79*
請負契約説 ……………………………… *200*

え

営業的金銭消費貸借 …………………… *122*
エージェント業務 ……………………… *271*
エージェント条項 ……………………… *272*
M&A アドバイザリー業務（付随業務） …… *265*

お

オプション取引 ………………………… *261*
オプトアウト …………………………… *62*
オペレーティング・リース取引 ……… *252*

か

海外送金 ………………………………… *215*
外貨預金 …………………………………… *84*
外国為替 ………………………………… *215*
外国為替円決済システム ……………… *196*
外国為替及び外国貿易法 ……………… *217*
外国銀行 ………………………………… *255*
外国市場デリバティブ取引 …………… *264*
会社更生手続 …………………………… *187*
買戻請求権
　　——（手形割引） ………… *133, 146*
　　——（荷為替手形） ……………… *231*
確認信用状 ……………………………… *232*
貸金業法 ………………………………… *123*
貸金庫（付随業務） …………………… *259*
貸越極度額 ……………………………… *144*
カストディ業務（付随業務） ………… *260*
株券の電子化 …………………………… *162*
株式担保 ………………………………… *161*
株式の電子化 …………………………… *162*
株式払込（付随業務） ………………… *256*
貨物貸（T/R） ………………………… *228*
過振り …………………………………… *144*
仮登記担保権 …………………………… *158*

297

カルテル‥‥‥‥‥‥‥‥‥‥‥‥‥‥‥67
為替通知の取消し‥‥‥‥‥‥‥‥‥‥204
為替取引‥‥‥‥‥‥‥‥‥‥‥‥49, 198
　──に対する法規制‥‥‥‥‥‥‥214
管財人
　──（会社更生手続）‥‥‥‥‥‥188
　──（破産手続）‥‥‥‥‥‥‥‥183
　──（民事再生手続）‥‥‥‥‥‥185
慣　習‥‥‥‥‥‥‥‥‥‥‥‥‥‥‥15
間接金融‥‥‥‥‥‥‥‥‥‥‥‥‥‥6
監督指針‥‥‥‥‥‥‥‥‥‥‥‥‥‥15
　主要行等向けの総合的な──‥‥15, 170, 273
元本確定期日・元本確定事由‥‥‥‥169
元本保証‥‥‥‥‥‥‥‥‥‥81, 85, 115, 274
管理型（民事再生）‥‥‥‥‥‥‥‥186
管理命令（民事再生）‥‥‥‥‥‥‥185

き

議決権保有・取得規制
　──（銀行法）‥‥‥‥‥‥‥‥‥55
　──（独禁法）‥‥‥‥‥‥‥‥‥66
期限の利益の喪失
　──（銀行取引約定書）‥‥‥130, 180
　──（コベナンツ）‥‥‥‥‥‥‥137
　──（当座貸越）‥‥‥‥‥‥‥‥144
偽造・盗難カード預貯金者保護法‥‥8, 112
期近手形集中取立‥‥‥‥‥‥‥‥‥211
逆相殺‥‥‥‥‥‥‥‥‥‥‥‥‥‥133
キャッシュカード‥‥‥‥‥‥‥‥‥108
求償権
　──（支払承諾）‥‥‥‥‥‥‥‥149
　──（信用保証協会）‥‥‥‥‥‥175
　──（保証人による弁済）‥‥‥‥176
業態別子会社‥‥‥‥‥‥‥‥59, 62, 235
供　託‥‥‥‥‥‥‥‥‥‥‥‥‥‥111
共通担保条項‥‥‥‥‥‥‥‥‥‥‥130
協定書‥‥‥‥‥‥‥‥‥‥‥‥‥‥190
業　法‥‥‥‥‥‥‥‥‥‥1, 15, 17, 40, 70
業務の代理または媒介（付随業務）‥‥254
業務範囲‥‥‥‥‥‥‥‥‥‥‥‥‥‥49
極度額
　──（コミットメントライン契約）‥‥151
　──（当座貸越）‥‥‥‥‥‥84, 144
　──（根抵当権）‥‥‥‥‥‥‥‥167
　──（根保証）‥‥‥‥‥‥‥‥‥149

銀　行‥‥‥‥‥‥‥‥‥‥‥‥‥‥‥2
銀行間取引‥‥‥‥‥‥‥‥‥‥‥‥‥8
銀行業‥‥‥‥‥‥‥‥‥‥5, 49, 198, 233
　──と商業の分離‥‥‥‥‥‥52, 58
　アメリカにおける──と商業の分離‥‥54
　異業種による──への参入‥‥‥‥57
銀行・顧客間取引‥‥‥‥‥‥‥‥‥‥8
銀行主要株主規制‥‥‥‥‥‥‥‥‥57
銀行取引‥‥‥‥‥‥‥‥‥‥‥‥‥‥4
　──における契約‥‥‥‥‥‥‥‥9
　──の特徴‥‥‥‥‥‥‥‥‥‥‥7
銀行取引約定書‥‥‥‥‥‥‥‥13, 125
　──の主要規定‥‥‥‥‥‥‥‥127
銀行取引約定書ひな型‥‥‥‥13, 68, 126
銀行秘密‥‥‥‥‥‥‥‥‥‥‥‥27, 32
銀行法‥‥‥‥‥‥‥‥‥‥2, 48, 119, 233
　──と独占禁止法の重畳関係‥‥‥70
　──における説明義務‥‥‥‥‥‥21
銀行持株会社‥‥‥‥‥‥‥‥‥‥‥64
銀証分離‥‥‥‥‥‥‥‥‥‥54, 243, 276
金銭債権の取得または譲渡（付随業務）‥‥246
金銭消費寄託契約‥‥‥‥‥‥‥‥‥85
金銭消費貸借契約証書‥‥‥‥‥‥‥142
金銭にかかる事務の取扱い（付随義務）‥‥255
金融会社‥‥‥‥‥‥‥‥‥‥‥‥‥‥4
金融監督法‥‥‥‥‥‥‥‥‥‥‥‥43
金融機関‥‥‥‥‥‥‥‥‥‥‥‥‥‥2
　──の守秘義務‥‥‥‥‥‥‥‥‥27
　──の法務部門‥‥‥‥‥‥‥‥137
　日本の──‥‥‥‥‥‥‥‥‥‥‥3
金融危機‥‥‥‥‥‥‥‥‥‥‥‥‥46
金融コングロマリット‥‥‥‥‥‥‥58
金融商品取引法‥‥‥‥‥‥‥19, 62, 237
　──（他業証券業務等）‥‥‥‥‥273
　──（登録金融機関業務）‥‥‥‥275
　──（付随業務：信用供与関連業務）‥‥243
　──における説明義務‥‥‥‥19, 25
金融商品販売法‥‥‥‥‥‥‥‥8, 23, 25
　──における説明義務‥‥‥‥‥‥17
金融制度改革法‥‥‥‥‥59, 62, 73, 76, 235
金融仲介機関‥‥‥‥‥‥‥‥‥‥‥‥2
金融庁‥‥‥‥‥‥‥‥‥‥‥‥‥2, 51
金融等デリバティブ取引‥‥‥‥‥‥264
金融取引‥‥‥‥‥‥‥‥‥‥‥‥‥‥4
金融取引法‥‥‥‥‥‥‥‥‥‥‥‥‥5

298

金融ビッグバン……………17, 126, 236, 274
金融法………………………………………1
金融持株会社……………………………59
金利規制…………………………………120

く

組戻し……………………………………202
グラム・リーチ・ブライリー法………54
クリーンビル……………………………220
グレーゾーン金利………………………123
クレジットカード情報……………………41
クレジットライン………………………151
グローバル・カストディアン…………260
クロスデフォルト条項…………………131

け

経営者保証に関するガイドライン……170
契　約………………………………………9
契約締結前書面…………………………20
決済システム……………………………195
決済性預金…………………………………82
検索の抗弁権……………………………169

こ

更改的効果…………………………………95
交換参加銀行………………………………83
公共債保護預り（付随業務）…………258
公金の収納・支払事務…………………255
航空運送状………………………………229
口座管理機関……………………………257
更生計画…………………………………188
更生担保権…………………………159, 188
公平・誠実義務（社債管理）…………253
公募債……………………………………244
コール・オプション……………………262
顧客情報……………………………28, 37, 40
　　　——の開示……………………………32
国際銀行間通信協会……………………219
国際商業会議所（ICC）………………223
国債等の引受けまたは募集の取扱い(付随業務)…246
個人識別符号………………………………30
個人情報取扱事業者………………………31
個人情報保護法……………………………30
個人信用情報センター……………………40
国庫金出納事務（付随業務）…………256

誤振込み…………………………………204
個別取立…………………………………209
コベナンツ………………………………134
コマーシャルペーパー…………………162
コミットメントライン……………124, 151
固有業務……………………………49, 119
コルレス契約……………………………218
コルレス先………………………………218
混合契約……………………………………86
コンプライアンス……………………38, 60

さ

債権譲渡登記制度………………………163
債権担保…………………………………163
債権届出…………………………………186
債権の準占有者に対する弁済…………107
債券の募集または管理の受託（付随業務）…252
催告の抗弁権……………………………169
再生計画…………………………………186
裁判外紛争解決手続……………………190
裁判所からの嘱託…………………………36
財務制限条項……………………………135
財務代理人（社債管理）………………253
債務超過……………………………183, 189
債務の保証（付随業務）………………243
先取特権…………………………………158
先物取引…………………………………261
先渡取引…………………………………261
サブ・カストディアン…………………260
算定割当量関連業務（他業証券業務等）……275
参入規制……………………………………48

し

事業再生 ADR …………………………190
資金管理関連業務（付随業務）………252
資金決済機能…………………………6, 119
資金決済に関する法律…………9, 49, 214
資金仲介機能………………………………6
資金の貸付け……………………………119
時　効
　　　——（預金債権）……………………113
　　　——（割引手形の買戻請求権）……147
自行預金担保……………………………160
自己資本比率規制………………44, 48, 51
自己信託事務業務（他業証券業務等）…274

自主ルール……………………………………15
市場デリバティブ取引……………243, 261, 264
市場リスク………………………………………18
システミック・リスク……………8, 46, 54, 60
買　権……………………………………………157
執行供託…………………………………………111
実質的説明義務…………………………………25
指定金融機関公金取扱事務（付随業務）……255
私的整理ガイドライン………………………190
自動継続方式の定期預金……………………84
支払承諾………………………………………147
支払不能………………………………………183
私　募……………………………………235, 250
社　債…………………………………………244
社債・株式等振替法…………………………257
社債管理業務（付随業務）…………………252
集中取立………………………………………210
収入依存度規制…………………………………57
受信取引………………………………………6, 81
出捐者…………………………………………102, 116
出資法…………………………………………122
守秘義務…………………………………………27
　　──（M&A）……………………………266
　　──の範囲および限界……………………32
主要行等向けの総合的な監督指針…15, 170, 273
準委任契約説（振込取引）…………………200
準占有者に対する弁済………………………107
商慣習……………………………………………15
商業銀行…………………………………………58
証券監督者国際機構（IOSCO）………………44
上限金利………………………………………121
上場株式の電子化……………………………162
証書貸付………………………………………141
商事留置権……………………………………158
譲渡禁止特約……………………………………95
譲渡性預金………………………………………95
譲渡担保権……………………………………158
商人間の留置権………………………………159
消費者……………………………………………4
消費者契約法……………………………………19
消費貸借・消費寄託の予約…………………89
情報提供義務……………………………………16
消滅時効
　　──（預金債権）………………………113
　　──（割引手形の買戻請求権）………147

書面取次ぎ行為………………………………244
シングル L/G…………………………………230
シンジケートローン……………………………34
　　──・アレンジメント（付随業務）……268
　　──・エージェント業務（付随業務）…271
信託兼営………………………………………236
人的担保………………………………………168
信用供与関連業務（付随業務）……………243
信用状…………………………………………226
　　──付き荷為替手形の買取り…………231
　　──なし荷為替手形の買取り…………232
　　──の確認………………………………232
信用状統一規則………………………………227
信用創造機能…………………………………119
信用保証協会の保証…………………………174
信用リスク………………………………………18

す

スワップ取引…………………………………262

せ

制限超過利息…………………………………122
世界金融危機……………………………………46
説明義務…………………………………………16
　　──の法的根拠……………………………23
　　──銀行法における………………………21
　　──金融商品取引法における……………19
　　──金融商品販売法における……………17
　　──実質的……………………………………25
　　──適合性原則と…………………………24
善管注意義務（社債管理）…………………253
全銀システム(全国銀行データ通信システム)…196
全銀センター…………………………………197
全銀ネット(全国銀行資金決済ネットワーク)…196
全国銀行協会（全銀協）…………13, 68, 126, 196

そ

総合金融コングロマリット型…………………58
総合口座…………………………………………84
相　殺…………………………………………179
　　差押えと──（無制限説）……7, 131, 160, 180
相殺予約…………………………………132, 180
相　続…………………………………………106
即時グロス決済（RTGS）……………………197
「その他の付随業務」…………53, 233, 239, 252, 265

事項索引

──の具体例 …………………… 240
損害担保契約説（振込取引） …… 201

た

代金取立 ………………………… 209
第三者による弁済 ……………… 178
他業禁止 ……………… 50, 52, 238
他業証券業務等 ………………… 233
段階的交互計算 …………………… 95
短期社債等の取得または譲渡（付随業務）… 249
担保提供制限条項 ……………… 135

ち

中央銀行 …………………………… 4
貯蓄性預金 ………………………… 82

つ

通知預金 …………………………… 84

て

定期性預金 ………………………… 82
──の消滅時効 ………………… 114
定期預金 …………………………… 84
──の期限前解約 ……………… 110
──の帰属 ……………………… 102
　　自動継続方式の── …………… 84
定型約款 …………………………… 11
ディスクレパンシー（ディスクレ）… 228
抵当権 ……………………… 157, 165
手形書替 ………………………… 139
手形貸付 ………………………… 138
手形交換 …………………………… 99
手形交換所 ……………… 83, 100, 198
手形交換制度 …………………… 197
手形担保 ………………………… 161
手形の引受け（付随業務） ……… 243
手形割引 ………………………… 145
適合性原則と説明義務 …………… 24
適法性確認義務（外為法） ……… 217
デポコルレス先 ………………… 218
デリバティブ取引 ………… 261, 264
デリバティブ内在型預金 ………… 84
電子記録債権 …………………… 152
電信売相場・電信買相場 ………… 257
店頭デリバティブ取引 …… 47, 244, 261, 264

と

当座貸越 ………………………… 142
当座勘定規定 ……………………… 15
当座預金 …………………………… 83
動産担保 ………………………… 164
投資一任契約 …………………… 273
投資銀行 ……………………… 46, 58
投資顧問契約 …………………… 273
投資者 ……………………………… 4
投資助言業務（他業証券業務等）… 273
投資信託の窓口販売 …………… 274
導入預金 ………………………… 115
登録金融機関（金商法） ………… 275
ドキュメンタリービル → 荷為替手形
独占禁止法 ………………………… 64
　銀行法と──の重畳関係 ……… 70
特定社債の引受けまたは募集の取扱い（付随業務）… 249
特定投資家 ………………………… 21
特定認証紛争解決手続 ………… 190
特定融資枠契約法 ……………… 152
特定預金等契約 …………… 22, 115
特別清算手続 …………………… 189
特別清算人 ……………………… 189
特別目的会社（SPC） …………… 249
匿名組合出資 …………………… 249
独立契約説（振込取引） ………… 201
ドッド・フランク法 ……………… 55
取引停止処分 …………… 83, 130, 198
取引保証（L/G） ………… 229, 230
トレジャリーチェック ……… 220, 222

な

内国為替 ………………………… 200

に

荷為替手形 ………………… 220, 223
──による決済 ………………… 225
日銀ネット（日本銀行金融ネットワークシステム） …… 195
日銀ネット国債系・当預系 ……… 196
日本銀行 …………… 4, 125, 195, 238, 256
日本の金融機関 …………………… 3
日本版ビッグバン構想 …… 17, 126, 236, 274

301

入金通知の誤発信 ………………… 211
任意処分条項 ………………………… 130

ね

根抵当権 …………………………… 166

の

ノーアクションレター制度 ………… 241
ノンコルレス先 …………………… 218
ノンデポコルレス先 ……………… 218
ノンバンク …………………………… 4

は

バーゼル銀行監督委員会 ……… 44, 48
パーソナルチェック ……………… 220
配　当 ……………………………… 184
破産手続 …………………………… 183
はね融資 …………………………… 228
バルクセール ……………………… 247
バンカーズチェック ……………… 220
犯罪収益移転防止法 …………… 9, 39

ふ

ファイアー・ウォール規制 …… 62, 76
ファイナンス・リース業務およびその代理または媒介（付随業務）………… 251
ファクタリング …………………… 247
フィンテック ………………………… 45
復委任説（振込取引）…………… 201
附合契約 …………………………… 91
不公正な取引方法 ………………… 68
付随業務 ……………… 50, 53, 233, 242
普通預金 …………………………… 82
普通預金規定 …………… 15, 91, 92
物的担保 …………………………… 155
プット・オプション ……………… 262
不当な取引制限 …………………… 67
船積書類 …………………………… 223
船荷証券 ……………………… 225, 230
振替機関 …………………………… 257
振替業（付随業務）……………… 257
振替制度 …………………………… 162
振込取引 …………………………… 200
振り込め詐欺救済法 ……………… 9
フルペイアウト …………………… 251

プロ私募 …………………………… 245
不渡り ……………………………… 83
不渡返還 …………………………… 198
文書提出命令 ……………………… 36

へ

ペイオフ …………………………… 52
ベストエフォート・ベース …… 269
別除権 ……………………… 184, 186
弁護士会照会 ……………………… 35
弁　済
　準占有者に対する── …… 107
　第三者による── …………… 178
　騙取金による── …………… 208
　保証人による── …………… 176
　本人による── ……………… 175
　みなし── …………………… 123
弁済供託 …………………………… 111
騙取金による弁済 ……………… 208

ほ

貿　易 ……………………………… 223
法定他業 …………………… 50, 233
法定担保権 ……………………… 158
法的整理手続 …………………… 182
保護預り（付随業務）………… 258
保　証 …………………………… 168
　債務の──（付随業務）…… 243
　信用保証協会の── ………… 174
　連帯── ……………………… 169
保証極度額 ……………………… 169
保証人による弁済 ……………… 176
ボルカー・ルール ……………… 55
本人確認義務（外為法）……… 217
本人による弁済 ………………… 175

ま

マイナス金利 …………………… 125
増担保条項 ……………………… 130
窓口一寸事件 …………………… 97
マネー・ローンダリング …… 39, 96

み

みなし合意 ………………………… 12
みなし弁済 ……………………… 123

みなし利息 ……………………… 122, 124
民事再生手続 ………………………… 185
民事留置権 …………………………… 158

む

無記名定期預金 ……………………… 102
無制限説（差押えと相殺）……… 7, 131, 160, 180

め

免許制 ………………………………… 48
免責（破産手続）……………………… 184
メンテナンス・リース取引 ………… 252

も

持株会社 ……………………………… 64
モニタリング条項 …………………… 135

や

約定担保権 …………………………… 157
約　款 …………………………… 10, 91

ゆ

優越的地位の濫用 …………………… 68
有価証券
　──の貸付け（付随業務）……… 245
　──の私募の取扱い（付随業務）…… 250
　──の売買等（付随業務）……… 243
有価証券関連業（他業証券業務等）…… 274
有価証券関連デリバティブ取引 …… 243
有価証券担保 ………………………… 161
ユーザンス …………………………… 228
融資四原則 …………………………… 120
輸出与信 ……………………………… 231
ユニバーサル・バンキング型 ……… 58
輸入与信 ……………………………… 226

よ

要配慮個人情報 ……………………… 31
要物契約 ……………………………… 87
預　金 ………………………………… 81
　──に対する差押え ……………… 180
　──の帰属 ………………………… 102

　──の払戻し …………………… 106, 117
預金規定 ……………………………… 91
預金契約 ……………………………… 82
　──に関する規則 ………………… 114
　──の特色 ………………………… 91
　──の法的性質 …………………… 85
預金債権 ……………………………… 94
　──の消滅時効 …………………… 113
　──の成立時期 …………………… 97
預金者 ………………………………… 4
　──の死亡 ………………………… 106
　──の認定 …………………… 102, 117
預金担保 ……………………………… 160
預金取扱金融機関 …………………… 2
預金保険制度 …………………… 52, 238
与信取引 ………………………… 6, 119

り

リース取引 …………………………… 251
利益相反 ……………………………… 71
　──（M&A）……………………… 266
利益相反管理体制整備義務 ……… 63, 76
履行補助者説（振込取引）………… 201
リスク管理 ……………………… 38, 50, 59
利息制限法 …………………………… 121
留置権 ………………………………… 158
流動性預金 …………………………… 82
　──の帰属 ………………………… 103
　──の消滅時効 …………………… 113
流動性預金債権の残高債権性 ……… 94
両替（付随業務）…………………… 257
臨時金利調整法 ……………………… 121

れ

連帯保証 ……………………………… 169

ろ

ローンパーティシペーション（貸出参加）… 247

わ

枠契約 …………………………… 7, 90, 96, 104

判 例 索 引

大判明治 43 年 12 月 13 日民録 16 輯 937 頁 ·· 113
大判大正 4 年 12 月 24 日民録 21 輯 2182 頁 ··· 10
大判大正 7 年 5 月 16 日民録 24 輯 967 頁 ··· 203
大判大正 12 年 11 月 20 日新聞 2226 号 4 頁 ·· 98
大判大正 13 年 7 月 23 日新聞 2297 号 15 頁 ·· 212
大判昭和 5 年 10 月 24 日民集 9 巻 1049 頁 ·· 149
大判昭和 10 年 2 月 19 日民集 14 巻 137 頁 ··· 113, 114
大決昭和 15 年 8 月 23 日判決全集 7 輯 29 号 9 頁 ··· 149
大判昭和 15 年 12 月 16 日民集 19 巻 2337 頁 ·· 212
最判昭和 23 年 10 月 14 日民集 2 巻 11 号 376 頁 ·· 138
東京高判昭和 27 年 12 月 4 日下民集 3 巻 12 号 1717 頁 ·· 131
最判昭和 29 年 4 月 8 日民集 8 巻 4 号 819 頁 ·· 106
最判昭和 29 年 11 月 18 日民集 8 巻 11 号 2052 頁 ·· 139
最判昭和 31 年 4 月 27 日民集 10 巻 4 号 459 頁 ··· 139
京都地判昭和 32 年 12 月 11 日判時 137 号 8 頁 ··· 147
最判昭和 32 年 12 月 19 日民集 11 巻 13 号 2278 頁 ·· 102
福岡高判昭和 33 年 3 月 29 日下民集 9 巻 3 号 542 頁 ·· 91
大阪高判昭和 37 年 2 月 28 日判時 306 号 25 頁 ·· 149
札幌高判函館支判昭和 37 年 6 月 12 日判タ 134 号 60 頁 ·· 175
最判昭和 37 年 8 月 21 日民集 16 巻 9 号 1809 頁 ··· 110
大阪地判昭和 37 年 9 月 14 日判時 319 号 43 頁 ·· 131
最判昭和 39 年 4 月 21 日民集 18 巻 4 号 566 頁 ··· 178
最判昭和 40 年 5 月 4 日民集 19 巻 4 号 811 頁 ··· 165
最判昭和 41 年 3 月 15 日民集 20 巻 3 号 417 頁 ··· 146
最判昭和 41 年 10 月 4 日民集 20 巻 8 号 1565 頁 ··· 110
最判昭和 42 年 3 月 31 日民集 21 巻 2 号 475 頁 ··· 208
最大判昭和 45 年 6 月 24 日民集 24 巻 6 号 587 頁 ···················· 7, 14, 131, 132, 160, 180
最判昭和 45 年 8 月 20 日判時 606 号 29 頁 ··· 14
最判昭和 46 年 6 月 10 日民集 25 巻 4 号 492 頁 ·· 11, 108
最判昭和 46 年 7 月 1 日金法 622 号 27 頁 ·· 99
最判昭和 48 年 3 月 1 日金法 679 号 34 頁 ·· 177
最判昭和 48 年 3 月 16 日金法 683 号 25 頁 ··· 88, 137
最判昭和 48 年 3 月 27 日民集 27 巻 2 号 376 頁 ·· 103, 116
最判昭和 48 年 4 月 12 日金法 686 号 30 頁 ·· 146
最判昭和 48 年 5 月 25 日金法 690 号 36 頁 ·· 180
最判昭和 48 年 7 月 19 日民集 27 巻 7 号 823 頁 ·· 96
最判昭和 49 年 9 月 26 日民集 28 巻 6 号 1243 頁 ·· 208
東京地判昭和 51 年 1 月 26 日判時 822 号 67 頁 ··· 216
最判昭和 51 年 11 月 25 日民集 30 巻 10 号 939 頁 ··· 14, 180
最判昭和 52 年 3 月 11 日民集 31 巻 2 号 171 頁 ··· 165
最判昭和 52 年 6 月 20 日民集 31 巻 4 号 449 頁 ·· 68

判例索引

最判昭和 53 年 11 月 2 日判時 913 号 87 頁 ………………………………………… *212*
最判昭和 54 年 7 月 10 日民集 33 巻 5 号 533 頁 …………………………………… *133*
最判昭和 54 年 10 月 12 日判時 946 号 105 頁 ……………………………………… *139*
最判昭和 56 年 4 月 14 日民集 35 巻 3 号 620 頁 …………………………………… *35*
最判昭和 57 年 3 月 30 日金法 992 号 38 頁 ………………………………………… *103*
東京高判昭和 58 年 11 月 17 日金判 690 号 4 頁 ………………………………… *68, 131*
最判昭和 59 年 2 月 23 日民集 38 巻 3 号 445 頁 …………………………………… *111*
最判昭和 59 年 5 月 29 日民集 38 巻 7 号 885 頁 …………………………………… *150*
最判昭和 60 年 2 月 14 日判時 1149 号 159 頁 ……………………………………… *131*
最判昭和 61 年 2 月 20 日民集 40 巻 1 号 43 頁 ……………………………………… *150*
最判昭和 61 年 11 月 20 日判時 1219 号 63 頁 ……………………………………… *157*
最判昭和 62 年 7 月 17 日民集 41 巻 5 号 1359 頁 …………………………………… *11*
大阪地判平成元年 10 月 30 日判時 1373 号 135 頁 ………………………………… *211*
最判平成 2 年 4 月 12 日金判 883 号 14 頁 ………………………………………… *11, 177*
大阪高判平成 3 年 3 月 29 日金法 1288 号 31 頁 …………………………………… *212*
最判平成 3 年 11 月 19 日民集 45 巻 8 号 1209 頁 …………………………………… *100*
東京地判平成 4 年 4 月 22 日金法 1349 号 54 頁 …………………………………… *147*
最判平成 5 年 7 月 19 日判時 1489 号 111 頁 ………………………………………… *109*
最判平成 5 年 7 月 20 日判時 1519 号 69 頁 ………………………………………… *88*
最判平成 6 年 2 月 8 日民集 48 巻 2 号 149 頁 ……………………………………… *35*
東京地判平成 6 年 10 月 17 日判時 1574 号 33 頁 …………………………………… *53*
最判平成 7 年 7 月 18 日判時 1570 号 60 頁 ………………………………………… *14*
東京高判平成 7 年 10 月 16 日金法 1449 号 52 頁 …………………………………… *230*
最判平成 8 年 4 月 26 日民集 50 巻 5 号 1267 頁 …………………………………… *204, 207*
東京高判平成 8 年 5 月 13 日判時 1574 号 25 頁 …………………………………… *53*
東京地判平成 8 年 9 月 24 日金法 1474 号 37 頁 …………………………………… *140*
東京地判平成 8 年 10 月 29 日金法 1503 号 97 頁 …………………………………… *230*
東京地判平成 9 年 10 月 21 日判タ 986 号 240 頁 …………………………………… *213*
最判平成 9 年 10 月 31 日民集 51 巻 9 号 4004 頁 ………………………………… *11, 175*
東京地判平成 10 年 2 月 17 日金判 1056 号 29 頁 …………………………………… *140*
最判平成 10 年 7 月 14 日民集 52 巻 5 号 1261 頁 …………………………………… *160*
最判平成 11 年 1 月 29 日民集 53 巻 1 号 151 頁 …………………………………… *164*
東京高判平成 11 年 5 月 18 日金判 1068 号 37 頁 …………………………………… *107*
最判平成 12 年 3 月 9 日判タ 1031 号 25 頁 ………………………………………… *203*
最決平成 12 年 3 月 10 日民集 54 巻 3 号 1073 頁 …………………………………… *28*
東京地判平成 12 年 8 月 29 日判タ 1055 号 193 頁 ………………………………… *54, 240*
最判平成 13 年 3 月 12 日刑集 55 巻 2 号 97 頁 …………………………………… *6, 49*
さいたま地熊谷支判平成 13 年 6 月 20 日判時 1761 号 87 頁 …………………… *107*
最判平成 13 年 11 月 22 日民集 55 巻 6 号 1056 頁 ………………………………… *164*
最判平成 14 年 1 月 17 日民集 56 巻 1 号 20 頁 …………………………………… *105*
東京地判平成 14 年 2 月 22 日金法 1663 号 86 頁 …………………………………… *107*
大阪高判平成 14 年 3 月 15 日金判 1145 号 16 頁 …………………………………… *266*
さいたま地判平成 14 年 8 月 28 日金法 1681 号 38 頁 …………………………… *107*
札幌地判平成 14 年 12 月 25 日裁判所ウェブサイト ……………………………… *120*
東京高判平成 15 年 1 月 27 日金法 1675 号 63 頁 ………………………………… *147*

305

最判平成 15 年 2 月 21 日民集 57 巻 2 号 95 頁 ………………………………… *103*
最決平成 15 年 3 月 12 日刑集 57 巻 3 号 322 頁 ………………………………… *205*
最判平成 15 年 4 月 8 日民集 57 巻 4 号 337 頁 ………………………………… *109*
東京高判平成 15 年 4 月 23 日金法 1681 号 35 頁 ……………………………… *107*
最判平成 15 年 6 月 12 日民集 57 巻 6 号 563 頁 ………………………………… *104*
最判平成 15 年 7 月 18 日民集 57 巻 7 号 895 頁 ………………………………… *123*
最判平成 15 年 12 月 19 日民集 57 巻 11 号 2292 頁 …………………………… *11*
名古屋地判平成 16 年 4 月 21 日金判 1192 号 11 頁 …………………………… *206*
東京高判平成 17 年 3 月 9 日金法 1747 号 84 頁 ………………………………… *151*
名古屋高判平成 17 年 3 月 17 日金判 1214 号 19 頁 …………………………… *206*
札幌高判平成 17 年 3 月 25 日判タ 1261 号 258 頁 ……………………………… *120*
最判平成 17 年 7 月 14 日民集 59 巻 6 号 1323 頁 ……………………… *16, 24, 262*
東京地判平成 17 年 9 月 26 日判時 1934 号 61 頁 ……………………………… *207*
最判平成 18 年 1 月 13 日民集 60 巻 1 号 1 頁 …………………………………… *123*
最判平成 18 年 1 月 19 日判時 1926 号 23 頁 …………………………………… *123*
最判平成 18 年 4 月 18 日金判 1242 号 10 頁 …………………………………… *132*
東京高判平成 18 年 7 月 13 日金法 1785 号 45 頁 ……………………………… *109*
東京地判平成 19 年 2 月 14 日金法 1806 号 58 頁 ……………………………… *91*
最判平成 19 年 4 月 24 日民集 61 巻 3 号 1073 頁 ……………………………… *114*
最決平成 19 年 12 月 11 日民集 61 巻 9 号 3364 頁 …………… *7, 27, 28, 29, 33, 34, 37*
最判平成 20 年 10 月 10 日民集 62 巻 9 号 2361 頁 …………………………… *205*
最決平成 20 年 11 月 25 日民集 62 巻 10 号 2507 頁 …………………… *7, 27, 29, 37*
最判平成 21 年 1 月 22 日民集 63 巻 1 号 228 頁 ……………………… *7, 34, 85, 116*
福岡高判平成 21 年 4 月 10 日金法 1906 号 104 頁 …………………………… *106*
名古屋高金沢支判平成 21 年 7 月 22 日金法 1892 号 45 頁 …………………… *106*
最判平成 22 年 9 月 9 日判時 2096 号 66 頁 …………………………………… *166*
最判平成 23 年 4 月 22 日民集 65 巻 3 号 1405 頁 ……………………………… *16*
最判平成 23 年 11 月 22 日民集 65 巻 8 号 3165 頁 …………………………… *151*
最判平成 23 年 11 月 24 日民集 65 巻 8 号 3213 頁 …………………………… *151*
最判平成 23 年 12 月 15 日民集 65 巻 9 号 3511 頁 …………………………… *160*
東京地判平成 24 年 1 月 25 日判時 2147 号 66 頁 ……………………………… *107*
最判平成 24 年 11 月 27 日判時 2175 号 15 頁 ………………………………… *34, 271*
最判平成 25 年 3 月 7 日判時 2185 号 64 頁 …………………………………… *27*
東京地判平成 25 年 11 月 26 日金判 1433 号 51 頁 …………………………… *271*
東京高判平成 26 年 1 月 23 日金法 1992 号 65 頁 …………………………… *266*

金融法概説
Financial Law

2016年12月30日 初 版第1刷発行

編　者	神　田　秀　樹
	森　田　宏　樹
	神　作　裕　之

発行者　江　草　貞　治

発行所　株式会社　有　斐　閣
　　　　郵便番号 101-0051
　　　　東京都千代田区神田神保町 2-17
　　　　電話 (03)3264-1314〔編集〕
　　　　　　 (03)3265-6811〔営業〕
　　　　http://www.yuhikaku.co.jp/

印刷・株式会社理想社／製本・大口製本印刷株式会社
©2016, H. Kanda, H. Morita, H. Kansaku.
Printed in Japan
落丁・乱丁本はお取替えいたします。
★定価はカバーに表示してあります。

ISBN 978-4-641-13668-7

|JCOPY| 本書の無断複写(コピー)は、著作権法上での例外を除き、禁じられています。複写される場合は、そのつど事前に、(社)出版者著作権管理機構(電話03-3513-6969、FAX03-3513-6979、e-mail:info@jcopy.or.jp)の許諾を得てください。